大学财富管理与发展丛书

捐赠基金资产管理
——牛津和剑桥的投资之道

［英］尚塔·阿查里亚（Shanta Acharya）著
［英］爱罗伊·迪姆森（Elroy Dimson）

佟婧 洪成文 译

学苑出版社

图书在版编目（CIP）数据

捐赠基金资产管理：牛津和剑桥的投资之道/（英）尚塔·阿查里亚（Shanta A.），（英）爱罗伊·迪姆森（Elroy D.）著；佟婧，洪成文译．
—北京：学苑出版社，2018.10
（大学财富管理与发展丛书）
书名原文：Endowment Asset Management：Investment Strategies in Oxford and Cambridge
ISBN 978-7-5077-5567-1

Ⅰ.①捐… Ⅱ.①尚… ②爱… ③佟… ④洪… Ⅲ.①牛津大学–基金管理–研究 ②剑桥大学–基金管理–研究 Ⅳ.①G647.5

中国版本图书馆CIP数据核字（2018）第230252号

北京市版权局著作权合同登记　图字：01-2016-6273

版权声明

Original English Title：*Endowment Asset Management：Investment Strategies in Oxford and Cambridge*/Shanta Acharya and Elroy Dimson

Copyright © Shanta Acharya and Elroy Dimson, 2007

All right reserved

原著版权归牛津大学出版社所有，未经许可不得复制。

责任编辑：任彦霞
出版发行：学苑出版社
社　　址：北京市丰台区南方庄2号院1号楼
邮政编码：100079
网　　址：www.book001.com
电子邮箱：xueyuanpress@163.com
联系电话：010-67601101（销售部）、67603091（总编室）
印　刷　厂：北京画中画印刷有限公司
开本尺寸：710×1000　1/16
印　　张：26
字　　数：380千字
版　　次：2018年10月第1版
印　　次：2018年10月第1次印刷
定　　价：98.00元

《大学财富管理与发展丛书》
编委会

主　任：洪成文

副主任：李　奇

委　员：(按照姓氏笔画排序)

　　　　王英杰　史秋衡　刘宝存　任彦霞

　　　　周海涛　姚　云　袁本涛　蒋　凯

作者简介

尚塔·阿查里亚出生在印度的克塔克东部的奥里萨邦,在克塔克的圣约瑟修道院学校和拉文肖学院接受教育,获得了文学硕士学位。1979 年,她获得了牛津奖学金,成为第一批进入伍斯特学院的女性,在那里她完成博士论文并获得了博士学位。1983—1985 年间,尚塔在哈佛大学美国文学和语言系做访问学者。她曾接受过印度、英国和美国等不同的教育模式,至今仍辗转于 3 个国家工作。这种往返于各地的经历使她习惯性地以全球性视角来处理她的工作。另一方面她在诗歌、文学批评、小说和金融等领域都有着杰出的成就。

1985 年尚塔搬到伦敦,加入了摩根斯坦利资产管理公司(Morgan Stanley Asset Management)。她发起了摩根斯坦利公司与印度国家银行的合作,第一次推出面向本国的国家基金。而此前,印度证券市场仅向外国机构投资者开放。与此同时,她也是南亚最大的一家外国机构投资者的经理。随后,尚塔在伦敦爱尔兰资产管理公司担任高级客户服务经理。2002 年到 2008 年间,尚塔是伦敦商学院基金和养老基金管理的执行董事。

2006 年,尚塔与埃尔罗伊·迪姆松(Elroy Dimson)教授创立的基金会和捐赠资产管理(FEAM)项目于伦敦商学院成立。这是英国和欧洲慈善部门的第一个专业发展计划。她建立了威尔斯信托基金会(Wellcome Trust)、亨利史密斯慈善机构(Henry Smith Charity)与挪威石油基金(Norwegian Petroleum Fund)等组织。牛津和剑桥的主要捐赠管理实践成为她在学校课程中所教授的案例。由于在筹资方面尚塔做出了巨大贡献,慈善援助基金会获得了一项重要的合作基金奖,以表彰她在该领域的贡献。

译者简介

佟婧，教育学博士，哈尔滨师范大学教育科学学院副教授、硕士生导师。主要研究方向为大学筹投资管理。主持国家社会科学基金青年项目1项，省部级项目2项，校级项目2项。曾在《中国高教研究》《比较教育研究》《中国高等教育》《光明日报》等学术期刊及有影响力的报刊上发表相关论文10余篇。其中，部分成果获得黑龙江省高校人文社科一等奖。2017年入选黑龙江省青年创新人才培养计划名单。曾多次出访美国加州大学洛杉矶分校、美国密歇根大学、日本鸣门大学参加学术会议并做主题发言。

洪成文，教育学博士，北京师范大学教授、博士生导师，比利时鲁汶大学访问学者，美国匹兹堡大学高级访问学者。现担任北京师范大学教育学部高等教育研究所副所长，北京师范大学国际交流与合作处处长、港澳台办公室主任。兼任中国高等教育管理研究会理事、《民办教育通讯》副主编、《世界教育信息》编委、联合国儿童基金会中方专家、国际非政府组织"世界计划"教育管理咨询专家。研究领域为高等教育管理的比较研究、民办高等教育政策和管理比较研究、中小学管理比较研究以及课程和教学研究。专著有《现代教育知识论》，编著有《北师大高教评论》等，译著有《教育改革》《美国教育史》《走出蒙昧》等，发表论文60余篇。

本译著系 2016 年国家社会科学基金教育学青年项目"'供给侧改革'视域下我国高校筹资制度改革研究"（CIA160228）、2017 年黑龙江省普通本科高等学校青年创新人才培养计划项目"'双一流'背景下我国高等教育筹资制度创新研究"的阶段性成果。

总 序

  高等教育是国家及社会发展的重要支撑。对于任何国家来说，大力发展高等教育是提升国家综合竞争力的重要途径之一。然而，高等教育财政似乎并未因此而稳步增长，相反，却日益显露出捉襟见肘的窘态。目前高等教育财政危机已经成为一个世界性的难题，而这一问题从20世纪80年代就已显露出来。根据教育经济学理论，教育应是一种成本递增的产业，其中高等教育更是如此。财政状况较好的时候，即使控制物价上涨等因素，"高等院校的生均成本也应该是上涨的趋势"，但是自20世纪七八十年代以来，世界范围内的高等教育却出现不同程度生均成本下降的情况，有研究证明这种生均成本的递减完全是"高等教育经费不足所致"[①]。究其原因，无非两个方面：一方面，随着高等教育大众化、普及化潮流的袭来，高等教育的成本总量不断增加，政府面临的财政压力与日俱增。例如我国近十年以来的高等教育规模持续扩张，中央政府和地方政府都没有在经费保障上做好充足的思想准备，其结果，高等教育规模的发展与财政的支持出现了不同程度的失衡。另一方面，随着高等教育市场化的发展，各国政府承担高等教育费用的意愿和能力也逐步减弱，即政府有意弱化了其在高等教育财政中的作用，对高等教育的资助力度也相应削减，英国无疑是最典型的案例。此外，世界性金融危机对高等教育经费也带来了巨大冲击，这无疑使得高等教育财政状况雪上加霜。

  在此种背景下，我们必须转变思维方能从根本上解决财政紧张问题，因

---

① 丁小浩. 高等教育财政危机与成本补偿[J]. 高等教育研究，1996，(2)：37.

此能否以及如何从政府之外寻求更多渠道的经费成为问题的核心。从经费贡献者的角度来看，高等教育经费渠道主要包括政府、社会、学生及学校自身。从政府之外寻求更多的经费支持，促进经费筹措渠道的多元化，是大学应对经费难题的重要举措。按照伯顿·克拉克的观点，大学有三个经费主要渠道：一是来自政府的大学资助；二是来自研究委员会的经费；三是从工厂企业、地方政府和慈善基金会，到来自知识财产的版税收入、校园服务的收入、学费以及校友集资。① 由此不难看出高等教育经费来源多元化的实质就是建立"一种政府、社会、直接受益者（学生）、学校自身共同投资的体制"②。从以上分析中，我们发现当政府和学生（主要指学费）经费支持作用受到限制的时候，大学必须依靠自身力量来寻找有效途径，面向社会广泛筹措资金。

经费筹措渠道多元化对于高等教育的发展具有极为重要的意义。首先，多元化筹资可以很大程度上缓解高等教育经费支持不足的局面。纵观国际高等教育的发展历史，其经费筹措中非财政的筹措渠道展现出极大的张力，有力地保证了高等教育高质量、高品质的发展。以美国为例，目前，其处于世界各国高等教育发展的霸主地位，且将老牌的高等教育强国英国等远远地甩在后面，其中重要的一点就是美国高等教育的发展拥有强有力的经费支持。美国高等教育经费筹措中最具特色的一点就是其社会募捐收入以及捐赠基金的收入，其中捐赠基金收入对高等教育的支持最为强大。英国教育慈善组织萨顿信托基金会（Sutton Trust）2003年曾公布了一份题为《大学捐赠：英美大学的比较》的研究报告，报告指出英国大学捐赠基金与美国大学捐赠基金存在巨大差距，英国大学中只有牛津大学和剑桥大学能够勉强与美国大学竞争。按照大学捐赠基金市值排名，英国两所大学只能列入美国大学的15名以后，而其他英国大学甚至无法进入美国大学的前150名，英国捐赠基金排名第10位的大学在美国仅排名第305位。美国前500所大学捐赠基金的平均值相当于英国前100所大学捐赠基金平均值的15倍。两国大学捐赠基金的生均

---

① 伯顿·克拉克著，王承绪译．建立创业型大学：组织上转型的途径[M]．北京：人民教育出版社．2003. 5.
② 宋秋蓉．当今世界高等教育经费来源多元化趋势[J]．教育与经济，2003（3）：47.

份额差距也很悬殊。耶鲁大学报告当年的捐赠基金可以为学校财政提供3.3亿英镑的资金支持,生均为3万英镑,而伦敦大学帝国理工学院捐赠基金的支持力度仅为240万英镑,生均仅为240英镑。[①] 其次,高等教育经费筹措渠道多元化极其有效地激发了大学发展的内在动力。传统意义上说,高等教育由于经费上对政府的依赖,大学与政府的关系虽几经暧昧,也难免附庸。大学也因此压抑了更多的探索与创新的"冲动",丧失了大学的本源动力。经费筹措渠道的多元化颠覆性地重塑了大学的功能与角色,大学也因此对自身的发展承担了更多的责任,大学的每一步发展都蕴含了更多"自我奋斗"的成分在其中,恰似人类发展心理中的"自我成就感",缺乏"自我成就感"的大学是虚弱的,是没有灵魂的,而"自我成就感"的探索与获得赋予大学本应与生俱来的活力,推动了其在社会发展与国家强盛中的作用的彰显。再次,从社会资本的角度出发,高等教育经费筹措渠道的多元化为民间力量的介入和参与提供了平台和契机,进而激发了民间力量支持高等教育发展的积极性。按照美国政治学家罗伯特·D.帕特南(Robert D. Putnam)的观点,"社会资本是社会组织的特性,诸如信任、规范及网络,它们能够通过促进合作行为来提高社会的效率"[②]。其中,信任是社会资本中的重要组成部分,信任程度越高,合作的概率越高,民间力量作为大学发展的重要社会资本之一。随着大学的现代化进程,大学与社会之间经过长期发展形成了一种具有某种默契的信任关系,这种信任关系为民间力量的参与提供了可能性和可行性。大学经费渠道多元化无疑成为这种可能性的催化剂,能够助长民间力量的热情。民间力量对高等教育的支持以捐赠为主,英美很多国家大学捐赠的历史悠久,机制完善,形成了良好的传统,民间力量已经形成一种自我赋予的自愿与志愿形态,并呈现出持久的活力。我国当前民间力量捐助高等教育虽没有形成具有影响力的态势,但是随着中国经济的发展,民间捐助拥有前

---

① University Endowments – A US/UK Comparison [EB/OL]. P1.
http://www.suttontrust.com/research/university-endowments-a-usuk-comparison/endowments_report.pdf, 2011-11-16.
② 罗伯特·D. 帕特南著. 使民主运转起来[M]. 王列,等译. 南昌:江西人民出版社,2001:134-196.

所未有的潜力，其潜在的主动意愿将逐渐显露出来。但是随之而来的问题就是如何搭建相关的平台，如何构建完善的制度环境，如何规范捐赠的管理与使用，大学必须提前做好准备。这就需要对别国的经验进行研究、分析与提炼。

目前，我国高等教育研究中涌现出越来越多有关大学筹资的研究成果，总体而言，国内有关大学筹资的相关研究还未形成系统性的整体研究，具体来说表现在三个方面：一是缺乏对相关概念的系统阐释，诸如概念之间的区分及其在高等教育领域应用的特殊性，这致使当前大学筹资的理论研究显得薄弱。二是缺乏大学筹资实践的深入研究，很多研究仅是对多元化筹资一般趋势的分析，缺乏对大学筹资实践路径的研究。大学筹资根本点在于实践中的落实，包括筹资的政策与制度建设，筹资的实施方式与方法，所筹资金的各方面管理等均需要务实的研究，其研究成果能为大学的筹资工作实践提供指导。三是缺乏对国外大学筹集经验的系统和深刻的分析，以美国为例，美国大学筹资体系完善、筹资业绩突出、筹资管理专业的发展等，都具有非常好的借鉴意义。但目前研究中对这一方面的讨论较少，无论是全面性还是深刻性均显得有些欠缺。

基于以上考虑，我们组织翻译了本套丛书。本套译丛主要有如下特点：其一，译丛以"新"立本。目前国内尚无系统对国外大学筹资理论及其管理著作的系统译丛，本译丛中很多理论及实践研究在国内当属首次面众，对国内的相关研究来说，无论是素材、信息还是观点，都极为新颖，具有引领性和启发性。其二，译丛以"实"为基础。"实"有两层含义，一是"实用"之意。本译丛中既有国外大学筹资实践深入细致的分析，亦有国外大学筹资过程中面临的种种困境与挑战，也探讨了国外大学筹资过程中所遇到的困惑，这些观点及思路极具启发性；二是"翔实"之意。本套译丛提供了大量的案例材料和数据资料，内容翔实具体，有利于读者明晰国外大学筹资的实践脉络。其三，有"理"有"据"。本套译丛中对大学筹资的理论基础以及大学筹资管理的理论进行系统的阐述，较为全面地梳理了大学筹资所涵盖的各个领域内的理论问题，能为读者提供一个全面的筹资理论体系。其四，以

"例"丰盈。本套译丛提供了丰富的个案研究,从中既可以读到大学筹资的发展历史,以及大学筹资过程中的典型故事,也可以透视一流大学的筹资过程、筹资特点、筹资业绩,无论是对大学筹资的理论研究还是实践操作均有很好的借鉴意义。

当然,本套译丛因为水平问题,在书目选择和翻译过程中,难免出现问题。希望读者和专家不断反馈意见,以便我们在再版时加以修正。

洪成文 燕 凌

作者致谢

我们要感谢许多人,正是得益于他们不断的鼓励与持续的支持,本书才得以顺利出版。在此,我们特别感谢艾伦·巴德(Alan Budd)先生、迪克·布雷利(Dick Brealey)先生、杰瑞米·费尔布拉泽(Jeremy Faibrother)博士、威尔·杰茨曼(Will Goetzmann)、迈克尔·昆内特(Michael Gwinnell)、巴里·哈德利(Barry Hedley)、约翰·凯(John Kay)、汤姆·西曼(Tom Seaman)对我们的帮助与支持。感谢由弗兰克·马歇尔(Frank Marshall)和克里斯多夫·普拉特(Christopher Pratt)领导的牛津大学和剑桥大学的会计委员会,正是他们慷慨的支持与配合,才使我们得到了详尽的反馈。

在我们研究的过程中,牛津和剑桥的许多财务主管和投资委员会成员接受了我们的访问,并允许我们对他们的回应进行详细的记录和分析,同时我们要感谢他们在每次访谈结束之后帮助我们修改访谈记录。他们中的许多人对我们的初稿做了批注,这对我们的措辞有很大帮助。我们与剑桥大学和牛津大学的副校长埃里森·理查德(Alison Richard)教授、约翰·胡德(John Hood)博士及他们各自的同事举行了有意义的会谈。

我们特别感谢剑桥大学斯蒂芬·巴顿(Stephen Barton)(耶稣学院)、尼克·巴斯基(Nick Baskey)(彭布罗克学院)、彼得·布林德尔(Peter Brindle)(达尔文学院)、盖尔·布莱恩(Gale Bryan)(哈默顿学院)、查尔斯·克劳福德(Charles Crawford)*(圣凯瑟琳学院)、尼克·唐纳(Nick Downer)(塞尔文学院)、克里斯·尤班克(Chris Ewbank)(圣约翰学院)、迈克尔·格罗斯(Michael Gross)博士(伊曼纽尔学院)、唐纳德·赫恩(Donald

Hearn)（克莱尔学院）、彼得·哈钦森（Peter Hutchinson）博士（三一学院）、狄鲁沙·卡利亚（Dhiru Karia）（哈默顿学院）、大卫·科尔（David kerr）（罗宾逊学院）、查尔斯·拉克姆（Charles Larkum）（西德尼苏塞克斯学院）、苏·林托特（Sue Lintott）博士（唐宁学院）、黛博拉·劳瑟（Deborah Lowther）（格顿学院）、西蒙·米顿（Simon Mitton）博士（圣埃德蒙学院）、安德鲁·缪里森（Andrew Murison）*（彼得学院）、约翰·佩格勒（John Pegler）（三一学院）、伊恩·杜·奎斯奈（Ian Du Quesnay）（纽纳姆学院）、乔治·里德（Grorge Reid）博士*（圣约翰学院）、詹妮弗·里格比（Jennifer Rigby）（丘吉尔学院）、约翰·西格雷夫（John Seagrave）博士（沃尔森学院）、安德鲁·汤普森（Andrew Thompson）（莫德林学院）、乔安娜·沃玛克（Joanna Womack）（克莱尔霍尔学院），尼克·怀特（Nick Wright）（纽霍尔学院）和奈杰尔·扬德尔（Nigel Yandell）博士（圣体学院）对我们的支持与帮助。

我们特别感谢牛津大学的罗杰·博登（Roger Boden）（基布尔学院）、安东尼·博伊斯（Anthony Boyce）博士（圣约翰学院）、约翰·丘奇（John Church）（彭布罗克学院）、蒂姆·科伯恩（Tim Cockburn）（圣安妮学院）、布里格迪尔·克林顿·达克斯（Brihadier Clendon Daukes）（圣彼得学院）、弗拉姆·丁肖（Fram Dinshaw）（圣凯瑟琳学院）、布里格迪尔·艾伦·戈登（Brigadier Alan Gordon）（沃弗森学院）、亚历山大·哈迪（Alexander Hardie）博士（奥里尔学院）、希尔卡·哈罗（Hikka Helevuo）博士（圣希尔达学院）、伊恩·霍尼曼（Ian Honeyman）*（圣休学院）、伊恩·朱伊特（Ian Jewitt）*（纳菲尔德学院）、约翰·奈特（John Knight）教授（圣埃德蒙学院）、约翰·诺兰（John Knowland）博士（布雷齐诺斯学院）、蒂姆·诺里斯（Tim Knowles）（林肯学院）、詹姆斯·洛瑞（James Lawrie）（基督教堂）、帕特里克·马蒂诺（Patrick Martineau）博士（瓦德汉学院）、约翰·马丁（John Martyn）（三一学院）、约翰·蒙哥马利（John Montgonmery）（圣约翰学院）、海伦·莫顿（Helen Morton）（萨默维尔学院）、罗杰·范·诺登（Roger Van Noorden）（赫特福德学院）、大卫·波尔弗里曼（David Palfreyman）（新学院）、艾伦·帕森斯

（Alan Parsons）（女王学院）、格林·普里查德（Glyn Pritchard）（坦普顿学院）、艾莉森·里德（Alison Reid）（林纳克学院）、休米·理查德森（Hugh Richardson）*（基督学院）、马克·罗布森（Mark Robson）（玛格丽特学院）、本·拉克·基恩（Ben Ruck Keene）（基督圣体学院）、理查德·斯梅瑟斯特（Richard Smethurst）（伍斯特学院）、布莱恩·斯图尔特（Brian Stewart）博士（埃克塞特学院）、艾伦·泰勒（Allan Taylor）（圣安东尼学院）玛特文德尔·维恩（Marten van der Veen）*（贝利奥尔学院）、格雷厄姆·文森特史密斯（Graham Vincent–Smith）博士（奥里尔学院）、斯蒂芬·沃特曼（Stephen Waterman）（曼斯菲尔德学院）和克利福德韦伯（Clifford Webb）（默顿学院）。

我们十分感谢剑桥大学彼得·阿格尔（Peter Agar）、安德鲁·里德（Andrew Reid）以及牛津大学约翰·克莱蒙特（John Clements）、苏·坎宁安（Sue Cunnigham）、斯蒂夫·豪沃思（Steve Howarth）与吉尔斯·科尔（Gile Kerr），感谢他们对本研究的积极配合。

感谢约翰·贝利（John Bailey）、菲利普·科茨（Philip Coates）、弗雷迪·克罗斯（Freddie Cross）、彼得·戴维斯（Peter Davies）、约翰·格里斯沃尔德（John Griswold）、伊恩·肯尼迪（Ian Kennedy）博士、科尔·大卫·金（Col David King）、霍华德·莱克（Howard Lake）、科林·迈尔（Colin Mayer）、西蒙·潘宁顿（Simon Pennington）、凯茜·法罗（Cathy Pharoah）、理查德·罗宾逊（Richard Robinson）、克里斯·罗素（Chris Russell）、斯特凡诺·萨凯托（Stefano Sachetto）、佩德罗·沙非（Pedro Saffi）、彼得·斯坦尼尔（Peter Stanyer）、加里·斯坦伯格（Gary Steinberg）、林赛·汤姆林森（Lindsay Tomlinson）、卡尔·斯腾伯格（Karl Sternberg）、安德鲁·威廉姆斯（Adriene Williams）等人提供的宝贵信息。由于我们的疏忽，一些指导我们研究或回答我们问题的人并未被提及，对此我们深表歉意！

我们在剑桥大学、伦敦商学院、牛津大学、耶鲁大学管理学院、英国和国际会议以及几家基金会、咨询公司和资产管理人员的研讨会上都阐释了本研究的初步研究成果。在此，我们要感谢研讨会的与会人员，感谢他们提出的宝贵意见。感谢牛津大学出版社对我们初稿的复核，其提出的宝贵建议，对指导我们完成后续研究帮助很大，同时非常感谢牛津大学出版社（OUP）的匿名评审。

尽管本研究在很大程度上得益于多方的支持，但是，我们需要强调的一点是我们的研究是完全独立的；我们没有接受任何受访者、相关团体或第三方机构的赞助，研究成果客观公正。尽管我们与两所大学的工作人员进行了深入的合作，但所有观察到的数据和得出的结论都是我们独立完成的，我们会对研究中的任何错误、遗漏以及误解负责。

感谢大西洋慈善基金会、巴克莱全球投资公司和伦敦商学院提供的资金支持与不断的帮助。本研究除了引用牛津大学和剑桥大学所公布的信息外，我们还广泛借用了共同基金研究和全美高校财务管理人员协会（NACUBO）所公布的数据，对此我们表示十分感谢。

感谢艾苏托什·阿曼（Ashutosh Aman）、拉亚·巴塔查里亚（Rajat Bhattacharya）、布鲁斯·克里伯恩（Bruce Clibborn）、克里斯蒂娜·农齐亚塔（Cristina Nunziate）和詹姆斯·莎佩拉（James Schappelle）对我们手稿的仔细校对。牛津大学出版社在编辑、校对和筹备出版方面非常专业，在此特别感谢我们的编辑莎拉·卡罗（Sarah Caro）。感谢牛津大学出版社的工作人员娜塔莎·安图内斯（Natasha Antunes）、卡罗尔·宾利（Carol Bestley）以及珍妮弗·威尔金森（Jennifer Wilkinson）的大力支持。

最后，我们要感谢我们的同事保罗·马什（Paul Marsh）和麦克·斯汤顿（Mike Staunton），感谢我们的朋友和家人，感谢他们在过去三年里对我们研究的理解和支持。[1]

＊表示在我们进行会谈时这些人担任牛津大学或剑桥大学的投资财务主管，但他们现在已经退休或转到其他岗位上了。

目 录

第一章　捐赠基金的界定 …………………………………… 1

前言 ……………………………………………………………… 1

牛津大学和剑桥大学：简要的背景介绍 ……………………… 4

限定基金与非限定基金的对比 ………………………………… 8

捐赠基金资产的规模 …………………………………………… 12

英国的高等教育经费 …………………………………………… 21

资金比较：常春藤与牛津和剑桥 ……………………………… 28

变革中的牛津大学和剑桥大学捐赠基金 ……………………… 34

捐赠基金和经营性资产的核算 ………………………………… 38

资金保障 ………………………………………………………… 42

小结 ……………………………………………………………… 49

第二章　投资委员会 …………………………………………… 54

引言 ……………………………………………………………… 54

管理架构：多样的方法 ………………………………………… 56

投资委员会成员资格 …………………………………………… 59

投资委员会成员统计 …………………………………………… 61

投资委员会的专业水平：美国对比英国 ……………………… 63

其他特征 ………………………………………………………… 67

投资财务主管 …………………………………………………… 68

小结 ·· 70

第三章　投资目标　74

　　引言 ·· 74

　　对投资目标的界定 ·· 78

　　牛津和剑桥的投资目标与捐赠基金规模的对比 ··············· 81

　　投资目标的定义：与美国的比较 ··························· 83

　　投资回报目标 ··· 84

　　总收益与收入 ··· 89

　　捐赠基金收入的作用 ····································· 93

　　小结 ·· 99

第四章　支出政策　104

　　引言 ·· 104

　　支出比率 ··· 108

　　支出比率与捐赠基金规模 ································· 113

　　平滑机制在支出率制定上的应用 ··························· 116

　　支出比率和通货膨胀 ····································· 121

　　小结 ·· 124

第五章　资产配置　128

　　引言 ·· 128

　　牛津大学各学院的资产配置 ······························· 130

　　剑桥大学各学院的资产配置 ······························· 133

　　牛津和剑桥资产配置对比 ································· 135

　　资产配置与捐赠基金规模 ································· 139

　　股票配置 ··· 145

　　另类资产配置 ··· 151

　　不动产配置 ··· 158

　　现金配置 ··· 162

小结 ·· 164

第六章 不动产投资 ·· 169
引言 ·· 169
不动产配置 ·· 173
捐赠基金中的不动产收入 ··· 178
不动产管理中的相关问题 ··· 180
不动产对资产配置的影响 ··· 186
小结 ·· 192

第七章 投资组合管理中的问题 ································ 196
引言 ·· 196
指数化的作用 ·· 198
再平衡 ·· 205
再平衡的原因 ·· 210
衍生金融投资工具的使用 ··· 216
小结 ·· 217

第八章 投资组合风险 ·· 221
引言 ·· 221
市场风险 ··· 224
基准风险 ··· 227
流动性风险 ··· 229
信托风险 ··· 232
其他风险因素 ·· 233
《投资管理协议》特征 ··· 240
小结 ·· 246

第九章 投资顾问的选择和监督 ································ 248
引言 ·· 248

外部投资顾问的使用 …………………………………………… 250
顾问的贡献 …………………………………………………………… 254
聘用基金顾问的年限 ……………………………………………… 256
小结 …………………………………………………………………… 257

第十章 经理的选择与监管 …………………………………… 259

引言 …………………………………………………………………… 259
捐赠基金资产的外部管理 ………………………………………… 261
资产经理人的选拔 ………………………………………………… 264
监督经理的业绩表现 ……………………………………………… 267
审查资产经理的频率 ……………………………………………… 270
资产经理的更换频率 ……………………………………………… 272
资产经理分析 ……………………………………………………… 274
小结 …………………………………………………………………… 285

第十一章 社会责任投资 ……………………………………… 287

引言 …………………………………………………………………… 287
社会责任投资会影响资产配置吗? ……………………………… 292
在捐赠基金资产管理中实施社会责任投资政策 ……………… 296
小结 …………………………………………………………………… 300

第十二章 绩效评估 …………………………………………… 302

引言 …………………………………………………………………… 302
捐赠基金绩效评估 ………………………………………………… 304
如何进行绩效评估 ………………………………………………… 310
小结 …………………………………………………………………… 318

第十三章 捐赠基金管理成本 ………………………………… 321

引言 …………………………………………………………………… 321
牛津大学:捐赠基金管理成本 …………………………………… 324

剑桥大学：捐赠基金管理成本 ……………………………… 327
　　与美国对比 …………………………………………………… 333
　　小结 …………………………………………………………… 334

第十四章　筹款：捐赠的作用 ………………………………… 336
　　引言 …………………………………………………………… 336
　　牛津大学、剑桥大学近年来筹资趋势 ……………………… 338
　　筹资成本 ……………………………………………………… 343
　　小结 …………………………………………………………… 345

第十五章　结论 ………………………………………………… 348
　　引言 …………………………………………………………… 348
　　捐赠基金治理和管理结构 …………………………………… 350
　　支出政策 ……………………………………………………… 353
　　资产配置 ……………………………………………………… 354
　　风险方式 ……………………………………………………… 356
　　绩效评估 ……………………………………………………… 358
　　小结 …………………………………………………………… 363

Notes ……………………………………………………………… 365

Bibliography …………………………………………………… 378

译者后记 ………………………………………………………… 383

表格目录

表1.1　捐赠基金资产分配的百分比（2003—2004 财年）……………… 13
表1.2　美国排名前10位的教育捐赠基金的规模 ……………………… 14
表1.3　美国排名前10位的公立大学捐赠基金规模 …………………… 14

表 1.4	最大规模的教育捐赠基金：牛津和剑桥大学对比常春藤大学	16
表 1.5	牛津和剑桥大学对比美国公立大学	16
表 1.6	2003—2004 财年捐赠基金价值与全日制生均学生资产	17
表 1.7	2004—2005 财年全日制生均捐赠资产	19
表 1.8	2004 年，英国排名前 10 位的大学捐赠基金规模	20
表 1.9	英国高等教育基金：各项收入来源占比（%）	22
表 1.10	收入来源：剑桥和牛津大学（%）	22
表 1.11	2004 年捐赠基金和捐赠总收入的贡献	28
表 1.12	收入来源：哈佛大学和耶鲁大学的百分比（%）	29
表 1.13	牛津学院和剑桥学院的收入来源百分比（%）	30
表 1.14	学院基金会成立日期以及捐赠基金资产规模	44
表 1.15	剑桥和牛津中最富有的学院	45
表 2.1	投资管理委员会的名称	55
表 2.2	投资委员会负责人身份	60
表 2.3	牛津和剑桥各学院投资委员会成员数	61
表 2.4	美国投资委员会成员数量	62
表 2.5	外聘人员比重	65
表 2.6	具有投资经验校内委员比重（无外聘委员的学院）	65
表 2.7	具有专业经验的投资委员比重	66
表 2.8	投资委员会开会次数统计	67
表 3.1	另类投资目标的频率分布	80
表 3.2	投资目标（来源于表 3.1）和捐赠基金规模的对比	82
表 3.3	投资收益目标和捐赠基金规模	88
表 3.4	总收益与收益导向政策的频率（%）	91
表 3.5	捐赠基金占总收入的比例	95
表 3.6	捐赠基金与利息收入占总收入的比例（%）	96
表 3.7	捐赠基金收入的重要性（%）	97
表 3.8	彼得豪斯学院收入和支出占总收入的比例（%）	98
表 4.1	已有支出政策的颁布时间	107
表 4.2	支出政策与捐赠收入之间的联系（%）	111

表 4.3	支出率与捐赠基金规模	113
表 4.4	采用平滑机制的间隔期（%）	118
表 4.5	美国机构制定年度支出率的方法	119
表 4.6	支出比率与通货膨胀联系（%）	122
表 4.7	支出率的分布情况（%）	125
表 5.1	牛津大学各学院资产配置（%）	131
表 5.2	剑桥大学各学院资产配置（%）	133
表 5.3	牛津和剑桥资产配置比较（%）	136
表 5.4	各类资产最高及最低配置（%）	137
表 5.5	与 WM 和 NACUBO 资产配置的对比（%）	138
表 5.6	资产配置及捐赠基金规模（%）	140
表 5.7	依据捐赠基金规模的牛津和剑桥资产配置状况（%）	140
表 5.8	资产配置：2003 年美国各机构（%）	141
表 5.9	2002 年哈佛和耶鲁资产配置对比（%）	142
表 5.10	2004 年哈佛、耶鲁及美国拥有大规模捐赠基金的机构对比（%）	143
表 5.11	2004 年美国不同规模机构资产配置（%）	143
表 5.12	美国教育捐赠基金资产配置百分比，货币加权	144
表 5.13	股权投资总配置	147
表 5.14	国内股票配置情况	148
表 5.15	国外股票配置	149
表 5.16	美国资产配置 5 年对比（%）	151
表 5.17	牛津和剑桥各学院捐赠基金规模和另类资产配置相对比*	153
表 5.18	牛津和剑桥捐赠基金规模与不动产配置比例对比*	159
表 5.19	2004 年不动产资产配置与捐赠规模对比	160
表 5.20	建校时间与 2004 年资产配置对比	161
表 6.1	捐赠基金投资组合中不动产资产的分配比重	173
表 6.2	彼得豪斯学院捐赠基金资产配置百分比	174
表 6.3	资产配置：没有不动产资产的学院百分比	176
表 6.4	捐赠基金中的不动产收入比例（%）	179
表 6.5	捐赠基金中不动产性质百分比	181

表6.6	雇用外部经理管理不动产的学院百分比	182
表6.7	外部不动产经理人的授权分配情况	184
表6.8	不动产对资产配置的影响（%）	188
表7.1	投资组合指数化占比	200
表7.2	持有另类资产的学院各类策略配置对比（%）	202
表7.3	指数化战略持有最多的学院对不同战略的配置（%）	203
表7.4	美国教育捐赠基金会资产被动管理的比例	204
表7.5	美国教育捐赠基金会再平衡政策占比（%）	207
表7.6	牛津和剑桥采用投资组合再平衡政策的状况（%）	210
表7.7	牛津和剑桥各学院再平衡的例子（%）	214
表7.8	资产配置变动动机的相对重要性（%）	215
表8.1	院投资组合风险程度（%）	224
表8.2	牛津和剑桥大学对市场风险的认知能力	225
表8.3	牛津和剑桥各学院对基准风险的评估	227
表8.4	各大学对流动性风险的看法	230
表8.5	各大学对信托风险的看法	232
表8.6	各大学对其他风险的评估	233
表8.7	各学院对投资经理提供的风险指示	239
表8.8	各学院就《投资管理协议》中是否明确了责任与权限的回应	241
表8.9	各学院就《投资管理协议》中是否明确了投资限制的回应	241
表8.10	各学院对《投资管理协议》中指导方针适用范围的回应	243
表8.11	《投资管理协议》中指定追踪误差和下行风险的适用范围	243
表8.12	确定绩效目标和规定后续行动的学院比例（当目标未达成时）	245
表8.13	投资管理指导方针的适用性	245
表8.14	有明文规定的投资管理指导协议	246
表9.1	使用外部投资顾问的程度	251
表9.2	牛津和剑桥各学院使用投资顾问的状况	253
表9.3	投资顾问任命持续时间长度	256
表10.1	外部经理管理的捐赠基金资产份额（%）	262
表10.2	捐赠基金规模与外部管理的资产占的比重（%）	264

表 10.3	美国教育基金会：内部/外部管理的资产比例（%）	265
表 10.4	负责资产经理选聘的责任主体	266
表 10.5	牛津和剑桥各学院监督经理人的方法	269
表 10.6	资产经理审核频率	271
表 10.7	资产经理人变化情况	272
表 10.8	资产经理人数	276
表 10.9	显示了2003—2004年间的美国教育捐赠基金的资产经理人数	277
表 10.10	授权数量	278
表 10.11	捐赠基金规模与经理人数	280
表 10.12	每位资产经理人的授权数量（%）	283
表 10.13	资产配置与经理人数	284
表 11.1	社会责任投资对配置影响的程度（%）	292
表 11.2	社会责任投资在资产管理过程中起作用的程度（%）	296
表 11.3	牛津和剑桥各学院实施 SRI 政策的方法	298
表 11.4	美国捐赠基金会：社会责任标准（%）	300
表 12.1	负责牛津和剑桥各学院绩效评估的责任主体	305
表 12.2	评估捐赠基金业绩的指标	311
表 12.3	牛津和剑桥各学院用百分比表示的总回报率（%）	312
表 12.4	2003 财年牛津各学院的捐赠基金绩效百分比	313
表 12.5	2004 财年牛津各学院的捐赠基金绩效百分比	313
表 12.6	牛津学院捐赠基金回报率与捐赠基金规模	317
表 13.1	2003—2004 财年牛津大学各学院捐赠基金管理成本（%）	325
表 13.2	2004 年牛津大学捐赠基金管理成本占总支出的比重	327
表 13.3	2003—2004 年剑桥大学捐赠基金管理成本（%）	329
表 13.4	2004 年剑桥大学捐赠基金管理成本占总支出的比重	332
表 13.5	与美国教育机构捐赠基金管理成本的对比（%）	333
表 14.1	2003 年美国捐赠基金增长百分比（%）	337
表 14.2	2004 年牛津学院筹集资金分布情况	341
表 14.3	2003 美国教育机构捐赠资产增加额	346

第一章 捐赠基金的界定

前 言

本书中，我们将探讨捐赠基金在教育领域的运行情况，重点关注英国的一些古老的大学，从看似相似的这些机构中找出它们不同的投资观。被众人简称作"牛桥"或"牛剑"（Qxbridge）的牛津大学和剑桥大学是靠慈善为生的组织。这里的"慈善"一词是指慈善捐赠支撑着它们的发展。然而牛津大学和剑桥大学不是靠救济的组织，而是依法设立的私营组织。学院建立之初，这些机构的捐助是用于维持生计，而非用于他处。完成慈善目标是学院的工作，而这项工作是学院负责人及其任命官员所要达成的目标。因此，学院负责人及其官员是基金会的托管人，也是受益者。

与其他慈善组织不同，这些大学不负责筹募基金，也不负责将其分发给需要的学生。学生也不意味着是基金的受益者，除非他们之中有谁获得过奖学金，而不是自费生。这些公司的捐赠基金从来都不是为了让学生受益，但是，只要符合学院的发展，大学的管理机构一直都有支配基金的权力将其用于合适的地方。这些基金设立的目的决定了它们所投资的方式。

如今，剑桥和牛津的大学捐赠基金通常被视为长期资金，并从根本上巩固和维持这些机构的日常运作。在拥有相同目标的教育组织中，学校与学校之间的投资目标若略有一点儿不同，就会导致它们在资产分配上有很大的差别。每所学校在诸如任命教职员工、维持它们日常活动等方面都会坚持一贯的做法，但是在投资途径的个性化和多样化方面就会显现出各自的明显特点。一个有聚合力的组织或大学，它们资产的融合与分配更接近于具有先进投资策略的美国教育基金。

广义上说，教育捐赠基金会与其他基金会以及慈善机构有一些相同的特征。大多数教育基金会的税收状况良好，并长期有序运行。对于某些基金会而言，它们的永久使命并非是一成不变的。大西洋慈善基金会，一家总部设于百慕大群岛并在美国、英国和爱尔兰等国均设有分部的基金会，它在2002年年初重新确立了它们的目标，即截止到2020年将它们捐赠基金的支出减少40亿美元。这个决定源于基金会创始人的一个信条——"生活即给予"，他认为，下一代慈善家最好留些钱去解决未来的问题。"有节制地生活"这一信条有助于推动大西洋慈善基金会完成它们的既定目标，即集中资源去帮助那些弱势群体，改善他们的生活。

即使没有时间的限制，如果确实需要紧急支出，那么受托人也可以依法改变捐赠资产的支出率。例如，为治疗某种致命性疾病的研究提供资助。但是教育机构，特别是已经存在了几个世纪的教育机构，如果遵循上述策略，将会有悖于它们的受托义务。

英国大学的收入通常是学生学费、研究经费、食宿费、会议费用、捐赠、遗赠以及捐赠基金投资收入的结合。与基金会相比，公立大学获得了政府部门提供的大量资源。虽然教育机构通常有多种收入渠道，但是其基金会的收入主要来自于捐赠资产。

世界最大基金会的收入主要来源于其相关的投资活动，其中，实物捐赠和捐款偶尔会加快资本流入。当今，比尔及梅林达·盖茨基金会（Bill and-Melinda Gates Foundation）是一个例外，它的创始人以及基金会联合捐助者沃伦·巴菲特（Warren Buffet）为其注入了巨额资金。大型基金会的创始人，如亨利·卫尔康（Henry Wellcome）、安德鲁·卡内基（Andrew Carnegie）、约翰·D. 洛克菲勒（John D. Rockefeller），或约瑟夫·朗特里（Joseph Rowntree），并非在这样做慈善。值得一提的是，新一代的慈善家，比如，英特尔（Intel）的创始人之一，戈登·摩尔（Gordon Moore）和他的妻子贝蒂（Betty），或易趣网（eBay）的创始人，皮埃尔·奥米迪亚（Pierre Omidyar）更积极地投身于慈善活动。同20世纪的前辈一样，当今的慈善家也同样具有创造力。但当代的慈善家们更坚信"生活即给予"这一信条。许多老牌基金会把不接受实物捐赠作为它们的规定，这意味着它们需要相对稳定的资金流动来维持它们原有的捐赠收入水平。

另一方面，教育机构除了从政府得到资助或直接收取学生的学费外，还可以收到年度捐赠和捐款。它们的运作并不完全依赖于捐赠收入，捐赠基金中断不会立即威胁到教育机构的正常运行。捐赠资产的年度收入或许不够稳定，但它对促进资产长期价值增值以及对维持教育支出目标和教育改革，起着重要的作用。哈佛、耶鲁和卡内基基金会在20世纪的经验，为如何吸引捐赠提供了洞见。[1]投资政策的不同无疑对这些机构之间的资产差异负有责任，但是，缺乏持续的资金流入才是卡耐基基金未能跟上哈佛和耶鲁的步伐的根本原因。牛津和剑桥的捐赠资产可能难以与美国的常春藤名校，如哈佛、耶鲁、斯坦福和普林斯顿相匹敌，投资和筹资方式的差异对于在捐赠部门设定目标、制定政策及其绩效表现起关键作用。

虽然捐赠基金的管理理论在最近得到了发展，但是，牛津和剑桥的大学捐赠基金已经存在了几个世纪。使用现代管理方法的这种投资管理方式为其他面临着类似困境的机构提供了有益的见解。重点是教育捐赠基金投资管理面临的挑战和回报，尤其是牛津和剑桥，引起了长期投资者的关注，这些长期投资者的最终目标是实体资本的增值和可持续的消费能力。投资的成功使得可能会出现在资产管理过程的各个阶段的困境变得更好理解。试图理解这一过程中相关风险的本质对某些投资者具有教育意义。

牛津大学和剑桥大学：简要的背景介绍

牛津和剑桥是独立并且自治的机构，由中央大学和学院构成。至今，牛津有39个学院，而剑桥有31个学院。这些学院同样是独立并且自治的机构，它们是组成各大学的核心要素，与联邦系统相关但又不同于美国的学院。它们通过集体组织，例如，牛津的大学会议，讨论大学内部关键的学术战略决策。

在牛津大学，教会具有最高领导权。它有权更改大学章程，这可以被称为公司治理结构。在牛津的治理结构下，2000年引入理事会作为主要的政策制定机构。理事会由26名成员构成，其中包括由教会会议选出的代表、学院的代表以及来自大学外部的4名成员。理事会对教会负责，教会由学术人员、高级研究人员、图书馆工作人员、博物馆工作人员和行政人员等3700多名成员组成，并对理事会提出的决议进行表决，是大学的最终决策机构。理事会负责制定大学的学术政策和进行战略规划，并指挥各主要委员会的运行。理事会对英国高等教育拨款委员会负责，以满足拨款委员会和大学之间财务备忘录的条件。理事会由副校长担任主席，并听取一系列委员会的建议，其中包括负责管理大学投资组合的投资委员会。

剑桥同样是由学院、系和其他机构组成的。摄政院是大学的主要管理机构和选区。它有超过3800名成员，其中，包括大学的官员、学院的负责人、教职人员以及法定的相关成员。摄政院有权选举理事会和监督委员会成员，同时对任命大学组织机构官员负有重要职责。剑桥参议院议会是主要的执行和决策机构，由21名成员组成，其中19人是大学的成员。它是大学总体行政机构，主要职责是确定大学使命，制订工作计划以及进行资源管理。议会有许多常设委员会，但最重要且具有执行责任的是财务委员会，其主要职责是向议会报告大学及其所有部门和附属机构的收入和支出，制定预算及建议议会就大学收支的状况进行管理，以控制该大学的投资，并对所有大学的场地和建筑物进行维护和保养。

另一方面，牛津或剑桥的每一所学院，都是根据皇家宪章成立的慈善机构，由一个负责人负责并由一些人员进行管理，其中多数人都是大学中的职员。管理机构负责制定学院的战略决策，并对学院的财务和资产进行全面管理。牛津和剑桥的大学章程于1923年开始实施，学院依据1993年慈善法案成为免税的慈善团体。它们受法院的管辖，却豁免于慈善事务署的监督和监管，但随着慈善立法被纳入到法律体系，豁免的程度也随之改变。因此，学院是一个自治的机构，能够对自己的财产、捐赠基金以及收入进行自主管理。

牛津和剑桥没有明确的建校时间，但是1096年牛津大学就出现了延续至今的教学形式，1167年，当亨利二世（King Henry Ⅱ）禁止英国学生前往巴黎大学留学时，牛津大学得到了快速发展。1201年，牛津大学有了由大主教任命的牛津学监，1214年任命大学校长，1231年牛津大学开始被称为Universitas或者行会。当一些避难的学者以及镇民1209年由牛津镇迁往剑桥镇时，剑桥大学应运而生。1226年，剑桥的人数已经足够多，以至于可以成立一个组织，被称为校长的官员提议设立，他们自行安排课程，并由自己的成员进行授课。1231年亨利三世（King Henry Ⅲ）把他们纳入到自己的管控范围内，1571年这两所大学经由国会法案正式注册成立。正因为如此，这两所大学既没有创办者，也没有特许状。他们制定规章对大学内部事物进行管理的法律权利在大学章程中得以补充，这部授予大学权利的大学章程于1923年开始实施。

为达到目的，我们选取了牛津大学财务报表上在列的36个学院以及剑桥大学财务报表上在列的30个学院作为样本进行研究。通过分析，牛津大学没有得到皇家特许状的三个学院格林学院（Green）、凯洛格学院（Kellogg）、圣十字学院（St. Cross），其年度财务数据并未单独列出，而是包含在大学报表之内。因此，这里讨论的学院是牛津大学的36所特许学院。同样，剑桥大学哈默顿学院（Homerton College）没有皇家特许状，因此不包括在30所特许学院之内，而哈默顿学院作为积极建立捐赠基金的案例，也应邀加入到我们的研究当中。

牛津大学 33 个学院以及剑桥大学的 26 个学院接受了我们的研究邀请。这两所大学的投资委员会也参与其中。当我们在 2003 年进行访谈时，我们采访到了牛津大学投资委员会主席艾伦·巴德先生（Alan Budd）和他的团队。但是由于剑桥大学时值机构重组之际，我们没能再次对艾伦先生进行访谈。此时我们采访到了剑桥大学的投资委员会资深成员乔安娜·沃马克（Joanna Womack）。截至本文发表时，我们没能采访到新上任的剑桥大学首席投资官（CIO），尼克卡瓦拉（Nick Cavalla）。牛津大学对投资委员会进行了改组，并宣布任命理查德·奥德菲尔德（Richard Oldfield）为投资委员会主席。该委员会已经决定任命一位首席投资官对投资活动进行监督。我们试图尽可能地反馈这些学院中捐赠基金管理的快速变革。

我们总计收到了来自 69 个学院的 61 份反馈（回收率为 88%）。拒绝参与调查的学院是剑桥大学的基督学院（Christ's）、休斯学堂（HughesHall）、国王学院（King's）、露西·卡文迪许学院（Lucy Cavendish）、王后学院（Queen's）以及牛津大学的哈里斯·曼彻斯特学院（Harris Manchester）、耶稣学院(Jesus)、莫德林学院（Magdalen）。哈里斯·曼彻斯特学院和休斯学堂认为我们的调查范围过于局限，其他学院没有提供任何他们拒绝参与的理由。其他相关机构，如剑桥大学的盖茨基金会（Gates Trust）以及牛津大学的罗德斯奖学基金会（Rhodes Trust）也不包括在研究之内；同样不在研究范围内的还有牛津大学出版社（Oxford University Press，OUP）以及剑桥大学出版社（Cambridge University Press，CUP），虽然这些机构的活动为大学做出了贡献。例如，牛津大学出版社收入占牛津大学的总收入的 4%。

大多数参与学院都对我们的问卷进行了详细反馈，这份问卷中关于定性的细微差别还需要进一步具体回应并进行深度访谈。我们将访谈安排在 2003—2004 财年，访谈记录随后被反馈到参与者手中进行验证。两所学校投资部门的财务主管以及投资委员会的相关成员是主要参与对象。本研究得益于参与者的坦诚和他们即将发表的意见。

本研究还得益于统一格式的高校财务报表的出版，也就是所谓的推荐实务公告。2004 年，剑桥大学以新格式呈现了第一组完整账目，反映了截止到

2004年6月的年度财政数据。牛津大学在前一年已经开始使用新格式进行报告。截至2004年7月,牛津大学提供了以新格式报告的第二组账目,这套账目具有比剑桥大学所有学院的第一套账目更高的水平。当2003—2004财年的账目被公布时,剑桥大学有五个学院未能按新格式报告。到了2004—2005财年,剑桥大学仍有两个学院继续以旧的格式进行报告。因此,剑桥大学与牛津大学的总数据无法进行比较。公开数据有助于我们的分析。

为了方便起见,参与机构,包括这两所大学,都被称为学院。我们的研究所提供的数据是为了对牛津和剑桥的捐赠资产管理机构最明显的变化提供概览。过去和现在都很少有公开的信息。例如,我们在2002—2003财年年末才获取到该年度有关资产配置的信息,这很有可能是出版时间发生了改变。伴随着金融市场的变化,大学组织内部的管理方式也在发生变化,例如牛津和剑桥各学院转向总收益的核算方式。例如,剑桥大学冈维尔与凯斯学院在2002—2003财年有5%的对冲基金和私募股权。到了2006年3月,对冲基金的比例达到了13%,而这一配置的目标是使捐赠基金投资组合占对冲基金的20%。由于各学院没有在其年度报告中公开其详细的资产分配状况,因此我们在访谈过程中收集到的数据是为了对2003年的投资方式进行一个简单的概述。

由于每年的资产分配数据是不公开的,所以我们一直无法对长期数据进行分析。在新公开的账目中仅能获得不动产和其他投资资产的分配情况。一旦慈善法案在2006年通过并出台,这些学院就将会公布更多的财务信息,我们也有望获得更多的数据。例如,在英国,受慈善委员会监督的学校的活动通常要接受其详细的审查。在接下来的几年中,牛津和剑桥的学院将很有可能需要接受这样的审查。目前,已公开账目上的信息种类繁多,像资产分配、投资业绩、成本、筹资等一样,都是不完整或不一致的。因此,我们的任何分析都会受数据有限性的限制。

当今,与美国的对比进行得越发频繁,尤其是与耶鲁和哈佛这样势均力敌的大学进行对比,反映了拥有大量捐赠基金的独立教育机构在吸引投资方面的创新做法。作者并未试图推崇美国的经验,本研究的目的在于解释他们捐赠基金资产管理的重要不同。由于捐赠基金管理的信息，尤其是欧洲和亚洲的教育捐赠基金，属于官方保密信息，所以，本书数据来源于美国。这是因为美国的数据更加公开透明并且接受公共监督。基金会和捐赠基金面临同样的困境，我们可以从美国那里获取经验，制定出相应策略，而不是重蹈十几年前哈佛、耶鲁、普林斯顿的覆辙。

限定基金与非限定基金的对比

捐赠基金通常包括限定基金（特定基金）和非限定基金（普通基金），这些基金由各学院进行统一或分散管理。大部分学院都有一个主要的资产投资组合，例如，普通捐赠基金，也被称为统一基金、联合基金、非限定基金或企业型基金。普通捐赠基金是指高校法人资本和包括遗赠和实物捐赠在内的资本、收入，或仅包括收入，作为高校的日常开销之用。在牛津，80%的捐赠基金被指定用于这些学院的日常开销。

另一方面，大学也会接受一些被指定为特殊用途的基金。例如，2005年，剑桥大学的专用基金达到了99%。而这一比例在牛津大学是79%。

虽然大学的基金多为专用，但是学院的管理机构在对非限定捐赠基金的特殊用途上具有更大的灵活性。尽管1925年大学与学院财产法颁布实施（并于1964年进行修改），但是，对于如何对永久性捐赠基金进行投资运作并没有明显的外部监管，机构自身强制征收的除外，例如专项收入需求以及社会责任投资限制。牛津和剑桥已经采用了"总收益"的方法来管理其资产。

一些学院的捐赠基金包括信托基金，也被称为特定基金或限定基金，这些基金的用途会受到一定程度的限制以保持它们的公信力。遗赠或捐赠被视为专用基金，它们被定义为资本或收入，或仅被定义为收入，仅能用于捐赠者指定的用途或活动。有时，这些捐赠基金所产生的收入可能会被用于学院当前目标规定之外的活动。这些资产的投资方式似乎没有实质性的限制。

一名财务主管解释道，我们受到"专用捐赠基金可以使用但是不能用于投资"这一规定的限制。这也就是说，我们的投资决策会受到一定程度的限制，因为特定的信托基金必须用于特定领域。大多数学院，无论建校多久，都有大量资金被并入资金池内。例如，剑桥大学冈维尔与凯斯学院有一个包含120个专用基金的信托基金，它是捐赠基金内一个统一集中的媒介。剑桥大学纽纳姆学院有280个类似基金，牛津大学基督教会学院有95个，贝利奥尔学院有175个，萨默维尔学院有110个。

由大学管理的个人信托日益增多，例如，牛津大学拥有超过630种的信托基金。因此，每个大学专项信托基金的总数将会达到数千个。这种情况与美国类似，耶鲁大学和哈佛大学的捐赠基金也是由成千上万个不同范围和指定目的的专项基金组成的。哈佛大学的捐赠基金由10 700个独立的基金组成，其中大部分受到具体目的的限制，这种情况在牛津和剑桥也普遍存在。

特定用途的个人捐赠通常被汇集起来形成一个类似于共同基金或单位信托基金的媒介。这使得资产投资类别更加多元化，并由此达到回报率和波动率之间的平衡。汇集成的资金池也允许进行经济监督、投资管理以及成本核算。尽管捐赠基金资产都汇集在资金池中投资，但是每一个学院账目记录中的每一笔基金都有其特定的用途。大多数大学或者学院的捐赠基金都由一个投资资金池构成，这个资金池由具有不同目的和限制的个人基金组成。捐赠者通常会指定捐赠的用途，用于资助讲习教授，设立奖学金、助学金、各类奖金，购买书籍，建造图书馆和房屋以及其他各项用途。

根据规定，捐赠基金通常包括实物捐赠，其中一部分由捐赠者长期提供，并严格限制其用途；另一部分无特殊用途，可以由被捐赠机构自由支配，进行投资或使用。根据剑桥大学格顿学院提供的2003—2004财年的财报，其中资金储备管理政策总结了该学院如何对其捐赠资产进行多样化管理。

限定性基金的收入或消耗性资本只能遵循原初捐赠或遗赠时的意愿。非限制性基金的收入或消耗性资本可以用于一般教育目的或委员会指定的特殊目的。委员会可以根据学校的财政状况对非限制性资金进行分配或重新分配。限制和非限定基金的固定资本将进行长期投资，以对其进行保值。消耗性资本通常也被用作长期投资，除非其已经制订了使用计划。特定项目中的消耗性资本是以现金形式持有的。

仅仅在过去的50年左右，牛津大学、剑桥大学以及其他的慈善机构能够自由地进行投资决策。直到2000年，自由裁量权还是相当有限的，英国大学的免税地位限制了他们只能对捐赠基金投资的收入进行支配，而不能通过资本获取收益。因此，这些学院不得不在"只能对收入进行支配"的强制性规定下进行投资运作，这就意味着这部分资产要设法通过免税所产生的股息红利来创造必要的现金流。税收激励政策出台后，英国的许多基金会、捐赠基金以及慈善机构继续对高收益的公司进行投资。

虽然收入导向的资产配置会影响管理者的选择，但是《2000年信托法》实施以来，受资产组合约束的基金越来越少。自1945年牛津大学信托资金池建立以来，信托基金投资就被独立经理人以平衡基金的方式进行管理。1997年，投资委员会认为，从均衡分配中获得回报并非最优选择，应采用更多元的投资结构、更广泛的金融资产、更杰出的管理者。在总结经验后，牛津大学信托资金池的投资策略发生了重大转变。但是，由于实施新的资产分配策略需要时间，牛津大学直到最近才开始这样做。

本次重组之前，牛津大学获得了收入和资本支出规则有关的法律咨询，很明显，"总收益"的方法可以使用，这也表明变卖资产所得可以用于支出，并且大学不需要仅仅通过收入来保证其支出。这项重要的决定使学校将收入导向的投资政策转变为总收益导向的投资政策，同时使信托基金重组了其管理结构。这同时对学校投资委员进行资产配置以及选择管理人员的能力产生了深远影响。10年前，信托资金池只有2名经理人，而如今这一数字达到了20人，且投资项目也由原本仅有的私募股权和对冲基金投资增加了股票、固定资产以及不动产投资。

从1981年1月开始，剑桥大学的捐赠基金同样是由单一的资产管理公司，F&C管理公司，进行管理。在此之前，学校的合并基金（也就是现在的剑桥大学捐赠基金）于1956年设立，由经理人奥利弗·道森进行管理，奥利弗是Buckmaster & Moore 的股票经纪人，这一公司后被F&C公司接管。因此，剑桥大学捐赠基金自1956年开始是由个人进行管理，随后又由单独的资产经理人管理。配有首席投资官的投资办公室于 2006 年成立，对大学的捐赠基金及其投资进行管理，办公室的建立代表着剑桥大学历史上投资管理的新方向。

牛津和剑桥大学的许多学院都有信托基金会，这是他们凭借自己权利注册的慈善组织，通常从事为学院筹资的活动。这些基金会为学校的教学或其他相关活动提供支持。但是，信托资产并非捐赠基金的一部分。信托基金会拥有多样化的资产配置策略以及投资方式，这反应了其独特的宗旨和目标。这些慈善组织，也有永久性的捐赠基金用于支持学院的运作，虽然他们的资产与大学捐赠资产有相当大的不同。这些大学信托基金会如贝利奥尔学院阿皮尔信托基金会、莫得林学院发展信托基金会、新学院发展信托基金会、佩尔斯信托基金会（剑桥大学的冈维尔与凯斯学院的基金）、艾萨克·牛顿信托基金会（剑桥大学三一学院）等。

同样，这两所大学的捐赠基金不包括个人信托基金和相关的捐赠基金，这些相关捐赠基金是由大学投资委员会管理的，并且没有在大学信托和储蓄资金池进行投资。例如，直到 2004—2005 财年，代表了合并基金和储蓄池的剑桥大学的捐赠基金被剑桥大学盖茨信托基金（2004—2005 年市值 1.5 亿英镑）单独管理。剑桥大学盖茨信托基金与牛津大学罗德斯信托基金相似，都属于国际奖学金项目，但是与罗德斯信托基金不同的是盖茨信托基金现在是剑桥大学捐赠基金的一部分。因此，剑桥大学的学习和考试计划重新命名为剑桥评估（价值 8 500 万英镑），它连同联合信托基金（价值 9 200 万英镑）一起进行单独管理。剑桥大学出版社的资产同样不是大学捐赠资金池的一部分。直到 2005—2006 年，剑桥聚集了这些资产，使其在 2004—2005 财年的捐赠基金超过了 10 亿英镑。这也使得剑桥大学成立了拥有全职、专业的管理人员的投资办公室。

牛津并没有采取把各种捐赠聚集到一起进行有效管理的策略。例如，市值 6 900 万英镑的詹姆斯·马丁 21 世纪基金会目前对牛津大学信托和储蓄资金池进行管理。在综合账户中包含一个特定的捐赠基金。资产价值约 1.5 亿英镑的罗德斯信托基金也由大学的捐赠基金会进行单独管理，但该基金会的资产没有合并到大学的捐赠基金中。依托于牛津大学的罗德斯信托基金是一个教育慈善机构，它的主要任务是支持不同国家的学者来牛津大学学习，但是它是一个独立的实体。牛津大学出版社的投资同样进行单独管理，尽管牛津大学出版社为大学的总收益提供了直接且重要的支持。

捐赠基金资产的规模

剑桥大学及其学院在 2003—2004 财政年度的捐赠基金达到 26 亿英镑（46 亿美元）。牛津大学的捐赠基金资产为 23 亿英镑（42 亿美元）。与哈佛大学的 22 亿英镑和耶鲁大学的 13 亿英镑的捐赠基金相比，截止到 2004 财政年度，剑桥和牛津两所大学中的 68 个机构的资产的捐赠基金总价值（牛津的 36 个学院加上剑桥的 30 个学院以及这两所大学的捐赠基金会）达到了 48 亿英镑（88 亿美元）。牛津和剑桥大学的捐赠基金资产分配见表 1.1。

在 2003—2004 财年，牛津和剑桥的大部分捐赠基金会（63%）的价值不足 5 000 万英镑，有 13% 的捐赠基金会拥有超过 1 亿英镑的资产，仅有 7% 的学院有超过 200 万英镑的捐赠资产。这包括剑桥大学三一学院和圣约翰学院以及剑桥大学。在牛津，只有圣约翰学院以及牛津大学的捐赠资产超过了 2 亿英镑。

剑桥大学各学院捐赠基金的平均值是 6 500 万英镑，而牛津大学为 5 200 万英镑。与美国的 47 个机构相比较，英国只有两个教育机构，即剑桥的三一学院和剑桥大学学院的捐赠基金价值超过了 10 亿英镑，2003 年在美国，这个数字为 39 亿英镑。[2] 2004 年，尽管牛津大学的捐赠基金资产收获颇丰，但牛津和剑桥这两所大学的捐赠基金均未能突破 10 亿英镑大关。剑桥大学报告的资产由 2002 年的 4.9 亿英镑下降到 2004 年的 4.67 亿英镑。[3] 2004—2005 财年，剑桥大学对不同的基金进行了合并，2003—2004 财年重组后的捐赠基金市值刚刚超过了 10 亿英镑。2005 财年，合并后的捐赠基金超过了 10 亿英镑。

表 1.1　捐赠基金资产分配的百分比（2003—2004 财年）①

捐赠基金 （百万英镑）	牛津（%）	剑桥（%）	牛津和剑桥（%）
1~10	11	16	13
10~20	22	13	18
20~30	14	13	13
30~50	22	16	19
50~75	8	19	13
75~100	8	13	10
100~200	11	—	6
200~400	3	3	3
400~600	3	—	1
600~700	—	6	3
总计	100	100	100

来源：《牛津大学 2003—2004 财政年度报告》《剑桥大学 2004—2005 财政年度报告》。

与美国一流大学的捐赠基金规模进行比较便可得知英国的大学资源匮乏。捐赠基金资产的管理能够对资产分配的某些方面产生影响。例如，较小规模的捐赠基金在制定另类资产投资策略时会受到限制，因为另类资产缺乏流动性且具有更高的风险。小规模捐赠基金的收益要求也会影响其资产分配策略。捐赠基金提供独立投资咨询的能力以及绩效分析的能力也可能成为限制因素。因此，资产少于 1000 万英镑的机构不能直接复制资产超过 1 亿英镑的机构的投资策略。

---

① 译者注：表中的总计数值存在与对应数字之和不完全吻合的问题，为了尊重原作的原始数据，译著中不作改动处理，维持数据原貌。后面表中出现的类似数据问题均作同样处理。

表 1.2 美国排名前 10 位的教育捐赠基金的规模   单位:(10 亿美元)

机构 \ 年份	2004	2003	2002
哈佛大学	22.1	18.8	17.2
耶鲁大学	12.7	11.0	10.5
得克萨斯大学系统	10.3	8.7	8.6
普林斯顿大学	9.9	8.7	8.3
斯坦福大学	9.9	8.6	7.6
麻省理工学院	5.9	5.1	5.4
加州大学	4.8	4.4	4.2
埃默里大学	4.5	4.0	4.5
哥伦比亚大学	4.5	4.3	4.2
得克萨斯工农大学	4.4	3.8	3.7

来源:《2004 年和 2003 年 NACUBO 研究》。

表 1.2 呈现了过去三年美国 10 所一流大学的捐赠基金排名,其中 7 所都是私立的组织,如哈佛、耶鲁、普林斯顿和斯坦福大学。排名前两位的哈佛和耶鲁的捐赠基金远远超过了剑桥和牛津,尽管剑桥和牛津大学的捐赠基金与麻省理工学院和哥伦比亚大学的捐赠基金规模相当。

表 1.3 美国排名前 10 位的公立大学捐赠基金规模   单位:(10 亿美元)

机构 \ 年份	2004	2003	2002
得克萨斯大学系统	10.3	8.7	8.6
加州大学	4.8	4.4	4.2
得克萨斯工农大学	4.4	3.8	3.8
密歇根大学	4.1	3.5	3.4
弗吉尼亚大学	2.8	1.8	1.7
明尼苏达大学	1.5	1.3	1.3
俄亥俄州大学	1.5	1.2	1.1
匹兹堡大学	1.4	1.2	1.1
北卡大学	1.3	1.1	1.1

（续表）

机构＼年份	2004	2003	2002
华盛顿大学	1.3	1.1	1.1

在2004年全美教育捐赠基金联盟表中排名第三位，并且保持美国公立大学捐赠基金规模第一位的得克萨斯大学系统，与牛津和剑桥大学的捐赠基金规模相似。考虑到剑桥和牛津的基金结构比较相似，故与美国公立大学组织的捐赠基金规模进行比较。表1.3呈现了美国捐赠基金排名前10位的公立大学。

在过去的几年里，剑桥和牛津大学的捐赠基金大体上都呈现出稳定增长的趋势。2002—2003财年，相比美国的公立大学捐赠基金，包括学院和大学在内的剑桥大学和牛津大学更具优势，分别拥有21亿英镑（33亿美元）和19亿英镑（30亿美元）的资产。直到2003—2004财年，剑桥大学和牛津大学的捐赠基金资产分别达到了26亿英镑（46亿美元）和23亿英镑（42亿美元），均优于这一时期美国的同僚机构，尽管得克萨斯大学系统的捐赠基金比世界上其他公立大学的捐赠基金规模都大。2004—2005财年，剑桥大学对其捐赠基金进行了重组，重组后的剑桥大学及其附属学院的捐赠基金总值将近30亿英镑（52亿美元）。2005年，牛津大学的捐赠基金组合资产为27亿英镑（48亿美元）。

拥有更多捐赠资产的剑桥大学当然更加富有，剑桥大学每个学院的平均捐赠基金价值都比较高。但是，在牛津，有更多的学院拥有超过1亿英镑的捐赠基金资产。举例来说，2003—2004财年，剑桥大学、三一学院和圣约翰学院的资产都超过了1亿英镑。在牛津，加上大学，6个学院的资产都超过了1亿英镑，他们是圣约翰学院、基督教会学院、万灵学院、纳菲尔德学院、莫得林学院、耶稣学院。到2005年7月，已经有很多的学院加入到了亿元英镑捐赠基金的队伍，如牛津大学的莫顿和皇后学院。在剑桥，当国王学院的捐赠基金达到9900万英镑时，冈维尔和凯斯学院与耶稣学院捐赠基金也超过了1亿英镑，它们都是牛津和剑桥大学精英群体中的成员。

表1.4呈现了2004—2005财年牛津和剑桥大学的捐赠基金资产和美国前

10 名的教育捐赠基金的对比。

表 1.5 呈现了 2004—2005 财年牛津和剑桥大学的捐赠基金资产与美国前 10 名公立大学教育捐赠基金的对比。

表 1.4 最大规模的教育捐赠基金：牛津和剑桥大学对比常春藤大学

机构	捐赠基金（10 亿美元）
哈佛大学	25.5
耶鲁大学	15.2
斯坦福大学	12.2
得克萨斯大学系统	11.6
普林斯顿大学	11.2
麻省理工学院	6.7
剑桥大学*	5.3
加州大学	5.2
哥伦比亚大学	5.2
得克萨斯工农大学	5.0
密歇根大学	4.9
牛津大学**	4.8

*包括学院及其相关的机构。
**包括学院。
来源：《2005 年 NACUBO 研究》；剑桥大学；牛津大学。

表 1.5 牛津和剑桥大学对比美国公立大学

机构	捐赠基金（10 亿美元）
得克萨斯大学系统	11.6
剑桥大学	5.3
加州大学	5.2
得克萨斯工农大学	5.0
密歇根大学	4.9
牛津大学	4.8
弗吉尼亚大学	3.2
明尼苏达大学	2.0
俄亥俄州大学	1.7

(续表)

机构	捐赠基金（10 亿美元）
匹兹堡大学	1.5
华盛顿大学	1.5
北卡大学	1.5

捐赠基金的规模或许不能代表一切。当我们将美国捐赠基金资产排名前10位的大学的每个全日制学生生均捐赠基金进行比较时，可以发现美国公立和私立学院之间捐赠基金的差距表现得越来越明显。受入学人数的影响，每个全日制学生的捐赠资产的不同说明了普林斯顿、哈佛和耶鲁的学生要比其同僚机构——得克萨斯大学系统的学生更富有。2003—2004 财年，哈佛和耶鲁的全日制学生分别为 19 060 美元和 11 271 美元，而得克萨斯大学系统有 133 039 名全日制学生。

在美国一些专门的教育组织中，全日制生均捐赠基金资产甚至更高，如洛克菲勒大学（770 万美元）或富兰克林欧林工程学院（全日制生均 210 万美元）这两所学校的学生数分别为 193 人和 150 人。但是，这些学院没有很大规模的捐赠基金。[4] 表 1.6 表明了捐赠基金的总规模和 2003—2004 财年美国排名前 10 位的捐赠基金全日制学生生均对应的捐赠基金资产的对比。

表 1.6 2003—2004 财年捐赠基金价值与全日制生均学生资产

机构	捐赠基金（10 亿美元）	生均捐赠资产（千美元）
哈佛大学	22.1	1 162
耶鲁大学	12.7	1 131
得克萨斯大学系统	10.3	78
普林斯顿大学	9.9	1 476
斯坦福大学	9.9	686
麻省理工学院	5.9	569
加州大学	4.8	23
埃默里大学	4.5	404
哥伦比亚大学	4.5	233

(续表)

机构	捐赠基金（10亿美元）	生均捐赠资产（千美元）
得克萨斯工农大学	4.4	54

令人鼓舞的是尽管美国和英国一流大学的捐赠基金存在很明显的差别，但是在2003—2004财年，牛津大学每个全日制学生和剑桥大学全日制学生的捐赠资产分别为237 000美元和234 000美元，这些远远高于美国的公立大学。2004—2005财年，牛津大学全日制学生的生均捐赠基金已经升至269 000美元。在剑桥，不同的捐赠基金汇集成一个集中的基金，这意味着在2004—2005财年全日制学生的生均捐赠基金升至296 000美元，但仍低于普林斯顿、耶鲁、哈佛、斯坦福还有麻省理工。表1.7表明了在2004—2005财年，牛津、剑桥与美国大学全日制生均捐赠基金的比较。

牛津和剑桥在世界范围内全日制学生生均捐赠资产排名前10位的大学中具有显著的特征。但牛津、剑桥两所大学全日制学生生均捐赠基金资产与美国教育机构中排名最高的机构的区别仍是值得强调的。普林斯顿大学全日制学生生均捐赠资金是剑桥的5倍、牛津的6倍。耶鲁和哈佛全日制学生生均捐赠资金也是剑桥的5倍。

由于牛津和剑桥的学院结构，我们可能不太容易发现的是对于学生来说就读于资金匮乏的学校与就读于资金丰厚的学校相比，很有可能会缺少很多学习设施。有时，这似乎看起来没什么不同，如缺少学生公寓或运动设备等，但这种差别不仅会影响其生活质量，而且会影响学生的学业成就。因此，在剑桥大学圣约翰学院全日制学生生均捐赠资产比例（2004—2005财年为319 000英镑）比新学堂（60 000英镑）的高很多。与之相似，基督教会学院的学生的生均捐赠资产（2004—2005财年，309 500英镑）比埃德蒙·霍尔学院的学生的生均捐赠资产要多。

表 1.7　2004—2005 财年全日制生均捐赠资产

机构	全日制生均捐赠基金（千美元）
普林斯顿大学	1 663
耶鲁大学	1 354
哈佛大学	1 331
斯坦福大学	822
麻省理工学院	652
剑桥大学*	296
牛津大学**	269
哥伦比亚大学加州大学	252
密歇根大学	103
得克萨斯大学系统	86
得克萨斯工农大学	60
加州大学	25

　　捐赠基金以及全日制学生生均捐赠资金的价值告诉我们学校捐赠基金的重要性。但是两个规模相近的机构可能针对不同的成本操作会有不同的目标。值得注意的是，捐赠基金的价值与相关机构支出的比例，因为这使我们明确该机构需要多少可用资源以支持其活动。因此，哈佛大学在 2003—2004 财年的支出是捐赠基金的 11.6%，耶鲁大学的支出是其捐赠基金的 13.2%。这些数字可能每年都发生变化，但是近些年来它们趋于相近。除非在哪一年市场整体不景气，否则这一比例表明了在维持运营中捐赠基金的稳定性。哈佛和耶鲁具有相似的支出率，哈佛是 8.6%，耶鲁是 7.6%，普林斯顿较高，为 14.1%（2003—2004 财年）。在美国，还有其他的例子可以表明，捐赠资产支出率高的机构具有超过 10 亿美元的捐赠资产。

　　在牛津和剑桥两个案例中，有趣的是很多学院都有着引人注目的 9.3% 和 9.9% 的捐赠基金支出比。它们各自的学院中，如剑桥的三一学院和牛津的万灵学院捐赠基金支出比在 2003—2004 财年高达 36.1% 和 30.5%。事实上，与哈佛大学相比，剑桥大学有 8 所学院、牛津大学有 12 所学院有较高的捐赠支出比。但是两所大学也不完全相同，这些组织每年的花费都多于捐赠基金资产的总价值。牛津和剑桥大学捐赠基金的支出比例都是 0.9%。2003—2004 财年剑桥大学的综合比率，即学院和大学是 3.0%。牛津大学是 3.3%。相比之下，哈佛是 8.6%，耶鲁是 7.6%，普林斯顿是 14.1%。

剑桥大学和牛津大学的支出规模虽然不能与普林斯顿、耶鲁和哈佛大学相比，但是它们依然是英国最富有的大学。牛津和剑桥特有的历史发展导致学院有自己的独立的捐赠基金并且与大学是分离的。如果其学院的捐赠基金被涵盖其中的话，那么剑桥和牛津远远超过了英国的其他教育组织的捐赠基金资产。一份对这些机构全日制学生生均捐赠基金资产的分析可以揭示牛津和剑桥的捐赠基金得益于各学院捐赠基金的贡献程度。三一学院、剑桥的其他学院的生均捐赠资产经过评估后接近哈佛和耶鲁大学。

表 1.8　2004 年，英国排名前 10 位的大学捐赠基金规模

机构	捐赠基金（百万英镑）	生均捐赠资产［英镑（千美元）］
剑桥大学	470	129（234）
牛津大学	431	131（237）
爱丁堡大学	156	8（15）
格拉斯哥大学	97	5（10）
曼彻斯特大学	96	4（7）
利物浦大学	89	5（9）
伦敦国王大学	88	5（9）
英国伦敦大学学院	78	5（8）
雷丁大学	77	7（12）
伯明翰大学	60	3（5）

来源：《高等教育金融年报》（2005—2006）；牛津捐赠资产的数据来源于牛津大学。

2005—2006 财年，《高等教育财政年鉴》列出了英国 165 所教育机构和协会的捐赠基金资产总额为 250 亿英镑。这些还不到牛津和剑桥捐赠基金组合的一半。

因此，剑桥和牛津在英国的相对财富是毋庸置疑的。除了学院的捐赠基金，牛津和剑桥大学占英国总的教育捐赠基金的资产超过 1/3（35%）。这些机构的历史和财富，部分解释了为什么它们备受公众瞩目，为什么它们的行动，如它们的招生政策或使用动物进行医学研究要不断地接受公众审查。

表1.8是剑桥和牛津持有的捐赠资产，不包括它们的学院。

英国平均捐赠资金的资产由2002年的1420万英镑升至2004年的1520万英镑。在高等教育机构中，捐赠基金排名前10位的学校，其捐赠基金的总和占高等教育捐赠总基金的2/3（64%）。然而，相比牛津和剑桥的8所学院，只有3所大学的捐赠基金超过了1亿英镑，更不要说这两所大学了。根据2004年NACUBO（国家学院和大学商务办公室联合会）捐赠基金报告，2004年美国大学的平均捐赠基金规模为3.6亿美元，而2003年为3.21亿美元。[5] 2004年，美国平均捐赠基金为1.98亿英镑，远远高于牛津和剑桥大学的这些学院。除了剑桥和牛津两所大学的捐赠基金外，其他的捐赠资金也没有达到这个数字。

英国的高等教育经费

英国的高等教育经费很大程度上来源于政府。虽然大家都期望能够有所改变，但是政府预计仍是教育机构财政支持的主要来源。政府通过3种渠道发放给学校经费：委员会基金（用于机构进行评估的一般性支出，由高等教育拨款委员会拨付）、学术费用（该费用用于英国的学生，由地方教育局按当地学生的人数和学术课程拨款；非欧盟的学生按其全部成本拨付）、科研津贴（主要用于高等教育研究）。2004年，这些渠道的经费占英国学术机构所获资金的79%。[6]

英国政府逐渐意识到他们面临着全球化的影响以及来自于中国、印度和其他发达经济体的挑战，需要对竞争性优势的来源重新进行定义，于是在与利益相关者商讨之后于近期开展了一项关于高等教育的战略评估。新的合作伙伴、资金来源、评估等都被包含在未来5年的日常工作之中，以便提供一个稳定的资金环境，使各机构能够对新的费用配置进行调整。举例来说，从2006—2007财年开始，大学有权改变他们直接向学生收取的费用，最高可以达到每年3000英镑。为了应对新的经济和社会挑战，研究资金也在发生其他变化，包括对于基础设施的投资，正在酝酿之中。

表1.9 英国高等教育基金:各项收入来源占比(%)

资金来源\年份	2004	2003	2002	2001	2000
基金资助委员会	39	39	40	40	40
费用和支持津贴	24	24	23	23	23
研究经费和合同	16	16	17	16	15
其他营业收入	20	19	19	19	19
捐赠基金收入	1	1	2	2	2
总计(10亿英镑)	17.1	15.8	14.6	13.3	12.4

来源:《高等教育财政年鉴》(2005—2006)。

表1.10 收入来源:剑桥和牛津大学(%)

资金来源	2004年分类		2002年分类	
	剑桥	牛津	剑桥	牛津
基金资助委员会	24	29	31	32
费用和支持津贴	9	12	12	11
研究经费和合同	27	36	33	35
其他营业收入	35	15	12	15
捐赠基金收入	4	8	11	7
总计(10亿英镑)	644	458	447	427

来源:《高等教育财政年鉴》,2005—2006;2003—2004。

表1.9描述了2001—2005年英国大学的收入来源。

从历史上说,来自公共资源的收入分配布局为委员会基金、学术资金、科研基金,而这种在过去的几年里相对稳定的分配布局或许对未来的收益资源不是最好的分配指南。尽管捐赠基金的贡献不大,不能与住宅、餐饮、会议和其他项目的收益相比。学校越来越多地利用子公司开展非学术性的商业活动或为非学术性企业提供一些辅助性的帮助。剑桥大学和牛津大学的收入分配与产业聚集部门的收入分配有着显著的差异,这两所大学在英国教育领域的环境下都拥有大量的捐赠基金。表1.10呈现了这种差异。

2004年,牛津和剑桥来自于公共资源的总收入,即委员会基金、学术资金、科研基金占所有收入的60%,其中,牛津高达78%。这种收入分配的明显不同是由业务收入不同导致的。剑桥大学超过 1/3 的所得（35%）来自于其他的盈利资源。在 2004 年，相比于 5 700 万英镑的学术经费、支持津贴和 3 700 万英镑的捐赠基金，仅该校的考试和评估服务就贡献了 1.51 亿英镑。剑桥和牛津的捐赠基金收入低至 6% 和 4%。

与教育部门相比，这些组织中收入来源的差异是显著的。2004 年，高等教育机构所获得的 80% 的收入来自于公共资源，而教育捐赠基金的贡献仅仅为 1%。另一方面，牛津和剑桥从捐赠基金和其他的项目中获得了相当多的收益。即使我们忽视了学院的作用，剑桥和牛津的捐赠基金在支持他们的目标的完成方面扮演了至关重要的角色。如果我们考虑到牛津和剑桥学院的角色，捐赠基金的重要性在英国高等教育背景下不言而喻。

尽管牛津和剑桥是私立机构，但是在过去几十年中英国高等教育管理和资金的显著差异限制了他们在这段时期建立捐赠基金资产的能力。与此同时，这些机构必须应对其核心项目收入下降的状况。以往，学生对学校收入的贡献要比时下高很多。但是直到 1978—1979 财年，牛津和剑桥的学院确定了学生应缴学费，从而以一种更好的方式对他们所提供的服务收费。大学在这样做时尽可能保持了极大的克制，以致学生学费的上涨仍低于大学成本的增加。但是，自从他们失去了这种控制，大学系统一直遭到削减，这种削减也体现在大学的学费中。

从牛津大学赫特福德学院的罗德凡诺登（Roger Van Noorden）先生那里我们可以得知，学费占牛津总收入的比例从 1979—1980 财年的 37% 下降至 2002—2003 财年的 30%。尽管根据一些说法，我们可以了解到学生整体学费的增长可能已经跟上消费价格的增长，但是并没有跟上工资的增长，且工资支出是大学最大的支出。此外，就学费的贬值程度而言，一流高校的学费比普通高校的学费价值下降得更严重。值得关注的是，英国学术部门的薪酬远远落后于美国常春藤盟校的薪酬。学院已经从自己的员工身上收取了食宿费（从 1979—1980 财年的 20% 升至 2002—2003 财年的 24%），连同个人捐赠（2% 增至 5%）和其他渠道，如会议（从 6.5% 增至 9.5%）也获得了收益。

同一时期，捐赠基金的贡献由35%跌至31%。通过高收费和会议费以及一些非公共资源获得津贴和捐赠，学校经费负担有逐渐减轻的趋势。

1994—2003年，剑桥彼得学院的资深财务主管安德鲁·缪里森也就这一话题有一致的观点。根据缪里森的观点，彼得学院章程要求学费基金，即年度收入和支出的账目不应该惯性地利用捐赠资金。学生不得不自己支付其学费。不幸的是这一法定要求已经被废止，政府承担起支付学生费用的责任，其结果是教学收入近年来大大下降，而支出飙升。

今天，牛津和剑桥大学的收入没能反映出其真实的成本。一项研究表明，每年平均每个普通本科生的教育经费为1.86万英镑，而从每位学生手中收取的费用仅为9500英镑，与每个研究生的费用相似。每年关于教学支出的赤字估计为2780万英镑，关于公共资金资助的研究经费赤字为6770万英镑，一共将近1亿英镑。估计每个学生1.86万英镑的总成本中，学费只占其中的6%。其余94%的成本有一半都来源于私人资本（主要是捐赠基金、收入和捐赠）；另一半是政府的贡献。[7]剑桥大学引用了一个关于本科教育经费短期下降评估，为2400万英镑。[8]

值得一提的是，在过去的20年里哈佛大学的成本增长了51%，从每年的26700美元增至40450美元。普林斯顿大学的学费成本从1989—1990财年到1999—2000财年上涨了77%，达到了25430美元，在同一时期总成本升至68%，达到了35320美元。甚至美国伯克利和密歇根这样的公立大学在政府投入不变的情况下，也开始增加学费以满足他们更高的投资需求。[9]相比之下，英国政府在过去15年中对每个学生的资助下降超过40%。牛津和剑桥的全日制学生生均的捐赠基金资产没有与哈佛大学和普林斯顿大学保持一致，导致了长期的英国教育经费不足。

牛津和剑桥大学当前的学费大约为1150英镑（2000美元），每年的总费用升至5700英镑（1万美元），但英国高质量的教育机构有可能是廉价的。这样可以保证成本较低的薪酬和较低的基础设施投资。英国剑桥大学中等年收入的全职教授的薪酬为53000英镑，相比之下根据剑桥的统计数据，哈佛大学为 87 000 英镑，耶鲁大学为 76 000 英镑。牛津大学讲师的起薪低于 20 000 英镑，有时，他们是有房补和食补的。

2005 年 7 月 31 日，牛津大学公开发布了近期的会计报表，报表中显示了投资的高回报和一个保本的运营投资水平。然而，教学、研究、供学生食宿、维修历史性建筑的需要依然难以维计，只能来源于非核心收入。大多数的学术费用和学费收入下降了 2.6%。结合着 22.2 亿英镑的总收入，牛津公布了 40 万英镑的结余。出售资产的盈余增加到 660 万英镑。然而，牛津大学的核心活动支出（教学与科研、教职工的食宿、大学的建筑环境保护）依赖于非核心活动的收入。

2004—2005 财年，核心活动支出达到了 1.95 亿英镑，相比之下这些核心活动的收入（主要是学费和收取的食宿费用）为 1.04 亿英镑。学院每年通过捐赠基金转让、会议结余、拨款和校友的捐赠收入支付这些日常活动中产生的 9100 万英镑赤字。主要是因为这些收入来源于他们自身的资源，以兑现自己的承诺：他们支付了 5000 万英镑大学学术人员的花费，支持重要的科研活动，提供了 95% 的学生的食宿；并成为学院学术性活动、文化、体育运动和社会生活的主要资金来源。

牛津大学的捐赠基金在 2004—2005 财年表现不俗，净余额为 18.1 亿英镑，学院获得了 4.13 亿英镑的总回报，全年平均涨幅 23%。捐赠基金的支出略微下降至 6600 万英镑（资产价值的 3.6%）。牛津筹得款项的 2500 万英镑放在了捐赠基金中，600 万英镑花费在了土建工程上，900 万英镑用在奖学金和其他活动上。谈到以上的数据，牛津大学会议主席、学者迈克尔先生说：

学院所能做出的贡献是大学学业成功的关键。尽管我们面临严峻的财政挑战，但是 2004—2005 财年学院对资产的管理良好。捐赠基金在 2004—2005 财年的业绩甚佳。兰伯特评论说，"牛津和剑桥大学在英国的经济以及精神生活中起着至关重要的作用"，但是比起可能得到的公共经费投入，两所大学会需要获得更多的钱，目的是为他们的学者支付更具有竞争力的薪水、发展他们的研究优势、弥补他们的教学成本、在必要时资助有才华的学生。2004—2005 年的财政业绩表明牛津大学正在积极地应对这些挑战。

在英国，大学之间的教育成本和收费的差距越来越大，除非采取行动加以纠正。高等教育收费标准在英国引起了争论——一种观点认为高额的经费标准是保证大学获得急需的资金的更公平的方式，反对的观点认为高额的经费限制了贫困家庭的学生接受教育——这种争论在2006年生效的《高等教育法案》中得以解决。

除了每年不断循环的财政赤字以外，牛津和剑桥对资本支出的需求一直很高。尽管新资本投资的水平不能与美国的顶尖大学相比较，但牛津和剑桥大学在资本项目支出水平中还是比其他大学更具竞争力。近年来，牛津和剑桥在为新投资项目筹集公共资本方面取得了成功。最近一份报告指出，在2001—2002年，牛津和剑桥整合了所获得的所有公共和私人经费后，将1.4亿英镑投资在新的资本项目中。哈佛大学在实物更新、购置新设备和并购等方面花费了总共4.1亿美元。牛津大学的花费与伯克利大学相似，接近1.2亿英镑。[10]

公共基金和国外借款融合可以满足牛津和剑桥的机构支出需求。他们也大量地依赖于内部资源，但这种方式会导致外汇储备的消耗。更多的美国大学定期地利用借贷来支持较大的建设项目。这样可以使他们利用对大学获得的捐赠去解决当下的现金流问题。在美国，有着大量捐赠基金和长期经营历史的大学都会被银行认作安全的投资者。在整个35年的债务中，大学不仅可以保证较低的利率，他们也可以利用美国的免税政策。大学把他们的捐赠所得拿出去以比债券持有人高的利率进行投资。积极的多样的投资组合使得原始的捐赠不断增加。税收激励政策可能导致英国很多大学采用相同的投资战略。[11]英国的牛津和剑桥的学院已经开始了更大项目的债务融资，但是在某种程度上，这些机构能在何种程度上利用这些原始的捐赠收入是不明朗的。

因此，牛津和剑桥近期的成就需要对一个相对复杂的资金环境进行评估。由于学院的核心活动消耗了大量金钱，经常性成本超过了收益。虽然牛津的36所学院已经公布在2003—2004财年和2004—2005财年有少量的盈余，但是它们也产生了学术收入和支出的赤字。2003—2004 财年,牛津大学记录了少量盈余,其收益为 4.93 亿英镑,支出为 4.91 亿英镑。相似的,剑桥大学在 2004—2005 财年支出为 6.93 亿英镑,收益为 6.95 亿英镑。

根据牛津大学各学院的财务报表,2003—2004 财年学院的总收入超过了总支出为 450 万英镑,而 2002—2003 财年仅为 100 万英镑。然而牛津超过 1/4(28%)的学院在这一年都显示赤字,其中包括相对有钱的学院,如基督教会学院、万灵学院和纳菲尔德学院。在 2002—2003 财年,牛津超过 1/3（36%）的学院出现了运营赤字,也包括那些拥有较大捐赠资金池的大学。剑桥大学公布的 2003—2004 财年的会计报表显示有超过一半的学院(54%)出现了运营赤字,其中包括彼得豪斯学院、耶稣学院和国王学院等。

在一般教育支出的情况下,牛津和剑桥个别学院的运营赤字或许不算多,但是由于需要不断地平衡账户,这些组织只能把精力放在日常的教学活动中,更不要提拓展新的(投资)增长领域。基础设施建设长期的投资不足,生均消费不足以及较低的学者工资(只是美国大学的 1/3)一定会造成损失。当牛津和剑桥致力把教学、科研视为中心时,他们比世界任何一个组织都期望得到更多资源上的支持。

2003—2004 财年,牛津、剑桥与美国同僚相比之下开销的不同是影响整体输出质量的最重要因素。例如,牛津大学 36 个接受捐赠的学院共支出 2.06 亿英镑,平均每个学院支出 570 万英镑。基督教会学院支出 1 640 万英镑,圣约翰学院为 1 200 万英镑。2004 年,剑桥三一学院的支出为 1 800 万英镑(其中,500 万英镑是捐款),国王学院的支出为 1 290 万英镑,圣约翰学院的支出为 2 200 万英镑。事实上,2003—2004 财年,英国所有大学的支出为 168 亿英镑,平均每所大学的支出为 1.02 亿英镑。[12]其中,支出额度最大的几所大学为剑桥大学(6.6 亿英镑,或 12 亿美元)、牛津大学(4.86 亿英镑,或 8.84 亿美元)。牛津大学及其 36 个学院一共支出 6.92 亿英镑(13 亿美元),而剑桥大学及其 30 个学院一共支出 8.56 亿英镑或 16 亿美元。

相比之下,美国哈佛大学 2003—2004 财年的支出为 26 亿美元,耶鲁为 17 亿美元。其他公立的学术机构,如拥有近 2 800 个教职工、28 000 名在册学生的东京大学的年支出为20亿美元，甚至京都大学在该财年的支出也为10亿美元。因此，英国大学所面临的挑战是他们没有能力获取其他全球大学所能获取的资源。由于学术经费的减少，多年以来，用在支持学术项目的捐赠基金比重在不断提高。

表1.11呈现了捐赠基金收入和实物捐赠对总收入的贡献。

表1.11 2004年捐赠基金和捐赠总收入的贡献

机构	捐赠基金收益所占百分比（%）	捐赠所占百分比（%）	总收益（10亿美元）
剑桥大学	4	4	1.2
剑桥学院	35	6	0.4
联邦制的剑桥	13	4	1.6
牛津大学	4	7*	0.9
牛津学院	34	4	0.4
联邦制的牛津	13	6	1.3
耶鲁大学	31	5	1.7
哈佛大学	31	6	2.6

*牛津大学出版社把大笔捐赠加上其他捐赠计算的。

牛津、剑桥的捐赠基金超过总收入的1/3，在维持学校运营方面起了重要的作用。然而来自于学院学术活动的收入不超过总收入30%。牛津和剑桥的各个学院获得的大部分收入都是从非学术活动中获取的。两所大学也是从非核心运营活动中获取了绝大多数的收入。由于政府所提供的资金不能与这些世界一流大学的运营成本的上升需求同步，这些学校已经成功地采取多元化的筹资渠道，如筹资、加强捐赠基金的管理和其他的运营方式。

资金比较：常春藤与牛津和剑桥

25年前，牛津和剑桥的运营资源是可以与美国的私立大学相匹敌的。如今牛津的支付能力只是哈佛的1/2，剑桥是哈佛的2/3。两者最大的不同在于英国以培养本科生的成本为原则进行拨款，而美国的大学是根据学生个体的资金需要进行上限范围的拨款。[13]像美国其他顶尖大学一样，而今哈佛大学的准入政策不介意其学生的财力，而是更看重学生的质量。只要是符合条件的学生都会得到相应的经济支持。牛津和剑桥也重视优秀的申请者，但是他们没有能力按照学生学习成本的需要提供相应的资助。

如果在现有的基金来源的情况下，不继续拓展其资金来源的渠道，那么英国顶尖大学的这种危机将不能得以解决。牛津和剑桥的大多数学院较高的固定成本意味着即使学生的人数下降也不会解决资金的困难，尽管一些学院想通过改变本国学生与留学生比例的方式去解决培养留学生的高额费用。例如，伦敦经济学院认为欧盟之外的学生申请比例较高，已经转换了其学生结构的比例分配。非欧盟的学院支付的费用接近于他们接受教育的真实成本，尽管这一支付水平一直都低于常春藤联盟。

表1.12 收入来源：哈佛大学和耶鲁大学的百分比（%）

资金来源	哈佛大学	耶鲁大学
捐赠基金收入	31	31
来自学生的收入	21	13
所获得的研究收入	23	30
其他收入	14	20
当前使用的捐赠	6	5
其他投资收入	5	1
总计（10亿英镑）	2.6	1.6

来源：《哈佛大学监察委员会财经报告》（2003—2004财年）；《耶鲁大学捐赠基金报告》（2004年）。

表1.12介绍了哈佛大学和耶鲁大学的收入来源。为了方便起见，这种分配结构是标准化的，相比哈佛大学，耶鲁大学报告其分解略有不同。在2004财年结束之时，耶鲁大学获得了16.3亿美元的收入，其中，31%是从捐赠基金获得的，30%来自于津贴与合同，15%源自于医疗服务，13%来源于纯学费、食宿费，5%源自于现有捐赠，2%为出版物收入，1%为其他投资收入，5%为其他收入。

如果把英国和美国的顶尖教育机构的资金来源进行比较，可能感到惊讶的是牛津和剑桥的学院（而不是大学）所得的捐赠基金在其年收益中所占很大的比例。另外，这些学院所获得的捐赠收入与哈佛和耶鲁也不相上下。2004年，牛津大学所获捐赠占其总收入的4.4%，耶鲁为5%，哈佛为6%。当牛津和剑桥改变了他们的筹资重点，他们获得的来自捐赠人的支持是非常令人鼓舞的。从联邦式基础上去观察，牛津和剑桥的捐赠基金和所获捐赠的比率看起来就很合理了。

不同主要源于学生的学费和研究经费（哈佛为44%，耶鲁为43%），其他收入参见表1.10和表1.12。包括研究补助金和牛津的学院的合同在内的学术性收费显著低于总收入的30%。另一方面，牛津和剑桥大学接受了大量来自政府的拨款，2003—2004财年，牛津大学所获的政府拨款占77%。剑桥大学所获的拨款占60%。捐赠基金收益贡献所占牛津和剑桥大学总收益的比重不能与美国同等水平的大学相比。牛津大学的捐赠基金中支持学校运营的费用仅占8%，而剑桥大学仅仅是该水平的一半。纵观历史，尽管两所大学缺乏投资和捐赠基金管理的意识，但是他们在这些方面的回报是可观的。

表1.13 牛津学院和剑桥学院的收入来源百分比（%）

收入来源	2004	2003
与学术有关的费用*	29.4	30.0
捐赠基金收益	34.1	34.9
其他运营收入	36.5	35.1
包括：		
成员收入（来自于学院的成员）	19.4	19.4
会议和宴会	9.7	9.2
捐赠和慈善	4.4	3.5
其他收入	3.1	3.0
总计（10亿英镑）	210.7	198.0

* *包括研究津贴与合同。
来源：《牛津大学学院财务报表》（2003—2004财年）。

表1.13总结了牛津36个学院的收入来源。[14]学院与学院之间是不太可能

进行类似的比较的。

牛津大学和剑桥大学的收入问题不仅仅源于它们的分配问题和对政府的高度依赖,还包括它们的整体水平。2004 年,牛津各学院和大学的总收入为 13 亿美元,剑桥各学院和大学的总收入为 16 亿美元。相比之下,耶鲁为 17 亿美元,哈佛为 26 亿美元。十分明显,为了在全球竞争中保持自己的学术地位、发展和维持世界水平的研究能力、支付教学成本、吸引世界上的精英,牛津和剑桥必须从政府获得的资金外寻求更多的支持。虽然从各种渠道所获得的收入分配日趋平衡,但是牛津和剑桥可以利用的资金总额必须增加。

牛津大学出版的学术战略文件指出,牛津大学在 2002—2003 财年共筹资 5 800 万英镑,相比之下,哈佛大学为 2.62 亿英镑,斯坦福为 2.5 亿英镑。除了校友捐赠文化的不同,牛津大学的筹资业绩与这些每年可获得 40% 和 60% 的校友捐赠的美国顶尖大学相比还很逊色。牛津大学的最高纪录也仅仅达到了 5%。[15] 在未来的几年,这两所大学计划了主要的筹款活动,该计划促使大学进行弱项管理改革,即管理运营、税收问题、绩效衡量等。

剑桥大学在其 800 年校庆的时候,包括各学院的捐赠基金在内,剑桥的资金达到了 10 亿英镑,许多的实物捐赠都直接放到了捐赠基金中。配有投资董事会的投资办公室的建立标志着剑桥大学捐赠资产的管理方式有了重大的发展。大学副校长艾莉森·理查德教授说:投资董事会的成立是剑桥发展的重要一步。为了增强和重组大学的资产,在我们的整体战略中,建立大学的捐赠基金和提供更多的收入去支撑学校的日常活动是最重要的因素。

为了正确看待高等教育基金,OECD(经济合作与发展组织)公布的数字表明,美国在大学上的支出占 GDP 的 2.7%,德国为 1.4%,英国为 1.3%,法国为 1%。在德国,来自于私人部门的高等教育支出为 0.1%。在法国、德国和其他欧盟国家学生不需要支付学费。在英国,向学生收取的可变费用一直存在争议,但这也远不及学生的教育成本。2006—2007 年,大学将有权改变他们所收取的课程的费用,最高为每年 3 000 英镑。作为回报,大学必须促进更广泛的参与与访问。

在他们 2003—2004 财年的财政报告中,牛津和剑桥的许多学院都提及了长期的收入损失。在高等教育中,每个本科生的公共资金在过去的20年中已经减少了一半,并且现在计划增长学费也不能扭转这种局面了。1998年12月,学院同意从1999—2000财年后的10年开始降低21.8%的学术费用。虽然这些学院可以收取附加的费用,但是他们不会把这些费用直接揣进自己的腰包。在过去,学院接受了来自地方政府的拨款。为了缓解整个学校的问题,一些捐赠将归于各个学院。

另一个减少的收入来源是政府决定取消对股息的税收抵免。这对一个学院来说,它的投资收入就减少了20%。[16]那些采用收益导向型投资政策的学院是受影响最严重的。从1998年开始,英国税收规则的变化对税收抵免政策的恢复影响了投资市场的所有部门。例如,从1997年7月对抚恤金和公司的税收抵免停止了。从1999年4月开始,慈善机构关于普通股息的税收减免政策由25%降低到21%,到2004年4月降低为0。这也是使收入和捐赠基金萧条的一个因素,也包括英国最大的基金会——维尔康基金会。英国股票的信托红利从1997年的2.05亿英镑到2005年的1.19亿英镑,在这期间收入从66%下降至39%。

这些法律鼓励投资者从收益导向的投资战略中转移出来,现金流的减少给这些机构带来了巨大的压力。学院不得不根据立法的变化进行调整,这一简单的改变在剑桥大学西德尼·苏塞克斯学院2004年6月30日的《管理报告》中清楚地被阐述了出来:

这种运作环境对各个学院来说一直很困难。从1999—2000财年开始的十年间,大学本科生学费的公共拨款在逐年下降(在第5年,即2003—2004财年才达标)。大学对本科生的生均拨款在2003—2004年度为2 850英镑,相比之下不符合3 192英镑的公共基金要求,结果在这一年损失了11万英镑的收入。相似的,2003—2004财年预付公司税(Advance Corporation Tax,ACT)的取消缓解了投资收益的压力,相关的学院投资收益损失为6万英镑。2005—2006年,所有税收减免的消失将使损失增至75 000英镑,这一数字还将继续上涨。

员工养老基金的成倍增长涉及 10 万英镑的额外成本，也部分归因于财政大臣早些时候的决策，即引入预付公司税以缓解养老基金和慈善机构的压力。管理部门意识到这些收入的减少和成本的不断增加不会改变，拨付给本科生的经费从这段时间到 2009 年将会变得更少。因此，在未来的几年里，学院的事务将会被要求得到更细致周到的管理，尤其是要避免降低西德尼·苏塞克斯学院的本科生和研究生的培养质量。[17]

政府将会也应该会继续成为大学资金的主要来源，但是也应该增加大学获取资金的灵活性。在英国的众多高校中，为了保持牛津、剑桥在世界的领先水平，他们需要获得更多的资金，而不仅仅是来自于私人捐赠。两所大学除了凭自身的能力获取世界范围的资源外，来自于政府的援助也是必不可少的。他们需要调整和扩大收入的主要来源，其中包括提高捐赠基金的投资回报率，也需要通过更努力地筹款和谨慎的基金支出来积累捐赠基金的财富；与此同时，还要游说政府，要求其提供更多的拨款并且制定有利于捐赠者的税收激励政策。

2005 年 10 月 1 日，艾莉森·理查德教授在其大学的年度演说中强调英国的大学需要更多元化的支持。

社会通过五种渠道对大学提供财政支持：学生和他们的家庭、校友和朋友、慈善基金会、企业、政府以及它代表社会整体管理公共资金的职能部门。这几种渠道适用于世界中的大多数国家。除此之外，还有一些大学通过捐赠基金、开办企业和知识产权的方式开发和管理他们的主要收入。

过度依赖这些渠道中的任何一种都会给大学组织的发展带来风险。一所大学若是全靠学生学费得以维系，那么它将会受到消费主义风向标的影响，还会为学生和其所在的家庭带来过重的负担。仅仅依靠捐赠者的大学可能会从此走上大学学术取向扭曲的道路。依靠企业的援助会导致对科学研究探索欲的下滑，转向去迎合快速变化的商业化社会。过度依赖捐赠基金将会使大学的金融市场如过山车一样起伏不定。到那时只有政府了。[18]

大学获得财政支持的替代方法应该逐渐加强,包括除了政府之外的一系列渠道,如债券发行的能力和在经营性资产、知识产权资产等管理中采用更多的经济手段的能力等。而这一切只有在赋予了大学和学院对其事务管理的更多的自主权后才能得以实现。正如牛津大学的副校长约翰·胡德（John Hood）博士在其就职演说中提到,"事实上,建设一个世界一流大学的成本和可供资金的成本是不对等的"。[19]对于牛津来说这已经是一个不争的事实,英国的和欧洲的其他大学必须找到一个更好的途径来解决这一问题。

欧洲各国政府发誓要对这些岌岌可危的大学做点什么,这种危机从上海交通大学对于世界大学排名的调查中显露出来。该排名的前10位中有8个都是美国的大学,只有剑桥（排名第2位）和牛津（排名第8位）打破了美国大学在这一排名中的垄断。在排行榜的11~20名中非美国大学仅有东京大学1所。英国帝国理工学院、伦敦大学学院分别位于第23名和第26名。[20]在美国,不仅政府在教育上支出巨大,而且还有一个很好的为母校捐赠的传统。现今这种传统也在牛津和剑桥流行开来；遗赠、实物捐赠、抵押、捐款、遗产占高校总收入的4%,类似于美国顶尖大学接收到的捐款和捐物。捐赠基金占牛津、剑桥大学总收入的比重在继续上升。资金和支持的绝对规模仍需要提高。

变革中的牛津大学和剑桥大学捐赠基金

牛津和剑桥普遍的问题是,资金的长期稳定性以及他们需要自力更生以保障未来的发展。纵观历史,这些学校的监管和资助方式不可避免地影响对捐赠基金的管理。在一些学院中,内部贷款曾经是在某种程度上也一直是捐赠基金的未偿贷款。由于这些贷款通常是免息的,仅仅要求偿还本金,所以捐赠基金充当起了这些学院的借款来源,尤其是向学生提供住宿这种总是亏损的活动。

需要承认的是如果捐赠资金不是永久资本或特定资本,那么学院可以选择进行消费，而不仅仅是用于借贷。关键问题是他们这样做是否有利于学院的长期发展？对于采用总收益的投资方法的机构来说，另一个问题是年均支出要达到什么样的水平？尽管这又立即回避了另一个问题的实质，就是这种方法对谁来说是最合适的？这里提到的很多例子可以说明学院的决策可能从组织的视角看是正确的，但是在维持捐赠基金的长期实际价值上是没有任何好处的。

例如，在一所相对缺钱的学校，捐赠基金的借入金额代表了捐赠基金的重要价值。从捐赠基金中进行免息借贷是学院内部借贷的一种方式，需要偿还超过 30 年。这就很容易理解，在这种情况下，拥有小规模捐赠基金的学院其筹集资金并使其升值的能力会受到限制。如果学院被规定以银行利率进行借贷，哪怕是竞争性利率去向捐赠基金中借钱的话，其产生的结果会有很大的不同。

以免息的方式向捐赠基金借款的能力可以使它作为一个很吸引人的议题，因为学生住房补贴的预期收入可以理解为大学的努力目标，特别是市场收益被认为可能在短期内相对缺乏吸引力的时候。因此，会有这样的一个争论，从捐赠基金中转移资产经过运作后会有更好的回报，还是一个更好的资金来源。是否事实真是如此——即租金收入会高于市场投资率——还没有考证。还有不是很明朗的是这样的决定是否是基于投资的考虑。相反，在这种情况下捐赠基金的投资政策不得不做出从"增长导向，总回报"到"收益驱使"的转变。

用财务主管的话说：

它曾经是成长型基金，在市场的巅峰时期，学院借了 800 万英镑用于基础设施建设（因此投资资产转移到了经营性资产），剩下了很少的收益。因此，重点是必须去调整使之产生更多的收益。贷款是无息的。学院建立了偿债基金并用学生租金去偿还贷款。但是，这些经营性资产的收益并不是很理想。我脑海中出现一个谬论就是假设从建筑物上所得的收益与在市场中的收益相同。例如在市场中产生的价值为 2.4%，但是间接的成本要比实际高出很多，经常会导致负收益。你可以将800万英镑投入市场进行常规运作并产生3%~4%的无经常性费用的收益。然而，如果你把这些钱投到了运营资本中，就不会得到这些收益。这看起来像是一个好主意，但是事实上，大学却损失了收益。大多数的经营性资产并不是在商业的基础上运作。因此，我们已经开始从一个小型的富有的学院朝着一个大型的资金短缺的学院发展。

捐赠基金以零利率向外借贷，不仅导致了捐赠基金资本的枯竭，也导致了没有投资驱动的投资政策制定的变化。虽然这种实践在今天看来有些罕见，但是这种消费金融资本的方法在过去相当普遍。结果，这些机构投资政策的制定把运作时的考量放在次要的位置。经营决策决定捐赠资产的配置，并导致捐赠资产较低的投资回报率。捐赠资产的长期消耗证明了尽管捐赠基金在短期内维持了组织的运营，但是对组织长期目标的实现是有害的。在牛津和剑桥43%的学院中，其中一半为剑桥的，1/3为牛津的，它们的这种做法都导致了捐赠基金的失败。考虑到这些学院运营资金环境的困难，储备金曾帮助预算赤字提供资金。如果这些储备金不是从捐赠基金中获取的，那么这种资金资助看起来就再正常不过了。

今天，大多数的财务主管认为这样的做法是完全不可以接受的。学院更依赖这种捐赠基金的收入，更多地批评这种导致捐赠基金损耗的实践。没有确凿的证据表明学院依赖捐赠基金的程度决定了其不同的投资战略。有着较多捐赠基金的学院在他们的运营方面更依赖于捐赠基金，更关心从长远角度保持捐赠基金的真正购买力。这些机构也更重视那些可能支持他们既定目标的投资决定。拥有小规模捐赠基金和在资金运作上对捐赠基金依赖较低的学院通常都有其他的资金来源，这些也可能影响他们向捐赠基金借款的决定，特别是捐赠基金的借贷成本是零的时候。最近许多学院开始改进法案用内部征税的形式来减少捐赠基金的损失。

意识到改变的需要，主要是因为服务的错误定价很明显是行不通的，学院执行的更多是市场导向的政策。一个财务主管评论道："我们必须降低补贴并收取学生更多的费用。我们还必须从会议中获得更多的收入以及筹集更多的校友捐赠。现在，经营商业的成本正在增长，因此我们将来需要更多的资金。"需要在系统中引入根本性的变化以应对教育花费的成本和所得的费用之间的不断扩大的差距。2002—2003年《牛津大学学院财务报告》中的《贝利奥尔学院的运营和金融评论》陈述道许多高校面临着困境：

> 近年来，在多因素的共同影响下，大学出现了巨大的赤字。扣除物价因素外，大学本科生的人均经费的稳步下降已经变得越来越有破坏性。就像大学在英国股票收入中逐渐减少了收回公司预付税的能力。在股票市场中大的回落导致了资金的损失，而这些资金能从捐赠基金中获得。此外，员工成本（包括学术人员和后勤人员）持续超出零售物价指数，部分取决于国民保险税的增加和雇主对于牛津大学员工养老金计划的贡献。牛津大学的导师制——有着很多的优势——当然也是高代价的。这些，再加之持续维护保护建筑的成本，给像贝利奥尔学院这样的学院以及其他高等教育机构增加了过重的经济负担。为应对这些不利的趋势，学院已经同意于2004年10月开始执行大幅上调"新生"房租的政策。这种上涨将确保租金收入，更多地缓解成本的压力，因此，允许更多的捐赠基金收益用于学术用途和供应奖学金和助学金。这些变化，连同一系列的经济措施，旨在未来四年恢复大学预算的平衡。[21]

除了贝利奥尔学院在这一年的收支接近平衡，贝利奥尔学院的管理机构报道以及2003—2004财年财政报告都谈及了一个相似的条目。许多大学在他们的日常运营中计划去打破收支相抵的局面，并通过捐赠和遗赠去建立资本和储备。在长期看来，能维持就是一项了不起的成就。我们值得花一些时间从历史的角度推敲剑桥大学捐赠基金持续的危机的影响。

捐赠基金和经营性资产的核算

会计和税务方面的历史规则给我们提供了一些解释,即为什么今天牛津和剑桥的捐赠基金不能与美国私立大学设立的捐赠基金相比较,这些大学大都建立较晚但是却在过去的几十年中建立了大量的捐赠基金。今天,有着相对适中规模捐赠基金的牛津、剑桥大学,可能拥有较大的且不能在账面上体现的不动产。我们可以假定,2002年7月31日以前的25年中的任何资产的净账面价值是可以忽略不计的,同样包括学院的主要建筑物。从账目中去分析评估当下学院拥有的资产市值是找不到答案的。虽然一些学院已经通过建立科技园区、会议中心和合资企业等将资金投资于在建的剩余土地上,其他现存学院的不动产的发展潜力是不能量化的。

许多学院拥有附属的贸易公司去管理他们的不动产投资。但是这些公司像其他贸易公司一样纳税,他们也出现在合并报表中。比如,牛津的 The Lamb and Flag 有限公司,是牛津圣约翰学院下属的子公司。这个公司的职能是作为媒介服务于牛津的中心的圣吉尔斯 Lamb & Flag 酒店的商业活动。圣约翰学院把酒店的利润用在研究生助学金的资助上。

捐赠基金和其他投资性资产与经营性资产有很大不同,包括一些可以追溯到14—15世纪的典型建筑的维护。学院们联合起来重点保存和维护这些建筑物。在为这些建筑物投保这件事上,在过去一些学院还认为小心谨慎地建立和维护储备就等同于为建筑物投保。然而,像这样的补给已经不再那么平常,经营性资产不会经常出现在捐赠基金中。此外,历史建筑在账目中体现为零价值,因为我们是不可能确定这些建筑的原始成本的。

经营性资产包括学生食宿费,近些年在投资活动方面也有显著的增长。牛津36个学院来源于其成员的租金、其他居住费用、会议收入和其他用途的经营性收益,在2003—2004财年占总收入的1/3(35%~36%)。但这些数字或多或少有些误导,因为它们不包括获得这些费用所需的成本(住所损耗费、宴请、会议共计超出这一时期总收入的1/4），相比占总收益34%~35%捐赠基金，他们给我们提供了一些计算大学运营收益的方法。

一个词就是"税收"。大学是免税的慈善机构，因此只要其收益和所得被用在法律规定的慈善目的中，那么这部分收入和资本收益是不需要向国家缴税的。但是，这些组织的附属机构有责任上缴企业所得税。这些贸易附属机构的利润捐赠给了学院——这些学院又按其管理机构的决定分配给他们。除此之外，《大学贡献计划》规定学院有义务为大学出力，同时这个文件也规定了附属机构的利润在一定需要的基础上向学院提供资助金和贷款。

对财产管理的限制也被大学章程视为法宝。一个财务主管解释道：

> 慈善信托基金对不动产有一定的限制，要求它只能用于慈善目的。永久捐赠基金的主要定义就是规定学院的所有资产必须以这样的方式运作——如果你出售它其中的一部分，就必须在规定的时间内预先做出填补这些资金的安排——不能把它作为意外之财来运作。

举个例子来说，一所学院为本科生提供宿舍，它自然也需要配备一个宿舍管理员，这些管理员成为捐赠基金花销的一部分。当学院以较低价格将宿舍楼租给管理员，她按照市场的价格租给了学生。因此，她与学院之间就签订了商业协议。隔壁的建筑是研究生公寓，他们是成年人，不需要管理员，因此学院就直接从研究生身上收取租金。更重要的是这个建筑是运营资本的一部分。因此不会出现在账目中。如果管理员去世了，那么学院要做的是把它变为运营性资产，使他们在账目中消失。另一方面，你也可以变卖一些资产，使其作为有形资产出现在捐赠基金的账目中。

资产是否出现在账目中取决于它的属性是经营性资产还是捐赠基金。从学院的立场出发，相比这些捐赠基金的资产，运营资产产生的免税收益要更吸引人。因此，学院大多有把捐赠基金转化为运营资产的想法，尤其是他们发现自己的收益在慢慢地被其他部门侵蚀的时候。加之，由于越来越多的学院为他们所有的学生提供住宿，这个便利已经不是其可以与其他学院竞争的优势了。

比较典型的如牛津和剑桥的学院就为其本科生提供住宿。由于一些历史性的原因，许多学院这些年来一直以低于市场租金和经济租金的费用收取住宿费。近些年来，许多学院已经开始着手去改变已有的收费模式，但这种模式对现有的这一批学生来说是不公平的。为了竞争更多优秀的学生，较富裕的学院能在食宿方面给学生一定的补贴。按以往经验，从这些渠道获取收益是不太可能了。2003—2004 年，多数有钱的学院在他们的收益上也报告了一些赤字的现象，住宿、餐饮、会议的支出与捐赠规模较小的学院相比损失较少，尽管损失的规模相似。因此，捐赠基金的规模不是学院学生食宿花费的主要决定因素。

学院也能在捐赠基金中借款。一个新成立学院的财务主管谈道："20 世纪 80 年代，通过向捐赠基金借款，逐渐获得了一些资金。我们也通过变卖宿舍获取资金、向银行借贷来增加免税资产。"学院选择在运营资产中投资。在过去的 10 年中，学院建立了一个财产组合，但是还没有在捐赠基金中显示出来。但是也有例外，剑桥大学彭布洛克学院，将它的学生宿舍作为它投资控股公司的一部分，在 2004 年 6 月底这些住房价值 2 000 万英镑，其中包括它 1/3 的投资资产组合。

运营资产和捐赠资产的这种历史地位被牛津和剑桥这两所机构充分利用。捐赠基金变成了对现在这批学生津贴发放的有效支撑。一位财务主管说，"如果我们没有捐赠基金的话，我们的租金和经费将高出 3 倍，发给员工的工资也将降低。因此，很久以前，学院的经营就出现了赤字。学术工资比通货膨胀率高出了大约 1%～2%。当学生中的大多数达到了研究生的水平时，对学生的补贴将继续上涨，我们依然会受到资金的困扰。在 1929 年，学生比现在多支付一半的学费。如果我们今天也能和之前一样收费的话，我们的财务状况会更健康"。

由于资产可以从捐赠资产轻易转换为资产负债表中的运营资产，它就成为学院之间的普遍做法。这些决定不是异想天开，而是由一个明确的需求引致的以保持该领域内的竞争力。当学院之间为了竞争更多优秀的学生，他们不得不考虑到要赶超同行。一个牛津大学财务主管希望建立他们学院的捐赠基金并解释道：

我们试着去减少捐赠基金支出的比例，以便能重建捐赠基金。我们正在讨论的是我们应该能够围绕着捐赠基金做更多的努力还是应该在筹资时尽量减少对捐赠基金的依赖。在过去，我们过高地减少对捐赠基金依赖的程度，在一些年份高达10%。我们要试着做的是恢复捐赠基金。尽管在我的有生之年我们不能完成这个目标，但是我相信捐赠基金需要重建。如果一些学院为他们的学生提供住房补贴，那么支出率也是相对的，他们给其他做类似事情的学院带来了压力。学院的财富和他们在诺林顿的排名（牛津的学院关于本科生期末考试表现的年度排名）有高度的正相关；富有的学院学业成绩排名更靠前。

捐赠基金独立性的缺失和学院从资本中获取能力的缺乏导致捐赠基金方面的决策是低效的。当耶鲁的捐赠基金允许大学以具有吸引力的利率发行债券，也允许在资本发展项目中存在竞争条款时，牛津和剑桥这样的机构却处于了这样的一种境遇，那就是以零利率从捐赠基金中借出资金。美国这种发行集资证券的做法证实了这是保护捐赠基金的有效方法。如哈佛大学正处于扩大和改善他们的基础设施的过程中。在过去的20年中，哈佛已经采用融资和债务资本项目，而不是通过捐赠基金进行内部贷款。

牛津和剑桥捐赠资产的规模并没有体现在他们规定的价值中。保守地说是尚不清楚，因为捐赠基金资产多年来都是为了建立和支撑运营资产的发展。这些在捐赠基金中的贷款没有作为投资组合出现在投资领域中，他们消失在捐赠基金的账目中。如剑桥大学彼得豪斯学院的捐赠基金资产在2003年市值7480万英镑。当时的学院财务主管安德鲁·缪里森认为，"这个数字是从捐赠基金中取出的净资本支出，目的是建立和改造房屋遗迹中的一类保护建筑，在过去的40年中，在我作为财政主管时这个数字为每年100万英镑，近30年来，以今天的市场价格算相当于3500万英镑。净值不包括这些带有庭院的建筑物的保险费,如果包括的话,捐赠基金的价值将达到1.5亿英镑。捐赠基金的资本增值不得不负担这一支出,而这是从运营资金中得不到的"。

资金保障

自2003—2004年开始,牛津的所有学院和剑桥的大多数学院公布的财务报表中能够获得这些机构的会计实务信息。如在剑桥的学院中非捐赠基金资产在学院账目中表现为投资资产。格顿学院将价值330万英镑的包括古典家具、艺术品作为投资资产的一部分。露西·卡文迪许学院拥有价值29 400英镑的艺术品,西德尼·苏塞克斯学院拥有价值177 000英镑的艺术品和葡萄酒作为投资资产。但是,凯恩斯的遗赠物(约翰·梅纳德·凯恩斯,国王学院的理事和前任财务主管将很多艺术品遗赠给学院)借贷给了剑桥的菲茨威廉博物馆,而且在国王学院的账目中没有体现出来。剑桥大学的财务主管提到:

最近,我们以360万英镑的价格卖掉了莎士比亚第一部著作的对开本。直到它们被出售后,我们才把这些现有的资产作为投资组合的一部分。比如,像运动场这样的资产就有增值的潜质,但是我们不把其视为捐赠基金一部分。当然我们同样不把向学生提供的公寓纳入到捐赠基金中。实际上,我们向所有的学生提供了住宿。然而,这不是捐赠资产的特性。我们大部分的校外住房,作为我们捐赠基金资产组合的一部分以市场价格出租。我们捐赠基金资产的定义包括附带债务的不动产。艺术品和其他有价值的不可分割的人工制品,不包括在财务报表中。

唐宁学院并未把800万英镑的投资资产纳入捐赠基金,而在2004年价值2 200万英镑的艺术品、银饰和其他东西被包括在捐赠基金内。[22]大部分学院的捐赠基金中不包括稀有的书籍、艺术品、银饰和被视为"不可分割的"其他资产。然而,这些资产的价值是一笔相当可观的收入。以新学院为例,他们价值5 000万英镑的资产在捐赠资产最高值时为1亿英镑,在2004年7月为6 000万英镑,由于变卖土地后的资本注入,在2004年年底时升至1.18亿英镑。这些总量没有反应在新学院发展基金上,这个发展基金价值1 000万英镑。学院和大学为了将来的教育、科研、短期的公共展览,简而言之,为了公共服务,学院的图书馆、博物馆、教堂中珍藏和保存了大量价值连城的艺术品、文学作品、历史文物、手工制品。因此,这些资产通常不会记录或登记在财务报表上。

学院对不同的财产的收益是有区别的。格顿学院仍然是信托基金的共同收益人,这一信托基金在伦敦西部拥有大量的资产。当租客腾出这些房产时,它们将会被变卖,降价的收益由受益人平分。在2004年6月30日,学院分得了剩余的部分价值74.5万英镑(总额)财产。这些资产没有包含在格顿学院投资资产中。[23]另一方面,剑桥的休斯学院通过变卖土地和建筑物获得了80万英镑;三一学院也是如此(2004年为120万英镑,2003年为90万英镑)。2004年6月30日的三一学院财务报告表明:

> 这是大多数剑桥的学院首次在最新的《剑桥大学账目介绍》[Recommended Cambridge College Accounts(RCCA)]中公布的账目。新的版本更接近于《通用会计准则》以确保在学院之间有更多的一致性。在固定资产主要是建筑物以及他们的折旧账目上还是具有灵活性的,在《剑桥账目介绍的规定》下,这些资产是允许贬值的,但是这种情况不太可能。经过讨论,我们已经选了超过50年的建筑,贬值为零。这种政策选择在某种程度上是一个武断的决定,并产生了每年140万英镑的年度费用。新格式的另一个副作用是将出售土地及楼宇的利润列入收支账目。在过去的几年中,三一学院从科技园的扩展工程中获得了许多意外的利润。包括长期建设资金的收入和支出账户(列支为1 203 681英镑)。这种不计算折旧费的情况完全歪曲了大学真实的运营收入,这导致了一个完全不切合实际的、过度的年度盈余。这些额外的收入要么用于建造威治菲尔德宿舍项目投资,要么用于学术目的。这些利润不是用于消费就是用于未来18个月的投资,我们的收入状况将调整,这种奢侈

的感觉也将消失,我们将要努力实现收支平衡。[24]

运营资产和捐赠资产账目,特别是在不动产方面的历史规则可能会为学院的捐赠基金为什么没有赶超美国的大学做出解释,大多数的捐赠基金都是在 21 世纪后建立的。如果学校的历史可以算作捐赠基金的财富的话,牛津和剑桥将是全球最富有大学中排名前 1/4 的大学。

表 1.14　学院基金会成立日期以及捐赠基金资产规模

牛津	成立时间	资产管理规模（AUM）	剑桥	成立时间	资产管理规模（AUM）
大学	1 249	67.5	彼得豪斯学院	1 284	75.5
贝尔学院	1 263	41.3	克莱尔学院	1 326	53.1
莫顿学院	1 264	96.7	彭布洛克学院	1 347	59.6
埃克赛色	1 314	30.1	冈维尔学院	1 348	87.8
奥利尔学院	1 326	50.3	三一学院	1 350	65.6
女王学院	1 341	95.6	基督圣体学院	1 352	52.8
新学院	1 379	62.1	唐麦格林学院	1 428	33.6
林肯大学	1 427	37.7	国王学院	1 441	90.1
万灵学院	1 438	155.8	圣凯瑟琳学院	1 473	27.8
莫得林学院	1 458	108.9	耶稣学院	1 497	77.8

来源:牛津大学,《2003—2004 学院金融报表》、《剑桥大学报告》(2003—2004)。

对于美国常春藤大学这样的学术机构来说,除谨慎的支出规则和精细的资产分配政策外,其他因素如支付学生费用的能力、设计捐赠项目的能力都有助于帮助大学建立他们的捐赠基金。在捐赠基金的帮助下,捐物和捐款不仅扩大了其活动范围,而且帮助维持和拓展了捐赠基金的真正价值。大卫·史文森承认了捐赠在耶鲁捐赠基金增长中的重要角色。他说:"在过去 48 年里,由于缺乏新的捐赠,耶鲁大学的捐赠基金可能只有今天总价值的 1/3。"[25] 当成功的投资策略和审慎的支出政策发挥着自己的作用时,持续不断的捐赠是使哈佛和耶鲁这样的大学获得财富支撑的主要渠道。尽管牛津和剑桥的这些古老学院能够吸引更多捐赠者的捐助,但是他们列于今天高校的财富榜以外。

表1.14表明了2004年牛津和剑桥10个古老学院捐赠基金的规模。

表1.15 剑桥和牛津中最富有的学院

牛津	成立时间	资产管理规模（AUM）	剑桥	成立时间	资产管理规模（AUM）
圣约翰学院	1555	210.7	三一学院	1546	649.9
基督教堂学院	1546	180.9	圣约翰学院	1511	232.0
万灵学院	1438	155.8	国王学院	1441	90.1
纳菲尔德学院	1958	112.4	冈维尔凯尔斯学院	1348	87.8
莫得林学院	1448	108.9	耶稣学院	1497	77.8
耶稣学院	1571	99.5	彼得豪斯学院	1284	75.5
莫顿学院	1264	96.7	三一学堂	1350	65.6
女王学院	1341	95.6	伊曼纽尔学院	1584	65.5
大学	1249	67.5	彭布洛克学院	1347	59.6
布雷器诺斯学院	1509	62.3	基督学院	1505	59.4

来源：牛津大学，《2003—2004学院金融报表》、《剑桥大学报告》（2003—2004）。

表1.15中介绍了目前牛津和剑桥最富有的10所学院。16世纪对于牛津和剑桥大学基金会来说是一个古老的纪元，那时建立起的基金会是随着14世纪、15世纪的学院建立起来的。其中一个例外是第一位纳菲尔德子爵，威廉·理查德·莫里斯在1937年捐资建立的纳菲尔德学院。

尽管牛津和剑桥被视为英国古老的学校，但是其中1/4的学院都是在20世纪以后建立的，还有超过20%的学院是在19世纪建立的。16%是在16世纪建立的。这些学院是今天最富有的学院，而20世纪成立的那些学院（除了纳菲尔德学院研究生学院比较富有以外）的捐赠基金是比较贫弱的。相比这些年轻的学院，历史较长的学院从校友和伙伴那里获取资金的能力要更强，这也可以解释为什么今天这些学院的资产各有不同。

这些综合因素最终决定了高等教育机构财富的多寡。正如NACUBO的报道文章——《在高等教育中捐赠基金的使用和管理实践》所解释的那样：

一个高等教育机构的整体金融财富保障会受到捐赠基金的影响,但是要与其他重要的经济和金融特点相结合。与一所教育机构财政健康息息相关的一个典型的因素就是根据其提高学费的能力来确定它的定价权力。学生的学费可以抵销高质量教育项目不断增长的成本。另外,公立大学获得充足的国家拨款也大大地为这些大学的财政健康添加了砝码。一所大学所具有的建设和维持一个健康捐赠群体和开发新收益来源的能力已经变得非常重要,这种能力要应对经济和市场的变化以及现实条件下政府对大学生资助下降的趋势。[26]

英国高等教育发展和管理的这些状况正在被越来越多的欧洲国家所承认,更不必说牛津和剑桥这两所大学。许多学校已经开始计划更有效地减少补贴并且开发可替代的资金来源。学术机构在影响学费定价权力方面的无能已经使他们不能像美国大学一样成功。经营性资产和捐赠基金资产的转换是要交税的,因此去除这种资金转换的念头,有助于捐赠基金的保值。最近有关于大学贡献计划的修改,一个财富再分配的内部系统,或许,至少在某种程度上,解决了保持和增加捐赠基金的障碍。

这个改变的过程已经开始。在牛津大学2002—2003财年的财务报告中,根据新学院提供的运营和财务评论,我们了解到:

学院继续在困难的条件下运行。废除了在股利收入方面的税收抵免已经毁坏了慈善资金的收益,例如新学院投资收入就减少了20%。与此同时,以本科生为代表的学费下降使得学费收入减少了1/3,这种情况持续了10年之久。因为在先前的15年里,学费没能与通胀保持一致,所以这损失的1/3收入很难弥补。实际的损失并没有影响到国家政策,高等教育能获得持续的不确定的政府资金;关于上调学费的激烈争论轻微地缓解了本科生教育赔本经营的状况。

考虑到这些情况,学院已经提出了三重政策:第一,在不威胁其核心活动的情况下寻找额外的收入；第二，取消任意的补贴，以更为仔细且有针对性的援助代替；第三，通过学院发展办公室的活动来建立基金。[27]

新学院以及其他牛津、剑桥大学学院改变了先前的政策，从之前的收取租金补贴转为收取经济租金，并且将一部分资金用于资助学生。在过去的3年里，就新学院而言，补贴已经由原来的每年30万英镑下降到9万英镑，并且在2004—2005财年这种补贴会被取消。学院还进行了积极的筹款活动，这些活动主要由新学院发展基金负责开展，新学院发展基金是一个独立的慈善信托基金，不受学院控制。像其他的机构一样，新学院从他的发展基金中接受年度捐赠。从这个来源转移到学院的总资源总计在2002年为100万英镑，2003年为50万英镑。[28]

这些机构的捐赠基金管理方案准备改革，两所大学任命了新的副校长，这一举动给了改革很大的动力。作为耶鲁大学的教务长艾莉森·理查德教授给剑桥带来了一大笔经验财富，她负责这个美国杰出大学的教育政策、经营状况、资本预算以及长期财务计划。耶鲁大学也拥有庞大的捐赠基金。约翰胡得博士，凭借其工程、管理和商业的背景，首次在牛津大学开展了一项主要针对捐赠基金管理和其他实践活动的调查。他也是牛津大学900年历史以来第一位来自于大学外部的副校长。

因此，捐赠基金资产的额度不能反映牛津和剑桥的全貌。这些机构的资产总额远远超过他们的捐赠基金。然而有些学院可能会缓慢实施改革，值得注意的是最近这些年他们在捐赠基金的管理实践方面取得了重大的发展。他们建立了合理的支出政策，多元化地将捐赠基金投资到可替代的资产中去，虽然规模还小，但是这些机构共同雇用了咨询人员，并且当前正转向更集中的捐赠基金管理模式。

剑桥大学合并了大学投资和一些相关投资机构，建立了一个投资办公室管理超过12亿英镑的资产。那些学院不是这次合并的一部分。剑桥大学建立起一个新的投资委员会，邀请了伦敦金融城和美国捐赠基金界的专业人士来监督整个过程。以剑桥商学院的一个办公室为基地，与分析师团队合作，投资委员会的首席信息官能够征求美国大学专家的意见来做出投资决定。然而像哈佛或者耶鲁那样的投资公司是不存在的，投资过程完全背离了过去半个世纪的投资实践。

2006年由牛津大学5个学院（圣凯瑟琳学院、基督教会学院、贝列尔学院、圣约翰学院、新学院）作为主要股东（60%）的牛津投资伙伴组织成立，这个组织是一种集中投资计划形式。他们在一种新的商业伙伴关系下展示了这种财政创新。这种创新是其中一些机构正在应用的。牛津投资伙伴组织，最初管理的资金是1.2亿英镑，它作为一个独立的基金管理公司将运营和管理一个基金，致力于满足捐赠基金和慈善机构的特定投资目标。该基金的成立是由于这些学院想要整理和使他们的捐赠基金多元化以及找到适当投资产品和专业意见的源头。该基金将提供给其他投资者类似的潜在投资目标，并且在滚动的5年周期内带来每年超过5%的真正回报。鉴于目前的资产收益率，经理人认为这对任何一支基金来说都是一个具有挑战性的目标。这个目标就是提供至少与公共股权相同的长期收益，但波动性远低于公开募股投资所产生的波动，这种回报应该由公共股权来交付，但是要大大减少波动而不是单独降低公用股权投资的投资风险敞口。

The Lamb & Flag oxford 牛津这家合资公司的支持是有限的，它清楚地说明了更多地集中于这些机构的资源的前景：管理成本较低，收益率波动较小，当投资另类资产和其他能力制约的策略时增强灵活性以及投资机构的透明度。然而，这样的目标，当学院和大学在做出他们前进方向的决定达成共识的时候才可以最好地实现。

牛津和剑桥的学院可能要对他们今天的财务困境负一定责任，但是他们运行的法律和监管环境也在与他们作对。英国的高等教育一直是政府调控，并主要提供给当地的学生。竞争和盈利并不是应用于教育、卫生和其他公共服务等行业的概念。随着全球化的开始和一个新的经济世界秩序的出现，环境正在迅速发生变化。即使是英国最古老的大学，牛津也要使其自身融入海外市场。

正如《经济学人》所描述的那样，"现在的高等教育是国际性的，不再像欧洲中世纪大学那样处于鼎盛时期,而是处在一个更大的环境中"[29]。虽然私立、营利机构都是少数,但各高校都在积极争夺人才。吸引最优秀的人才意味着独立,特别是财务自由。美国的私立大学最先建立捐赠基金并制定发展策略在全球范围内吸引最优秀的学生,而英国公立资助的大学,如果不是在欧洲,也应该意识到全球化和竞争激烈的现实。随着政府在高等教育中作用的弱化,英国的大学将趋向强调谨慎的捐赠基金管理政策和筹资目标,以满足他们的既定目标。

值得一提的一个观点是教育经费是一个复杂的问题,因为它反映了社会和大学之间的关系以及财政在调解这种关系中所发挥的作用。例如,在美国,学生的债务水平明显高于世界其他地方。美国的大学教育被认为是世界上最好的,当然它也一直是昂贵的,但在最近几十年,美国大学教育的成本已经大大增加,并领先于通货膨胀的速度。因此,教育的财政负担已由学生及其家庭承担,并且由校友和捐助者维持提供给学生的助学金。相比之下,英国的学生从高等教育的公共资金中受益巨大。在高等教育法案于2006年生效后,由于学费的提高,英国的学生债务也将增加。但一个全职学生的真正成本将不会随着学费的提高而增加。最终,社会需要在如何为服务付费的决定上做出一个复杂的选择,例如经济规模不适用的教育和卫生领域,也不用向经济领域的其他部门做出削减成本的措施。

小　结

捐赠基金被认为是一种长期的、从根本上巩固和维持学院期望的运营水平的基金。捐赠基金的这个定义在牛津和剑桥这些大学已经被渐渐改变,成为一种在捐赠基金和储备金之间可以自由转换的基金。通过取消税收优惠去增加或减少捐赠基金都会以此帮助遏制这种转换,这种转换已经被证实了不利于捐赠基金的保值和其资产的稳固。改革的进程刚刚开始,期望以前的这种做法在今后保障组织实现长期目标中被视为一种低效的方式。

如果牛津和剑桥期望按其既定目标继续在世界一流大学中保持领先地位，他们将需要大量的额外成本来巩固和维持他们的运营。捐赠基金将毋庸置疑地成为他们实现目标的有力保障。由于他们金融环境和运营环境的改变，这些组织的资金需求也将有所改变。每个学院将在花费捐赠基金时做出审慎的判断。一些学院，希望那些新的捐赠基金流入能够少花费已有的捐赠基金（除了非永久性基金或指定基金），只要不大量地、长期地提取即可。在过去的几十年中，牛津和剑桥通过定期从捐赠基金转化成资金的方式来启用储备金，这已经花费了他们所能承担的数额。只要想为捐赠基金长久保值，像这样的转换策略只是暂时的。如果通过投资活动或筹资活动得来的资金少于其从捐赠基金中花费的，那么照这样下去，捐赠基金迟早会消失。

如果美国顶尖大学的捐赠基金一直保持着繁荣的局面，那是因为这些机构已经从提供一流的教育方面成功地收回了他们的成本。没有美国联邦政府的支持，就没有哈佛和耶鲁。他们不是自治的、自筹经费的学校。虽然他们捐赠基金支撑的资金来源强大，但是政府的投入也是不可替代的。政府的支撑为其稳定的收益提供了价值源泉。稳定资金的另一个资金来源就是捐赠基金，它作为一个独立的实体存在，寻求可以长期保值的投资政策，同时也为现有的运营提供可能的支持。

像哈佛、普林斯顿、耶鲁这样的大学增加捐赠基金的积累是很重要的因素，因为这些捐赠基金的支持是他们从非联邦和非政府部门的另一个资金来源。总结一下，这些大学的捐赠基金是他们进行卓越的教学和科研的基石，只有积极的筹资和稳健的投资才能在经济和股票市场不稳定时保持捐赠基金的稳定。捐赠基金用于运营的收益是哈佛和耶鲁大学除政府拨款外的最大收益，占总收益的1/3。

尽管牛津和剑桥学院也有相似的比重，问题在于其实际的金额数。这种状况的出现是由于1980年以后，英国政府直接参与大学融资，大学没有能力决定他们产品和服务的公允价值。这些学院不再以独立实体的身份自由地行使他们认为合适的管理权力，不再能决定他们提供服务和产品的要价。捐赠基金的资产分配政策也不再考虑学院整体金融状况和预算的独立性。像这种状态在今天的大多数机构中都显得比较另类。

值得注意的是依据生均捐赠资产，美国和英国拥有大规模捐赠基金的大学，在资助高等教育方法上的惊人对比。不是所有的拥有较高捐赠基金资产的美国大学就会夸口称其人均占有率高，其范围是在公立和私立机构属性上的差异。美国私立学校的捐赠基金人均占有率为 101 000 美元，而公立学校低于 16 000 美元。总体人均占有值为 40 000 美元。[30] 在独立大学中捐赠资产价值 10 亿美元，生均占有升至 363 000 美元。[31] 在美国的教育组织中这些数字都在上涨。今天，美国私立大学的财政策略正在趋同，因为国家预算赤字给公立大学增加了额外的压力，因此大学要增加学生学费，并通过校友和盟友的捐赠建立捐赠基金。与此同时，受益于教育的个体及其他们所在的家庭更愿意承担更大份额的总成本。

当牛津和剑桥的生均捐赠基金资产排行前 10 位时，牛津和剑桥与美国其他几所顶尖学校的差别就值得注意了。在收入和支出规模方面的不同可以解释为在某种约束下，牛津和剑桥机构的有效运转能力。也可以进一步的解释为没有行动是必要的，在没有得到像美国同行所得的同等支持条件下，牛津和剑桥大学做的已经不错了。然而，在现实中，牛津和剑桥大学也没有任何自满的余地，因为这种比较在某种程度上无法说明美国顶尖独立院校的生均捐赠基金资产在过去的 20 年中有所增加，同时牛津和剑桥像这样的资产市值在下降。净受益者当然是牛津和剑桥一代代的学生们，他们已经证明了学校高质量的教育。

相比英国大学中对财富的破坏，去分析美国大学的财富创造速度是无效的。然而，合理的建议就是如果英国大学对扭转牛津和剑桥这样的机构面临的资金缺口置若罔闻——更不要说英国其他的高级别的学习中心——他们将很难保持他们世界顶尖教育机构的地位。牛津和剑桥在过去忍受着巨大的压力，因为且不说美国的私立大学，与世界包括欧洲的大学相比他们也没有表现得很好。加之在牛津和剑桥系统中有足够空间来增加收益，从长远来看，牛津和剑桥大学这种忽视资金缺口的做法不适用于大学未来的发展。

正如诺贝尔奖获得者，耶鲁大学的经济学家詹姆斯·托宾在 1974 年写道:"一个捐赠机构的信托人是现在捐赠人意愿的未来守护者。他们的任务是维持每一代之间的股权……在正式条款中,他们的主观时间偏好率(Subjective Rate of Time Preference)应该为零……花费捐赠基金收入原则上应该为现有捐赠基金能一直支持同类型的所有项目。"[32]牛津和剑桥机构意识到应该采取紧急的行动。在这个世界上,存在着激烈的资金竞争,这些教育机构需要制定政策去帮助它们建立自己的捐赠基金以及在公立和私立组织中获取资源。

具有讽刺意味的是公共经费作为一种资金来源的渠道已经远离了牛津和剑桥,没有这些经费的武装,它们怎么在世界的舞台上进行竞争?学院和它们所在的大学之间复杂的结构是不能用一个固定的模型去轻易复制的。整个大学的系统可能看起来相当的松散,但是这种结构保证了其多样性和持久性。牛津和剑桥大学的教师和研究员们认为真正的挑战不是改变其结构,而是筹集足够的资金,让这些机构在管理它们的事务中获得更大的自由。

不是所有的牛津和剑桥的学者们都寻求所有的财政自由或获取国家资助资金的自由。在美国,顶尖学术机构不愿意完全依赖于政府资金的支持。但是,在管理日常事务时的相对独立,如捐赠基金的资产分配、筹资、发行债券以及决定产品和服务的成本将使这些机构在一个公平竞争的环境下参与全球竞争。坚守捍卫大学的自治是至关重要的。但是,如埃里森·理查德(Alison Richard)教授所言取消从政府获取资金的方式会弄巧成拙。她说:"在剑桥,我们必须明确和清楚我们的社会责任,我们要尊重这种责任,用我们的自由去提供优质的教育和科研质量,这才能使我们跻身世界一流大学。在金融方面我们必须承担和拓展我们资金来源的渠道,避免过于依赖于某一种渠道。政府资源无疑在这些渠道之中,代表社会集体管理公共资金。但是我们与政府的关系必须改变,快速地使剑桥保持在最好排名之列。"[33]

直到大学的社会责任、它们对财政支持的需要与更多的学术自由达到更大程度的一致时,这种紧张才能有所缓解,但是创造性的张力也在改变。埃里森·理查德认为,"为缓解这种紧张的关系,首先应该更好地理解大学和社会之间的关系以及财政在调节这种关系中所起到的作用"。世界高水平大学的目标都是不论学生的背景择优选拔高水平的学生,并为其提供一流的教育。这些学校同时也都致力于追求高质量的教学和科研,并且在全球他们比以往更多的共享造福人类的研究成果。因此,如何培育这些机构不仅关乎个人和国家的成功还关乎塑造人类的未来。

牛津和剑桥大学的发展目前正得益于政府的资助,政府将继续成为英国大学的主要经济来源。对于这些大学来说,无论是制定捐赠基金资产配置政策还是在不同资金渠道的利用中寻求稳定性都被视为一个机会。牛津和剑桥大学所需的不是放弃政府收入来源,而是大幅增加私人资金的来源。因此,他们必须做的不仅仅是展现其学术的优势,同时还要展现其对捐赠资金的高效管理。捐赠者希望他们的捐赠都能得到妥善的花费——对当下的和未来学院的学术发展提供支持。为了保持在国际上的顶级联盟地位,牛津和剑桥需要加强资金实力去支持它们的活动以达到最高的水准。

牛津和剑桥两所大学充分意识到应该做出改变了。2003—2006年间,也就是此项研究发起之日到本书要出版之时,牛津和剑桥两所大学在捐赠基金管理方面都取得了长足发展。我们有幸记录下来这一转变的过程并且整理了其转变的态度以及在这一背景下一些关键人物的思考。这种改变的势头是迅速的,因为一些机构可能比其他机构的改变更快,但当所有大学都开始发生改变时,我们认为英国乃至欧洲迟早会爆发一场大学捐赠基金管理的革命。

第二章 投资委员会

引　言

牛津和剑桥的学院根据行业内最佳的投资管理模式，设立了投资委员会，投资委员会负责监管捐赠基金资产的管理和相关投资工作。该委员会的主要任务包括确定战略资产分配，确立收益风险目标，制定支出政策，聘用基金项目经理和投资顾问，在大学里，投资委员会决定着大学所获的投资红利。因此，投资委员会是制定投资政策的主要驱动力，他们的决定直接影响了学院的代际公平。作为学院主要的受托人，投资委员会在大学的投资管理中发挥重要作用。

本书中的投资委员会中，只此一家（牛津大学邓普顿学院的投资事务是由其主管部门直接负责），其他都由委员会来负责捐赠基金资产的投资管理工作。负责投资管理的各个大学的委员会名称差异很大，但有接近2/3的大学称其为投资或投资委员会，如表2.1所示。

在大约1/3的学院中（34%），此类委员会被称为财务委员会，财务和通用委员会（Finance and General Purpose Committee），财政委员会（Treasury Committee）或董事会（Board and Trustees）。因此，在万灵学院，金融资产委员会在其金融投资规划小组的协助下，监督学校的捐赠基金管理情况以及学校的财政状况。对一些学院而言（15%），财务委员会被视为投资委员会。

17%的学院,其投资委员会的名称十分多样化,既可以是通俗的"会计委员会"(Bursarial Committee),又可以是正式的证券咨询与资产委员会(Stock and Share Advisory Committee and Estate Committee)。

尽管牛津和剑桥大学是独立并且自治的实体,但捐赠资产的管理机构却并非如此。牛津剑桥投资委员会基本上处于一种咨询顾问的地位。投资委员会通过财政委员会或直接向学院的管理机构推荐投资政策。投资委员会在大学所扮演的角色类似于投资顾问,为管理捐赠资产确定适当的政策。根据《牛津大学万灵学院管理机构报告——2002—2003财年财务报表》:

表2.1 投资管理委员会的名称

委员会名称	百分比(%)
投资委员会	68
财务委员会	15
捐赠基金委员会	3
会计委员会	2
地产财务委员会	2
金融资产委员会	2
投资咨询机构	2
行政管理工作组	2
安全委员会	2
证券咨询与资产委员会	2

学院的管理机构由主管部门和附属机构组成。主管部门负责监管学院的行政工作和财产管理工作,但主管部门对学院重大事务的决策必须要经由学院会议的批准,否则不能生效。学院财务主管负责监管学院的财政事务和内部安排,同时在大多数事项上接受相关学院委员会和附属委员会的指导。监管机构按照学院的章程建立和管理。

学院的主管部门和附属机构每学期至少要召开一次学院例行会议,他们担负着学院未来战略的方向,包括他们的行政管理和金融资产管理。主管部门以及附属机构包括学术性的、教会性质的、校内的、不动产与财政的、日常性的、图书馆和访学奖学金等委员会等组成的一系列委员会都来听取建议。[1]

每个学院的管理机构都对学院未来的战略方向负有责任,他们都会在听取各方委员会的意见之后,进行行政管理以及财政和资产管理。管理机构或委员会通常由学院及其相关部门的领导组成,不包括退休职工、临时工、荣誉工作者、基金会,或其他工作人员。主管机构的构成与学院的章程一致,担负着重要战略制定的责任,包括金融战略。

除此之外,这两所大学的投资委员会所担任的角色趋于一致。例如,剑桥大学重新建立了投资董事会为有关大学捐赠基金以及目前超过10亿英镑投资资产的所有事宜提供咨询。当投资委员会的目标被采纳时,每所学院的管理部门或两所大学的理事会负责制定具体的投资目标和政策。

管理架构:多样的方法

哈佛大学直接监管其投资,但是哈佛大学管理公司负责哈佛大学捐赠基金的投资。哈佛管理公司(HMC)是附属于哈佛大学的全资子公司,成立于1974年,主要负责管理大学的捐赠基金、养老金资产、运营资金和递延账户。哈佛管理公司受控于由校长及其大学学术委员任命的董事会。迄今为止,哈佛管理公司经营着总价值314亿美元的资产,其中294亿美元来自投资总账户(GIA),这主要是由捐赠基金资产组成的资金池。[2]

同样,自1975年起,耶鲁公司的投资管理委员会一直负责监管大学捐赠基金。耶鲁的投资委员会至少要有3名理事会成员,包括耶鲁大学校长以及有丰富经验的投资专家,从而将高水平的投资经验纳入到投资组合政策中。委员会的所有成员都来自耶鲁大学校友会。委员会每季度举行一次会议,审查投资办公室工作人员提出的资产分配政策、投资绩效和投资策略。委员会审批捐赠基金的投资组合、制定投资目标、支出政策以及每个资产类别的投资方式的战略方针。目前投资委员会成员有 11 人。投资办公室管理捐赠基金和其他金融资产，并制定和实施大学的借款策略。在首席投资官大卫斯文森的领导下，耶鲁投资办公室的专业人员由过去的 16 位提升至如今的 20 位。[3]

哈佛大学和耶鲁大学在捐赠基金管理架构上存在一些有趣的差异，这些差异已经在剑桥大学和牛津大学举行的战略讨论会中得到确认。如果说哈佛在一定程度上依赖内部资产管理团队，那么耶鲁的战略是基于招聘外部经理人。耶鲁取得的辉煌成就归功于合理的资产配置和对专业高级经理人的选择。哈佛和得克萨斯大学系统通常强调内部经理人的成绩。但同耶鲁大学一样，大多数大学将它们的基金承包给外部基金管理公司，哈佛管理公司自 1990 年以来的首席执行官杰克·梅耶（Meyer）于 2005 年 10 月离职，2006 年新上任的投资官穆罕默德·埃尔埃利安（Mohamed El-Erian）可能会给哈佛管理公司带来新的投资管理模式。

梅耶离职的主要原因是哈佛的学生、工作人员和校友抗议给哈佛管理公司的员工支付薪水。2003 年，哈佛管理公司的 6 位高管获得了超过 1 亿美元的薪水；2004 年付了同样的薪金。作为一个独立实体，哈佛管理公司有权自主设定工资标准。然而，耶鲁对其投资办公室拥有更大的控制权。耶鲁投资经理的薪酬标准要由大学委员会批准。尽管斯文森的年薪绝不是微不足道的，但是大家普遍认为他在华尔街可以得到的更多。

管理机构上的不同所导致的结果也有所差异，不仅仅影响了投资经理人的薪酬，而且对学校在得到长期投资回报方面也有一定的影响。例如，2005 年，相比于耶鲁 17.4% 的收益率，哈佛的投资总账户年收入和费用净收益率却为 16.1%。根据环球信托比较中心（Trust Universe Comparison Service）提供的中值测算，拥有 100 种基金项目的超过 10 亿美元的资产，它的资金回报率为 9.4%。而（TUCS）中值不适合英国的基金会和捐赠基金的管理部门。相对接近的比较方式是 WM 环球慈善基金提出了年平均回报测算方式，即到 2005 年 12 月底其 10 年中的年平均回报率为 7.6%。[4]

长远来看，年度绩效即便存在微弱差距，也会对其产生巨大影响。过去 20 年中，耶鲁大学捐赠基金取得的辉煌成绩表明持续优秀的业绩表现已经带动捐赠基金的持续增长，同时持续增长的捐赠资金又为耶鲁大学带来了更多的资金收入。耶鲁的投资回报率为每年16%，2005年的捐赠产值是1985年的10倍以上。例如，过去10年，耶鲁捐赠基金从40亿美元增长到152亿美元。捐赠基金的支出从14.9亿美元增加到56.7亿美元。考虑到此次研究中牛津和剑桥机构的捐赠资产总值约100亿美元，假使每年提高1%的收益，就会产生1亿美元的投资利润。这些学院可能会获得更高的回报；它们是真正的长期投资者，也是风险校正后更多的利润的回报者。

因此，投资管理机构的组织方式和管理结构很重要，如果投资者能够改进资产配置决策，就会产生卓越的长期绩效。大学应当为其扫清障碍，以确保其投资管理能够有效运行。牛津和剑桥投资财务人员只能自欺欺人地认为能够从学校获得支持，能够独立管理捐赠资金，而拥有美国顶尖大学首席投资官所享受的薪酬福利则是天方夜谭了。如果说改进绩效可以通过采用新的方法改善机构的治理结构来实现，那么这是值得关注和实践的。20世纪70年代中期，哈佛、耶鲁，连同其他美国机构重组了各自的捐赠管理机构，并且从中获利。不同于美国的大学，虽然牛津和剑桥是学院制大学，但两所大学都陆续建立了独立的捐赠资金管理办公室。

目前，学院的投资委员会负责管理其所在学院的捐赠基金，其投资人员担当首席投资官。然而，投资委员会和财务主管都没有权力独立管理捐赠资金。大学之间的结构也稍有不同，财务总监负责其他事宜，财政部门的领导是投资委员会的秘书，负责行政事务的安排。财政总监是投资委员会的成员，投资委员会的负责人被称为首席投资官。

对机构的分析反映了在牛津大学有超过1/3（38%）的学院，其投资政策由投资委员会负责制定，而剑桥则有超过一半（52%）的学院也是如此。综合起来，约44%的学院表示投资委员会完全（100%）负责投资政策的制定。不同大学，投资委员会参与制定投资政策的程度不同，从不参与该过程的学院有7%，认为投资委员会高度（75%～99%）参与确定投资政策的学院占15%。

在制定捐赠基金投资政策的方面，强调投资委员会的直接参与是关键。

投资委员会在捐赠资金管理方面发挥着至关重要的作用。在资金雄厚的学院中，大多数委员会对制定和审查投资政策承担全部责任，相比之下，在资金较少的学院中，委员会与基金经理或投资顾问共同承担投资责任。大多数投资委员会在确定捐赠基金政策方面承担全部责任，如制定和审查投资政策并进行风险管理。他们还负责选用和监管投资顾问和基金经理。在资产分配和再平衡方面，一些学院倾向于与基金经理或顾问共同分担责任。值得注意的是，在绩效测量和归因方面，投资委员会倾向于把责任推脱给委派或指定的基金经理或顾问。

投资委员会成员资格

提名委员会是由主管部门和大学委员会任命，通常负责推荐投资委员会的成员事宜。一般来说，每个学院投资委员会都有三类职员。首先，是学院的职权职员，如教师和财务人员。其次是学院的职员，他们服务于委员会。这些内部人员更换的要比职权人员更频繁，职权人员通常是经常变动的。最后一种大多是外聘的校外专业人士。

外聘人员的任期差异很大，有时一些外聘委员往往比内部成员的任期还要长。各院之间委员的任期也有差异，有的学院每年要轮换掉1/3的投资委员会成员；有的学院则没有特别的时间要求。在某种情况下，投资委员会的动态会随着其成员的变化而变化，他们发现这种结构是不能复制过去几十年来已经形成的良好结构的。

只有不到一半（45%）的学院表示投资委员会成员没有特定的任期。另外有32%的学院认为委员会成员可以续聘，但应3年一轮换；其余的学院对投资委员会成员的任期有不同的见解：其中，任期为5年的占2%，4年的为10%，3~4年的为2%，2~4年的有3%，2年的有2%，1年的有5%。大部分情况下委员会成员是可以续聘或延期的。聘用外部委员的重要标准是候选人是否具备投资才能以及是否愿意定期参加委员会会议。捐赠资金的规模似乎与投资委员会的委员任期没有关系。相较于其他行业，教育捐赠基金在任命投资委员会成员时表现出更大的灵活性，而这可能是因为校管理机构的成员更为稳定。此外，大学可以很容易地获得他们校友的善意并从校友中获得专业的投资建议。虽然每年给大学捐赠不是欧洲的常见做法，但年长的校友非常愿意通过分享他们的时间和专业知识表达他们对学校的感激之情。

从共同基金基准研究可以获得如下信息：2005年基金会和慈善组织运营报告显示，美国有317家独立的拥有总投资账户的私人和社区基金会和慈善组织参与调查，总资产约1670亿美元。这些参与机构，大约有1/3（2004年为36%，高于2003年34%）称投资委员会成员有期限限制，平均期限为4.4年（上年为4.9年）；最近两年间的每一年，至少有50%的资产超过10亿美元的机构，称其委员任期缩短但高于平均期限（2004年为5.8年，2003年为8.2年）。在规模较小的基金会（资产在5 000万~1亿美元之间），45%（上年35%）的受访者表示有期限限制，平均任期长度为4.0年，比2003年的4.4年略有下降。[5]

表2.2表明了剑桥大学投资委员会的委员结构，其中，80%的学院委员由学院的领导组成——他们是院长、女院长、大学校长、教务长、院长和学监。在10%的学院中由财务主管负责投资委员会，有时由大学（占总比例的7%）的一个内部成员负责，在一个学院中（占总比例的3%）是由大学的外聘成员掌管投资委员会的。

表2.2 投资委员会负责人身份

负责人	牛津	剑桥	牛津和剑桥
学院的领导*	27	22	49（80%）
财务主管**	4	2	6（10%）
内部成员***	2	2	4（7%）
外聘成员	1	1	2（3%）

*包括院长、教席、大学校长、教务长和总负责人。
**包括高级财务主管、不动产财务主管和名誉主管。
***包括咨询顾问和学院前任院长。

投资委员会成员统计

捐赠基金和养老基金的委员结构有很大的不同。如表2.3所示,在牛津和剑桥大学中有超过一半的学院任命了8~10名投资委员会成员。因此,12%的学院有5个投资委员会成员,3%的学院有15个,甚至更多。低于1/4的学院(22%)有6~7个委员,其余12%的学院有11~14个委员。牛津大学各学院投资委员会的平均成员数是7人,最少为4人,最多为13人。相比之下,剑桥大学各学院的平均委员数为9人,最少为4人,最多为16人。牛津和剑桥的平均人数为8人。

表2.3 牛津和剑桥各学院投资委员会成员数

机构	1~5	6~7	8~10	11~14	15~16
牛津	5	7	17	4	0
剑桥	2	6	14	3	2
总计	7	13	31	7	2

牛津坦普顿学院无投资委员会。

相比美国大学,其捐赠基金的投资管理委员会的平均值为10人。但是平均值是在3~50人的范围中得出的。美国的公立教育机构的投资委员会委员数相同,一般为10人。其中公立组织委员数分散区间较高,在3~50人之间,而私立组织在3~23人之间。资产在5 000万~1亿美元之间的机构,其投资委员会委员的平均数为11人,但是其平均值也是在3~50人的范围内得出的。资产超过10亿美元的机构其成员的平均值也是11人,但其平均值是在4~23人之间得出的。[6]表2.4显示的NACUBO报道的美国投资管理委员会的成员统计数字。

表2.4 美国投资委员会成员数量

捐赠资产	平均人数（值域）
> $1,000m	11（4~23）
$500~$1,000m	10（4~23）
$100~$500m	10（10~31）
$50~$100m	11（30~50）
$25~$50m	9（3~25）
< $25m	8（3~23）
公立大学	10（3~50）
私立大学	10（3~23）
公立私立	10（3~50）

来源：《2004年美国高校商务办公协会研究报告》。

与美国的同行相比，牛津和剑桥的投资委员会成员人数较少。但是相比管理和投资捐赠基金资产的规模，其人数是较多的。一些财务主管希望建立一个小型团队专注于投资事物的管理。相对于牛津和剑桥捐赠基金中管理的资产数额和较少的资产类别，其成员数应该更少。随着管理资产的不断增多以及另类资产风险的不断增加，牛津和剑桥的投资委员会委员数也可以上涨。从美国的经验中，我们可以很清楚地看到投资机构增加了一些另类资产，投资战略也变得更加复杂，与此同时，法律结构、流动性、风险分析、评估技术的不同导致机构任命一些具有另类投资资产经验的委员。

如耶鲁公司投资委员会负责对捐赠基金进行监督，并将高级投资经验纳入投资组合政策的制定中。投资委员中至少包括3位公司成员，其余委员都具有专业投资经验。委员会每季度召开会议，届时委员会将审查资产分配政策，捐赠基金投资绩效以及投资办公室人员设计的投资计划。委员会也审批捐赠基金投资组合方案、特定的投资目标、支出政策以及每种资产的投资方式。

此外，《共同基金基准研究：教育捐赠基金报告》的研究表明这707所参与到调查中的美国大学的总资产价值约2270亿美元，尽管其各委员会的规模和投资专家的数量略有不同，但在投资管理方面仍然发挥了至关重要的作用。调查显示规模较小的大学投资委员会2004年平均成员数量为8.2人,而上年平均为8.6人。而规模较大的大学投资委员会的成员数量仍然高于前者;资产超过10亿美元的大学投资委员会委员数量平均为10.5名,而资产在1 000千万美元以下的平均有6.1名成员。[7]在这些机构中私立基金会的成员至少超过平均值1人,即9.2人。私立机构至少少于平均数1人,为7.1人。[8]牛津和剑桥的平均投资委员会委员为8.0人,接近2005年共同基金基准研究要求的规模,尽管牛津和剑桥捐赠基金的规模要更小,资产投资范围更窄。

投资委员会的专业水平:美国对比英国

在美国的教育捐赠基金投资委员会中有近一半的成员(4名成员)是专业投资经理人。投资管理成绩卓越的前25%投资委员会的平均投资委员人数高达9人,其中平均有4.5位投资专业人员,平均有3.1人有过另类投资的经验。投资管理成绩卓越的前10%投资委员会的平均人数为8.9,其中平均有4.0名投资专业人员,平均有2.5名成员有过另类投资的经验。[9]

在过去几年中,共同基金基准研究显示,捐赠基金委员会对另类资产、对冲基金、不动产、私募股权的投资逐步加大。这可能使具有另类投资经验的委员平均数量提高到2.8人。而在另类战略配置显著的更大规模的机构中这种专业人才的平均人数更高(具有另类投资经验的委员人数平均为5.5人),要多于那些主要以依赖组合型基金(FOF)的小规模的机构,具有特定另类投资经验的成员较少(2.1人)。[10]

有别于教育捐赠基金,根据共同基金会所公布的美国慈善机构和基金会投资委员会的统计数据分析显示,2004年这些基金会的委员平均数量为6.6人,高于2003年的6.3人和2002年的6.1人。在2004年,资产规模在0.5亿~1亿美元的小型机构的投资委员会平均人数为6.9人,高于资产超过10亿美元的大型机构的平均委员人数为6.1人。由于机构性质的不同,运营慈善组织和社区基金的投资委员会规模(平均分别为8.7名和8.0名成员)高于私人基金会的规模（平均 5.5 名成员）。[11]

投资委员会规模的增长反映了这些机构资产分配的变化。由于投资组合的复杂性和多样性都在增长，在另类投资战略中，有专门技术和经验的投资专家和人员数量都在增长。值得注意的是，投资业绩排名前 10 位的机构其投资委员平均人数均高于平均值 7.7 人，其中平均 4.3 人是投资专业人员，平均 2.7 位委员已经掌握投资另类资产的先进经验。同样，排名前 1/4 的机构其委员数量高于平均值（6.9 名成员），其中，平均 3.4 名成员是投资专业人员，平均 2.5 位委员已经掌握投资另类资产的先进经验。在总基金会中成员数量平均 6.6 人，平均有 3.2 名投资专业人员，2.4 人已经掌握投资另类资产的先进经验。[12]

资产超过 10 亿美元的基金会，投资委员会平均有 3.1 名投资专业人员，2.6 名成员精通另类投资。资产价值在 1.01 亿~5 亿美元之间的基金会，其投资委员人数高于平均水平（3.4 名），较富有的基金会具有另类资产投资经验的委员数同样高于平均水平。[13]

在牛津和剑桥不存在明显的投资委员会委员模式。在牛津和剑桥大学中，基金规模最大的基金会（剑桥大学基金会）的投资委员会人数最多（在调查时为 16 名），而基金规模较小的学院同样拥有 10~13 名成员组成的大型投资委员会。因此，在所有牛津和剑桥投资委员会中，具有专业技能的外聘投资委员所占的比重变化很大。

没有外部成员的牛津和剑桥各学院会聘用具有投资能力而不是筹资能力的内部成员，他们的投资技巧有很大的不同。表 2.5 显示，35% 的学院的投资委员会没有任何外部投资委员；20% 的学院其外聘委员人数不足总人数 1/4；38% 的学院其外聘委员数在 1/4~1/2 之间；7% 的学院超过 1/2。

在外聘委员为 0 的 21 所学院中，95% 的学院都有水平参差不齐的内部专业人士。如表 2.6 所示。10% 的没有外聘人员的投资委员会的内部成员的投资水平很高——超过 75% 的内部成员为投资管理领域的专业人士。大约 2/3 的无外聘人员的学院中，其投资委员会的内部成员水平不一。在 1/3 没有外部委员的委员会中，51%~75% 的成员有投资经验，在另外超过 1/3 的无外聘人员投资委员会中，26%~50%的内部成员能胜任投资工作。

表2.5 外聘人员比重

机构	没有	<25%	25%~50%	50%~75%	全部
牛津	23	8	18	5	55
剑桥	12	12	20	2	45
牛津和剑桥	35	20	38	7	100

表2.6 具有投资经验校内委员比重（无外聘委员的学院）

机构	没有人	25%~50%	50%~75%	>75%	没有提及	全部
牛津	19	19	19	5	5	67
剑桥	–	14	14	5	–	33
牛津和剑桥	19	33	33	10	5	100

有4所（约占19%）没有外部成员的学院（全部来自牛津）其委员会成员中只有1位是专业投资人——财务主管。4所学院当中，有1所聘用了投资顾问。但学院只是在选择经理人和投资私募股权时向其征求意见。这所学院也在考虑为其投资委员会聘用外部投资专家。在其余的3个学院中，1个学院一直是聘用投资顾问确保私募股权投资，而不是为了战略上的咨询。但另外两所学院都没有外聘委员也没有雇用投资顾问，对基金的投资与管理完全依赖于投资管理人。

1/3（35%）的学院依靠其外部任命的基金经理获取资产分配建议及其他投资意见。在聘用投资顾问的学院中，约1/3（32%）的学院表明投资顾问并不参与制定投资政策。牛津和剑桥超过70%的学院表示不会聘用投资顾问来获取投资建议；89%的剑桥学院同样也没有雇用投资顾问。虽然这些百分比只是参考性的，但它们提供了一些关于投资顾问在设置牛津和剑桥投资政策方面的有限作用的见解。

表2.7显示，在牛津大学和剑桥大学中，9%的学院其有投资背景的委员不到1/4，12%的学院有超过3/4的委员具有特定的投资经验。

这些数字不能反映投资委员会投资专家的质量，尽管这个多样性的群体包括学术人员、科学家、经济学家、律师、政治家、外交官、行业领导者、投资银行家、商业银行家和风险资本家。由于牛津和剑桥不断涌入的投资管理专业人士担任投资财务主管和首席投资官的职位，投资委员会的专业人士比例在近些年来显著上涨。

表2.7 具有专业经验的投资委员比重

机构	<25%	25%~50%	50%~75%	>75%	总计
牛津	9	15	27	5	55
剑桥	—	18	20	7	45
总计	9	33	47	12	100

然而，捐赠基金资产规模以及资产分配战略的不同意味着所需的投资委员在投资方面的技能有很大的不同。值得注意的是，在美国，投资委员会大约一半的成员为投资领域的专家，有另类投资经验的人士平均为1/3，这就揭示了美国这些投资部门做出了专业的决定和明智的监管。作为英国教育捐赠基金的另类投资策略选择范围依然很窄，其专业人士的投资水平依然很低。如具有高不动产敞口的学院，其委员会中，有必要的专业人士或有能直接获取这种专业知识的专家。

牛津和剑桥新一代的财务主管与已经退休的主管在投资的方法上有个明显的变化。新的主管倾向于建立资产管理档案和在金融部门聘请专业人员。剑桥大学三一学院最近任命了1位对冲基金经理人作为其高级财务主管，对他的聘用是牛津和剑桥雇用相关资产管理专家担任学院财务主管的众多例子中的一个。牛津和剑桥投资委员会会议不像耶鲁会议那样每季度召开1次，它就像一个研究投资理论与实践的高级研讨会，由两个耶鲁大学博士即校长理查德·莱文和首席信息官大卫斯文森领导。然而，对牛津和剑桥捐赠基金的资产管理的专业性正在稳步的上升。

其他特征

牛津和剑桥投资委员会构成和教职工构成反映了一个国家的本土特点，但学生构成却反映了国际上的特点。美国常春藤大学的投资委员会组成体现了类似的本土偏好。如果说委员会的成员来自于世界各地，那么召集会议都是一个问题，更不要说这两所大学自身在围墙之内就有专业人员。

就投资委员会成员的年龄而言，人们普遍认为年长的委员是成熟的，经验丰富的专家，虽然该研究没有具体收集这方面的相关数据。一位财务主管说道，有趣的是年长的成员可以为学院创造出更大的价值。我们希望可以从年轻的外部委员那里获得有效的建议，但这一点还没有实现。

表2.8 投资委员会开会次数统计

机构	2	3~6	6~7	8	9~12	总计
牛津（%）	12	30	10	2	2	55
剑桥（%）	8	33	2	2	0	45
牛津和剑桥（%）	20	63	12	3	2	100

表2.8说明了召开以投资为目的的会议数量。每年有20%的学院举行两次会议，有2%的学院举办的会议次数超过10次。大多数（63%）的学院每年举办会议的次数达3~6次，平均每学期开会1~2次，用于审查投资事项。这些正式会议每次持续2~3小时，有时甚至会以非正式的形式在晚餐时继续讨论。会议次数，不能代表学院内部成员以电话、电子邮件和讨论的形式商讨投资事宜所花费的时间。

然而，大多数情况下，投资委员会成员在捐赠基金管理中花费的额外时间通常较少。在一些学院中，投资主管只在制定投资策略时与外部和内部成员密切合作。1/3的学院中，投资主管除去在投资委员会会议上花费的时间外，每年还要消耗10~15小时的时间处理投资事项。作为整个学院的财务主管他们得到支持很有限,他们不仅仅负责投资事宜,还要处理一般性的财务工作。

在美国各机构做法不同,但根据《共同基金基准研究:2005年基金会和运营慈善机构报告》,2005年投资委员会日常会议超出了均值的1/4(每年平均4.3次),略少于2004年(每年4.4次)。规模似乎并不是影响会议频率的因素,但是慈善机构的投资委员会开会次数(每年4.6次)比其他类型的机构更频繁。[14]

投资财务主管

投资财务主管负责监管学院的财政事务和院内工作安排,并在大多数事项上得到相关委员会和附属委员会的指导。投资财务主管所承担的工作不尽相同,但最为明显的工作显然是管理学院资产,包括捐赠基金的管理。大多数财务主管认为,学院捐赠主要是为了保障该学院能够顺利完成教育目标;保证捐赠资产的保值增值是评判其投资成功的隐性指标。

投资财务主管有许多称谓,分别为财务官、高级财务官、会计师、总会计师、司库、地产财务官、会计与地产财务官,或简称投资财务主管。在大多数学院,投资财务主管负责投资事宜。另一方面,一些学院有一个兼职的财务主管负责管理院内投资和金融事务,其在进行投资管理时难以做到公平公正。投资财务官通常是学院的职工。

投资主管和院内财务主管的角色通常是不同的,尽管投资主管和财务主管的区分并不是很清楚。在一些学院有至少3位财务主管,例如,财产财务主管(负责不动产管理)、内部财务主管(负责学院的内部事务)和财务计划主管(负责学院账目和与财务有关的一般事宜);或分为院内财务官、学术财务官和投资财务官;或其他任何组合。学术财务官通常由学院的职工担任。进一步讲,有时学术财务主管的职位和投资财务主管的职位是由同一个人担任;并且该人也担任学院的副院长,并在大学中有专门的职位。

大多数的财务主管都被视为学院的理事。大约1/4的学院，其学术委员会理事也担任投资财务官一职，有案例表明这个任期是无限的，一直到理事退休。目前，牛津和剑桥大学中大概有1/4的财务主管曾工作于金融领域，还有一些财务主管曾工作于投资银行领域和资产管理领域。近期这种比例正在稳步提高。在一些高校，相对于其他管理人员，财务主管不可避免地对投资事务管理有更大的影响。对于资金最雄厚学院来说，这种情况是适当的，财政委员会协助高级财务主管管理学院资产。并且值得注意的是，即将离任的剑桥三一学院资深财务主管，曾在投资银行工作过，其继任者也是如此；回顾两人职业生涯的不同时期，两人也都曾在巴林银行工作过。

在性别方面，牛津剑桥大学更喜欢任命男性投资财务主管。牛津大学参与调查的34所院校之中有3位女性财务主管，（9%）。在剑桥的27所学院中有4位女性财务主管（15%），牛津和剑桥大学中女性财务主管的比例为11%。但当所有学院和永久性私人学院包括在内时，这个数值就较低了。这种偏好主要体现在投资财务主管方面，而院内财务主管的女性比例较高。

为了深入地了解牛津和剑桥学院捐赠基金管理的复杂性，我们调研了投资委员会中投资顾问、基金经理和投资过程中其他顾问的参与程度。学院主要依靠投资顾问制定资产配置政策、监督经理聘用和其财务工作，因此就会出现一系列行政服务，包括与管理过程相关的绩效分析和投资工作报告。

研究显示许多学院正在以有限的专业人员管理这些复杂的投资工作，投资财务主管往往是各种任务的唯一负责人。有时要监督一些基金经理工作的开展情况。在某些情况下，投资顾问的参与意味着这个过程变得更加复杂。大型投资委员会也履行财务主管的职责，即协调参与学院日常事务管理的各种群体，这可能导致缺乏适当的监督。由于大多数投资委员会每年召开3~6次会议，所以财务主管负责捐赠基金投资组合的日常管理。有时，即使是财务主管也没有足够的时间去管理投资事宜。

对比美国教育机构中专业人士的水平可以看到，随着捐赠资产投资组合在规模上的增长和在投资战略上复杂性的增加，对全职专业投资管理人员的需求已经开始上涨。尽管需求不断增加，但是《共同基金基准研究：教育捐赠2005年报告》显示，每所学院平均有1.2名全职经理人对其捐赠基金投资进行管理。资产在10亿美元以上的学院，其全职经理人数量为12.5名，而1 000万美元以下的则为0.2名。该报告还明确指出，在我们进行这项研究的几年里，人员水平有所下降。这就引出了一个关键问题，学院是否能够切实评估其投资活动和工作人员的需求。[15]

牛津和剑桥大学中参与投资管理的专业人员，其数量估计不到1人；在大多数学院中，即便是投资财务主管，除了负责捐赠基金管理外，他们还执行其他一系列任务。没有证据表明牛津和剑桥大学投资办公室的人员配置有所减少，但同时也没有任何人员编制增加的迹象。牛津和剑桥大学的财务主管的责任之一是对捐赠基金进行管理。与投资委员会成员、行政管理机构和其他相关委员会建立关系对捐赠基金管理至关重要。虽然更多的学院正在雇用专业人士作为投资财务主管，但似乎许多学院的管理条件是十分有限的。作为大学投资办公室的首席投资官，与其他行业的首席投资官不同，牛津和剑桥的财务主管通常缺少资源和管理捐赠基金的自由。

小　结

由于一些因素的趋同，例如21世纪初的长期熊市和不断变化的经济条件，导致大多数学院审查它们的投资政策。这导致牛津和剑桥投资委员会的活动水平提高，特别是自世纪之交以来，导致了投资策略和对经理人任命的实质性变化。在先前提到的牛市时，积极经理人的表现也不佳，一些学院转向指数化的管理策略。其他的学院也采用了新的投资政策——替换积极经理人。

《高等教育机构会计操作规程报告》（通常被称为SORP账目）介绍道，与大学相关的金融活动也要符合新的要求，政府拨款和税收政策的变化也影响着整体财政规划。因此，投资委员会在过去5年里不得不处理更多的工作。虽然牛津和剑桥充分地认识到了投资主管的重要性，但投资主管在执行工作时很难得到相应支持。

与美国的比较揭示了一些有趣的相似之处和差异。2004年NACUBO捐赠基金研究（NES）中报告了投资委员会平均有10名成员，其中1名成员主要负责投资管理。资产超过10亿美元的机构平均有11名投资管理委员会成员，有6名工作人员其主要职责是资产管理（2003年为5名成员）。与牛津和剑桥大学中等捐赠规模学院相似，捐赠资产介于1亿～5亿美元之间的美国机构在其投资委员会中平均有10名成员，只有1名人员负责投资管理。这个比例与牛津和剑桥的学院相似，即平均8人的委员会中只有财务主管负责投资管理。但是，牛津和剑桥捐赠基金资产的平均规模都是比较小的，投资策略的使用和投资的种类也是不多的。

虽然公共和独立机构都平均有1名工作人员其主要职责是投资管理，但工作人员人数的可能范围在两种类别中都在0～35之间。即使是资产超过10亿美元的捐赠基金也拥有1～35名成员或工作人员，其主要职责是投资管理。成员数目最低的是资产在5000万～1亿美元之间的机构。资产价值1亿～5亿美元的机构报告其工作人员范围为0～4。

总体而言，75.8%的美国机构雇用外部顾问获取投资指导。牛津剑桥与之不同，超过70%的学院没有为投资机构使用任何外部顾问，有趣的是美国资产价值超过10亿美元的机构，不太可能雇用外部投资顾问，其中53.3%学院这样做（在2003年为44.7%）。这很可能是因为这些机构已经有大量人力资源被用于资产管理。另一方面，在投资资产不超过或接近于2500万美元的机构中有62.9%会雇用外部顾问，这可能是由于财务限制比任何其他因素更为重要。最可能聘用外部顾问的学院（86.3%的学院）是资产介于1亿～5亿美元之间的机构。[16]

在牛津和剑桥，使用顾问的情况依然是参差不齐的。与剑桥大学相比，牛津大学有更多学院聘用了外部顾问。但是，即使是在牛津大学，其中一些员工也是负责私募股权投资和绝对回报策略而不是为学院整体战略资产分配提供指导。此外，在牛津大学，资金规模和聘用顾问进行投资指导之间几乎没有相关性。只有少数机构聘请顾问进行总体投资指导，大多数顾问只是在对招聘资产管理人时提供参考意见。一般来说，牛津和剑桥大学各学院在聘用顾问方面似乎是相当务实的，只在必要时诉诸这些措施，例如存在着另类资产投资的敞口。

参与牛津和剑桥捐赠资产管理的所有人员数量值得注意。此项研究中投资委员会成员总数为477名（牛津241名，剑桥236名）。考虑到雇用的224名基金经理（参见第10章关于经理选择和监督），除了外部基金管理的分析师和其他专家，在基金管理中，超过700人管理不到50亿英镑的捐赠基金资产。加上投资顾问和其他专业人士以及没有参加我们研究的学院的投资委员会成员，负责资产管理的工作人员总数接近800人。这些数字预计会上升，因为几个学院正处于实施资产配置和雇用经理人的过程中。

牛津和剑桥大学依靠主要顾问制定资产分配政策，监督经理选择并提供一般监督；许多顾问由校友和学院的资助者组成，此外，投资财务官还要负责大量行政服务工作。虽然投资委员会成员人数众多，但研究显示，在一些学院中仅有有限的专业人员管理这些需求，投资财务官是负责各种任务的唯一人员。进行全面资源管理以实现学院总体目标所面临的挑战仍然没有得到足够的重视。

正如一位财务主管所说的那样，"一些学院可能从老的成员和合伙人提供的客观的专业意见和调解中获益"。但另外一些学院，也会因其受到不公平的、自私的或无知的干涉。成立大学咨询委员会是有益的，即使相关投资建议没有被采纳。为了有效地获得优质资产，发展投资事业，有些牛津的学院已经建立了一个共同投资基金会——牛津投资合作伙伴联盟。值得关注的是，学院正在讨论资金池资源，知识资产与财务工作的优势，以提高学院的竞争力。

虽然更多专业人才的加入，会使牛津和剑桥的投资委员会的结构获益，但其在确定和负责总体的捐赠资产管理方面的作用需要加强。在投资委员会中没有专业人才的学院致力于进行必要的变革。然而，投资委员会不能获得更大的自主权。一些委员会似乎具有他们想要的自主权，在投资决策中不受任何约束，并且能够相对独立地运作。但在某种条件下，这些委员可能会做出不利于捐赠资金长期健康发展的决策。由于捐赠资产在维持学院长期目标时，受到广泛赞赏和推崇，因此学院越来越多地采用"有益实践"用于其捐赠基金管理。

第三章 投资目标

引 言

　　捐赠基金的存在一直是为从事慈善活动的机构提供收入。养老基金的投资目标可能是相似的，与其不同的是，捐赠基金的目的往往有很大的差异性。捐赠基金的累积包含很多不同层次的目标，高层次目标的分散状况使得投资决策变得复杂而具有挑战性。因此，确立捐赠机构的具体目标本质上说就是确定其投资政策。即使这样，具有相同目标的机构在解释它们的使命时也会有所不同，这就导致了它们在资产配置上的差异。另一方面，养老基金有一个特定的需求与资产负债进行匹配。

　　"代际公平问题"，是耶鲁大学经济学家詹姆斯·托宾创造的一个名词，生动地体现了捐赠机构之间的争论。代际公平是通过对政策和实践的发展和维系得以实现的，这些政策和实践主要通过投资收益和捐赠来寻求支出平衡，以便这些机构能够满足其当前的目标，同时给自己实现长期目标提供最佳时机，这一长期目标是保护未来几代人的消费能力。每个机构也可以对代际公平进行不同的定义。一些捐赠基金可能没有这样的义务，其他可能会选择改变它们的机构使命。教育机构已经存在了长达几个世纪，如牛津、剑桥、哈佛、耶鲁明确将自己的目标定位为保持高等教育中的领先地位，以作为它们面临的不断变化的挑战，也就是使它们的管理范围在本质上变得更加全球化和永恒性。

例如，世界上最大的生物医学慈善机构卫康信托基金面临的挑战是如何使其捐赠资产维持实际价值以及如何保有其恒久的捐赠能力。如今大多数捐赠基金和基金会面临的一个关键问题，是如何最大限度地提高现在和未来的支出以达到复杂的平衡。挪威石油基金确定了这样一个目标，即从1996年开始从其石油的营业收益中积累资产以确保效益能够被当前和未来几代人公平享有。这个基金具有类似于慈善基金的特征，同时面临着决策困境。捐赠资产管理过程中的每一步都可能存在潜在的利益冲突。因此，具有明确目标的投资政策是获得卓越成就的基础。

大部分非营利部门都对社会做出了重大的经济和社会贡献。这一领域的基金经理的目标是保持其资产的购买力。考虑到它们的负债具有不确定性的本质，成功的投资策略应该是在实际情况中保有一定的流动性资金来满足经营预算最终实现永久性的捐赠基金目标。通过实施有效的投资策略保证了促进卓越成就的独立性和稳定性。一个低效的投资组合结构与相同风险水平下有效的投资结构相比更容易出现年回报率不同的情况。这将导致该部门在当前的支出水平下出现明显的赤字。对该部门内的资产分配进行广泛改进，可以释放大量资金用于慈善用途。

同样，不恰当的风险预测可以使慈善机构以及它们的受益人遭受重大损失。为此，修订后的慈善组织财务与报告文件推荐标准这样写道："慈善机构的会计报告清楚地阐明了英国慈善受托人的义务，它要求受托人为选择投资资产确定一个合适的投资政策，以监控投资业绩，考虑该慈善机构暴露的危机以及完善系统以减轻风险。"为了做出正确的决定，很重要的一点就是通过仔细评估来收集信息并接受指导。然而，受托人寻找到公正的评估存在一定困难，因为不同的专业人员和拥有不同服务标准的机构所提供的观点会产生冲突，这些人包括受益者、志愿者、管理人员、受托人、顾问、咨询者、监管人员和政治家。

在捐赠基金管理领域，我们可以把投资视野拓宽到几个世纪，捐赠机构在制定满足投资目标的投资政策时，面临一系列的挑战。虽然资产管理行业提供了一系列的产品，但是捐赠基金管理者很难从中找到满足他们长期受托需求的投资机会。因此，成功取决于投资机构是否制定了能够反映其愿景的高水平的投资政策。所以，投资政策的声明通常包括与资产分配以及支出政策相关的投资限制说明（如果有的话）。投资政策声明也可能反映了依据管理风格形成的机构发展理念和整体投资目标。

投资机构正式或非正式地处理如下这些问题：他们的投资目标、资产分配策略、绩效基准以及如何回应相关支出政策。我们会在后面的章节中单独对这些问题讨论，在这里，我们要解决的问题围绕投资目标的定义展开。捐赠基金的基准或一揽子政策的建立是确定投资目标的一种方式，同时基准资产分配反映了这一目标。因此，资产基准配置的任务是为目前机构运行提供资源，同时保留资产的长期购买力。因此基准反映了投资机构管理捐赠基金的各个方面，包括风险管理。例如，哈佛管理公司的投资管理基础是其一揽子政策，而耶鲁捐赠基金的投资政策目标是超过其内部基准。

而美国的投资机构更多采用的是定量的方法，欧洲许多完善的投资机构更多采用定性的方法。例如，卫康信托基金会用以下的文字定义了其投资目标：

> 该信托基金的整体投资目标是在通胀调整期寻求长期的总回报，以满足年度支出的实际增长，同时在扣除物价因素的基础上至少保持信托基金的原始资本。这是为了平衡当前和未来的受益者和信托资产需求，因此要投资于长期回报，而不是最大限度地提高短期收入。受托人认为，任何时候都需要考虑到流动性，存在的相关风险以及信托基金的良好声誉。[1]

英国慈善委员会是负责规范慈善部门的组织，根据它的要求任何投资政策声明都应考虑以下几点：

（1）实现足够多的收益，使慈善机构（连同其非投资资源）有效地实现其目标，并不间断地提供服务；

（2）如果可能的话，当投资基金得以保留时，维持并增加它们的价值；

（3）进行风险管理；

（4）慈善机构对道德投资的立场（如果有的话）。[2]

投资原则（SIP）通常包括了以上的考虑。然而，并不是所有的牛津和剑桥的学院都有正式的投资原则声明，虽然投资政策和目标的非正式定义也是有效的。

在教育捐赠基金的例子中，如牛津和剑桥大学将其首要的目标定义为在各自的大学内持续的提供并提升本科生和研究生教育以及为当代和后代的学术研究提供保障。在这样教育目标的指导下，学校有各种类型的永久性捐赠信托基金用于支持学校的特殊目的，如设施建设及发展以及各类奖学金、助学金、奖金等其他教育目的。各学院的管理机构负责确定学院持续发展的战略方向以及进行整体管理，包括其行政管理以及财务和资产的管理。因此，这些学院的投资目标主要是确保一定的资金以巩固教育目标。

冈维尔与凯斯学院是剑桥大学最大的学院，它拥有近 500 名本科生和 250 名研究生，以及超过 110 名教员和 130 位后勤人员，在其 2003—2004 财年的年度报告中写道，学院的财政目标是：用强大的财政资源管理来保障学院的基本教学、科研以及信仰的成本，并保证机构的持续运行。大学的主要追求不仅仅是教学、科研和信仰，还包括在世界顶尖排行榜上居于首位。[3]

这个目标的实现依赖于财务独立，这就意味着学院要通过各项措施的结合来保障其财务的独立性。例如，提高捐赠基金的回报率，通过筹集资金扩大捐赠基金的规模，通过减少对各项费用和租金的补贴增加收益以及提供各种服务，虽然这样可以有效地进行成本控制，但这是不现实的。牛津和剑桥各学院强烈认识到捐赠基金在维持每个学院的目标时所发挥的作用。例如，剑桥大学克莱尔学院的目标陈述中有这样的战略计划：

（1）支持教员和学生团体；

（2）实现本科生和研究生层次上的卓越教育；

（3）通过研究员和研究生来促进高质量的学术研究；

（4）维持并增加捐赠基金和捐款，保护历史建筑和土地以造福后代。

保持独立同时成为联合大学的一部分，是学院长期战略的基础。[4]正如一位财务人员所说，学院的目标是产生学术成果。我们并没有一个既定的投资目标。但是，学院很大程度上依赖于它所产生的捐赠基金。我们可以对学院的长期收益进行观察并对不同资产类别实现的收入进行排序，例如，不动产投资组合的年收益率为6%~7%，而证券投资组合是2.3%。我们所谓的名义收入基本上就是永久性收入，在此基础上我们得出了一些结论。因此，学院广泛认识到，在制定投资政策时主要的投资目的是提供一个与谨慎的风险水平相一致的并且能够可持续获得最大收益的能力。

另一位财务人员说道：

学院的目标是实现收入流动以维持学院的教育活动。我们的收入来源于投资组合产生的股息收益和固定利息收益，以及商业和农业产业产生的租金流。我们知道我们的支出将增加，我们也知道我们能够从我们的不动产和固定收益投资中获得多少收入。因此，接下来我们需要从证券投资组合中获取收益。我们与基金经理进行讨论，以评估投资组合能产生什么；我们也许知道能够通过资本流动产生遗赠，并且我们同意基金经理从安全的投资组合中实现收益目标。

由于捐赠基金在支持大学运作的同时增加了机构的自主权，更多的学院意识到需要定义明确投资目标，以支持机构的运作。即使是最好的大学也会受益于它们的各种团体的愿望，如学生、教师、捐助者和政府，这种影响同样会阻碍机构把握它们的命运。从永久性的捐赠收益中获得大量且稳定的收入的机构更有机会实现它们的目标。因此，捐赠基金收入为维持长期计划，协助实现机构目标提供了一个稳定的水平。

对投资目标的界定

捐赠基金部门内部的各机构对其使命的解释各有不同。即使这些机构有着相似的目标，如学术目标，但是它们实现目标的方式却大相径庭。结果是各机构对捐赠基金的管理方式多种多样，这取决于很多因素，如捐赠的规模、对收入的依赖程度以及其他相关的问题。尽管牛津大学和剑桥大学的领导者都承认他们把教育和学术目标放在首位，但是关系到捐赠基金的投资目标却没有类似的界定，即使投资目标旨在承认要永久地保持捐赠基金的实际购买力。

一个学院的投资目标被描述为"最大化维持消费的目标，或永久性的确保充足的资金流支持高校活动（主要是学术活动）"。并不是所有的财务主管都会把"为后代保有充足的捐赠基金"当作重中之重。一位财务主管明确指出，我们应把重点放在当前一代：尽管学院对于捐赠基金的态度并不是不负责的放任，但是我们认为捐赠基金是满足学院当前需求的一种途径（依据教育机构的目标），而不是把当代支出延期以迎合后世需求。很多人会把对目标的解释视为一种受托责任，而有一些人将代际公平问题视为对简单投资目标的不必要的削弱。另一位财务人员说道，学院对其证券和不动产投资进行管理以产生最高的回报，并长期与资本价值保持一致。它的附属目标为的提高未来受益人的资本价值。

在这种情况下，财务主管承认要明智地进行投资，这可以说是在当前一代与后代之间保持中立。从代际公平的角度提出的第二句"附属目标是为未来受益者……"可能需要我们在制定支出政策时要比制定投资目标时做得更多，这种情况是在可接受的风险水平下保证获得最高的收益。这可能意味着大学投资的长期目标是"在保有资本价值的情况下产生最高的回报"，但是当涉及花费捐赠基金来维持学院运行时，这被认为是迎合当前一代大学成员需求的最好方式。

投资目标通常是支持这些机构的支出政策，对投资目标进行界定时提到支出政策一点儿都不奇怪。尽管牛津大学只有少数学院（7%）表明它们没有任何具体的投资政策，但是有证据表明它们非常明确地对支出意见进行了界定。一位财务主管表明，没有具体目标的捐赠基金资产大约为 4 500 万英镑。

我们的支出政策是支出占捐赠基金3%。因此，我们的目标是确保一个可以与保留捐赠基金实际的价值相称的回报。我们的假设是从另类投资中获得8%的收益，从普通股中获得5%的收益，不动产中获得低于5%的收益以及从债券中获得2.5%的收益。依据财产分割这些大约可以转化为5%的总收益。我不知道这是否等同于投资目标。

我们3%的支出率也不是一成不变的。持续3年的股票市场低迷使我们难以维持现有的消费限度。

表3.1　另类投资目标的频率分布

投资目标	占比（%）
A. 可接受风险水平下最大长期总收益	38%
B. 长期持有的合理的、可预见收入水平的资本	23%
C. 保持和提高捐赠基金和支出的实际价值的同时最大限度地降低风险	20%
D. 支出占捐赠基金的比例超过4.5%后，保有捐赠基金的实际价值	3%
E. 最大化可持续的支出目标	3%
F. 在可接受的风险水平下，以可持续增长率为4%的财政支出，允许高于工资通胀的增长	3%
G. 长期保护和发展捐赠基金。当保证具有积极的社会责任投资姿态时，在风险框架下追求最大收益	3%
ns. 无具体投资目标	7%

我们对支出水平有着非常严格的限制。在为期5年的时间内，我们必须削减支出以保持目标。我们预计我们的收入会有所增长，甚至正相反，我们预计收入水平会变得更糟。所以，我们正在研究是否需要削减某些开支或与其他院校合并以削减成本。此外，我们在进行资产分配时面临困境，考虑到我们的支出政策，我们目前的债券和现金分配是合理的。

表3.1提供了牛津和剑桥大学各学院对投资目标定义的分解。一些定义反映了投资的预期回报,而不是基于捐赠目的的投资目标。虽然对定义的表述可能是各种各样的,但是它们都反映了对细节的关注,而不是采用广义的原则,所以它们有大致相同的特征。

超过1/3(38%)的受访者认为要在可接受的风险水平下最大限度提高长期总收益;并且只有少于1/4(23%)的受访者认为要在合理且可预测的收入水平下持有长期资本。20%的受访者希望保持并提高捐赠资产和支出的实际价值,同时最大限度地减少风险。这三个投资目标占了(投资目标)定义大部分内容(81%)。其余的一些学院有3%希望每年在支出捐赠基金的4.5%以后保有捐赠基金的实际价值;3%的学院希望最大限度地提高可持续消费的目标;还有3%的学院,在捐赠基金支出增长超过工资通货膨胀率并且在一个可接受的风险率下将目标定位于财务支出的可持续增长。只有3%的学院在对投资目标进行界定时,考虑到了社会责任投资,还有7%的学院并没有正式的投资目标定义。

一些学院可能没有正式定义的投资目标,但当被问及它们的投资目标时,大部分财务主管很清楚地说明了其投资决策的基础。一位财务主管说道,在合理的税率水平下(可持续利率为4%)我们有一个3倍的融资目标,并在监管部门可接受的风险水平下,允许捐赠基金资本增长超过相关通货膨胀率(工资膨胀而非零售价格指数)[RPI]。另一位财务主管说道,我们的目标是保有资本的实际价值,同时实现全年总收入,以及在较高的财富管理慈善指数(WM指数)下获得3年滚动期总回报。更简洁地说,一些学院的目标是渴望捐赠基金的增长,是最大化可持续收入。

牛津和剑桥的投资目标与捐赠基金规模的对比

表3.2展示了捐赠基金规模对牛津和剑桥大学定义投资目标影响的分析。许多拥有小规模捐赠基金的学院(26%)表明它们的愿望是与富裕的学

院（11%）相比在可接受的风险水平下最大化它们的长期总回报。小规模捐赠基金的数量要多得多。具有大规模捐赠基金的学院（资产超过1亿英镑）公布了相似的投资目标。例如，这一类中13%的学院，既定的投资目标被分割为：在一个可接受的风险水平下（7%）最大化长期总收益和维持并提高捐赠基金和支出的实际价值，同时最大限度地减少风险（5%）。

表3.2 投资目标（来源于表3.1）和捐赠基金规模的对比

捐赠基金规模（百万英镑）	A	B	C	D	E	F	G	ns	合计
100~750	7		5					2	13
50~100	5	7	2		2	3		2	20
合计>50	11	7	7		2	3		3	33
25~50	8	8	5		2		3	2	28
10~25	10	7	7	2					25
<10	8	2	2	2				2	15
合计<50	26	16	13	3	2		3	3	67
总计	38	23	20	3	3	3	3	7	100

其中各项目均来源于表3.1。

A. 可接受风险水平下最大长期总收益；B. 长期持有的合理的、可预见收入水平的资本；C. 保持和提高捐赠基金和支出的实际价值的同时最大限度地降低风险；D. 支出占捐赠基金的比例超过4.5%后，保有捐赠基金的实际价值；E. 最大化可持续的支出目标；F. 在可接受的风险水平下，以可持续增长率为4%的财政支出，允许高于工资通胀的增长；G. 长期保护和发展捐赠基金，当保证具有积极的社会责任投资姿态时，在风险框架下追求最大收益；ns. 无具体投资目标。

其余拥有1亿英镑以上捐赠基金资产的学院表示没有正式的投资目标。

在那些拥有小规模捐赠基金或资产不足5000万英镑的学院中（超过2/3约67%的受访者）大约有1/4（约26%）表示它们渴望在可接受的风险水平下最大化长期总收益。其余的16%，即超过富裕学院两倍的学院目标是在合理且可预测的收入水平下长期持有资本。另外13%为较不富裕的学院，但这个数字是拥有超过5000万英镑的资产学院数的2倍，旨在保持和提高捐赠基金以及消费的实际价值同时最大限度地降低风险。虽然投资目标和捐赠基金规模之间没有表现出很强的相关性，但是捐赠基金规模较小的学院更热衷于最大限度地提高长期投资回报。

投资目标的定义：与美国的比较

尽管牛津和剑桥的许多财务主管从定性的角度对其投资目标进行了界定，2005年《共同基金基准研究：基金会和经营慈善事业》认为美国一些机构对投资目标的界定更加量化。例如，受访者最经常表明的目标是超越具体的衡量标准，接下来要超过最低收益率，还有一些人表明他们以超越同僚为目标。2004年，65%的申报机构说它们的投资目的是超越特定的基准，而2003年这个数字是37%。约有30%的机构报告说，它们的目标是获得最低回报率，相比上年为34%。平均报告的最低回报率为7%，2003年为8%。

大约1/4（21%）美国基金会报告它们的投资目标是超越5%的最低回报率，2003年有24%的受访者这么认为。一些受访者（16%）希望超越他们的同僚机构。这一数据的显著特点是那些试图超越基准水平的机构急剧增加。显然，在恶劣的收益环境中的许多管理人员的重点是保证最低回报率，在财政状况良好的情况下他们的目标就会定位于基准水平或同僚机构的收益水平。

这些结论也取决于捐赠基金的规模，38%的拥有较大规模基金（超过10亿美元）的机构表明它们的目标是获得5%的最低收益，超过28%的机构表明它们的目标是由上年7.1%的平均最低收益调整为5.7%的最低收益。有趣的是，34%（与2003年的38%相似）的基金规模较小（0.5亿~1亿美元）的机构表明它们的目标是获得7.8%的最低平均收益（同样与2003年报告的7.9%的目标相似）。另一个重要的发展是，更多的规模较大基金会报告它们的目标是超越同行的基金会（28%），相比之下，较小型基金会这一比例为10%。去年，超过10亿美元资产的基金会把超越同僚机构定为自己的投资目标的比例为0。

在把超越具体基准定为目标的基金会当中，它们所引用的指标总是发生变化，超过1/3（37%）的机构报告说它们运用的是复合基准，有1/4（24%）的机构报告表明它们引用的是不同的指标作为其基准。具体基准是标准普尔指数、罗素指数、雷曼综合债券指数的混合，还有相当比例的受访者使用的是其他基准。随着投资组合变得更加复杂和多样化，基金会管理人员也转向创建复合指标，以更准确地追踪它们的表现。[5]

捐赠基金中一些更复杂的例子是，它们的投资目标是超越一个特定的基准，包括哈佛和耶鲁大学的投资目标。就哈佛管理公司来说，它们对于GIA（主要由捐赠基金资产构成资金池）的管理是一揽子政策或者长期资产的组合，这在很大程度上能迎合大学在适当风险水平下的长期收益目标。它作为衡量实际投资组合业绩的基准。因此，哈佛管理公司的投资目标是超越哈佛大学自身的投资组合策略基准。

哈佛管理公司的一揽子政策是一个多元化的投资组合，具有极具吸引力的预期回报率和风险比。例如，2004年的一揽子政策包括对外国证券和商品资产更高的配置，国内固定收益资产的配置则低于美国典型机构基金的配置。对比一揽子政策的表现，投资组合中的实际资产与一揽子政策策略的不同导致哈佛管理公司超越了其基准。例如，如果国内的股票被认为是被高估，实际的投资组合可能比一揽子政策持有的要少。一揽子政策会在经验和环境的变化下进行定期的审查和修改。[6]因此，在确定哈佛管理公司的投资目标作为论证时，还需要对投资过程的相关问题进行界定。

投资回报目标

每一个资产配置决策都包含着预期的投资回报目标。相似地，在定义投资回报目标时，机构首先要进行合适的资产分配。因为投资涉及管理的艺术性和科学性，所以定性决策在投资组合决策中与纯粹的定量决策一样发挥着重要作用。例如，对资产类别的定义是非常主观的，并且很难进行量化。收益和相关性同样是难以预测的。大量定量分析的历史数据只能为我们提供一个指南,并需要一次次地进行修改,以便我们及时识别结构的变化并对异常周期进行调整。在采用定量的方法时,也会出现一些问题,如我们很难把市场流动性以及会对结果产生重大影响的小概率事件纳入考虑范围。因此,在进行资产配置决策时最好的方法就是将定量分析过程与定性分析判断相结合。

根据对2004年耶鲁捐赠基金投资政策的回顾我们可以发现,目标融合了在风险率为11.7%时(回报率标准偏差)创造预期的实际(通胀后)长期增长率为6.2%。这是耶鲁基于其投资政策制定的预期收益目标,绝对收益资产分配为26%,当前目标分配是25%;实际资产为19%,目标是20%;私募股权为14.5%,目标为17.5%;大致与目标一致的各15%的国内和国外股票;以及7.5%的固定收益资产也符合目标。主要是由于私募股权相关目标的缺失,实际报告的分配结果在11%风险下的投资组合比预期增长5.8%。

耶鲁大学基于高等教育商品和服务的通胀指标大约比消费者价格指数高出了1个百分点。报告还指出,我们需要为学校当前的运作提供资源,与此同时,保持对资产的购买力决定着投资的高回报,同时将使得捐赠基金趋于公平。此外,学校在面对通货膨胀时的无力性进一步导致了捐赠基金将远离固定收益而转向权益性工具。因此,92.5%的捐赠基金用于投资某种形式的普通股、持有国内或国外证券、实物资产以及私募股权。[7]

剑桥和牛津的一些学院明确地定义了它们的预期投资收益目标,但另外一些学院仍不明确。答案可以用于回应"这所大学的目标是什么",从非具体的定性观察发展为正式的定量观察。并不是所有的机构都会透露自己的预期收益目标。例如,哈佛管理公司的年度报告并没有对其预期收益目标进行表述;只有一揽子政策反映了适当风险水平下其长期收益目标。牛津和剑桥的学院与其他学院具有不同的透明度。虽然学院已被批评它们在治理和管理问题上缺乏透明度,但是这项研究得以从问题解决的开放性中获益匪浅。

例如,一个没有具体回报目标的学院说:"我们没有具体的回报目标,也没有具体的收入目标。当不动产占捐赠基金的比例为28.5%时,你将不会像持有股票的投资组合一样进行运作。"另一个没有具体回报目标的学院的财务主管说："我们并不信任设立回报目标，因为收益和风险都是不可控的，而我们更偏好于控制风险。"一半的学院在定义投资目标时不包含风险，当问道回报时，只有一位剑桥大学的高级财务主管，直接提到了风险。值得注意的是，上文提到的学院都是剑桥和牛津大学中富有的学院，并且都拥有相当大规模的不动产投资。

牛津和剑桥各学院的捐赠基金资产规模和投资回报目标并无太大关联。只有少数资产超过1亿英镑的学院（11%），在确定投资回报目标时有一个平均的分配——从基准导向到通货膨胀导向，从不考虑通货膨胀的投资目标确定到求稳（只考虑风险而不考虑回报）。有8%的资产超过5 000万英镑的学院将投资回报目标定为按4%~5%。

近20%拥有小规模捐赠基金的学院同样把年回报目标定为4%~5%。13%的小规模学院把实际回报定为3%~4%，而具有大规模捐赠基金的学院无一这样做的。此外，与那些有较大的集中在基金规模的学院相比，有两倍以上的规模较小的学院没有具体的回报目标。一小部分学院（8%）将预期回报目标定为5%以上：这些学院中有超过一半的学院资产不足5 000万英镑。

剑桥和牛津具有小规模捐赠基金的学院更愿意在可接受的风险水平下寻求更高的回报率。如果它们能更好地通过多样化降低风险，那么它们就可能在没有增加任何风险的情况下实现更高的回报，但是小规模基金与大规模基金相比较，不容易进行有效的多样化来降低风险。如果它们致力于更好地控制成本，这也会提高回报，但这对于小型基金来说同样不够合理。这样看来，拥有小规模基金的学院与拥有较大规模基金的学院相比，至少在一定程度上更愿意承担风险。

表3.3展示了参与者对投资回报目标的回应。

不到1/4的学院（23%）将投资回报目标定为4%~5%。在这些表明了扣除物价因素的回报目标的学院中，一些通过零售价值指数测量通货膨胀，其他的通过高等教育工资和价格指数测量。有20%的受访者没有具体说明他们想要的回报是名义的还是实际的。

第三章 投资目标

牛津大学一个学院的投资主管负责管理投资组合,自 1966 年这个财务主管接手投资组合以来,学院连续 40 年获得 12.5% 的年复合增长。"我退休一年的时间里,"牛津大学赫特福德学院的罗德·凡诺登先生说,"我们是否能保持回报水平仍有待观察。此外,我们过去从股票中获得的回报是否会在未来持续是远远不能确定的。"当被问及实际回报率时,凡诺登先生若有所思地说:"我们的年长期股息收入净额为 7.75 个百分点;我们可以投资于指数并获得类似的回报。"没有多少专业投资人士会谦虚地承认,积极的管理并不总是有回报的。

然而,学院对此并无异议,他们的预期回报目标主要是通过投资业绩,而不是筹款获得的,例如,或通过出售不包括捐赠基金资产在内的资产,如经营资产,特别是不动产。一个财务主管指出,他们在研究他们投资组合的 α 和 β。α 在术语中,被用作基金的相对基准回报,而 β 是通过基金的基准实现的基本收益。根据另一个财务主管的说法,可持续的收入或投资组合的长期回报率是关键,而市场波动性并不是问题:

我们提出的数字是 3%。如果你的通货膨胀率为 2%(牛津通胀高于零售价格指数。因此,我们的工资将上升 2%),则我们需要一个 5% 的总回报率。如果你再观察各种资产类别的长期回报,我们假设股票的实际回报是 5.5%,不动产为 4.5%,现金为 2%。由于我们在不动产方面有一个高百分比,所以 3% 的回报目标看起来是可持续的。我们需要长期对捐赠基金进行保护。我们最初观察富时指数(伦敦金融时报指数)的回报,在 1995 年为 3.6%,所以我们认为我们会有一个可持续的盈余。随着收益率下降,我们将会产生一个较大的赤字。

我们还没有区分不动产和股票。我们现在有一个更复杂的模型,与此同时我们过去 5 年的支出是平稳的。目前在我们的教育账户有一个超过 100 万英镑的巨大赤字,它包含学院提供教育的各个方面——教师的工资和学生的租金。当前用捐赠基金能够弥补赤字。许多学院都遭受了我们所谓的三重打击,不得不对损失的预交公司税进行调整。费用的减少使我们增加了 10 万英镑的支出,且学院对大学的贡献有所增加。

表3.3 投资收益目标和捐赠基金规模

目标（百万英镑）	>100	75~100	50~75	全部>50	25~50	10~25	<10	全部<50	合计
无具体目标		2	2	3	2	3	2	7	10
偏好控制风险	2			2					2
收入增长	3					2	3	5	5
基准驱动	2			3	3		2	5	8
实际5.5%~6.5%	2	2		3	2	3		5	8
实际4%~5%		3	3	8	8	5	2	15	23
实际3%~4%					8	3	2	13	13
实际2%		2		2					2
年12%					2			2	2
名义7%			2	2		2	2	3	5
6%~7%							2	2	2
5%~6%			2	2			3	3	5
3%~4%	2		3	5	5	2	2	8	13
RIP+2.5							2	2	2
HEPPI+1	2			2					2
合计	11	8	11	31	30	25	15	69	100

RPI=零售价格指数；HEPPI=高等教育工资和价格指数。

考虑到牛津和剑桥大学一些学院在总体目标上的相似性,预期回报目标的分散性表明,这些学院不在决策过程中模仿同僚机构。可以想象的是,由一系列的原因,在短短的几年内,它们的个体差异可能会消失,如高校合并它们的捐赠基金以获得效率,在决策的过程中,投资顾问的影响更大,并且能够或改变这些学院捐赠基金的支配方式。在剑桥和牛津一些学院的资产配置中可以看到的分散范围与养老基金部门不同,甚至更大,越来越多的捐赠基金都持有多样化的投资组合。未来10年在学院中将会出现明显的低效率,与此同时,这些学院会开放多样化的方式,这是市场有效和良好运作的必要条件。

总收益与收入

直到最近,"只允许对收入进行支配"的支出政策在英国还是强制性的。因此,牛津和剑桥的一些学院对收入进行投资,这使得资产配置的选择更加优化。许多基金会、捐赠基金以及慈善团体持续对收入进行投资。虽然《2000年信托法》颁布后基金受资产组合的限制有所减少,但是偏好于自主决定基准的学院与那些追求高额回报的学院之间还是存在明显的界限。阐明有关收入和资本支出的规则有助于采用"总回报"的方法,采用这种方法时,出售资产的资金也可以用以支出,而不需要确保支出的途径只能来源于收入。牛津大学一位财务主管说:捐赠基金管理政策集中于资产减少的常规比例,不需要考虑收入/资本利得的区别。

当被问到大学捐赠基金投资政策是面向总回报还是收入时,70%的学院表示说,面向的是总回报,虽然在它们之中有些学院的政策仍会继续实施。到2003—2004财年,更多的学院采用了新的方式,牛津大学有86%的学院在其年度报告和账户中采用了"总收益"的政策,而剑桥大学为52%。由于这些学院过去或者现在有着大量资产,所以租金收入在投资策略中继续发挥关键作用。激励投资政策的另一个因素是,股息收入是免税的。《2000年信托法》对股息税的取消,进一步减轻了资产组合对资金的限制。

向总收入政策的转变使得资产配置从"只考虑收入"的政策中解放出来。投入资本以迎合年度资金需求的能力对于投资者专注于长期资产分配是至关重要的。这样的做法也使得有可能投资于海外股票,私募股权资产,或实施绝对回报战略,这些通常都不会产生红利。总回报的方法有利于长期投资者在广泛的资产类别中运用多样化的投资组合,而不是投资高收益资产来实现收益,最终在任何可接受的风险水平下,确保最高的回报。

支出决策与资产配置策略之间毫无关联,这种想法是非常天真的;在一般情况下,当投资收益小于5%时,那么每年计划支出则不能超过资产5%。

要花费5%的资产同时不消耗本金,就必须投资于经通货膨胀调整后所需的支出目标。由于每年的收益都有所不同,大多数机构都根据多年的数据来确定支出率,今年的支出率X%要与往年加权平均数Y相似或者与其他权重公式计算的结果相似,这有助于解决年度资产波动的问题。如果捐赠基金想要在扣除物价因素下维持其长期价值,同时提供必要的流动收入,那么就要确定5%的支出率,假设通胀率为2.5%,那么年名义收益率至少为7.5%。在这种方案下,总收益和收入的主要区别是该基金的资产配置并不局限于单一资产类别,如高收益证券和提供最低7.5%年收入的债券。

学院依赖于捐赠基金的收入用于其年度支出的投资方式可能会扭曲资产配置和长期收益。剑桥和牛津一些学院使用的总收益的投资政策是当前比较流行的方式。美国的捐赠基金一直采用总收益的投资方式,与之不同,许多英国的基金会和捐赠基金只对收入进行投资。值得指出的是,虽然总收益的方法在将资产配置从收入的约束中解放出来时扮演了一个很重要的角色,但它并不是有效的资产配置方式也不是获取更高投资回报的替代品。例如,在过去的15年中,WM慈善基金体系所追求的"高产量"的策略比那些"无约束"基金表现更好。因此,了解投资市场的性质和长期回报的趋势对做出适当的资产分配决策是至关重要的。

由于美国和英国的机构在不同的投资环境下运作,所以它们运用不同的方式是很正常的。美国慈善机构的收益的一个决定性因素是它的股票市场,它与英国的股市具有不同的特征和收益状况。例如,在过去20年的股票市场中,美国的股息增长率一直低于其预期水平。公司转移支付股息可以部分解释较低的收益率和股息增长的原因。美国公司性质的变化,可能是部分归咎于税收的考虑,而这个变化是由很少支付股息的小规模、成长型导向股票的首次公开募股的爆发引起的。虽然分红总量似乎并没有下降,但是美国股票回购出现的派息补偿已经下降了。[8]这种趋势同样出现在英国市场,但美国更加明显。最近英国税收的变化可能会推动其股票市场与美国的趋同。

虽然每年的市场状况都是由资本增值驱动的,但是长期收益在很大程度上受投资收益的影响。财富的不同是由投资收入引起的。让我们来关注这样两位捐助者：他们都在20世纪初以1美元的初始投资建立了一个相同的托管股权信托基金。一个基金把他所有的收入都给了受益者，而另一个把他的收入进行了再投资。到2000年底，后者将1美元升值为16 797美元，这意味着年名义收益率为10.1%或扣除物价因素的收益率为6.7%。101年之后，善于理财的捐助者的财富是只会花钱的捐助者财富的85倍，只进行支出的捐助者最高的财产价值为198美元，这代表着年资本收益为5.4%。显然，从股票中获得的累计总收益要大于资本增值。这种效应不仅特指美国，而是世界各地的每一个市场都会出现。投资期限越长，股息收入越重要。[9]

这些不同反应在市场上限制了投资者，并不惊奇的是，英国的慈善机构是真正的长期投资者，它们同样选择收入导向型策略。总回报投资的行动是最近流行的趋势，一些机构仍然对其优势持怀疑态度。表3.4提供了牛津和剑桥各学院之间总收入和收入导向回应的分类。例如，这表明牛津和剑桥71%的学院在2003—2004财年使用了总收益的投资战略。牛津大学有更多的学院（86%）报告它们使用这一方法，而剑桥大学只有一半（52%）的学院使用。牛津大学的数据来源于2003—2004财年牛津大学财务报告。剑桥大学的数据来源于2003—2004财年剑桥大学财务报告。

表3.4 总收益与收益导向政策的频率（%）

机构	总收益	收入	合计
牛津大学	86	14	100
剑桥大学	52	48	100
牛津和剑桥大学	71	29	100

牛津大学有86%的学院在2003—2004财年选用了总收益导向政策，在前一年已经有73%的学院完成了这一选择，其中有一半的学院是在一对一的财务主管会议过程中进行了确认。仔细观察2002—2003财年公布的账目就可以发现，牛津大学有58%的学院从收入中派生出50%甚至更多的捐赠基金重估收益，而42%的学院透露，捐赠基金投资组合通过资本增值获得了超过一

半的收益。考虑到牛津剑桥的投资组合持有大量不动产,进一步分析就可以发现,63%的收益是通过资产重估实现的,而37%的收益是通过证券实现的。由于2003—2004财年证券市场好转,通过资产重估实现的收益有所下降,但仍然达到了捐赠基金增值56%。比较数据不适用于剑桥大学。

牛津和剑桥不足1/3的学院(29%)仍在继续使用收入型的投资政策;牛津大学有14%,剑桥大学有接近一半(48%)。剑桥大学有两个学院甚至报告称,向总收益政策或成长型政策转化需要以收入政策为基础。一位财务主管说,过去公司基金采用总收益政策而信托基金采用收入政策。由于章程并没有明确允许公司资产要使用总收益政策,所以学院的公司基金和信托基金都转为了收入相关的政策。这所学院建议,一旦大学章程要求它这样做,那么它会马上转回总收益政策。另一所学院将总收益政策转向以收入为导向的政策,因为当一半的捐赠基金资产被用于学院建筑发展时,会使得总收益政策难以维持下去。

在这项研究之初,尽管有1/3的学院已经制定了明确的投资政策,但是有几个学院将投资策略转向总收益投资。其他的学院都处于将收入政策转变为总收益政策的过程中;有的学院首先要改变其章程。值得注意的是,这些学院能更好地支持总收益政策在其捐赠基金资产投资于不动产时保持一个较高的比例。从不动产中获取稳定收入的学院比那些没有稳定收入的学院,更有信心实施总收益政策。牛津和剑桥中捐赠基金收入占总收入比例最高学院的财务主管解释道:"我们的目标是通过各种资产类别实现长期总收益,并忽视当前收入。"不动产占投资组合的比例仍旧为45%。

尽管牛津和剑桥的很多学院均表示将于近期在资产配置时实施总收益的方法,(牛津比剑桥更多,这大概是由于投资顾问的存在和影响,如剑桥联营公司)以确保捐赠基金可持续的收入水平是学院最重要的收入来源。剑桥大学更加强调保证收入,尽管它们在风险范围内更加偏向于保守,但是这些学院也越来越重视"最大化的收入"。剑桥大学的一位财务主管说:

> 我们的基本目标是"实现可持续的收入"。我们一半的捐赠基金在信托

基金当中，而且大部分信托基金都有非常具体的需求。因此，基金的目的是提供一个可持续的收入水平。所以，这就是为什么我们必须需要保证捐赠基金和信托基金的安全。在实现收入时，必须考虑到资本。就我个人而言，我并不完全理解他们的解释。

另一位牛津大学的财务主管说：

我们对于基金管理的目标并不是实现总收益的最大化，而是我们通过捐赠基金来服务于大学的发展。当然，我们并不希望投资目标对长期资本产生破坏，但是我们的主要目标是为学校的收入需求服务。自剑桥大学教授埃里森·理查德被任命为副校长以来，剑桥开始实施总收益政策。而从收入政策向总收益政策的过渡将需要几年的时间，牛津剑桥各学院正处于重大变革之中。自从我们的研究开始以来，变化的势头大大加快了，同时，这些学院保持高度谨慎的变化，特别是当涉及更大范围的资源共享和信息公开披露时。

捐赠基金收入的作用

通过对牛津、剑桥各学院捐赠收入对总收入的贡献分析表明，捐赠基金在维持院校经营活动中起着重要的作用。牛津大学收入与支出账户披露其捐赠基金收入占高校总收入的平均比例在2002—2003财年以及2003—2004财年分别为35%和34%。尽管剑桥大学投资收入的总量为8 200万英镑，比牛津大学的7 200万英镑要高，但是剑桥大学捐赠基金收入占高校总收入的平均比例要小一些。

由于学院现在使用的是总收益的政策，所以它们对于投资收入的核算方式也发生了变化，总收益包括收入和资本利得。由于各学院没有报告一致且加以区分的收入和资本利得，而是简单地把资本利得加在投资收入中并在收入和支出账户进行列支，这样可能会导致重复计算。由于只有极少的学院报告了它们的资本销售以实现其业务收入,所以我们选取了这些学院收入和支出账户中的捐赠基金投资收入以及总收益进行分析。

捐赠基金在维持两所大学运作中所发挥的作用从另一方面来说是微不足道的。对于这两所大学来说,从捐赠基金中获得的支出与耶鲁和哈佛接近。但是,牛津和剑桥捐赠基金收入的贡献占总收入的比例要比耶鲁和哈佛少10%。近年来,政府资助的变化以及股票市场的波动都鼓励牛津和剑桥建立一个更多样化的收入基础。当其他来源的收入增加时,捐赠基金收入的贡献也会增加。尽管牛津和剑桥大部分学院(62%)的捐赠基金对年度总收入的贡献在30%左右,但是仍有12%的学院从捐赠基金中获得了年总收入一半以上的收入。

根据共同基金会2005年的调查,美国教育机构捐赠基金经营预算基金的平均占比从2003年的13%下降到2004年的11%。这归因于这一年中经营预算的削减,收入的增加以及学费收入的大幅度增加。在大的机构中这一比例有所增长——由13%到15%,但在小一些的机构中则出现了明显缩减——由10%到7%,最小的机构则是由10%下降到了3%。拥有小规模捐赠基金的学院,对熊市时捐赠基金市场价值的下降出现了延迟的反应,支出出现了根本性减少,并且它们当前的活动对捐赠基金收入依赖较少。总的来说,美国有17%的机构报告说,捐赠基金收入的经营预算比例有所增加,而41%的机构说它们有所减少,36%的机构没有发生变化。[10]

美国的私立教育机构很大程度上依赖于它们的捐赠基金,它们从捐赠基金中得到其经营预算1/4以上。因此,耶鲁大学的捐赠对该大学营业收入的贡献从2002年的28%增长至2004年的31%,并且预计2005年将占其收入32%。捐赠基金收入是目前哈佛最大的收入来源,占总收入近1/3(31%)。就在10年前,即1994年,哈佛大学的捐赠收入占总收入21%。1994年,耶鲁大学的捐赠基金收入对大学总收入的贡献为14%,而今天已经接近1/3。

表 3.5 捐赠基金占总收入的比例

比例（%）	牛津	剑桥	牛津和剑桥
<5	3	6	4
5~10	16	13	15
10~20	24	23	24
20~30	16	23	19
30~40	11	19	15
40~50	16	6	12
50~60	3	6	4
60~70	5	–	3
70~80	–	–	–
80~90	3	3	3
>90	3	–	1
合计	100	100	100

牛津大学各学院的数据来源于牛津大学《2003—2004 财年财政报表》；剑桥大学各学院的数据来源于剑桥大学《2003—2004 财年各学院账户报告》。

在过去几十年中，牛津和剑桥捐赠基金的贡献在维持机构目标方面一直呈上升趋势，但并不像美国的同僚机构那样呈现良性增长。与英国其他高等教育机构相比，牛津和剑桥的捐赠基金在支持大学运行方面发挥了关键作用，而其他高等教育机构的捐赠基金收入的平均贡献占总收入及支出的比例不到2%（分别为1.47%和1.49%）。

表 3.5 提供了牛津和剑桥捐赠基金收入占总收入的比例。超过 1/3 的学院（38%）的捐赠基金收入占总收入的比例超过了 30%。这两所大学来源于捐赠基金的收入不到 5%；捐赠基金收入占总收入 80%~90% 的学院的数量与捐赠基金收入占总收入 90% 以上的学院相似。平均来看，牛津和剑桥总收入的 1/3 来源于捐赠基金收入。

与其他英国高等教育机构捐赠基金贡献相比，牛津和剑桥处于领先的位置。如表 3.5 所指出的，如果这两所学校所有学院的捐赠基金都被包含在内，在全国所有机构中，他们的捐赠基金贡献将是最高的。表 3.6 列出了英国捐赠基金收入占总收入比例最高的 10 个高等教育机构。

表 3.6 捐赠基金与利息收入占总收入的比例（%）

英国排名前 10 位的机构	2004 年	2003 年
英国皇家音乐学院（伦敦大学下属）	16.5	21.5
威尔士大学	11.1	11.2
英国皇家音乐学院	10.5	8.4
牛津大学	8.1	7.0
萨利大学	6.2	7.1
英国皇家艺术学院	5.0	4.2
剑桥大学	4.4	10.9
伦敦大学	3.8	5.3
苏格兰皇家音乐与戏剧学院	3.4	2.3
伦敦政经学院	3.0	1.5

来源：《2003—2006 年高等教育财政年报》。

值得注意的是，这些机构从捐赠基金获得的支持水平还比较低，从皇家音乐学院的 16.6%（由 2003 年的 21.5% 下降至 16.6%）到伦敦政经学院的 3.0%（由 1.5% 升至 3.0%）。即使是牛津和剑桥也很少依靠捐赠基金维持其运行。因此捐赠基金对牛津和剑桥各学院的显著支持也是独一无二的。无论是在英国还是欧洲，内部资源和投资对学校运行如此高程度的支持都是非常罕见的。在英国，有一些中等教育机构，如基督医院，对捐赠基金非常依赖。例如，基督医院在 2004—2005 财年从其捐赠基金中获得了 72% 的收入。

当被问到目前捐赠基金对于维持大学运行的有多重要的时候，各受访者的回答往往一致性地强调了捐赠基金给学校整体财务和运营带来的重要性。捐赠基金对收入的贡献水平和它对机构的重要程度二者之间并无关联。因此，一个学院 90% 的收入都来源于捐赠基金，会回答"关键"；而另一个捐赠基金对收入的贡献不足 10% 的学院同样也会这样回答。82% 的受访者都认为，捐赠基金收入很关键，不管他们对捐赠基金的依赖程度是多少，他们均认为当前捐赠基金收入对总收入的贡献水平"非常重要"或"相当重要"。

表3.7 捐赠基金收入的重要性（%）

重要程度	牛津	剑桥	牛津和剑桥
关键	18	7	25
非常重要	20	25	44
相当重要	8	5	13
相对重要	2	0	2
建立捐赠基金	8	5	13
提高收入	0	3	3
合计	56	44	100

牛津和剑桥各学院都充分意识到捐赠基金在维持它们的目标和行动时发挥作用。表3.7提供了捐赠基金对牛津剑桥大学的重要性。

剑桥大学很少（3%）的受访者明确表示需要提高捐赠基金收入的水平。一个希望提高捐赠基金收入水平的财务主管说道，我们需要能够提高捐赠基金的收入水平以确保学院长期的活动能力。那所学院15%的收入来源于从捐赠基金。另一所捐赠基金对总收入的贡献超过了1/4（27%）的学院的财务主管指出：

> 当前收入流的3.4%来源于捐赠基金资产，这使我们能缩小由学生带来的学校年度支出和收入的差距，并应于支持教学，发放奖学金、奖励和奖品，维持和维护大学建筑以及用于其他捐助者指定的特殊用途。由于费用收入持续下降，投资组合收入需要在未来5年内大概每年增长0.1%，以达到增加收入的目的。

剑桥和牛津的学院均表明它们正处于建立捐赠基金的过程之中，对一位财务主管来说捐赠基金收入"对我们目前的财政状况并不关键，因为我们其他的业务也可以产生现金，但是建立捐赠基金的战略目标对于保持未来的制度自由至关重要"。另一个学院建立捐赠基金的目的是为了让其大学认可它是完整的学院，这所学院当前的运行同样不依赖于捐赠基金，反而在成功运作其他商业项目上处于有利地位。各学院似乎已经有了各种各样的策略来资助它们的长期目标。捐赠基金的不断增大使得这些学院在确定和实现投资目标时具有更大发言权。

表3.8 彼得豪斯学院收入和支出占总收入的比例（%）

收入或支出	组成部分	1970年	2003年
捐赠基金收入	不动产租金	23	54
	股息和利息	6	8
	信托收益	1	1
	成本	(5)	(13)
	小计	25	50
捐赠基金支出	大学税收	(2)	(2)
	教员	(8)	(7)
	捐赠基金盈余	18	41
运营收入	教学和支持	26	17
	住宿和餐厅	32	18
运营支出	教学和支持	(28)	(31)
	住宿和餐厅	(26)	(34)
	建筑物维护	(22)	(24)
	盈余（赤字）	(0)	(11)

来源：安德鲁缪里森（2005）。

大多数财务主管指出，学生学费未能与提供教学、提供如住宿和厨房费用服务的真实成本保持同步，在过去几年中捐赠基金弥补这一差距的负担大幅增加。根据安德鲁缪里森的观点，由于其他来源收入的下降，捐赠基金收入在维持彼得豪斯学院管理方面发挥的作用越来越大。

表3.8比较了彼得豪斯学院在1970年和2003年收入和支出占总收入的百分比。尽管捐赠基金的贡献有所增加，但是彼得豪斯学院仍然在2002—2003财年出现了85万英镑的赤字。安德鲁缪里森解释说：

比较收入和支出对1970年和2003年学院现金流的相对贡献表明，捐赠基金贡献有所增加（占总收入比例由18%上升至41%，增加了23个百分点），但是捐赠基金的增加没能阻止学费和收费贡献下降相同的百分点（由58%下降至35%，同样下降了23个百分点）。

虽然嗜酒如命贪图享乐的大学职员形象一直被小说家们所钟爱，但是实际情况是这些大学职员却一直保持着适度的开支（1970年占收入5%，2003年为7%），这主要是因为这个国家最聪明的人只能依靠低于平均水平的收入为生。尽管捐赠基金的盈余全部用于资助学生，但是还是不能满足从80年代开始逐渐增大的赤字，这一赤字如今已经达到了总收入11%。因此，捐赠基金在降低学生补贴、推动成本下降时所表现出的负担在近几十年来大幅增加。彼得豪斯学院的捐赠基金已经满足了近年来不断飙升的成本负担，而没有依赖新的捐款。但不幸的是，这几乎全部是由于资本升值和收入的增加所带来的。

小　结

值得注意的是，在牛津大学2002—2003财年以及2003—2004财年各学院的财务报表上可以发现，各学院均以给定的格式进行报告，包括当前状况、目标、管理、财务报表范围，业务回顾，管理机构的报告，投资业绩，储备和风险管理。在制定投资目标时没有任何具体的参考。例如投资业绩的描述通常没有提及任何既定的投资目标或基准。报表有时会给出大致的资产分配信息，但是关于"投资目标"可以对投资业绩进行测量的信息却没有提及。清晰的投资目标定义对整个投资过程有利。

虽然没有明确说明，但是每个学院的投资委员会都会设置绩效指标，同时基金经理会在此基础上进行定期检视。各学院在公开发表的账户上对它们的投资策略提供了一定的指导。样本披露包括：

（1）学院坚持在一个相对较低的风险状况下致力于多样化的投资策略，无论是在资产类别方面还是位置分布方面，因为这对资本的保护相当重要。

它的目的是在与任何资产类别相适应的风险状况下实现最高的总回报率。（万灵学院）

一些定义是开放式的：

（2）捐赠基金投资于资产可以从根本上巩固和维持该学院长期的活动的运作。（默顿学院）

与投资策略有关的一些披露作为"既定投资目标"的委任证书，并在支出率方面进行定义：

（3）捐赠资产的投资策略使其产生的收入相当于年资产价值支出率3.5%~4.5%，同时保持资本的实际价值。（新学院）

（4）为了维持学院未来的一般活动水平，学院已设定自身目标，即捐赠基金以每年2%的实际增长率增长。（女王学院）

（5）捐赠资产的投资策略是允许每年至少3%的捐赠基金支出。（三一学院）

（6）投资委员会在捐赠基金投资上奉行总收益的政策并使用4.5%作为其长期实际回报的基准点。（圣凯瑟琳学院）

（7）投资委员会奉行规避风险的投资政策，该政策旨在维持或增加长期捐赠基金的实际价值，同时产生3%~4%的收益。（玛格丽特学院）

这两所学院的披露，包括一个既定的投资目标：

（8）投资委员会寻求投资总收益（来源于收入和资本结合）的目标，即实现的年实际收益率至少为4.2%。股票和股份的主要投资组合的投资总回报为：名义收益率5.2%，实际收益率2.1%。（圣埃德蒙学堂）

其他的投资目标依据学院的状况发布：

（9）在适当的延伸率水平上进行支出；我们平均捐赠基金和总储备的三年滚动期的基准率最高为4%。

（10）准备充足的资本以长期与通货膨胀率保持一致，基准率为零售价格通胀率+2%每年。

（11）寻求获得额外的回报，为功能性资产的资本支出成本做贡献。

根据剑桥大学各学院账户报道，截止到2004年6月30日，剑桥大学3

所学院报告了其投资原则（SIP）。各学院之间的定义都有所不同，例如，丘吉尔学院在其投资原则声明中列出了 12 个学院投资项目的广泛描述，包括如何确定投资政策、投资咨询委员会的组成以及绩效测量的基准等。投资回报目标并没有具体的规定，但建议这样写：基金投资以优化总收益为目标。投资原则声明这样陈述：过去 5 年，来自于基金的收入分布已包括全部收入。[11]

克莱尔学院的投资原则声明设立了广泛的原则对其投资政策进行管理。克莱尔学院投资基金的既定目标是：

（12）年度股息支付的增长率至少与学院支出的增长率相当，尤其是参照高等教育支出和价格指数进行测量的支出增长率。

（13）最高总收益要在可接受的风险水平下与这个目标相一致。[12]

唐宁学院在其投资原则声明下列出了 6 项条款，其写道，学院对证券及不动产投资进行管理以产生最高收益。与此同时，最高收益要与保持长期实际资本价值相一致。附属目标是增加未来收益的资本价值。投资原则声明同时包括投资委员会在进行资产配置时的信息，与此同时还代表了摩根斯坦利私人财富管理公司的管理，其任务是利用长期英国服务业工资通胀指数计算的通货膨胀的情况下，在 5 年的基础上实现 4.5% 的实际收益。[13]一些投资责任声明包括社会责任投资政策，而其他的不包括。即使那些有社会责任投资立场的学院表明，其利益通常在遵循审慎原则的基础上来寻求最高投资回报。

在美国，机构政策特征通常包括机构投资目标、资产配置策略、捐赠基金收益如何与支出政策相关联、投资业绩基准点、资金池的风险水平、投资组合是否/如何与维持资产配置目标保持一致，以及雇用和留住投资经理的相关注意事项。

但是，这些信息与美国的机构提供的信息是不一致的，与它们通常进行的量化定义也是不一致的。许多定义仍旧是定性的，同时提供一些指导。在年度报告或账户的框架下，英国教育捐赠基金的披露水平比较低，因为它们没有被要求这样做。虽然一些资产配置的信息提供的越来越多，但是没有这些信息也很容易获得更大的基金会和捐赠基金的支持。卫康信托基金会是英国最大的基金，其报告和账目的透明度很高，并提供了资产配置信息、投资目标、支出政策、整体投资业绩和资产管理人员名单。但是，资金池中的风险程度，如何对投资组合进行平衡，保持资产配置目标，或雇用和保留投资经理的注意事项没有披露。

然而，这种自愿性披露的程度在美国机构，如耶鲁和哈佛之间几乎是未知的，虽然几乎所有的（96.8%）美国教育基金都会在其投资政策内正式解决投资目标问题，只有3%会非正式地解决这些问题。在参加2004年NACUBO捐赠基金研究的所有机构中，只有0.3%的机构在定义其投资目标时，没有制定正式或非正式的政策。此外，有96.1%的捐赠基金在其投资政策声明中正式处理了资产配置策略，3.5%的机构用非正式的方式解决这一问题，只有0.4%的机构没有对这一问题进行正式或非正式的定义。在捐赠基金超过10亿美元的机构中，98%的机构都正式定义了其投资目标，93%的机构正式定义了其资产配置政策。

至于涉及如何定位与支出政策有关的投资收益或回报时，85.8%的机构在其投资政策声明中正式解决这一问题，8.6%的机构非正式地解决了这一问题，5.6%的机构既没有正式也没有非正式地对这一问题进行处理。有88.5%，稍多的机构正式的包括了投资业绩基准问题，相对地，没有正式包括投资业绩基准问题的机构占9.6%，1.9%的机构并没有对这一问题进行正式或非正式的界定。投资政策的这四个方面——投资目标、资产配置策略、投资业绩基准以及如何处理与支出政策有关的投资收益，似乎是美国的教育机构之间建立捐赠基金管理指南最佳实践的核心要素。

在投资政策的明显转变中，2004年只有54.5%的机构报告说它们有关于资金池风险程度的正式政策，这一数字是从2003年的82.3%下降得来的。大约1/3的受访者（32%）报告说他们没有关于资金池风险的政策。这种政策转变的原因是不可知的。公共机构在处理这些问题上比私立机构更加有可能运用正式的政策，而后者更可能运用非正式的政策。更加有趣的是，捐赠基金超过10亿美元的大的捐赠基金机构比小规模捐赠基金机构更乐意运用非正式的政策。此外，40%的较大的捐赠基金报告说，没有任何关于资金池的风险程度的政策。[14]

捐赠基金收入是支撑牛津各学院活动的关键；超过2/3的学院承认捐赠基金收入的贡献是维持整体教育目标的关键。在不同学院之间，捐赠基金收入占总收入的比例不同，从最高的94%（牛津大学万灵学院）到最低的不足5%（牛津大学哈里斯·曼彻斯特学院，剑桥大学沃尔森学院）。牛津和剑桥大约有1/2（46%）学院的收入有20%~50%来源于捐赠基金资产，有1/4（24%）学院的收入有10%~20%来源于捐赠基金资产。牛津大学捐赠基金收入的平均贡献要高于剑桥大学。以改善捐赠基金收入业绩为目标，即使是1%的提升，把这些学院的收入加总也是一笔可观的收益。

拥有大规模、独立且管理良好的捐赠基金的学院证实，这是实现目标的关键，这个目标接受基金的支持并在支出规则下进行使用。教育捐赠基金的主要目标可以说是，为当前和未来的受益者提供足够的开支，同时不损害捐赠基金的本金。利特瓦克、马尔基尔和匡特（1974）认为，捐赠机构应该将投资管理决策与支出决策分离；它们所采取的支出政策应该保有捐赠基金本金的实际价值，并以为机构提供稳定的可支配捐赠基金收入为目标。[15]从支出决策中分离出来的投资决策使机构能够保护捐赠基金的实际价值，同时保持稳定的收入来源。

牛津和剑桥的学院也认识到了这种分离的优势。从收入为基础的政策向总回报政策的转变将有助于实现这样投资方法的说明。许多大学已经修改了它们的章程以反映他们作为投资者的新地位。最近公布的账户包含了大量关于学院的财务信息，这是它们治理的一个重大发展。但是捐赠基金管理的信息并不容易获取。这些机构可以得益于解决捐赠基金收益如何与支出政策相关联，投资业绩基准点，资金池的风险水平，投资组合是否/如何与维持资产配置目标保持一致以及雇用和留住投资经理的相关注意事项的问题的清晰阐述。

第四章　支出政策

引　言

  大多数捐赠基金的投资目标是保持基金长久的购买力，并为学院当前的财务支出提供资金支持。基金受托人需要成功处理这两种相互冲突的目标。就如斯文森所指出的那样，"高风险、高回报的投资政策最适用于促进资产保值，但低风险低回报的投资方法更能为经营预算提供稳定的保证。[1]投资者们要对这两种投资政策进行考量，是要保证基金资金长久购买力，还是要保证有充足的流动资金来进行经营活动，支出政策决定了捐赠基金满足当前和后代的需求的程度。保留购买力从而为营业预算提供稳定的收入来源，对于建立代际公平是至关重要的，这本质上就意味着捐赠基金应该能够无限期支持同一套活动。捐赠基金是否能够做到这一点是其经理和受托人所面临的挑战"。

  令人惊讶的是，在英国，只有很少的慈善部门受托人把支出政策同投资业绩建立联系。根据投资咨询服务提供商沃森·怀亚特（Watson Wyatt）（投资咨询服务的提供者）进行的一项调查显示，在英国约有45%的慈善组织受托人没有这样的观念，即理想的支出比率究竟是多少？与美国相比，美国基金会每年必须支付其资产5%，而英国慈善机构的监管者，慈善委员会对于慈善机构是否应该设定长期支出目标和如何设立长期目标这一情况，并未提供任何参考意见。约20%的纯赠款机构的受托人不熟悉这个概念。尽管大多数英国的赠款机构倾向于用超过4%的资金进行长期投资,但就那些认识到了这一点的受托人,对此也并未达成一致。在英国排名前500的已注册的慈善机构其支出率的范围在1%~5.5%之间。[2]

支出政策的概念,受到美国主流的捐赠基金和基金会的普遍认可,但对牛津来讲,这一概念就较为新颖。直到最近,牛津各学院才能够支出收入;不像20世纪60年代的耶鲁和哈佛那样,这些大学也限制其捐赠基金在投资领域的年度经营性收支预算,如投资收益——利息、股息和租金收入。正如一位资深投资委员会主席所讲的那样:

在我来到牛津之前,我从来没有听说过支出政策或在我们这里称之为可持续收入政策的概念。就如你所想的那样,这是一个储蓄规则。我们大多数人在做的是如何分配资金并做出支出预算。尽管人们知道资产配置,但人们对支出政策了解不多。花了一些时间来思考这些问题,并遵从我们顾问的建议,我们现在所用的是一种股息规则,这种规则认为应该每年增加3.5%的股息,继而维持我们现有的活动水平。

捐赠机构所面临的主要挑战之一是如何最好地保持长期支出水平,特别是在不利的市场条件下。机构的风险不一定是其捐赠基金资本价值的变化,而是其捐赠基金为其所在的机构提供所需支出的能力。支出规则能够最大化地减少波动性,因而受到捐赠机构的偏爱,用于保证机构正常运营。学院对这种短缺的敏感性不可避免地影响支出政策。例如,较高的支出率承担更大的缺口风险,而较低的支出率给予学院更大的灵活性,以在困难的条件下维持日常开支。这些决定也影响整体资产配置。同时,低支出率可以解释为对后代有利,而太高的开支率可能被视为有利于目前的受益者。因此,支出规则旨在维持代际公平。

教育机构始终致力于最大限度地保证其长期实际支出的稳定性,因为在低回报期或高通货膨胀期间,基金实际价值被削弱;这两个因素都不在捐赠基金和基金会的可控范围之内。由于不能随机削减正在进行的教学活动和各种津贴的发放，因此这些学院在熊市和经济衰退期间，用于维持日常开支的资金需求则变得更大。因此，对这些学院来讲，其挑战在于制定一种能够应对不利市场和低迷经济周期的支出政策。如果这些机构有一个长期的投资眼光，他们在困难时期的捐赠基金支出应该更具灵活性。这些学院往往采取"逆向"支出政策来缓解市场低迷所带来的负面影响。

相较于美国过去10年中支出率平均为5%的学院，牛津和剑桥各学院3.5%~4%支出率则显得更为保守。在过去的10年里，参与《NACUBO捐赠基金研究》的美国所有机构的支出率从1995年的平均4.5%稳步升至2004年的5%。[3]支出率的变化表明机构维持代际公平的能力。更高的支出率是为让当前一代的学生和教师受益，而较低的支出率则使下一代人受益。虽然一些基金会可以选择支持现有的受益人，但教育机构的受托人有责任保护下一代受益人的利益。

如今，尽管牛津和剑桥两所大学的支出原则不同，但是支出政策的概念已经被它们广泛接受。大部分（92%）的牛津和剑桥学院制定了支出规则。即使那些没有支出规则的学院也在尝试制定。只有少数学院认为没有必要这样做。牛津大学最富有学院的一位财务主管提到，我们基金的规模和收益没有限制学院的支出。另外，我们真正的收益没有下降多少。所以，我们没有制定支出政策。该学院报告的年收入总额超过2001年末的财政年度的支出。

然而，到2003年，其支出大幅增加，使学院出现业务赤字，总收入已降至总支出93%。在此期间，作为总收入一部分的捐赠基金收入从60%上升到65%。虽然总收入增长了42%，但支出增长了54%。当这样的支出在短期内上涨，而又没有与其相抵销的非捐赠基金收入，其中一些赤字主要由储备金或捐赠基金来填补。由于缺乏一个明确的支出政策，预算平衡就会受到人为操控的影响，尽管没有案例能证实这一点。直到2004年，学院的总收入才再次超过总支出。作为资金富有的学院，它能够迅速恢复支出与收入的平衡。但这对于那些不那么富有的学院来说，情况就不那么乐观了。

同样没有明确规定支出规则的另一个学院的财务主管指出，"学院每年花费约500万英镑，总捐赠资金约为1亿英镑，它为学院提供了大部分的资金收入和支出。如果收入下降，那么学院的活动也会减少。我们没有制定支出政策。这所学院在过去的几年中花费了捐赠基金资产4.5%~5%"。当资金更紧张时，该财务主管补充道，"我们可以假设支出率为未来3年内平均捐赠基金市场价值的4%"。

通过经营预算收入的波动来削减学院活动的方法是不切实际的。它也揭示了一个更强的意愿，即为了弥补赤字，应牺牲一些现有的活动而不是消费更多的捐赠基金。与此同时，如果学校的支出高于其可以承受的范围，即便是在短期内维持学院运行，也很难恢复其长期支出和资本实际价值的平衡。

表4.1 已有支出政策的颁布时间

成立年份	牛津	剑桥	牛津和剑桥
25年前	–	2	2
近些年前	23	21	44
1994	–	2	2
1998	2	–	2
1999	3	3	7
2000	2	–	2
2001	3	3	7
2002	7	7	13
2003	8	3	11
最近	–	3	3
正在制定中	3	–	3
没有支出政策	5	–	5
共计	56	44	100

基于牛津和剑桥各学院的反馈，表4.1说明了它们已有支出政策的颁布时间。

约44%的学院认为当前的支出政策已存在多年。但是，也有同样多的学院认为支出政策在最近才得已出台——那就是1998年以后。通过数据可以看出,剑桥的一所学院,其支出政策到目前为止已经存在了大约25年。与之相反的是,两所牛津学院都没有支出政策,也没有要制定支出政策的任何迹象。

尽管在2004年大学组织公布了其值得肯定的收益,捐赠基金的支出在投资委员会讨论的项目议程中仍然最具争议性和挑战性。在2000—2003年的熊市期间,各学院专注于管理投资中的"圣杯捐赠基金"——怎样最优地保持捐赠基金的永续购买力——促使学院寻找更好的长期解决方案。从历史上看,牛津和剑桥各学院没有正式的开支政策;学院不时收到的超过正常收入水平的特别拨款,资助学院完成正常的运行。即使是在具有明确的支出政策的美国学院中,大量超出预计的特别拨款也是屡见不鲜的。捐赠基金自成立以来被视为备用现金和应急基金的来源。然而,如果时常使用特别拨款资助计划外的需求,可能对学院的财政状况产生毁灭性的打击,并违反了长期支出政策的规定。[4]

支出和投资政策有助于支持那些有捐赠基金的学院来成功实现其目标。它们有助于解决长期资产配置中产生的问题。学院领导机构面临着一个挑战,即平衡当前运营和保留捐赠资产的冲突。尽管学院更喜欢无指定项目的捐款或者一般性捐款,但是捐赠人大多期望为指定的项目提供永久的捐赠。新的捐赠扩大了学院长期以来必须支持的活动范围,扩大了投资组合的规模。支出政策在当下和未来的永恒博弈中充当"裁判"。明确的支出政策也为制定资产配置和决策提供了依据,使基金经理能够专注于投资问题。

支出比率

传统上,牛津和剑桥大学各学院针对通货膨胀在一定程度上调整了年度支出水平,而不是制定一个捐赠基金年度削减比率。因为学院只有权花费投资收入,投资资产分配是由年度经营预算的需要决定的。在短期内,高收益、以收入为导向的政策为捐赠基金投资提供了可预测的资产分配。据一位财务主管所言:"我们每年都做财务预算,但近几年开始制定支出政策,因为学院对流动资金和财务支出的需求加大,我们不得不花光所有的投资所得。我们不能消费永久性资本,所以为了填补财务赤字,不得不借用消费性资本(少量)和借贷资本。"

在市场条件稳定的情况下,支出政策每年为经营预算提供稳定的财务收入。在经济异常、动荡或敌对的市场条件下,这种政策可能影响捐赠基金的长期价值。此外,在高通胀的熊市期间,支出水平高于独立资本可能导致永久性捐赠资产的枯竭。通过强调预算的稳定性,学院明确倾向于在必要时使用捐赠资产,以缓冲其他业务收入变化造成的影响。

例如,20世纪50年代,耶鲁捐赠基金实现了资产增值和保持购买力的平衡,甚至在1959年,有数据表明耶鲁实现了17%的盈余。在20世纪60年代保持收支盈余之后,捐赠资产开始受到通货膨胀增加的影响。20世纪70年代,受到通货膨胀和资产市场萎缩的影响,近10年内,捐赠基金低于财务预期,只达到了目标56%。到1982年,捐赠基金降到了一个最低点,受资产市场萎缩的影响,在1983年资产仅为购买力目标42%。20世纪80年代,这种情况才得以扭转。由于调整了通货膨胀和实物捐赠收入,到1994年时,捐赠基金恢复到了1950年的水平。[5]尽管这种情况不适用于牛津和剑桥,但是耶鲁大学的案例说明了严峻的经济形式和市场条件侵蚀购买力的程度,并且指出仅通过投资业绩去恢复这些损失是多么的困难。

支出政策的合理选择将有利于缓解提供资金和保持捐赠基金购买力之间的矛盾。对此,各机构看法不同。尽管耶鲁大学也沿袭了这种分配当期支出的做法,这些支出的经费源于利息、股息和租金的收入。这种做法到20世纪60年代中期才发生了改变,耶鲁开始支出"市场价值增值中的一个很小的部分",这种做法的改变主要有两点原因:

首先,收益能维持当前和未来适当的平衡只是个偶然。其次,收益是能够满足当下需要的唯一途径,随着每年需求的上涨,对收入的需求可能还会继续上涨,这将迫使投资政策提高当前收益。但是反过来讲,自第二次世界大战以来的市场条件下,大部分时间里,这种做法只能在潜在收益受损时使用。[6]

在1967年，认识到对收入的简单支出会导致过高或过低的支出率，并且倾向于对高收益低增值证券进行投资，耶鲁接采用了一种"总回报"的支出政策。在这样的政策下，大学通过当前的收益加上对捐赠基金市值增值部分的支出可以维持当下的运转。耶鲁制定了一个名为大学方程的支出政策，去计算每年可以从捐赠基金中支出的总数。在这种方法下，根据长期投资回报与当下支出捐赠基金百分比的不同，某一年的支出数额是在通过调整前几年的支出数额中制定的。更高的长期回报将导致较高的年度支出，但是较低的长期回报将导致支出的减少。不幸的是，这种方法是基于大学20年前的投资回报制定的，没有足够快的根据捐赠基金的市值变化进行调节。结果导致在20世纪70年代，当通货膨胀率增长的时候，市场回报下降了，大学却支取了较大部分的捐赠基金去支持当下的运营。

10年之后，到了1977年，人们开始意识到支出比率在不断侵蚀捐赠基金的实际价值，耶鲁公司投票决定限制大学现有支出水平（根据通货膨胀），直到支出比率能够符合预期的捐赠基金的实际（通胀后）回报，据已有经验，回报应该达到4.5%。在1982年，当实际支出水平的回报率达到更符合标准的水平时，耶鲁公司试图改变支出规则即在保证未来受益人利益的同时，为当前受益人创造更多的购买力。新的规则规定了捐赠基金支出应为上年支出70%，以此调节通货膨胀，再加上另外30%，上年捐赠基金市场价值长期支出率4.5%。权衡上年支出70%能保证其预算的稳定性，另外，权衡当下30%的市场价值可以提高其购买力的敏感性。

自1982年以来，耶鲁的支出规则已经调整了3次，1992年公司授权将长期支出率从4.5%增加到4.75%。1995年，目标比率提高到5.0%，2004年又提高到5.25%；平滑规则也从70/30改变为80/20。支出比例的增长是由捐赠基金投资组合方式的改善导致的。因为较高预算的实现需要由稳定的捐赠收益来维持，所以预算权重发生了改变。像其他政策一样，应当在实际操作中考察支出政策的表现，并根据不同的情况做出相应地改变。耶鲁大学不断调整支出政策的经历,揭示了大学在制定支出政策时充满了挑战。

最常见的支出规则可以概括为三点:花费所有收入;支出捐赠资产价值动态平均值的固定百分比;依照通货膨胀不断调整每年的支出数额。确定支出比率的不同方法影响着资产分配。传统上,大多数的牛津和剑桥学院都会按照政策规定的那样来花费基金收益。现在普遍强调的是一种总回报的投资政策,这是最近新确立的一种投资政策,与此同时,各学院也开展了对此项策略的研究。尽管熊市的余波后,大西洋各国在处理支出政策问题上的丰富经验使得牛津和剑桥大学在制定支出政策时会更具优势,但耶鲁的经验表明,制定最佳的规则仍旧需要很长的时间。

如表4.2所示,已经有许多牛津和剑桥学院开始避免使用收入导向性的支出政策。当被问及支出政策与捐赠收入有何关联时,75%的牛津和剑桥学院表示,它们只花费来自捐赠基金的收入。另有15%表示支出政策和捐赠收入之间没有相关性。有4所大学(7%)在决定其支出和资产分配时忽略了捐赠收入。它们在规划其业务预算时也忽视了这种收入。在这些学院中,2所牛津学院在它们的捐赠组合中拥有相对较大的不动产储备,它们从中获得了稳定的收入来源。其余2所来自于剑桥的学院,不依赖捐赠基金来维持其运行,这些学院称它们正在建立捐赠基金资产。

表4.2 支出政策与捐赠收入之间的联系(%)

政策	牛津	剑桥	牛津和剑桥
忽略捐赠基金收入	3	3	7
花费捐赠基金收入	39	36	75
没有关系	11	3	15
均衡的	2	2	3
总计	56	44	100

由于传统上这些学院都只能花费捐赠收入,(尽管现在它们不被要求这么做)许多学院仍有这样的做法。然而,半数参与者(57%)称它们的资产配置和支出决策之间没有相关性,而43%的受访者表示,支出政策会影响资

产配置。在表明支出和资产分配之间存在某种联系的学院中,有采用收入导向的投资者和采用总回报法的投资者。一位财务主管表明,他们的支出政策没有对资产配置产生影响,尽管他认为支出政策应该对资产配置有所影响。他补充道:"现在的资产配置继承了先前的资产分配模式,我没有做任何政策上的改变,尽管我们现在处于一个不断变化的环境之中。"

在回答这个问题时,各学院意见不一,因为坚持收入导向投资目标的学院声称它们的支出政策不影响它们的资产配置,而一些坚持总回报投资政策的学院称支出政策影响它们的资产配置。一位没有正式定义支出政策的财务主管认为,支出政策会影响他们的资产配置。还有一些学院对此的回应更为谨慎,他们作为总回报策略的投资者在面对资产分配的困境时谈道:"在考虑到支出政策的情况下,当前其对现金或债券的分配是否公平?"总的来说,人们意识到需要解决这些问题。但是,这些问题的解决方式各具特色,各学院之间差别很大,因为它们正处于从收入导向的支出政策向总回报政策过渡的不同阶段。

这些学院可能需要一些时间才能制定出合适的支出规则,但是从"收入导向"转向"资本和收入导向"的变化使得学院能够审核其整体的基金管理方法。在一个案例中,学院采用了一种新的投资政策,这种政策除了受到捐赠收入的影响外还受到了财务支出能力的影响。很难判断这种方法是否是最优的,但是学院财务主管提道:

如果有必要的话,我们计划每5年支出捐赠基金价值3%。曾经,我们一直花费股息或我们从投资中获得的其他收益的会计收入,这通常约占捐赠资产2%。我们一直在减少学院支出赤字,因而花费了更多的捐赠收入。因而我们不仅仅花费投资收益,还占用了一定比例的捐赠基金总价值,这一转变也是一个近期现象。在去年夏天,我们就这些事项召开了一系列会议并对相关事宜进行了讨论,促使我们将投资管理战略由主动转向被动。

从上述说法中,我们不清楚是否较高的支出率是基于根据通货膨胀调整的英国股本的长期预期收益。2%的支出率显著低于牛津和剑桥的平均水平，其中2/3的学院每年花费3%~4%的捐赠基金。进一步的分析显示，学院不依赖捐赠收入维持其运行；2004年捐赠收入不足总收入10%。较小的学院有时在捐赠基金的支出方面更加灵活，因为它们较少依赖捐赠基金的收入来维持其运行。当面对恶劣的筹资环境时，它们也能更好地限制支出。根据经济状况和满足捐赠基金主要目标的需要去调节支出的能力，也就是在经济不稳定和市场出现波动时为学院提供一定的支持。一般来说，当捐赠基金由于市值下降而下降时，支出捐赠基金的比例会上升，当捐赠基金的市值恢复时，支出的比例会下降。

支出比率与捐赠基金规模

除非对捐赠资产的支出率做出规定，否则，支出率的差异会增大，支出率与资产规模的相关性会变弱。在某些情况下，捐赠基金的规模会影响支出比率，例如，在较富裕的机构中低支出率能够带来高额的绝对支出资金，相同情况下，在捐赠基金规模较小的机构，其支出率就会很高。与此同时，与那些捐赠收入较小的学院相比，拥有巨额捐赠的学院往往更依赖于捐赠基金收入。因此，支出与捐赠的关系是由学院自身来定义的，学院会定期审查支出率的表现情况，以适应新的变化。

表4.3 支出率与捐赠基金规模

捐赠基金规模（百万英镑）	无支出政策	2%~3%	3%	3%~4%	4%	4%~5%	5%	5%~6%	6%~7%	其他	共计
>100	2	–	–	3	2	3	–	–	–	2	11
75~100	–	–	2	2	–	3	–	–	–	–	8
50~75	2	–	–	5	3	2	–	–	–	–	11
>50	3	–	2	10	7	8	–	–	–	2	31
25~50	2	2	3	15	8	–	–	–	–	–	30

（续表）

捐赠基金规模（百万英镑）	无支出政策	2%~3%	3%	3%~4%	4%	4%~5%	5%	5%~6%	6%~7%	其他	共计
10~25	2	2	2	5	8	3	–	–	2	2	25
<10	2	–	–	3	3	5	–	–	–	2	15
<50	5	3	5	23	19	8	–	–	2	3	69
共计	8	3	7	33	26	16	–	–	2	5	100

表4.3 提供了牛津和剑桥各学院支出率的细目。

由于牛津和剑桥各学院没有在年度账目报告和其他文件中公开其支出率，因此本研究是根据调查中的数据进行分析。它描述了多年间捐赠规模和支出率之间的关系，其结论是有效的。表4.3 说明了那些捐赠规模较小的牛津和剑桥学院花费更多的捐赠基金百分比。资金缺少的学院（23%）每年支出其捐赠基金资产3%~4%，是资金充足的学院（10%）的两倍多。同样，19%的资金匮乏的学院每年花费4%的捐赠资产，而较为富有的学院其支出率为7%。因此，与较富裕的学院（15%）相比，拥有较小捐赠规模的学院（29%）支出率为4%以上，是较富裕学院2倍。这并不值得惊讶，拥有较大的捐赠基金的学院通过小比例的捐赠金数量就能为维持运营提供更多的支持。由于学院没有被规定每年必须支出定额的资金，越富有的学院在消费同一支出率的情况下，为其运营提供的支持越多。[7]

2004年的《NACUBO捐赠基金研究》表明，采用每3年的市场价值滚动估价法的大多数机构的平均支出率为5.0%，捐赠基金规模大一点儿的机构比小型的机构支出捐赠基金的百分率要少。在过去10年里，平均每年的支出率都会稳定上涨，从1995年的4.5%到2004年的5%。这期间，每年公立机构相比私立机构的支出率要低。2004年时，公立与私立机构的差距达到了最大值，公立为4.3%，私立为5.3%。对于公立机构来说，2004年的支出率达到了自1997年来的最低值，而私立机构达到了10年来的最高值。[8]

根据《2005年共同基金基准研究：教育捐赠基金报告》，研究报告指出参与调查的学院其平均支出率为4.8%，低于2002年的5.1%。捐赠基金规模最大的学院其支出率高于规模较小的学院：资产超过 10 亿美元的为 5.1%，而资产在 1 000 万美元以下的为 3.5%。"这样做的原因似乎是大型学院对捐赠收入有更高依赖性，这是在经济萧条时期，在其他收入来源（如政府资助）下降时可能产生负面影响的一个因素。另一方面，较小的学院更依赖捐赠的现金流而不是捐赠基金收益，在面临市场下滑后，它们希望在重建捐赠基金时能更快地削减开支。"[9]

52%的美国教育基金会报告说，它们过去一年的支出率没有变化；意味着将近一半的学院改变其支出率。共同基金基准研究显示，在 2 年或 3 年的时间里，很大一部分学院改变了它们的支出率。毫无疑问，它们正在努力适应其不断变化的经济和不断变化学院预算。31%的学院降低了它们的支出率，14%的学院提高了它们的支出率。规模大的学院频繁地提高其支出率（31%），而较小的学院很少做出改变（9%）。[10]

根据2005 年《共同基准研究：基金会和慈善学院运营报告》，调查了美国社区基金会，私人基金会和公共基金会，2004 年参与调查的基金会的平均支出率为 5.8%，低于 2003 年的 6.3%，2002 年的 6.0%。这可能是由于受赠方的财务状况得到改善，因为大多数非营利部门的慈善捐赠状况得到改善。它也可能表明，基金会认识到每年超过 6%的支出将导致私人/独立基金会没有补充资金而破产。[11]

与教育学院相比，社区基金会、私人基金会和公共基金会支持不同的支出规则，这些学院有不同的收入来源，并希望永久维持其运行。不是所有的美国捐赠基金和基金会都必须遵守美国国税局最低5%的支出规则。美国慈善学院 5%的支出规则适用于美国税务局所规定的私人基金会，即这些基金会是从有限的渠道中获取大部分资金的组织。公共基金会和大学捐赠基金会不受支出率为 5%的约束。例如，2005 年共同基金基准研究中，超过 1/3（35%）的基金会报告其支出规则符合国税局规定的最低 5%的标准。因为公式的复杂性和法律要求，计算支出率的比率以保证私人基金会稳定的现金支出对私人基金会是一项挑战。几乎一半（46%）的学院表示，它们的支出平均每年都会发生变化。[12]

虽然美国教育捐赠基金中平均5%的支出率超过了牛津和剑桥的平均支出率，但是其支出率与英国其他主要捐赠基金会和慈善学院的支出率相一致。卫康信托基金是英国最大的捐赠基金也是世界上最大的生物医学慈善机构，2004年的资产为106亿英镑，每年支出平均占其捐赠资产3%~4%。基于3年加权平均值的算法，在过去10年左右，支出占信托基金的比例为3.5%。信托基金的支出目标可能低于或高于实际支出，这反映了其长期支出的本质。

不是所有的美国大学每年都会把支出率制定在5%以上。例如，哈佛的支出率2004年为4.5%，2003年为4.9%，2002年为5.1%，高于2001年的4.8%和2000年的3.3%。哈佛大学的分配政策与其他学院一样致力于无限期地延续捐赠基金的长久价值，旨在通货膨胀后保证捐赠基金的实际价值，并产生可预测的支配收入流。捐赠基金管理要实现最大化的长期总收入。由于强调总回报来自于股息和利息的年度收益分配比例或资本所得，所有每年有很大的不同。从财政年度的资金收益中扣除的原来的资本份额，2004年和2003年哈佛的分配总额为6.449亿美元和4.717亿美元。

哈佛大学每年所获得的投资回报部分是基于公司每年批准的投资回报率。该利率不是根据具体的公式设定的，也不直接与当前投资收益挂钩。相反，它反映了对长期回报率和通货膨胀率的预期，并试图将分配率维持在捐赠基金市场价值4.5%~5.0%之间。年度分配率的制定并非机械的遵循年度总回报，而是要从保证捐赠资产实际价值出发，依据具体的捐赠分配政策进行调整。2000年，捐赠总回报率为32.2%，分配为3.3%；在2001年，总回报率下降了2.7%，分配率增加到4.8%。同样，2002年的总回报率下降了0.5%，而捐赠基金的分配则上升到5.1%。2003年，总回报率提高到12.5%，分配率下降到4.9%；在2004年，总回报率为21.1%，分配率较低，为4.5%。这种调整支出率的灵活性使大学能够保持资产的长期实际价值。[13]

平滑机制在支出率制定上的应用

牛津剑桥的大部分学院都没有正式的支出政策。这些没有支出政策的学院期望每年从捐赠中支出一定的名义收入。在我们最初的访谈中，有30%的受访者称已经制定了支出规则，这些规则涉及了制定支出率的方法。大多数的学院基于一定时期内的资产滚动、加权平均数去选择一个特定的支出率。剑桥大学最近重新规定了捐赠管理流程，也采用了耶鲁惯用的支出规则。

自从本研究启动以来，越来越多的牛津和剑桥学院制定并采纳某种形式的支出政策。所采用的方法相似性大于差异性。在确立支出规则的过程中，一位财务主管解释说："我认为它可以被定义为在过去的 N 年中，平均价值的 X%，其中 N 可能是 3 年，而不是 10 年。事实上，我们花光了所有收入。在2002—2003财年，大多数（56%）的学院也是如此。他们通常会花光所有收入，并在需要时花费储备资产。在2003—2004财年公布的牛津和剑桥大学的账目中，86%牛津学院采用"总回报"政策，而剑桥学院只有50%。由于剑桥学院最近已经转而采用总回报的投资方式，从最近2004—2005财年的账目中可以看出总回报政策的全面实施。

表4.4列出了牛津和剑桥有28%的学院在2002—2003财年间根据滚动市场平均值的分布情况，制定了一个明确的支出公式。

多数的支出公式是基于一定时期捐赠基金市场价值的平均加权制定的。22%的受访者采用的平滑公式的时间长度为1年，11%的受访者采用6年；大多数（44%）采用了3年移动加权平均值的计算方法，这种方法被广泛运用于美国教育捐赠基金中。由于牛津和剑桥学院直到最近才被允许花费收入，它们的支出受到来自于捐赠组合的利息、股息和租金的收益水平的限制。如数据所示，只有1/4的学院，其中大部分是牛津大学的学院，已经从收入导向的支出政策过渡到总回报导向的支政策。而这些学院大部分是在其投资顾问的指导下进行了这一变革。与养老基金部门相比，牛津和剑桥大学投资顾问的使用率很低。在英国较小的慈善机构不太可能聘用投资顾问，而较大的慈善机构则与之相反。

表4.4 采用平滑机制的间隔期（%）

时间	牛津	剑桥	牛津和剑桥
1年	11	11	22
2年	—	—	—
3年	17	28	44
4年	6	—	6
5年	17	—	17
6年	6	6	11
共计	56	44	100

今天，更多的牛津和剑桥学院采取了总回报政策，支出和投资流程采用相对复杂的方法。其中1所学院描述了一个基于4年期间平滑公式的分配政策，随着附加权重减少，其证券组合和不动产资产组合的下降。这位财务主管指出："我们花费证券组合价值（40，30，20，10）加权平均值的3.6%，以及4年内不动产组合价值加权平均值的4.5%。"

其他支出取决于长期资产回报。一位财务主管将学院的支出率定义如下："假设长期实际投资回报率为6%，从捐赠基金中取得的年度金额不应超过最近5年的捐赠基金市场价值平均值4%。"另外一位主管谈道："学院每年支出其捐赠基金6年内市场价值平均值4%。我们开始转向了总收益投资政策。计算了6年的平均值后我们在前4年采用了全加权，后2年采用了半加权。"总之，学院已经为自己定位了支出政策，从仅仅支付收益所得转向"总收益"政策。

在美国，多数教育机构（82.6%）公开了其每年的支出规则，它是捐赠基金市场价值移动平均值预先规定的百分比。与公共机构（77.0%）相比，独立机构（85.1%）更可能采用这种规则。那些拥有较大规模捐赠基金，资产超过10亿美元的学院也不太愿意这样做。有趣的是，资产规模最大的和最小的学院都不太可能使用这种支出规则（每种情况下为71.1%）。资产在1亿~5亿美元之间的学院（88.3%）最有可能使用市场价值移动平均值的预先指定百分比的计算方法，其次是资产在2 500万~5 000万美元之间的学院

(86.2%)，以及 5 亿~10 亿美元之间的学院（84.6%）。

表4.5 美国机构制定年度支出率的方法

方法	比例（%）
支出市值移动平均数的预先规定百分比	82.6
每年制定一个合适的比例	7.6
支出最初市值的预先规定百分比	4.3
根据预先规定的百分比增加上年的支出	2.1
支出现有收益的预先规定的百分比	1.5
支出所有现有收益	1.4
根据通货膨胀率增加前一年的支出	0.5

来源：《2004 年 NACUBO 研究》。

美国最大和最小规模的捐赠基金资产也有另一个特点，两者更喜欢确定一个固定的年度支出率，分别为 15.8% 和 14.0%。只有 5.0% 的独立机构采用了这种政策，这类所有机构的平均值为 7.6%，拥有超过 10 亿美元捐赠资产的学院也更有可能按照预先设定的百分比（10.5%）增加上年的支出。2.6% 的学院拥有最大规模捐赠基金的机构根据通货膨胀率增加前一年的支出。不到 2% 的学院花费了所有当前的收益。[14]

表 4.5 总结了美国学院在确定年度支出规则时采用的方法。该表按照每项规则被采纳的频率来排序。

美国的所有捐赠机构更愿意根据市场价值移动平均值的算法来预设支出率，而不是用其他的替代算法。根据共同基金基准研究，2005 年教育基金报告，63% 的美国学院说，它们使用 3 年或 12 季度内市场价值的移动平均值作为其支出公式中的平滑机制的时间期；38% 使用 3 年期和 25% 使用 12 季度移动平均线。在最大的学院中，更常见的是使用更长的时间段（5 年），或者一些其他支出政策。值得注意的是，总共 8% 的学院每年制定一个适当的支出率，这些学院中有 22% 的学院资产规模较小。此外，29% 的受访者会根据上一年的投资表现来制定支出规则。[15]

最近的熊市导致许多管理者和董事会的受托人重新评估他们的捐赠支出

政策。2003年评估的战略包括：将传统的3年移动平均值扩大到5年平均值；创造稳定的收入储备；每年按照固定的比率增加上年的支出分配；并设置最小和最大的分配界限。持续多年的熊市是小概率事件。因此，学院应考虑影响投资的全部因素，而不是仅仅根据熊市这一影响因素决定支出。[16]

传统上，牛津和剑桥的学院将其捐赠收入用于维持其运营，补充其他收入来源，例如学费和其他收费，目的是在中期内平衡预算。当学院出现赤字时，他们减少了开支；如果减少开支仍然不能弥补赤字，他们会从大学储备金或捐赠基金以零息借款的方式暂时调用储备资本。一位财务主管解释道，"在过去几年中我们建立了大学储备金，因此，我们的储备金已经有一定的规模，储备金中并不包含捐赠基金。通常，我们会根据我们总体的财务状况，减少或添加储备资本。在20世纪90年代末，我们扩大了储备金，因此，现在我们可以从储备金中取出部分资金，来支持现在的运营"。

由于牛津和剑桥大学只是最近才开始制定总回报支出政策，它们除了考虑低通货膨胀的因素外，还会利用熊市的周期性变化。例如，在牛市高峰时期或在通货膨胀环境中确定支出率，会带来一系列不同的挑战。一些学院有最小和最大分布范围以及稳定储备。虽然典型的支出率约为资产4%，但每个学院的情况都有所不同。许多支出率与英国股票市场的收益率相关联，而不是基于全球多元化资产组合的长期总回报目标，由于学院投资与资本和市场相关联，因此需要避免基于本国市场的股息率确定支出率的倾向。

正如一个财务官所指出的家庭收入偏好："由于通货膨胀指数挂钩股票2009年的运行收益率是2.48%，学院可以花费2.48%的资本，仍然可以保护其资本不受通货膨胀的影响，那么建议的支出不应超过2.48%，包括资本支出和直接来自捐赠收入的支出。"另一个财务官有类似的观点："我们的支出接近富时全部的共享产量。我们尽力避免学院的开支出现赤字。因此，如果我们没有捐赠基金，就会少花20%（因为这是来自捐赠的收入），或者找到另一个收入来源。我们对捐赠的投资从3年移动平均值下降到3.5%。"这些观察结果对现状进行了谨慎而合理的分析，但它们与收入导向的支出政策做法一致。像哈佛和耶鲁大学目前投资项目广泛，它们不再根据投资收益率来制定支出政策，而根据自己的投资组合预期的长期回报决定其支出率。

牛津和剑桥需要一些时间才能实现总回报思路的战略转变。例如，剑桥的一些学院报告说，它们"不被允许"支出资本，相反，而是选择支出收益。到我们进行调查研究时，剑桥大学采用总回报投资目标的数量显著低于在牛津大学的数量。然而，剑桥正处于过渡到采用总回报政策的进程中，学院正在实施新的支出规则。正如一位财务解释，他们提到他们的支出政策："我们从我们的基金资产中取得4%。我们通过调整每年预算的开支或盈余来平滑它。我们目前出现财务赤字，我们会在未来几年内调整我们的预算，以使其平衡。"许多学院都处于类似的情况，在过去几年里出现财务赤字，其中的赤字来自储备金和捐赠。自2003年以来，市场价值的恢复使大多数学院从经营赤字中恢复，特别是在2004—2005年。

支出比率和通货膨胀

在确定支出率时，学院通常考虑它们的内部通货膨胀率，以实现它们的双重目标，即在保持未来世代的购买力的同时，为营业预算提供稳定的收入。降低通货膨胀对捐赠基金市场价值的波动的影响是主要关注的问题，此外需要调整通货膨胀以保证收入稳定。2/3 的牛津和剑桥学院其支出政策与该学院的内部通货膨胀率相关，通常把其定义为零售价格指数（RPI）加1%或更高。由于薪金费用占学院费用的大部分，大多数财务主管表示其内部通货膨胀率高于 RPI（增加 0.5% ~2%），这取决于学术薪金的平均升值率。

表4.6 显示了受访者如何根据通货膨胀率定义支出率。

在定义支出率时，1/3（36%）的受访者没有提到通货膨胀，尽管其他教育部门的负责人已经表示通货膨胀会给基金带来很大压力。高等教育的成本预计将继续以高于一般通货膨胀率的速度上升。教育捐赠很难使它们的资产保持长期消费能力。保持捐赠基金的长期购买力要求资产必须增长到高于学院承担的通货膨胀率以上。

表 4.6　支出比率与通货膨胀联系（%）

与通货膨胀的联系	牛津	剑桥	牛津和剑桥
无关联	20	16	36
不多于 RPI	7	5	11
HEPPI	3	2	5
牛津通货膨胀率	7	8	15
通货膨胀高于 RPI	20	13	33
总计	56	44	100

一个牛津的财务主管指出：

在我到这里之前，支出政策并没有被明文规定，但是一个月前支出政策得以正式确立。4%这一数值受到牛津各学院的认同。一些财务主管不时聚在一起，有些人主张4.5%，另一些人主张低一些。在我看来，4%是一个合理的目标，有一部分原因是希望总回报会高于这个目标，但从另一方面来讲，薪水成本上升得比零售物价指数快。所以你需要一个日益增长的捐赠基金来应付薪水成本的上涨。因此，如果我们采取4%的目标，捐赠基金价值实际上上升了5%，那么至少我们在某种程度上能够保护基金的未来购买力。

另一个牛津财务主管指出，由于学院的收入增长低于通货膨胀的上涨，针对这一情况，学院面临一个问题，某些支出不能削减。牛津大学亨特福德学院的罗德凡诺登根据牛津大学收集的通货膨胀数据运行了非正式的凡诺登指数。大多数学院使用高等教育工资和价格指数（HEPPI）来确定预期的投资回报率和支出。用一位财务主管的话来说：

我们考虑通货膨胀的方式反映在我们最大支出即薪水支出中。与此同时，我们也要维护成本。在过去几年中，我们的通货膨胀率为3.2%~3.5%。

我们通常会参考凡诺登指数，但我们不总是同意它的假设。所以，按照目前的捐赠基金管理方式，基金没有太多的升值空间，甚至很难维持它的实际价值。

在同样考虑通货膨胀的情况下，另一位牛津大学的财务主管所制定政策与前一位主管有着惊人的不同：

他的捐赠支出率约为3.5%，占该学院总支出的近60%。超过50%的支出与薪水相关（由于我们的许多工作人员都是低薪工作，临时工作，因此膨胀率低于零售价格指数），修理、摊销、清洁和财务运营成本占另外30%。加薪幅度与薪级有关，而不是与薪酬的绝对水平有关。学术薪水的增长速度比非学术要慢，因为年纪较大的学者退休了，年轻的学者级别较低，而且由于学术上的薪酬不受政府左右。

捐赠基金收入稳定，可以保证学院未来能够维持目前的支出水平，除此之外，仅仅是投资收入稳定并不能使学院承受巨额的资本支出或额外需要长期资金支持的投资项目。学院严重依赖捐赠收入来维持运营，而不是营业收入，因此捐赠资本增值率受到限制。学院必须继续寻找其他资金来源。约55%~60%的学院年收入支出来自于捐赠基金。为了维持这一支出水平，捐赠基金的回报率不应低于3.5%。

牛津和剑桥只有一位财务主管表示，他们学院的通货膨胀率低于零售价格指数。就像人们所认为的那样，大学在限制其支出方面面临着不同的挑战。受2000—2003年熊市的影响，该学院的营业预算有所减少。虽然已经解决了某些低效率问题，但很明显，大学没有进一步削减开支的余地，因为进一步削减开支会影响其服务质量。大多数学院希望提高它们的捐赠回报，以便能够从捐赠基金中获得更高水平的资金支持。

牛津大学一位制定了相对较高（4.5%）支出率的财务主管指出：

为了花更多的钱，我们需要积极投资。持有大量不动产，现金和固定利息不能满足以往大学5.8%的支出率。因此，我们不得不削减我们的支出，同时改变资产配置。当学院富有时，可以按照这种支出率。但是，时代在改变，这种方式不再可行。产生更高回报的投资组合也不会带来高收益。因此，改变学院的资产配置有助于学院的长期发展。如果学院更愿意探索可以产生更高长期回报的新的资产配置政策，那么它可以支持更高的支出率。

在美国，共同基金基准研究中14%的学院表示使用高等教育价格指数（HEPI），40%的规模较大的学院和6%规模较小的学院表示他们这样做。目前只有很少（5%）的私立学校使用该指数，但在调查中显示有18%的私立和公立学院使用HEPI。在使用这一指数的学院中，有一半以上表示将其用于预算过程，规模较小的学院通常用于预算（83%），最大的学院更多地用其指导其他工作，例如确定购买力，分析、比较、解释学费或其他费用的增加。1/3的私人基金会表示它们使用HEPI设定支出率，而所有其他类型的学院更频繁地在预算过程中使用该指数。[17]

小　结

对截止到上一财政年度捐赠基金收入分配占捐赠基金市场价值的百分比分析揭示了（牛津大学36所学院和剑桥大学25所学院，以SORP格式公布2003—2004年度账目，但不包括2所大学）牛津和剑桥大学捐赠金支出率从最低的1.7%到最高的13.0%。例如，万灵学院在2003—2004年分配了440万英镑；这相当于2002—2003年度财政年度其捐赠基金市场价值的3.1%。一个例外是邓普顿学院，它报告分配了其捐赠价值的29%，而上年为67%。

捐赠基金收入的平均分配率相当类似：牛津为4.1%，而剑桥为4.3%。表4.7为牛津和剑桥大学捐赠基金收入分配情况。

剑桥大学的数据仅仅能作为参考，因为并不包括获得捐赠基金最多的6所学院；分别为三一学院、圣约翰学院、皇后学院、基督学院和伊曼纽尔学院。总体而言，39%的牛津学院花了4%~5%的捐赠基金资产；26%的学院花费5%以上，23%的花费3%~4%，8%的学院用2%~3%，而5%的学院花费不到2%的资产。

与剑桥相比，在牛津大学，每年分配4%~5%的捐赠资产的学院多于剑桥，而剑桥学院的支出分布更为均匀，一部分花费4%~5%和一部分花费3%~4%。平均来说，剑桥大学比起牛津大学花费的资金更多；在剑桥的92%的学院分配了超过3%的捐赠基金收入，而在牛津只有83%。由于剑桥大学的捐赠基金平均规模较大，剑桥大学的花费也就比牛津大学更多。

表4.7 支出率的分布情况（%）

支出比率	牛津	剑桥	牛津和剑桥
>5	22.2	24.0	23.1
4~5	41.7	36.0	38.8
3~4	19.4	32.0	25.7
2~3	11.1	4.0	7.6
<2	5.6	4.0	4.8
平均	4.1	4.3	4.2

来源：牛津各学院的数据来自《牛津2003—2004年度财务报表》；剑桥各学院数据来自《剑桥大学各学院财务2003—2004年度报告》。

在2002—2003年，学院分配率略高，因为2002年的捐赠基金市场价值较低。2003—2004年，受期间股市回升以及股权导向组合的影响，使学院对捐赠基金收入的支出减少。例如，2002—2003年，牛津大学的学费支出率从2.2%的低水平上升到11%的高水平，平均为4.2%。2002—2003年，牛津大学1/4的学院在上年分配了捐赠基金市场价值的5%，或更多。大约1/3（30.6%）的学院花了捐赠基金的4%~5%，1/3的学院花了3%~4%。约14%的学院花费较少为（2%~3%）。剑桥大学没有比较数据。历史证据表明，过去几年来，大学平均花费了来自捐赠收入的4%~5%；这主要因为他们过去的收入导向政策。一些学院支出超标，但这种过度支出是在今天来看是相对罕见的。

通过对牛津和剑桥的支出政策和投资回报目标的比较表明，分配率和捐赠基金资产的预期总回报率没有相关性。更多学院建议平均支出率高于其捐赠基金的内部目标回报率，但在某些情况下不清楚这些学院中的通货膨胀率是否较高。报告的数据可能是有误导性的，因为大多数（75%）报告仅说明消费捐赠基金收入，而没有花费任何资本。

在过去的半个世纪中，我们认为已公开的财务信息中没有足够的长期数据来分析牛津和剑桥学院捐赠购买力被侵蚀的程度。近期内的数据可能存在于学院财务部，希望今后可以获取和分析这些信息，以了解这些学院在过去一个世纪的投资和支出情况。最近没有证据表明，捐赠基金资本每年通过分配率和通货膨胀率得到提高。相反，有证据表明，大学经常以零息借款的方式从捐赠基金资本中支出资金。因此，在对收入进行支出时，不能像实施与投资回报和通货膨胀无关的支出政策时那样谨慎。

在参与2004年美国国家就业调查的学院中，其支出率从零到18.4%，其中一个学院的支出率达到100%。2004年所有参与调查的学院平均支出率为5.0%。在过去10年中，平均年度支出率从1995年的4.5%增加到2004年的5.0%。[18]英国大学没有这种情况，英国的教育学院的开支是基于从捐赠基金收入。美国大学似乎更加重视代际公平问题。因此，2005年共同基金基准研究研究报告中超过一半（54%）的受访者表示，它们支出政策的基本原则是最大限度地实现代际公平的可能性。37%的学院表明，它们的目标是为业务预算提供一个不断增加的收入流，而32%的学院表明支出政策仅能提供一个相对稳定的收入。[19]

在决定教育学院的支出政策时，不仅要考虑现有受益人的需要，而且要考虑未来受益人的需要。捐赠基金年度支出率与在给定的风险水平下实现最大化投资回报一样重要。因此，从耶鲁的经验中可以看出，这种支出的方法是至关重要的。使用年度提款公式只是将市场波动率转化为经营预算假设。大多数美国学院使用这一方法，例如，移动3年平均市场价值的方法，可以支出5%的捐赠基金价值。设定支出政策没有硬性规定。根据2003年NACU-BO基金研究指出：

学院应将其做法与同行进行比较，同时考虑到一些因素，例如捐赠基金规模，捐赠支出占总体经营预算的百分比，收入稳定性需求，投资组合风险，捐赠基金增长以及非限制性捐赠基金和限制性捐赠基金之间的关系。尽管动态市场价值方法能够使学院受益，但资本市场的波动性增加使得许多学院考虑可能为其经营预算提供额外稳定性收入的其他分配方法。一种办法是创造收入稳定储备金；另一个依赖于前一年制定的分配率自动增长。

另一个重要的方法关系到生均捐赠基金。有捐赠基金的医学院也参与到了此项调查中，尽管学生人数相对较少，但每个学生的捐赠基金数量要高于那些只有本科生的学院。此外，还应该考虑到招生增长，因为每年招生数的急剧上升可以迅速减少每个学生捐赠数额。使用精心挑选的一组同类学院，选择学院保存的某些关键信息，可以使比较数据更加有说服力。[20]

确定可持续支出率是学院管理机构主要责任之一。如果一个学院单独强调其当前的学术预算，那么捐赠基金的分配可能不会因投资市场价值的波动而调整。与之相反，注重捐赠基金保护可能意味着只有超过通货膨胀率的资金才能用于当前支出。制定可持续消费规则有助于建立财务规则。在牛津和剑桥的学院之间采取总回报政策的趋势受到业界人士的好评，因为学院实施的资产分配策略注重长期回报，而不仅仅提供收入。总回报策略创造了机遇但也提出了挑战，不适当的资产分配可能同样不利于保持捐赠基金的实际价值，也不能提供稳定的收入来源。

第五章 资产配置

引 言

保证最大化支出的同时,为后代保持捐赠基金的购买能力,是当下长期投资者必须面临的挑战。即使是目标相似的机构,如剑桥大学和牛津大学,看似细微的差异都会导致二者在目的和目标上的惊人差异,更不用说世界范围内的基金会,捐赠基金和慈善机构了。因此,投资目标有利于形成合适的投资组合结构,促使投资者对投资组合的资产配置以及支出政策进行检视,以形成最能反映机构长期目标的投资组合。

大多数基金会和捐赠基金使用资产配置战略以达成其投资组合政策。它们通常使用定量模型,包含风险、收益及相关假设等因素,使平均年回报在市场周期内得以实现。一些问题会影响整体投资策略、投资组合管理和长期规划目标。机构捐赠基金的规模、支出率、限制性基金和非限定性基金的混合等因素都会影响长期资产配置以及投资业绩。最好的投资委员会具有长远的目光,以确保繁荣的市场免受不良投资和支出决策所影响。

虽然市场时机和证券选择对资产配置有一定影响,但是机构投资者通常认为资产配置是投资收益的关键。研究表明,机构超过90%的投资组合绩效的变化是由资产配置引起的;而市场时机和证券选择总是对收益产生负面影响。[1]选择最优的证券投资组合十分困难,更不用说把握市场时机了,许多投资者都大胆地进行多元化投资，并且通常不会选择高度活跃的交易策略，尽管它们的风险配置中会包含这样的策略。因此，机构投资者的行为对决定投资回报的资产配置负有高度责任。

通过将资产配置置于投资过程的核心地位，各机构定义了其投资政策的本质。在他们选择所要购买资产时，机构同样扩展了这一定义的内涵。资产的选择要符合基本的投资目标。历史证据表明，股票的收益要高于债券。[2]虽然各国的收益各有不同，但股票通常因其高风险的特征而获得更高的收益。投资者在追求最大化的长期预期收益时被资产的高分配所吸引，这种分配能够产生类似股本收益，同时包含另类策略投资。因此多元化的投资组合能够在选定的风险水平下确保更高的长期收益，从而满足受托人的受托义务。

实现更高的收益是捐赠基金所面临的解决既要确保当前运行又要保持未来购买力这一冲突的一种方式。基金管理者认为，最大限度地提高长期投资收益对于当前和未来最大限度的支出所面临的挑战是至关重要的。例如，牛津和剑桥约一半（47％）的学院强调把最大限度提高收益作为它们的投资目标。提高资产分配政策的能力，在可接受的风险参数下增加最大化收益的规模，使机构能够满足它们的双重目标。

原则上说，牛津和剑桥的学院并没有对它们的投资进行限制。尽管个体的捐赠基金规模以及历史性资产的混合会对资产配置产生影响，例如，无法对另类策略投资，如私人股本或对冲基金的投资，是由于个别学院捐赠基金规模小造成的。确保一定水平的年度收入的需要似乎也会对分配决策产生影响。虽然学院通过组合投资方式为对冲基金和私人股本投资寻找到了创造性的解决方案，但是并不是所有的牛津剑桥的学院都采用了多元化的投资策略。结果，有许多学院直接选择对具有发展潜力的不动产进行投资。

在英国或者欧洲，不动产投资信托公司缺乏活跃的市场以及对最优不动产的直接所有权，这似乎也会影响资产配置。对不动产分配显著的学院认为："捐赠基金管理围绕着确定学院未来的支出率和定位匹配资产的完美的盈利能力，以满足当前和未来几代人的需求。"彼得学院的缪里森说："一些人对彼得学院的股票投资有所怀疑，事实上，所有的资产除了不动产，都清晰地进行了列支，因为学院85%的捐赠基金都用于不动产投资。"这肯定违背了分散的跨资产类别的主流公约。但通过规避股市狂热，在过去30年学院超过了基于富时指数的实际收益的25%。由于不动产投资信托公司和私募基金更倾向于上市股票，所以，牛津和剑桥的投资财务主管将投资不动产视为分散风险的有效方式。

资产配置可以定义为受托人的主要职责之一。机构长期目标的成功取决于做出适当的分配决定。投资委员会在决定资产配置时的参与程度在牛津和剑桥的学院之间是变化的。有89%的投资委员会参与了资产配置的过程，但是只有28%认为他们对做出的决定完全负责。有小部分的学院（11%）认为他们的投资委员会对这个重要的过程毫无作用。对于这些学院来说，投资经理对决定资产分配做出了重要贡献；超过一半的学院（54%）运用了经理的能力。20%的学院（剑桥比牛津略高）的资产配置过程很大程度上依赖于基金经理，10%的学院完全依赖于经理。

牛津大学各学院的资产配置

表 5.1 展示的是截止到 2002 年 7 月由牛津大学参与学院所提供的的资产类别分布状况。

有两所学院提供的数据是截止到自然年度 2002 年年底的，未能获取的数据表示为 na。最后一行是每个资产类别的加权平均。由于学院不需要在公布的年度账目中公开他们的捐赠资产分配状况，这项研究很大程度上得益于参与机构提供给我们的信息。大多数学院在他们公布的账户中提供了不动产和非不动产投资之间的资产细目，但在这些宽泛的资产类别中并没有涉及资产分布的详尽信息。

牛津各学院的捐赠基金投资组合具有显著的股权投资，最高比例的股权分配占总资产的80%，最低为10%，平均分配率为55%。英国股票的最高敞口是62%；最低的是（不包括仅有10%占比的学院，其中没有提供英国股票的比例）为 16%。平均持有率为 38%，是海外股票平均水平的 2 倍（17%），其中资产类别最高的配置率为 33%，最低为 3%。

表5.1　牛津大学各学院资产配置（%）

学院	股票			固定收入	另类资产			不动产	现金	合计
	英国	海外	合计		私人股本	对冲基金	合计			
1	60	20	80	5	1	—	1	—	14	100
2	54	26	80	6	5	9	14	—	—	100
3	60	19	79	19	—	—	—	—	2	100
4	na	na	79	—	—	—	—	—	21	100
5	56	19	75	16	—	—	—	7	2	100
6	45	30	75	24	—	—	—	—	1	100
7	54	18	71	28	—	—	—	—	1	100
8	48	24	71	26	—	—	—	—	3	100
9	na	na	71	—	—	—	—	29	—	100
10	54	14	68	13	na	na	5	6	7	100
11	62	6	67	10	—	1	1	16	6	100
12	49	17	66	18	—	—	1	5	10	100
13	47	19	66	11	1	—	1	8	15	100
14	43	13	56	17	2	1	3	—	25	100
15	37	18	55	10	—	—	—	33	1	100
16	21	33	54	5	—	9	9	2	6	100
17	36	18	53	18	na	na	3	23	4	100
18	36	13	49	11	2	—	2	20	19	100
19	36	12	48	8	1	—	1	8	35	100
20	22	22	44	—	na	na	2	46	8	100
21	19	26	44	19	—	2	2	7	28	100
22	39	3	42	26	—	—	—	3	29	100
23	na	na	40	5	—	—	—	40	15	100
24	22	17	39	9	4	3	7	44	1	100

（续表）

学院	股票			固定收入	另类资产			不动产	现金	合计
	英国	海外	合计		私人股本	对冲基金	合计			
25	21	18	38	9	1	–	1	48	6	100
26	16	21	37	16	2	1	3	42	2	100
27	24	13	36	3	4	1	5	55	1	100
28	26	6	33	–	–	1	1	49	17	100
29	26	6	32	–	1	1	2	64	2	100
30	20	10	30	32	–	5	5	30	2	100
31	na	na	10	12	–	–	–	75	3	100
平均	38	17	55	12	1	1	2	22	9	100

OS＝海外；PE＝私人股本；HF＝对冲基金。

就其他资产类别的投资而言，牛津的 5 个学院（16%）没有固定收入，虽然整体平均分配率为 12%。4/5 的学院没有固定收入资产但持有大量的不动产资产，占捐赠基金投资组合的 29%～64%。只有 1 所学院报告说，在其投资组合中没有不动产资产或固定收益资产，相反，它有 79% 投资于股票，其余的是现金。牛津大学的财务主管认为，债券持有人所收到的利息是稳定的，这可以被视为固定收入资产可靠的替代品。

在牛津，超过 1/3（35%）的学院没有在另类策略上的投资。超过一半的学院（52%）没有私人股本投资，类似比例的学院（55%）没有对冲基金的敞口。如果排除了没有类似投资的学院，牛津各学院 2% 的另类资产的平均权重会上升到 3.4%。只有 19% 的学院有 5% 或超过 5% 投资于另类战略。而一些投资策略家认为任何资产类别不到 10% 的配置都是无意义的，对于另类策略投资的新手而言，逐渐增加另类资产的配置是一种谨慎的选择。选择或放弃各种战略所花费的成本是较大的。所以，建立与一个阶段政策目标相匹配的投资组合的做法是被提倡的。

有趣的是，牛津超过 1/4（26%）的学院报告他们的捐赠基金投资组合并不持有不动产资产虽然有些学院拥有实质经营性资产。如果这些学院被要求以总资产为基础进行报告，那么无论是否被分类为经营性资产或捐赠基金资产，资产分布都会出现显著不同。在学院报告的捐赠基金不动产分配中，最高的分配是75%，最低为3%。

剑桥大学各学院的资产配置

剑桥大学26个学院截止到财政年度2002年6月的资产分布情况如表5.2所示。有6所学院的数据截止到财政年度的2003年6月，还有2所学院报告说的他们的配置状况是以自然年度计算。一些学院并没有给出它们资产配置状况的细目。未能获取数据的，表示为na。最后一行是每个资产类别的加权平均分配。

剑桥学院也报告了在其捐赠基金投资组合中的股权资产的分配最为显著；最高的是90%，最低为10%，平均为52%。英国股票最高配置为76%（牛津为62%），最低为5%（牛津为16%）；剑桥对英国股票的持有率为38.7%（类似牛津的38.2%），持有率为海外股票持有率（14%）的3倍。可以说，剑桥各学院在进行投资决策时更愿意偏离常态。

表5.2 剑桥大学各学院资产配置（%）

学院	股票			固定收入	另类资产			不动产	现金	合计
	英国	海外	合计		私人股本	对冲基金	合计			
1	66	24	90	10	–	–	–	–	–	100
2	76	12	88	10	–	–	–	–	3	100
3	63	20	83	16	–	–	–	–	2	100
4	58	22	81	7	–	–	–	6	6	100
5	45	28	72	14	–	–	–	11	3	100
6	53	19	72	14	–	–	–	13	1	100
7	63	9	71	23	–	–	–	–	6	100

（续表）

学院	股票			固定收入	另类资产			不动产	现金	合计
	英国	海外	合计		私人股本	对冲基金	合计			
8	42	27	70	29	–	–	–	–	2	100
9	60	7	63	27	–	–	–	–	6	100
10	42	21	67	14	–	–	–	16	7	100
11	48	14	62	6	1	–	1	13	19	100
12	na	na	58	5	–	–	–	33	3	100
13	45	5	50	4	–	1	1	37	8	100
14	na	na	43	–	1	–	1	43	14	100
15	27	16	43	46	–	–	–	6	5	100
16	32	8	40	19	–	–	–	41	–	100
17	19	17	37	7	–	–	–	50	7	100
18	18	15	34	6	na	na	6	53	2	100
19	14	19	33	6	na	na	5	42	14	100
20	25	8	33	28	3	–	3	30	6	100
21	na	na	32	–	1	–	1	66	1	100
22	23	9	32	7	–	2	2	58	1	100
23	28	2	30	10	–	–	–	48	13	100
24	19	10	29	5	–	–	–	66	–	100
25	20	8	28	7	–	–	–	62	3	100
26	5	5	10	–	–	–	–	90	–	100
平均	39	14	52	12	0	0	1	30	5	100

剑桥的3个学院（12%）没有固定收入投资，但资产类别的平均分配为12%，与牛津完全相同。这3所没有固定收入投资的学院，都有较高的不动产分配，占其总捐赠基金资产的43%～90%。这3所没有固定收入投资的学院的平均不动产持有率占其全部捐赠基金投资组合的2/3。像它们的对手牛津大学一样，剑桥大学大约有1/4（23%）的学院在它们的捐赠基金投资组

合中没有不动产投资，尽管这其中的一些学院在捐赠基金投资组合以外有大量的不动产资产。剑桥大学不动产配置最高分配率（90%）明显高于牛津大学，而剑桥的最低分配率（6%）是牛津的2倍。

剑桥大学没有另类战略投资的学院接近牛津大学的2倍（剑桥为69%，牛津为35%）。剑桥大学有77%的学院没有私人股本，更为显著的是有85%的学院没有对冲基金。如果这类资产被排除，那么剑桥大学的平均配置会由0.7%上升为2%。剑桥只有不到10%的学院有5%另类战略投资。

牛津和剑桥资产配置对比

像其他的机构投资者一样，牛津和剑桥的捐赠基金投资委员会运用传统方法进行资产配置，将风险，收益，和相关的假设考虑到优化模型中，以在一个投资周期预测投资组合的年平均回报率。通过定量分析与定性分析的相结合方法来进行战略资产配置，这些委员会一般会得到它们中意的投资组合。

均值方差优化模型对于确定有效组合大有裨益，但是牛津和剑桥各学院对于使用高度定量建模工具非常勉强，因为它们通常无法满足这些学院的特定需要。牛津和剑桥捐赠基金投资组合中不动产的高分配限制了定量分析工具的用途，这使得1/3的投资丧失了有效投入。优化框架，由于没能充分考虑各种资产流动性和市场化，也限制了它的应用。这样的模型也要求投资组合分配的年度再平衡，这对于不那么抢手的资产来说是很难实现成本的，如对直接不动产的持有。

作为一个具有类似投资目标的机构，牛津和剑桥的学院在进行投资决策时表现出很强的个人主义。就捐赠资产管理而言，很少有证据表明这属于从众或跟随最新的投资风潮。学院认为同行群体在进行投资时，没有证据表明就是在跟随他们的领导者，就像过去一样。这些机构都是保守的，可以最好被描述为是采用逆向投资的方法。因此，把总分配比作传统的投资，如英国股票，在牛津和剑桥都有非常相似的分配。

在 2002 财政年度结束时，学院的捐赠基金投资组合的平均分配见表 5.3。

2 所大学英国股票的平均投资（38%~39%）非常相似，它们固定收益资产为 12%。这些差异主要是在对外国股票、不动产、现金和另类资产的分配上。牛津大学有 2.2% 的另类资产，比剑桥的学院少 1%（0.7%），剑桥学院的不动产投资同样很高（30%），而牛津大学则持有更多的现金。牛津大学的学院同样持有很多外国股票。平均而言，牛津大学的资产组合比剑桥大学更具多元化。

表 5.3 牛津和剑桥资产配置比较（%）

机构	股票			固定收入	另类资产			不动产	现金
	英国	海外	合计		私人股本	对冲基金	合计		
牛津	38.2	17.0	54.5	12.1	0.9	1.2	2.2	22.0	9.2
剑桥	38.7	14.1	51.8	12.3	0.2	0.1	0.7	30.1	5.0
平均	38.4	15.5	53.2	12.2	0.5	0.7	1.5	26.1	7.1

对牛津剑桥各学院各资产类别之间的最高和最低分配的分析表明，资产配置更多的是股票选择后的剩余财产。虽然这样的分配可能本来就是历史发展的结果。但投资组合仍反映了这些学院当今的具体情况。如果 2003—2004 财年彼得学院有 85% 的捐赠基金投资于不动产，这可能更多是由于剑桥大学最古老的学院在过去不断地积累不动产资产这种历史原因造成的，就像他们如今把心思放在投资上一样。随着缪里森的退休和新的高级财务主管格里格森的任命，投资配置也会发生改变。截止到 2005 财政年度，总的不动产投资比例仍保持 85%。

各学院投资组合从未建议使用同行基准，因为学院似乎愿意投资于他们选择的没有同行参照的资产。牛津和剑桥一些资产的平均敞口非常相似，如英国股票和债券，表 5.3 显示了牛津和剑桥配置的差异。与 20 世纪 80 年代和 90 年代早期养老基金不同，基于同行基准的平衡要求更加规范，牛津剑桥各学院的投资方法仍然很原始。这种违规投资可能会因多种原因而消失，包括专业的投资财务主管和更大程度参与战略决策的投资顾问的兴起。

表5.4 各类资产最高及最低配置（%）

配置	机构	股票			固定收入	另类资产			不动产	现金
		英国	海外	合计		私人股本	对冲基金	合计		
最高	牛津	61.6	33.0	79.7	32.1	5.1	9.0	14.1	75.0	35.2
	剑桥	75.7	27.5	89.7	46.0	2.6	2.0	6.0	90.0	19.0
	平均	68.6	30.3	84.7	39.0	3.9	5.5	10.0	82.5	27.1
最低	牛津	16.0	3.0	10.0	2.6	0.5	0.7	0.5	3.0	0.7
	剑桥	5.0	4.5	10.0	3.9	0.5	1.3	0.5	6.3	1.3
	平均	10.5	3.8	10.0	3.2	0.5	1.0	0.5	4.7	1.0

表5.4说明了在剑桥和牛津在每个资产类别中的最高和最低的资产分配。

在牛津，英国股票投资最高比例为61.6%，最低为16%。剑桥的差异更大一些，最高为75.7%，最低为5%。虽然剑桥的股票资产平均总敞口高出10%为89.7%，但最低都为10%。

牛津和剑桥股票资产的平均最高配置为84.7%，最低为10%，总平均为53.2%。不动产配置规模比较大，平均最高为82.5%，总体平均为26.1%，最低为4.7%。英国股票的配置平均最高为68.6%，是非英国股票投资平均配置（30.3%）的2倍。固定收入投资的平均最高配置为39%，是总体平均（12.2%）的3倍。

分配中最大的差距出现在平均最高分配为10%，平均最低分配为0.5%，整体平均为1.5%。考虑到牛津和剑桥在不同资产类别的分配差异，可以推断，资产分配决定是完全独立的。

学院之间存在高水平的信息共享是不可避免的，但没有证据表明学院共享资产分配数据，以建立政策组合或基准。牛津大学各学院合作创造了一个内部通货膨胀指数。并不是所有的大学都采用凡诺登通货膨胀指数，但事实是它的存在与一些高校的咨询是相关。这些学院从来没有觉得有必要参考任何外部同行资产分配基准或建立一个内部基准。

表 5.5　与 WM 和 NACUBO 资产配置的对比（%）

资产类别	牛津大学	剑桥大学	牛津和剑桥	WM 慈善机构	NACUBO
股票	54.5	51.8	53.2	76.1	57.4
固定收入	12.1	12.3	12.2	16.6	26.9
替换战略	2.2	0.7	1.5	0.0	7.1
对冲基金					5.1
私人股本					0.9
风险资本					1.1
不动产	22.0	30.1	26.1	3.4	2.7
现金	9.2	5.0	7.1	3.8	3.9
自然资源	0.0	0.0	0.0	0.0	0.4
其他	0.0	0.0	0.0	0.0	1.6

来源：美国的数据来自 NACUBO；英国的数据来自 WM 公司。

将牛津和剑桥的资产分布与美国高等教育机构的分配比较，2002 年（该年牛津和剑桥数据可用）的加权平均分配，不同资产类别也有大致相同的平均股权分配。[3] 表 5.5 是基于美国 NACUBO 以及英国 WM 公司的研究所表明的资产配置分布的不同方式。

由于没有比较英国教育机构的资产配置数据，对非营利部门的（以截止到 2002 年英国的 WM 慈善机构为代表）与牛津和剑桥和 NACUBO 的对比体现了非常有趣的差异。例如，美国教育机构对股票的配置为 57.4%，比牛津和剑桥的平均配置（53.2%）要高。但英国的慈善机构对股票的配置非常显著。他们的分配有一个相当大的内部偏见，英国股票的所有权占总资产的 57%。

美国机构对固定收益证券的配置为 27%，是牛津和剑桥（12%）的 2 倍。英国慈善机构为 17%，依旧显著低于美国。相似的，美国的另类战略配置为显著的 7%，而牛津和剑桥只有微薄的 1.5%。2002 年，英国慈善机构的资产类别没有敞口。

牛津和剑桥捐赠基金组合突出的特点是它们对于不动产的配置，平均占比为 26%，显著高于美国机构的不动产投资为 2.7% 和英国非营利部门为

3.4%。牛津、剑桥的不动产配置类似于美国机构的固定收益资产配置。不动产的特性与固定收益资产具有相似性，这被认为是牛津和剑桥各机构投资这类资产一个决定性的因素。

资产配置与捐赠基金规模

2003年NACUBO捐赠基金研究（NES）的结果表明，影响美国捐赠基金业绩最显著的变量是资产组合或配置状况，尤其是另类战略。例如，资产超过10亿美元的机构有19.9%的对冲基金，而捐赠基金在1亿~5亿美元的学院只有8.3%的对冲基金。[4]当机构总的资产增加时，另类资产的敞口也会随之增加。因此，拥有大规模捐赠基金的美国高等教育机构比拥有小规模捐赠基金机构的私人股本的敞口要大。拥有超过10亿美元的捐赠基金的机构对私人股本的配置是5.2%，而捐赠基金规模为5.1亿~10亿美元的机构的配置是4.2%，捐赠基金规模为1.1亿~5亿美元的学院或大学的配置是2.2%。捐赠基金规模不足5 100万美元的机构对私人股本的配置往往不足1%。2003年NES表明，捐赠基金的规模对另类投资有指示作用。拥有大规模捐赠基金的机构比那些只有较少捐赠基金可以支配的机构更偏好投资不动产、风险资本以及自然资源。[5]

作为一个群体，拥有较大规模捐赠基金的美国高等教育机构对股票和固定收入的配置较少，这与另类资产形成了鲜明差异。重要的是平均所有机构将超过54%的资产分配给股权投资，除了捐赠基金超过10亿美元的机构，它们在投资组合中对股票的平均分配为44.8%。[6]以捐赠基金规模为基础对牛津和剑桥的资产配置进行分析可以发现，拥有大规模捐赠基金（超过4 500万英镑）的机构与拥有小规模捐赠基金（不足4 500万英镑）的机构对于资产组合的配置是不同的。当捐赠基金资产规模扩大时，另类资产的配置会随之增加，而传统资产的配置会减少。表5.6表明了牛津和剑桥各学院捐赠基金规模和资产组合的差异。

富有的学院对英国股票的投资较少（17%），尽管它们对海外股票的投资更少（2.4%）。总体而言，较富裕的学院基本上持有较少的股票（21%以下），现金（4.5%以下），和固定收入（3.8%以下）资产。相比，较富裕的学院对不动产的配置比捐赠基金较少的学院高28%。相比，剑桥大学比较富裕的学院对不动产的配置比捐赠基金较少的学院高，为1/3（31.5%）。在同一所大学中，捐赠基金状况不太好的学院比捐赠基金状况良好的学院对英国股票的投资多（26.6%）。

表5.6 资产配置及捐赠基金规模（%）

捐赠基金规模	机构	股票			固定收入	另类资产			不动产	现金	合计
		英国	海外	合计		私人股本	对冲基金	合计			
超过4500万英镑	牛津	28.4	14.8	43.2	10.5	1.1	1.3	2.8	38.6	4.8	100
	剑桥	17.9	9.5	36.4	9.1	0.4	0.2	1.6	49.5	3.5	100
	平均	23.2	12.2	39.8	9.8	0.8	0.8	2.2	44.1	4.2	100
不足4500万英镑	牛津	35.5	14.8	59.8	12.8	0.6	1.0	1.9	14.1	11.3	100
	剑桥	44.5	14.3	61.5	14.3	0.1	0.1	0.2	18.0	6.0	100
	平均	40.0	14.6	60.7	13.6	0.4	0.6	1.1	16.1	8.7	100

当与3组的总平均数进行比较时，资产分配策略的差异似乎很明显。例如，表5.7呈现的是牛津和剑桥较富裕的学院（2002年资产超过4500万英镑）对英国股票的配置比同行的平均配置要低15%，对海外股票的配置比同行平均水平低3%，对股票总体的配置比同行平均水平低13%。

表5.7 依据捐赠基金规模的牛津和剑桥资产配置状况（%）

捐赠基金规模	股票			固定收入	另类资产			不动产	现金	合计
	英国	海外	合计		私人股本	对冲基金	合计			
超过4500万英镑	23.2	12.2	39.8	9.8	0.8	0.8	2.1	44.1	4.2	100
不足4500万英镑	40.0	14.6	60.7	13.6	0.4	0.6	1.1	16.1	8.7	100
牛津和剑桥平均	38.4	15.5	53.2	12.2	0.5	0.7	1.5	26.1	7.1	100

这些学院资产配置最大的差异表现在对不动产的配置上。牛津和剑桥较富裕的学院对不动产的配置比同行的平均配置（26%）要高18%。当然，对不动产的配置较高，这些学院在某种情况下就可以宣称他们的财富来源于持有的不动产资产。捐赠基金不足4500万英镑的机构对不动产的投资比平均水平低10%。持有的不动产资产越多，富裕的学院对另类战略的投资就越多，对英国股票、固定资产和现金的配置就越少。拥有小规模捐赠基金的学院资源越少，就越不可能对另类战略进行投资。

有趣的是将牛津和剑桥的配置与美国教育捐赠基金进行对比，美国更倾向于投资另类资产。随着管理之下的投资资产规模变得越来越大，机构更有可能减少对传统资产如股票和债券的配置，并且更愿意把握另类机会来承担增量风险。当然，私立机构比公共机构更倾向于配置更多的另类战略。

表5.8 资产配置：2003年美国各机构（%）

资产类别	>10亿美元	5亿~10亿美元	1亿~5亿美元	0.5亿~1亿美元	2500万~5000万美元	<2500万美元	公共部门	独立部门	平均
股票	44.8	54.4	56.5	58.7	60.2	57.0	58.1	56.7	57.1
固定收入	18.6	18.2	23.5	27.2	27.7	29.8	27.9	24.9	25.9
不动产	4.2	4.2	2.9	2.8	2.6	2.2	2.1	3.1	2.8
现金	1.8	1.4	2.7	4.9	3.5	6.6	4.0	4.0	4.0
对冲基金	19.9	13.4	8.3	4.3	4.2	1.6	4.3	6.9	6.1
私人股本	5.2	4.2	2.2	0.6	0.2	0.2	0.9	1.5	1.3
风险资本	3.0	2.7	1.3	0.3	0.1	0.1	0.5	0.9	0.8
自然资源	1.9	1.1	0.8	0.1	0.1	0.0	0.4	0.4	0.4
其他	0.7	0.4	1.8	1.1	1.4	2.5	1.6	1.6	1.6
合计	100	100	100	100	100	100	100	100	100

来源：《2003年NACUBO捐赠基金研究》。

表5.8列出了参与2003年NES研究的美国教育机构对不同资产类别的配置。

表5.9 2002年哈佛和耶鲁资产配置对比（%）

资产类别	哈佛	耶鲁
国内股票	15.0	15.4
外国股票	15.0	12.8
固定收入	22.0	10.0
绝对收益	17.0	26.5
私人股本	13.0	14.4
不动产	23.0	20.5
现金	5.0	0.3

来源：《2002年哈佛大学财务报告》《2002年耶鲁大学年度报告》[7]。

由于哈佛没有披露其实际持有状况，为了便于比较，高收益证券（5%）包括在绝对收益资产中；国内债券（11%），国外债券（5%）通胀保值债券（6%）纳入固定收入中，商品的配置（13%）包括到不动产中。2002年，哈佛和耶鲁对国内股票的配置非常相似，其对国外股票的配置也很相似。哈佛对固定收入的投资（22%）是耶鲁（10%）的2倍。尽管耶鲁的私人股本配置与哈佛相似，但是耶鲁对绝对收益策略的配置（26.5%）比哈佛（17%）要高。

美国超过10亿美元资产的机构对股票的平均配置占总资产的45%，比哈佛和耶鲁高50%。有较少捐赠基金的机构对股票的投资（60.2%）是哈佛和耶鲁的2倍还要多（二者分别为30%和28.2%）。另类资产和战略的总配置包括绝对收益、私人股本和不动产，哈佛和耶鲁对另类资产和战略的总配置要远远高于资产超过10亿美元的美国机构。在哈佛有超过一半的（53%）捐赠基金投资于这类资产；在耶鲁，对绝对收益资产、私人股本和不动产的投资占全部投资组合的61.4%。美国超过10亿美元捐赠基金资产的机构有1/3（34%）投资于另类资产，但是这个比例远远低于哈佛和耶鲁。

表5.10 2004年哈佛、耶鲁及美国拥有大规模捐赠基金的机构对比（%）

资产类别	哈佛	耶鲁	捐赠基金>10亿美元
国内股票	15.0	14.8	31.9
外国股票	15.0	14.8	14.4
固定收入	22.0	7.4	15.2
绝对收益	17.0	26.1	20.2
私人股本	13.0	14.5	8.4
不动产	23.0	18.8	6.6
现金	5.0	3.5	2.7
其他	0.0	0.0	0.7

来源：《2004年哈佛大学财政报告》《2004年耶鲁大学年度报告》；2004年NES。

2004年，哈佛管理公司的政策组合保持不变，而耶鲁的实际配置截止到2004年6月也没有任何战略性变化。耶鲁减持了固定资产的份额而增加了对国外股票的投资。不动产配置下降而现金配比增加。表5.10显示了2004年哈佛和耶鲁以及拥有大规模捐赠基金（资产超过10亿美元）的机构的实际资产配置状况。

美国教育捐赠基金提供的资产配置数据显示，2003—2004财年，对于所有投资池资产类目来说，对冲基金投资比例增加。拥有大规模捐赠基金的机构更倾向于将资产类别用总体货币加权平均来表示，为14.7%；对所有参加的企业来说，加权平均的比重是7.3%。此外，资产超过10亿美元的机构可能已经达到了这个资产类别敞口的上限。[8] 2004财年美国教育捐赠基金各类资产类目的分配情况见表5.11。

表5.11 2004年美国不同规模机构资产配置（%）

资产类别	>10亿美元	5亿~10亿美元	1亿~5亿美元	0.5亿~1亿美元	2500万~5000万美元	<2500万美元	公共部门	独立部门	平均
股票	46.3	56.9	59.1	62.5	61.5	61.7	61.3	59.2	59.9
固定收入	15.2	15.7	19.5	22.1	24.6	27.2	23.7	21.3	22.1
不动产	4.0	2.9	3.1	2.7	3.3	2.1	2.1	3.1	2.8

(续表)

资产类别	>10亿美元	5亿~10亿美元	1亿~5亿美元	0.5亿~1亿美元	2500万~5000万美元	<2500万美元	公共部门	独立部门	平均
现金	2.7	1.9	2.5	4.6	1.8	3.6	3.6	3.7	3.7
对冲基金	20.2	14.4	10.0	5.6	4.6	5.6	5.6	8.1	7.3
私人股本	4.9	4.5	2.0	0.5	0.3	1.1	1.1	1.5	1.3
风险资本	3.5	2.1	1.2	0.4	0.2	0.6	0.6	0.9	0.8
自然资源	2.6	1.2	0.9	0.2	0.2	0.6	0.6	0.6	0.6
其他	0.7	0.4	1.7	1.5	1.4	1.4	1.4	1.7	1.6
合计	100	100	100	100	100	100	100	100	100

来源：《2004年NACUBO捐赠基金研究》。

与2003年的配置相比，2004年投资于股票的比例有所增加。这期间股票市场表现良好，股票比例的增加部分归因于市场表现；此外，投资者对于高股票配比感到满意。在资产规模不到2500万美元的机构中发生的最大比例的增加就是股票的配置，在2004年增加了8.3%。相反，投资池中固定资产的比例在所有资产类目中有所下降，在资产规模为0.5亿~1亿美元的机构中最为明显。

2004财年，参与了共同基金基准研究的教育捐赠基金报告的资产配置，与2004年NES报告的具有显著不同。共同基金研究报告的平均配置为：另类战略34%，国内股票31%，国际股票16%，固定收入15%，现金和其他短期债券4%。[9]由于共同基金研究是货币加权，所以，我们用同样是货币加权的2004年NES进行比较。表5.12比较了2004年参与NACUBO捐赠基金研究的机构和参与共同基金基准研究的机构的资产配置状况。报告中，除了"风险资本"和"其他"配置相同，其他资产类别配置情况都是不一样的。

表5.12 美国教育捐赠基金资产配置百分比，货币加权

资产类别	公积金研究	NES
国内股票	31.0	48.9
外国股票	16.0	11.0

(续表)

资产类别	公积金研究	NES
股票总计	47.0	50.8
固定收入	15.0	17.2
对冲基金	16.3	14.7
私人股本	4.8	3.5
风险资本	3.1	3.1
不动产	5.1	4.0
自然资源	3.7	3.0
现金	4.0	2.6
其他	1.0	1.1
总计	100	100

来源：《公积金基准研究：2005年教育捐赠基金报告》；2004年NES。

2004年NACUBO捐赠基金研究和2005年共同基金基准研究都认为，过去几年美国所有机构中，教育捐赠基金资产配置发展最为明显，配置比例更高的资产为另类资产，包括自然资源。股票资产的配置比例也有所增加，但是这些机构都有传统的股票配置倾向。因此，2004年59.9%的股票配比的收益率，在同样的加权下，低于2000年（62.1%）。固定收入资产的配比在2004年有所下降，因为这类资产的预期收益无法与股票和另类资产的预期收益相媲美。这些发展不仅反映了股票市场表现的恢复，同时反映了资产分配的根本转变，使投资者寻求另类资产进行多元化投资并进行风险控制。

股票配置

基金会和捐赠基金不断努力维持它们资产的实际价值并保持永久性支出。这类机构在资产配置中的挑战是协调这两个显然是相互矛盾的目标，即通过投资资产实现长期最高回报率。卫康信托2000—2005年的首席投资官加里·斯坦伯格（Gary Steinberg），指出："信托的资产配置是基于相信股市是最有可能在一段时间内提供最好的回报。因此，信托公司经营着一个以股权投资为基础旨在长期增长的投资组合。历史证据表明股票能实现每年5%~6%的实际收益率。"虽然各国的收益率会有所不同，但信托基金的战略过去是，现在仍然是以相信此类资产在长期会实现收益为基础。因此，卫康信托基金会的资产仍有85%投资于公共和私人股本。虽然现在基金会任命了新的首席投资官，一些投资方法或许会有所改变，但是股权类资产的配置不会发生变化；如果有的话，那就是股权类风险溢价会有所增加。

为目前的运作提供资源需求以及为取得投资高回报保存资产购买力，造成许多基金会偏向于股权资产。此外，教育机构对通货膨胀的无力性进一步引导捐赠基金和基金会远离固定收入而转向股票投资。以耶鲁大学捐赠基金为例，它的目标是将超过90%的资产用于某种形式的股权投资，通过在美国和国际市场上持有公共和私人股本，以及不动产和绝对回报战略来实现。[10]哈佛捐赠基金将20%~25%投资于固定收入资产，但是整体仍偏向于股票资产。

牛津和剑桥的股权文化也非常盛行。像在英国的其他机构投资者一样，在美国，投资股票一直是获益的，特别是在过去的20个世纪最后20年中。然而，牛津和剑桥依然坚持对不动产的高分配，他们的方式面对着个人主义的挑战甚至怀疑。只有牛津大学贝利奥尔学院，在20多年前决定出售其捐赠基金的不动产资产。许多持有不动产资产的学院持有更与众不同的观点；再没有像牛津和剑桥一样的机构可以在其捐赠基金资产中持有如此多的不动产资产了。在这些学院公共和私人股权的配置为55%，而其他主要的捐赠基金会和基金会为80%~90%。

像其他基金会和捐赠基金会的长期投资者一样，牛津和剑桥各学院通常在一个可接受的风险水平内投资于最大化回报资产。超过2/3（69%）的学院有超过40%的资产投资于股票。四分之一的学院将他们捐赠基金的1/3（30.9%）投资于股权资产，超过23%的学院将70%~80%投资于这类资产，这其中包括牛津大学29%的学院，以及剑桥大学15%的学院，牛津是剑桥的2倍。7%的学院（全部来自于剑桥）将他们捐赠基金的80%用于股权投资。

在投资范围的另一端，8%的学院，主要来自于在剑桥，有不到30%的股权投资。剑桥大学报告其捐赠基金资产配置的扩散范围比较广泛，虽然没有学院报告持有的股权资产低于总投资组合的10%。表5.13呈现了牛津和剑桥捐赠基金投资组合中股权投资配置的分析。

表5.13 股权投资总配置

股权比例（%）	牛津	剑桥	牛津和剑桥
>80	–	15	7
70~80	29	15	23
60~70	13	12	12
50~60	13	8	11
40~50	19	12	16
30~40	23	27	25
20~30	–	8	4
10~20	3	4	4
<10	–	–	–
合计	100	100	100

国内（英国）和国际（非英国）股权配置的细目显示，43%的受访学院持有40%或更多的国内股票，只有2%（剑桥大学的1个学院）将不到10%的捐赠基金投资于国内股票。牛津和剑桥不到1/4（23%）的学院的投资组合配置中对国内股票进行了20%~30%的配置，这其中牛津的学院更多一些；即牛津26%，剑桥19%。

正如股权的总配置一样，剑桥各学院对英国股票的配置也具有分散性，有的学院不足10%有的则超过70%。牛津有30%~40%的国内股票配置的学院的比例是剑桥的4倍，这些学院占牛津和剑桥学院总数的11%。而12%的受访者没有提供国内外股权配置的分解，捐赠基金投资组合以国内股票的配置为主的；平均38%的牛津和剑桥的机构与美国教育基金48%相比。表5.14提供了牛津和剑桥各学院捐赠基金投资组合对国内股票的配置细目。

表5.14 国内股票配置情况

英国股票比例（%）	牛津	剑桥	牛津和剑桥
70~80	-	4	2
60~70	10	15	12
50~60	13	8	11
40~50	16	19	18
30~40	16	4	11
20~30	26	19	23
10~20	6	15	11
<10	-	4	2
na	13	12	12
合计	100	100	100

平均而言，牛津和剑桥各学院国内股票投资是海外股票的2倍。虽然高度多元化的国际投资组合越来越被推崇，但是由于大型的英国企业进行海外投资且他们的收入越来越多地来源于境外，基于地理学的资产配置分析列出的企业未能展示出潜在投资收益的多元化。因此，如果一个投资组合主要投资于小型和中型公司，多元化的需求可以被诠释的更好，例如，要好于将一个组合投资在更广泛的英国公司或富时公司。

资产配置也反映了在一定风险参数下的预期收益假设，哈佛和耶鲁的国内外股权配置政策的平均权重不能简单地解释为反映了平均预期回报。牛津和剑桥也将其15%的资产投资于海外股票。但英国机构对"海外"的定义包括美国、欧洲、日本和新兴市场，与以美国为基础进行对比。此外，对于以美国为基础的投资者来说，由于世界最大经济体的赤字，美元处于下调的过程中，与以英国为基础的投资者的多元化的理由相比，一个经济周期中外国股票的多元化，更有可能是一个稳健的投资策略。虽然在投资组合中投资50只股票可以实现多元化，但是多元化风险的论点在确定资产组合中起着至关重要的作用。

表5.15给出了牛津和剑桥捐赠基金组合对国际（非英国）股票配置的

分析。有近40%的学院报告称他们对国外股票的投资为10%~20%，而21%的学院对国外股票的投资为20%~30%。只有4%的学院（全部来自于牛津）对国外股票的投资近1/3，为30%~40%。牛津和剑桥大约1/4（23%）的学院对国外股票的投资不足10%，在剑桥，对国外股票的投资不足10%的学院占了1/3以上。

表5.15 国外股票配置

英国股票比例（%）	牛津	剑桥	牛津和剑桥
>40	–	–	–
30~40	6	–	4
20~30	19	23	21
10~20	48	31	40
<10	13	35	23
na	13	12	12
合计	100	100	100

牛津和剑桥比美国教育捐赠基金会有更多的海外股票资产配置，在2004财年，美国平均配置为11%，而牛津和剑桥的平均配置为15.5%。由于牛津和剑桥没有在他们公布的年度账户中报告他们资产配置的细节，所以不太可能对这些机构资产配置的长期趋势进行分析。2004年在美国排名前10位的教育捐赠基金会的平均配置中有14.5%的公开上市的国际股票投资。[11]私立机构对海外股票的投资（11.2%）要高于公共机构（10.7%）。资产超过10亿美元的大的捐赠基金会将其资产的14.4%投资于国外股票，而资产不足2 500万美元的小的捐赠基金会对外国股票的投资只有6.9%。

2004财年，哈佛和耶鲁捐赠基金会报告说他们对国际股票的配置为15%，略高于美国教育捐赠基金会的平均水平。虽然这些机构对国内股票（15%）进行了类似的分配，但在教育捐赠基金中，美国股票的平均加权分配高达48.9%，这揭示了美国投资者强烈的本土偏见。公共机构对美国股票的持有率（50.6%）要高于私立机构（48.2%）。此外，资产超过10亿美元的大的捐赠基金会对美国股票的投资比例（31.9%）少于资产不足2 500万美元的小的基金会（54.8%）。[12]牛津和剑桥较富裕的学院对英国股票的投资比例也要低于平均水准，他们同样持有较少的海外股票，总的来说，他们对股权类资产投资较少。

资产配置，正如参与了 2005 年共同基金基准研究的学院报告的那样，国内外股票的配置明显不同，国内股票为 31%，而国际股票为 16%。与 2003 年财年的配置相比，国内股票为 32%，而国际股票为 14%。这些资产的适度增加很大程度上是固定资产投资的支出，对这类资产进行调整可以使这些机构获得更高的收益。[13]

股票市场在 2000—2003 年的熊市之后得以恢复，企业预期增长和宏观经济受到通货紧缩的强烈刺激，各机构都对公开交易的股票进行了高配置。到 2004 年 6 月 30 日结束的 12 个月，股票业绩良好；罗素 3 000 指数（约占美国股市的 98%）收益率为 20.5%，小盘股和国际股的收益率分别为 33.4%（罗素 2 000 指数）和 32.4（远东指数/摩根斯坦利欧澳远东指数）。2000—2004 年间，资产配置的整体变化为固定收入减少，股票和另类战略增加，表现了明显的跨机构性。

根据 2003 年 NES，美国教育捐赠基金对非美国股票的配置不足 10%。对于股权类资产的整体配置，牛津和剑桥的 53% 少于美国教育捐赠基金的 57%。平均而言，2003 年牛津和剑桥的海外股票投资更多，为 15.5%，美国教育捐赠基金为 9.5%；[14]牛津和剑桥各学院还持有 47.7% 的美国股票以及 38.4% 的英国股票。

从历史上看，国际投资在英国拥有悠久的传统，这帮助它在全球范围内获得了如此杰出的地位。美国经济传统的绝对规模和多样性，阻碍美国基金经理进行海外投资。今天，全球化和市场自由化使越来越多的投资者，特别是美国机构投资者，增加了他们在全球资本市场的份额，特别是在英国、欧洲和新兴市场的份额。

另类资产配置

在过去的10年间，另类资产市场一直是基金管理行业内规模增长最迅速的。另类资产战略主要是应用于全球资本市场效率低下时期的一种动态交易策略，以更传统和长期的策略对冲股票市场和利率风险从而产生收益，因此它与传统资产类别关联不大。真正的长期机构投资者，如捐赠基金，在越来越大的压力下维持他们的侵蚀收益，率先投资于绝对收益战略。美国著名大学的捐赠基金会一直积极追求更高的收益战略。表5.16显示了在过去的5年中，美国教育基金会对各种资产类别的分配。

以多元化收入为基础的教育机构，能够比其他投资者，如养老基金，更有效地分配风险，这就在没有其他现金流来源时明确界定了负债。在美国所有规模的捐赠基金会中，对冲基金投资的分配继续上升，不动产、私人股本和自然资源的分配也是如此。

2002年，美国教育捐赠基金会对另类资产的平均配置为7.1%，与之相比，牛津和剑桥的学院在这一资产类别上的风险敞口明显减少。2002年，牛津和剑桥各学院对另类资产的平均配置为1.5%。美国教育捐赠基金会对冲基金，风险资本以及私人股本资产的配置在2003年上升到8.2%，2004年上升到9.4%。坊间证据表明，牛津和剑桥的另类资产的分配稳步上升，但平均而言，这样的投资与他们美国同僚相比仍然较低。

表5.16 美国资产配置5年对比（%）

资产类别＼年份	2004	2003	2002	2001	2000
股票	59.9	57.1	57.4	59.4	62.1
固定收入	22.1	25.9	26.9	24.9	23.3
不动产	2.8	2.8	2.7	2.4	2.0
对冲基金	7.3	6.1	5.1	4.2	3.0

(续表)

资产类别\年份	2004	2003	2002	2001	2000
私人股本	1.3	1.3	0.9	0.9	1.0
风险资本	0.8	0.8	1.1	1.5	2.4
自然资源	0.6	0.4	0.4	0.4	0.4
现金	3.7	4.0	3.9	4.1	4.1
其他	1.6	1.6	1.6	2.2	1.7
合计	100	100	100	100	100

来源：2004年NES。

尽管牛津和剑桥对私人股本投资的平均配置为0.5%接近于美国的0.9%，但是他们似乎已经到达了投资范围的顶端。当美国教育捐赠基金会减少了其私人股本的敞口时，牛津和剑桥却建立起了这一资产类别敞口，虽然基准点比较低。牛津和剑桥各学院对另类资产的最高平均配置为10%，最低为0.5%。资产超过4500万英镑的较富裕学院对另类策略的投资为2.2%，而捐赠基金规模较小的学院对这项资产类别的敞口为1.1%。

在最近的熊市中，传统资产类别的收益率都比较低，这使得许多机构，不管其捐赠基金规模的大小，在对新的投资方向进行评估时，都将其投资目光对准另类战略。因此，牛津和剑桥各学院中，对另类资产配置高的并不一定是最富有的。例如，对另类资产配置最高的学院，其捐赠基金排名在20名以外。在这个学院捐赠基金投资组合中，同样不包括不动产资产，虽然另类战略的第二大投资者和第三大投资者对不动产的配置分别为26%和44%。最大的另类资产持有人也是公开交易股票的最大投资者，对英国股票的配置超过50%，国际股票为一半左右。但是，这个学院很少依赖捐赠基金收入维持其运行（不足10%）。

牛津和剑桥超过一半的学院（剑桥59%，牛津为44%）在2002—2003财年没有另类战略敞口。他们并没有固定的模式来决定不采用这样的方式对捐赠基金进行管理。虽然捐赠基金规模较小的学院认为，规模大小是一个抑制因素，但其他学院都表明了当这样一个机会出现时进行配置或扩大现有敞口的愿望。超过1/3（38%）的学院指出，如果他们能够找到合适的管理人员和/或投资工具，他们愿意增加另类战略的敞口。表5.17说明，另类资产配置最高的学院并不是最富有的学院，在较富有的10所学院中，只有4所榜上有名。

学院在雇用康桥公司和福希耶合伙公司（Fauchier Partners）创造私人股本基金和绝对收益策略共同投资基金时不断进行创新，以便更加轻易获得这些投资。牛津学院率先转向，虽然一些学院，如有较大规模捐赠基金的万灵学院，在私人股本和对冲基金部门的直接合作伙伴关系上有更好的机会。尽管我们访问的剑桥大学冈维尔与凯斯学院和剑桥大学基督学院对对冲基金有较多的配置，其他9所学院致力于私人股本投资，但在进行多元化投资方面剑桥大学的进程比较缓慢。有一小部分的学院（11%）说他们没有投资另类战略的计划，这些学院也可能已经改变了他们的偏好。

表5.17 牛津和剑桥各学院捐赠基金规模和另类资产配置相对比*

学院	捐赠基金（百万英镑）**	另类资产（%）
1	31.9	14.1
2	27.4	9.0
3	116.9	7.0
4	49.2	6.0
5	81.7	5.7
6	187.7	5.2
7	20.2	5.0
8	77.2	4.6
9	89.3	3.0
10	54.1	2.6

* 各学院报告的另类资产占捐赠基金的比例。
** 截止到2002财年捐赠基金资产。来源于《2002—2003财年牛津大学财务报告》。

没有另类资产敞口的学院，主要关注与投资相关的潜在风险以及受这种风险限制的小规模捐赠基金。一位财务主管说，对冲基金和私人股本基金都具有风险性和流动性，不要投资于这类资产。对冲基金的定义本身就存在问题。并且，私人股本具有流动性。另一位财务主管指出："我们的观点是，在当前的市场条件下，另类战略适合长期投资，而不是进行短期持有或其他形式投资。我们可能会在适当的时候改变我们的决定。此外，我们并不认为我们的资产规模允许我们进行另类战略提供给我们的多样化投资。""我们对于不动产的配置比较少，并且更愿意增加这类投资。"这才是另类的观点。

牛津和剑桥投资委员会的一位委员说，捐赠基金投资组合没有具体的另类战略配置策略：

现有的私人股本投资包括在相关的地理资产类别中，并由基金经理监察。该基金目前对私人股本的投资比较少。任何新的投资方案都需要投资小组委员会的批准。

虽然投资委员会的成员是有知识和有经验的投资者，但在资产管理上，另类资产的资产配置方面，没有可能做出任何重大改变的。自我们的会议以来，这种变化确实已经实施，这使我们相信，另类资产投资策略将遵循这些变化。一些机构正在实行改革，我们期待剑桥和牛津的学院增加对冲基金和私人股本资产的配置比例，尤其是剑桥的大卫斯文森，他就职于剑桥大学最近重组的投资委员会。

牛津和剑桥的学院并不反对持有另类战略资产，尽管找到一个合适的经理或基金管理经理，是投资于此类资产最大的威胁。确定成功的对冲基金时最主要的障碍是这些年轻的合作伙伴往往表现更好，没有既定的记录，也不受投资顾问和建议的约束。新型对冲基金（例如，最近 2~3 年）与老牌对冲基金的投资收益上存在较大的差异。即使考虑到初创企业的失败率，差距也是显著的，也就是幸存者偏见。[15] 这和私人股本行业的图景是相似的。因此，对冲基金和私人股本投资公司的经理选择错误的风险高于普通的积极股票管理者。

牛津和剑桥学院和他们的基金经理现有关系的形成需要很长时间，有时候需要数十年。大学更倾向于任命他们熟知的资产管理人员。由于在长期历史表现中出色的绝对收益基金经理比较少，这给许多学院带来了挑战，不仅仅是剑桥和牛津的学院。牛津的投资顾问公司，康桥咨询公司，在美国具有悠久的教育捐赠基金咨询历史，它对于改变投资者行为具有早期影响，但是剑桥大学却没有相同水准的顾问。

剑桥的一位财务主管评论道，康桥咨询公司对我们进行对冲基金和私人股本投资是必不可少的。该咨询公司已经成功地为牛津和剑桥各学院建立了私人股本的母基金。和康桥咨询公司一样，福希耶公司同样是这些学院建立对冲基金的工具。"我们与基金经理对10%的对冲基金已经有了5%的预期分配。"一位财务主管说道。"我们得到帕特里克福希耶公司（Patrick Fauchier）（虽然表现令人失望）以及莱昂信托资产管理公司（Liontrust Asset Management）公司的投资。"第三位牛津的财务主管说。值得注意的是，后者的Liontrust投资是个人介绍的结果。另一个财务主管一针见血地说，我们喜欢召回那些我们所熟知的并且已经工作的人。了解基金经理或顾问是尽职调查过程中的一个关键因素。

但是，超过1/3的学院（38%）不喜欢投资于另类战略，尤其是对冲基金，他们认为这太过冒险。在这些开放的投资策略中，1/4的学院（牛津和剑桥相当）表现出了对私人股本的偏好。只有16%的学院更偏好于对冲基金。更有趣的是，与私人股本相比，剑桥大学的学院更偏好于对冲基金。两所大学18%的学院都表示，他们喜欢私人股本和对冲基金，并且，只要找到合适的管理者他们愿意增加对这两类投资的风险敞口。牛津大学的两个学院表示，与另类资产相比，他们更偏好于不动产，并且计划增加不动产的配置比例。除了对不动产明显的偏好外，这些机构似乎要增加对冲基金和私人股本资产的风险敞口，至少增加最初水平的5%。

在对私人股本和对冲基金不感兴趣的财务主管中，缺乏对这类资产的相关知识和内部经验是一个主要原因。正如一位财务主管指出的如果要我们偏好于这类资产，我们需要更多关于这方面的信息。另一个财务主管说，当前，我们掌握关于对冲基金的信息比较多，而对私人股本投资的机会很少。我们需要更多的信息对这两类资产进行比较。缺乏收入流也被认为是少数学院投资于另类资产的阻碍。如果捐赠基金资产规模增加，这些财务主管也会更愿意考虑投资另类策略。据他们说，捐赠基金的规模是限制因素，但其他学院没有认为捐赠基金规模是多元化投资另类资产的限制条件。

更多的学院正在探索投资对冲基金的可能性，但有些人认为考虑强大的资金流的容量限制的时机不合适，这才是真正应该关注的，尽管牛津和剑桥的财务主管并不同意这一观点。一位财务主管说道，由于绝对收益的特征，我们更偏好于对冲基金，而不是私人股本。此外，该学院在该领域有一个内部专家。大多数偏好对冲基金的学院将其总回报特性作为这种投资策略的动机。另一位财务主管说，对冲基金在非定向投资策略下，风险较小，因此比高经济依赖性的私人股本更适合投资。同样，也有人发现对冲基金很难理解和监控，和/或很难确定该部门的出色的基金经理。对一个财务主管来说，在对冲基金领域投组合型基金是有可能的。但是，很难找到优秀的组合型对冲基金经理。

一些投资委员会更偏好于私人股本资产。一位偏好私人股本投资的财务主管说："我觉得我们很难被对冲基金经理接受。学院的职员可能不太认同这种投资风格，我们可能在该领域也会出现信赖问题。如果要投资于一项资产，我们需要在初始时就对其有很好的了解；我们更倾向于增加私人股本资产的配置，因为我们已经对其有了充分的理解。"此外我们需要有足够大的规模，使我们能承受投资带来的更大的风险。除此之外，长期来看，我们看到对私人股本的持有比对冲基金更多。另一位财务主管说："我们有私人股本的分配目标，但我们不认为对冲基金能够创造实际收益（与理论相反）。"一位高级财务主管的偏好十分明显："我们当前投资于24种私人股权类资产基金。接下来，我们将投资于康桥咨询公司的基金。我们的目标是将5%的财政组合投资于私人股本。这所学院对私人股本资产有一个明显的偏好。"

在投资于对冲基金还是私人股本时，并不是所有的学院的财务主管都有如此清晰的偏好。"我们当前的目标是5%，但是对这两类是平均的，没有明显的偏好，而是持开放的态度。"一位财务主管说道。一些财务主管将另类资产视为多样化投资。因此，偏好问题对于一些财务主管来说就是"愚蠢的问题"。无论高校是否投资于另类资产，资产整体多元化被公认为是一件好事。

很少有学院偏好于不动产资产，而非私人股本或者对冲基金。一位财务主管说道："我们将不动产资产视为长期投资的精粹。它为我们带来了大量收入（捐赠基金收入75%），我们更偏好于长期对它进行投资。"还有一所类似的学院也计划增加不动产资产的敞口；多元化并不是这个学院所关注的。这是剑桥大学最古老的学院，因而具有百年的投资经验。这也得益于这样的配置。

当被问到"如果你没有投资于私人股本或对冲基金，在什么情况下，你会考虑对这些资产进行分配"时，大多数的受访者表示，当他们有一个"更大规模的捐赠基金时"。捐赠基金规模被认为是投资于多元化另类战略的关键。较小规模的捐赠基金例如1 000万~1 500万英镑，投资于另类资产被认为是在冒险，如受流动性约束，缺乏透明度，监控这些投资的资源不足，等等。"我们的投资组合太小，无暇顾及这样的资产。我们很难对管理主体进行解释。"一位财务主管说道。"我们考虑投资这样的资产是非常不可能的"，另一个解释说，"我们需要有比目前足够多的资产才能够考虑更广泛的多元化投资。如果我们的资产规模是现在的两倍，那么我们会考虑投资于另类资产。考虑到我们的资金和学院的规模，这样的问题不在我们的讨论中。我们已经在过去对它进行了讨论，对于什么是值得的已经得出结论。"同一学院有75%的捐赠基金资产在投资于上市股票基金。

根据另一所学院上市股票投资指数策略，以及不动产的高敞口为捐赠基金带来的60%的高收入，可以认为这是个人偏好问题。如果投资委员会的人指出，在我们的政策中遗漏了私人股本，我们可能会重新考虑我们的分配。就对冲基金而言，它也将取决于委员会。最后我们再来审视一下没有被说服的部分。对于大规模的捐赠基金来说，当前的所有资产类别都由一个基金经理以同一个价值取向进行管理，资产配置政策只有在"当附属投资委员会认为配置策略需要改变，包括基金经理的变更时"才会改变。

理想情况下，牛津和剑桥的学院愿意去扩大另类战略的敞口。与哈佛和耶鲁建立的捐赠基金会相比，这些学院面临的主要问题是，如何最好的实现这类敞口，因为投资能力是最大的限制。其中一些机构还关注绝对收益战略的优点；最主要的问题是，谁将提供这些收益？绝大多数投资经理都没有提供优越的相对收益。该部门存在少数聪明的人，但绝对收益经理绝大部分正日益成为资产聚集者。许多学院对新型对冲基金经理的可信度不确定。他们还期望在各种约束条件下进行工作，所以很难确定业绩会来源于哪里。

拥有小规模捐赠基金的学院面临的最大的挑战不仅仅是如何区分这些基金经理谁能为他们的投资组合带来收益，而且还有如何说服这些顶级管理人员同他们建立亲密的伙伴关系。这一挑战对于投资者来说很普遍，但在另类资产领域，即低于中位数的经理和一流的人才之间，差异则被显著放大。获得最佳基金经理的能力是任何资产类别中投资者最关心的问题。特别值得注意的是在另类战略领域，个别经理的技能会有很大的差异。不同于固定收入和股权等传统资产的投资，经理对另类战略选择的失误，可能会导致大量的业绩流失，从而增加了决策成本。

不动产配置

2002年，美国教育捐赠基金会对不动产的平均配置为2.7%，2004年上升到2.8%，与之相比，剑桥和牛津各学院对不动产的投资要高很多，2002年平均配置为26%，接近美国的10倍。牛津和剑桥对不动产的最高平均配置为83%，最低为5%，接近美国平均配置的2倍。牛津和剑桥较富裕的学院，即资产超过4500万英镑的学院对不动产的平均配置占捐赠基金资产的44%。即使是资产不足4500万英镑的学院对不动产配置也达到了16%。随着资产的潜在战略多元化不动产产生收入的能力受到这些学院的高度重视。

牛津和剑桥对不动产有高配置的学院，并不一定在富裕学院之列，也就是说，捐赠基金的规模并不是决定资产配置的主要因素。排名前10位的不动产投资者中，有3所是牛津的学院，但这3所中只有1所是牛津较富有的10

所学院之一，剩下的 7 所剑桥的学院，也只有 2 所在较富裕的学院之列。虽然捐赠基金规模较小被列为不对另类资产投资的原因之一，但捐赠基金的规模却不是投资不动产的障碍。例如，2002 年，捐赠基金资产为 2 200 万英镑的学院对不动产的配置比例几乎与捐赠基金资产为 49 100 万英镑的学院一样多。表 5.18 说明了 2002 年牛津和剑桥对不动产配置排名前 10 位的学院。

表 5.18 牛津和剑桥捐赠基金规模与不动产配置比例对比*

学院	捐赠基金（百万英镑）**	不动产资产（%）
1	75.0	90
2	28.2	75
3	196.8	66
4	491.4	66
5	27.3	64
6	22.3	62
7	62.5	58
8	81.7	55
9	49.2	53
10	29.4	50

* 学院报告的不动产资产占捐赠基金的比例。
** 2002 财年捐赠基金资产。
牛津的数据来源于《2002—2003 牛津大学财务报告》。

截止到 2004 财年，对不动产配置较高的学院已经发生了改变。所以持有的不动产资产占全部捐赠基金的比例也有所变化。正如 2003—2004 年度账户报告的那样，对不动产投资排名前 10 的学院，牛津和剑桥各占 5 所。这要归因于自 2003 年市场复苏以来不动产资产的业绩一直保持良好。因此，牛津和剑桥越来越多的学院增加了他们对不动产的配置，进而优越的市场收益使他们进一步扩大对该资产类别的配置。

表 5.19 说明了 2003—2004 财年牛津和剑桥对不动产配置最高的 10 所学院。这其中，三一学院、彼得学院、耶稣学院和彭布罗克学院在剑桥捐赠基金财富较富裕的 10 所学院之列，而牛津只有耶稣学院和牛津大学在列。捐赠

基金财产似乎对剑桥大学资产配置有较大的影响。

虽然捐赠基金财产不是剑桥和牛津各学院对不动产投资规模的明确指标，但是一些学院建院时间却是不动产投资的影响因素。具有悠久历史的学院对不动产的配置虽然不是最高，但是其对不动产的平均持有量要高于其他同类学院。并不是所有的最古老的学院都持有他们的历史性不动产资产。几所学院放弃了一些没有投资价值的不动产；另一些学院加强了对那些具有升值空间的不动进行投资，如科学院和其他具有发展潜力的投资计划。例如，牛津大学贝利奥尔学院决定出售约20年前其直接持有的不动产。目前，任何不动产敞口都是通过最近获得的不动产单位信托。因此，贝利奥尔学院今天的资产配置决策是纯粹的经济因素驱动的。

表5.19 2004年不动产资产配置与捐赠基金规模对比

学院	大学	不动产配置占比（%）	捐赠基金（百万英镑）
彼得学院	剑桥	83.8	75.5
奥里尔学院	牛津	79.2	50.3
三一学院	剑桥	68.0	649.9
耶稣学院	牛津	57.6	99.5
林肯学院	牛津	55.0	37.7
耶稣学院	剑桥	53.8	77.8
圣体学院	剑桥	52.5	52.8
彭布罗克学院	剑桥	51.6	59.6
基督圣体学院	牛津	49.7	41.5
大学	牛津	48.7	67.5

来源：《2003—2004财年牛津大学财务报表》《剑桥大学2003—2004财年报告：各学院账目》。

贝利奥尔学院过去有一半的不动产投资组合是直接持有的。20年前，他们做出了这样的决定，由于股票市场能获取更高的收益，所以他们制订的20年计划开始削减其对不动产资产的直接投资。2000年起股票市场的本质以及长期传统股票资产预期投资收益率在某种程度上降低了不动产的优势。时至今日，学院已经实现了其20年前的目标，是时候重新投资其他资产类别了。

到 2002—2003 财年，学院 10% 的捐赠基金投资于不动产慈善基金，其他学院也进行了这样的投资。学院已经成功摆脱了直接的非流动性的不动产投资，转而投资于更具流动性的资产，这使得学院在进行资产配置时，更加具有灵活性。

表 5.20 显示，牛津和剑桥较古老的 10 所学院的不动产平均持有率要高于牛津和剑桥的平均持有率 26%（见表 5.3）；同样高于牛津和剑桥较富裕学院的平均持有率 44%（见表 5.6）。

2003—2004 年，牛津和剑桥较古老的 10 所学院的不动产平均持有率为 42%，剑桥要更高些为 49%。这个比例在 2002 年要更高一些，牛津和剑桥分别为 44% 和 50%。2004 年不动产敞口的整体平均为 45.5%（2002 年为 47.4%），明显比牛津和剑桥其他组的平均值要高。

表 5.20　建校时间与 2004 年资产配置对比

牛津大学	建校时间	不动产占比(%)	剑桥大学[*]	建校时间	不动产占比(%)
大学	1 249	49	彼得学院	1 284	84
贝利奥尔	1 263	8	卡莱尔学院	1 326	31
默顿学院	1 264	48	彭布罗克学院	1 347	52
艾克赛特学院	1 314	15	冈维尔与凯斯学院	1 348	46
奥里尔学院	1 326	79	圣三一学院	1 350	13
王后学院[**]	1 341	47	圣体学院	1 352	53
基督教会学院	1 363	41	麦格达伦学院	1 428	46
新学院	1 379	35	圣凯瑟琳学院	1 473	44
林肯学院	1 427	55	耶稣学院	1 497	54
万灵学院	1 438	45	圣约翰学院	1 511	66
平均		42	平均		49

[*] 包括国王学院、王后学院和基督学院。
[**] 大教堂建于 8 世纪，坎伯雷特学院建于 1363 年，基督教会学院建于 1546 年。

我们可以放心地得出结论，牛津和剑桥捐赠基金会很重视不动产这一资产类别。在英国它们拥有的最为优质的不动产资产的时间比其他金融资产如股票和固定收益资产都要长，这样的情况似乎合理。对不动产资产进行更为详细的划分，如商用、民用、农用，这些当前不能被学院所持有。许多学院都处于建立更多元化的捐赠基金组合的过程中，旨在保持一个更平衡的不动产资产。同时，也有学院强烈认为，优质资产集中度是投资成功的关键，如股权或不动产。正如彼得学院的缪里森指出：

学院不会对任何它不理解的东西进行投资。学院将继续偏好于它所理解的资产。理事会同意约翰·梅纳德·凯恩斯（John Maynard Keynes）的观点，他是20世纪30年代国王学院的第一位财务主管，他的观点是，正确的投资方法是把大量资金投入到学院有所了解并对其管理充分信任的企业中。通过对知之甚少并且毫无信心的企业进行广泛投资能够限制风险的观点是错误的。

无论是个人的观点，还是长期对不动产进行投资得出的经验都可以作为牛津和剑桥捐赠基金投资组合鲜明的特点。并不是所有的学院，也不是所有的大学，都具有这种资产类别的偏好；但多数学院都持有产1/3的不动产资产。一些学院计划减少其不动产的敞口水平到20%～25%，但是他们并不急于这样做。

现金配置

美国过去10年中对现金的配置稳定减少，从1995年的6.5%下降到2004年的3.7%，当前的配置率达到了10年间的最低水平，与美国的经验不同，剑桥和牛津各学院持有更多的现金。美国的机构一直在减少现金持有量，可能是为了充分投资，以提高他们的整体回报率。牛津剑桥似乎增加了他们的现金持有量，至少在熊市是这样的，也有观点认为，在下跌的市场受益率将提高。2002年，美国对现金的持有量为4.1%，比1995年报告的6.5%要少。

现金在牛津和剑桥的捐赠基金投资组合中扮演着重要作用，因为一些学校报告称他们持有大量现金。牛津和剑桥 1/4 的学院报告说他们持有 10%，或者更多的现金。过度参照一年前熊市时的资产配，置将会受到误导。但是我们可以假设这些机构对现金的高配置率预示着 2002 年金融市场预期收益的普遍质疑，尽管 2003 年和 2004 年提供了相当好的股票收益。牛津各学院的平均现金持有率为 9.2%，剑桥为 5%。牛津和剑桥平均持有率为 7.1%，大约是 2002 年美国教育捐赠基金会持有率 3.9% 的 2 倍。

财富较少的学院对现金的平均持有率（8.7%）是富裕学院的（4.2%）二倍还要多。捐赠基金价值超过 4 500 万英镑的学院对现金的平均配置是 11.3%，剑桥各学院为 6%。牛津较富裕学院（4.8%）比剑桥较富裕学院（3.5%）的现金持有率要高。与捐赠基金超过 10 亿美元的机构相比（1.8%），捐赠基金不太多的学院持有更多的现金（6.6%）。对比耶鲁和哈佛的现金分配情况，机构投资思想的差异会变得更加清晰；2002 年耶鲁大学捐赠基金会不持有现金，哈佛则为 5%。

牛津和剑桥捐赠基金投资组合对现金的最高配置为 35%，最低为 0.7% 都是来自于牛津的学院。对现金配置最高的学院同样将其一半的资产投资于股票资产。这个学院的投资财务主管说："我们的大部分现金都在大学的存款池中，这为我们提供了一个很好的收益。一个可以添加或提取现金的机构成为既便捷又具有吸引力的媒介。"牛津大学超过 1/3 的学院（38%）投资于牛津大学现金储蓄基金而这个基金又投资于固定期限货币市场，这种做法为各学院对其现金进行管理提供了媒介，并且提供了良好的收益率以及便捷的方式。一位财务主管说：

大学的现金账户经常会有收支项目。在利率下降的环境下，部分投资于债券的大学的现金基金提供了一个非常有竞争力的收益率。它的工作方式是，发行率基于这些债券的长期收益率。因此，在一定程度上，这一政策有利于那些边缘投资者，因为在每个季度末他们采取总收益政策，并在目前的投资者中进行分享。结果是收益率比其他可用项目更高。

41%的学院报告称他们对现金进行内部管理；其中，剑桥大学有超过一半（56%）的学院，而牛津有不到1/3（29%）的学院采取这种方式。内部现金管理意味着高校的财务主管和财务团队负责决定现金存入哪里。1/4的学院（25%）投资于大学储蓄池（牛津有38%，剑桥有7%）大约1/3的学院（34%）对存款进行外部管理。

牛津的学院报告称，大约1/4的学院持有10%以上的现金，对现金配置排名前五的学院为21%~35%。整体而言，持有10%以上的现金的学院1/4在剑桥。牛津大学有11所学院持有10%以上的现金，其中1/3投资于大学储蓄池。剑桥大学对现金具有高配置的4个学院无一将现金交由大学现金管理基金管理。牛津的1所学院授权其会计进行现金管理；剩下的3所学院将现金放入不同的投资银行；除了学院与银行有关联以外，学院没有明确的理由进行这样的选择。

不考虑它们实际的高现金持有率，牛津和剑桥各学院在它们的资产配置策略中已经包含了充分的外部经理人投资政策。因此，证券投资组合中的剩余现金通常留给基金经理或经纪人进行自由裁量。营运资金（用于学校的日常需求）是由财务主管管理并投资于储蓄银行和/或建筑协会。现金管理最终由投资主管和他的团队负责，某些情况下也包括学院的会计。一些学院报告说，在某些情况下巨大的高现金持有量是内部计划支出的结果。

小　结

长期投资视野下各学院的投资组合，如捐赠基金，最好投资于类似股权收益的资产，包括私人股本和绝对收益策略。为了减轻股权风险，投资组合还包括固定收入、不动产和其他资产，如商品或自然资源。相比美国较大的教育捐赠基金，牛津和剑桥各学院另类资产战略的敞口较小。然而，它们更显著的投资于直接不动产资产，对学院而言，它们的不动产对应于美国持有的固定利率证券。（许多美国的机构将它们持有的不动产视为一种另类资产。）牛津剑桥对绝对收益策略配置仍较低；超过一半的学院没有对冲基金的投资，他们认为对冲基金比传统的资产如股票或不动产的风险要高。捐赠基金的规模被认为是考虑另类战略风险的限制因素，如流动性风险，缺乏透明度，尽职调查和受托风险。

虽然一些学院对投资对冲基金的优点有所怀疑，但是对另类战略的总体态度似乎已经有所转变；更多的学院表示愿意考虑更广泛的投资范围而不是固守传统的习惯。至少，一半的学院明确表示了增加另类战略配置的意图，有一些偏好私人股本而另一些偏好对冲基金。不久之前，牛津和剑桥大学捐赠基金经历了一个高水平的重组过程，由单纯的收入政策转变为总收益政策；他们正处于创造更有效、更多元化的投资组合的过程之中。考虑到他们的捐赠基金投资组合的作用，它们的整体性业绩受近期市场波动的保护，特别是在2002—2003年的熊市期间。

资产配置仍然是投资委员会较关心的问题之一，因为大学的目标是确保捐赠基金未来的收入，并保持长期的购买力。金融资产的长期预期收益和对消费政策的影响，表现出了相当大的不确定性。过去10年经济和金融形势的变化一直具有挑战性，甚至对于该领域的专家来说也是如此。这对基金会和捐赠基金的受托人提出了更高的要求，在他们的管理过程中，有时无法获得足够的必要专业知识，以在变化的金融环境中解决复杂的资产分配问题。对所有投资者来说，在目前的环境中评估和预测各种投资策略和管理决策的结果被认为更加困难。

作为教育机构，牛津和剑桥将受益于政府资助。来自于公共渠道的收入不太可能会受到显著影响，但未来的收入来源可能需要改变。政府在促使教育机构建立他们的捐赠基金上已作出努力。大多数学院都依靠捐赠基金来保障他们的运行。同时，他们多元化的收入基础为他们追求更高风险、更高收益的策略提供了一个稳定的水平。在现有的资金环境中，牛津和剑桥各学院能在何种程度上把握机会尚不明确。考虑到直到最近这些学院还在坚持只考虑收入的投资策略，他们实施的政策能够与他们的特殊需求相匹配也就不奇怪了。

牛津和剑桥对于捐赠基金管理的实践为变革提供了重要的机遇。这表明投资财务主管缺乏整体专业水平的观点是不正确的。我们可以认为历史原因造成了对这种做法的坚持，这就导致了对捐赠基金管理缺乏成熟的整体性方案。虽然投资目标隶属于教育目标，但是其不应该阻止这些世界级的学院持有有效的投资组合。在最后的分析中，资产配置就是进行适当的风险配置。虽然财务主管承认，风险管理仍然是一个值得关注的领域，但是各个高校对风险的定义各不相同，不存在明确的考核这类问题的正式方法。由于众多的财务主管表示，他们无法为合适的捐赠基金管理规模以及偏好不动产投资的资产配置策略寻求相关建议，对此，投资顾问也应该承担一定的责任。在捐赠基金中没有任何不动产资产的学院同样不会受益于这样的专家建议。对不动产进行零配置的学院没有这样的投资顾问。

然而，这些学院在过去几年里已经全部接受了这些重大的变化，虽然一些学院在他们的决策过程中一直在进行创新。一个新任命的财务主管说：

直到2003年学院的捐赠基金和储备金（除了一小部分私人股本）全部投资于由基金经理建立的基金池中，该基金经理对转换他所持有的基金，包括新产品，拥有广泛的自由裁量权。学院投资委员会扮演了一个被动的角色，只是接受来自经理的季度报告。两个外部成员的加入对投资委员会大有裨益，他们是在基金管理方面表现杰出的校友，这个委员会现在负责制定所有的资产分配策略和战术，选择基金，并投资于一个更广泛的产品组合。政策的执行必须要经由经理的同意。我们有进行绩效评估的顾问。这些变化对投资收益以及投资过程本身都是有影响的。

这一转变往往需要几年才能被接受。例如，在过去的几年中，牛津和剑桥的学院已经实施总收益的投资策略，而放弃纯粹的以收入为导向的投资策略。他们还做出了由鼓励投资创收资产向建立合理支出政策的转变，以放开资产配置决策。他们同时接受了基于对机构目标长期分析的政策投资组合的概念，同时将另类资产纳入到其投资组合之中。同时他们不得不处理高等教育经费削减的问题，更不用说与美国精英大学，如哈佛、耶鲁和其他常春藤盟校所拥有的经费相匹敌了，虽然他们在其运行的各个方面表现得更加透明，但是他们没有放开其投资政策。

在本书即将出版的时候，牛津和剑桥各学院公布了 2005 财年的账目；这是牛津大学使用新格式的第三年，剑桥大学使用新格式的第二年。自 2003 年开始访谈以来，资产配置变化值得进行比较。采用总回报的投资政策并且实施适当的资产分配策略的学院，在确定投资目标方面取得了进展，如没有在这段时间内改变其资产配置的牛津万灵学院。2002 年和 2005 年，万灵学院对国际和国内的股票配置非常相似。唯一的区别是对另类资产如对冲基金和私人股本（由 7% 上升至 9%）和不动产的分配上（44% 上升至 47%）；相对应的，这些增加抵消了固定收入和现金的减少（由 2002 年的 10% 下降至今天的 5%）。

还有其他学院，如剑桥大学学院，处于重要的重组过程中，2004—2005 年的账户，没能说明变化的程度和本质。新设立的投资办公室的广泛影响将在首席投资官任命后几年变得明显。从他们 1997 年决定采用总收益政策开始，牛津大学花了近 10 年才达到如今的资产配置状况。

介于两者之间的学院更加灵活，在短时间内实现资产配置的重大变化；这些学院包括剑桥大学冈维尔与凯斯学院。巴里赫德利（Barry Hedley）是一名高级财务主管，于 2000 年 10 月加入该学院。2003 年，学院对捐赠基金资产的配置为：42% 的不动产、33% 的股权类资产、5% 的另类资产以及 20% 的流动资产，如现金和固定收入。到 2005 年，学院捐赠基金资产配置发生了变化：47% 的不动产、31% 的股权类资产、12% 的另类资产（私人股本和对冲基金）、5% 的商品以及 5% 的流动资产如现金和固定收入。学院已经增加了不动产的敞口，并计划增加对冲基金的配置。

由已知的数据我们可以发现，各学院对不动产的配置有所增加，这很大程度上是基于市场的表现。但是，至于对冲基金和私人股本，更高的分配反映了市场升值和新投资的混合。2005 年牛津各学院对不动产的配置为 45%，2003 年为 31%。另类资产敞口，我们无从得知，但是有证据表明在这段时间是有所增加的。通过多元化的投资战略和投资风格所表现出的专业化的投资方法（导致对专业管理人员的任命上升），说明了在一个相对较短的时间内根据给定的框架进行决策是可以实现的。

第六章　不动产投资

引　言

像绝对回报策略一样，不动产或房地产资产不仅仅能够分散风险，它们通过产生收益来保护投资组合，并且一般不与其他传统资产相关（如上市股票）。例如，私募股权取决于影响公众股权资产回报的许多因素。与没有收入流的商品或自然资源不同，高品质的不动产资产收益通常高于平均水平，从长远来看，具有相当好的资本收益的潜力。因此，不动产有助于分散风险和扩大有效投资范围。

历来，牛津与剑桥大学各学院在其捐赠资产组合中都拥有显著的不动产资产。它们今天决定保持相对较高的不动产资产配置，是因为它们希望分散风险，确保稳定的收入来源。顶尖的美国教育捐赠基金一直是资产类别的先锋投资者，这些资产类别可能存在投资效率低下的风险，例如私募股权。为了更好适应效率低下的市场环境，它们还对另类战略进行投资，例如对冲基金。这两种类型的投资，都有着较高的风险。哈佛大学和耶鲁大学认为自己从未承担过不合理的风险，因为它们了解其风险的本质。同样，牛津和剑桥各学院也倾向于投资那些自己熟悉的领域，就如几个世纪以来，它们把不动产资产作为战略资产一样。在大多数情况下，历史上的捐赠多是以土地的形式获得的。相较于其他投资者，一些学院对不动产的投资了解得更为深入。

不动产通常作为一种安全保值措施用于抵御通货膨胀带来的不良影响，这些学院同样也认识到了不动产的这一功效。"如果投资组合中没有不动产，我们将有其他的通胀对冲资产。"一位学院的财务主管提道。当市场处于均衡的合理状态时，不动产就会发挥其通胀保值的特性。如果供求过剩或需求激增，即使通货膨胀受到相应的控制，也必然会对价格进行调整。由于英国的牛津和剑桥的学院拥有大量的不动产资产，因而，不论是在2000—2003财年的股市修正期还是在1990年的不动产市场下滑期，其资产价值都受到了保护。对于一些学院来说，风险不是来自于持有的资产质量，而是来自于这些资产在捐赠基金中的过分集中，如集中于剑桥，牛津或伦敦的不动产。例如，在彼得豪斯的案例中，位于伦敦市中心的奥尔巴尼大街（Albany）作为一个单一的不动产占总捐赠资产的39%，皮卡迪利（Piccadilly）的优雅公寓也建于此。

尽管任何单一资产的集中程度都不符合现代投资组合理论，但在这种情况下，它将长期为学院的投资目标服务，而不仅仅是在近期的熊市中。尽管意料之外的通货膨胀往往会使不动产资产受益而对债券造成损害，而通货紧缩对债券有利并对不动产造成不利影响，牛津大学和剑桥大学的不动产投资似乎仍旧表现良好。此外，如果经济状况依然活跃，那么即使在非通货膨胀的环境下，如其他金融资产在2000年3月后，英国和其他海外市场的其他金融资产未能交付，不动产价格也会上涨。当股市失利利率下降时，就会存在对通货紧缩的恐惧。由于英国商业的蓬勃发展，和受政府放宽了移民政策，不动产的需求依然强劲。欧盟的扩大意味着更多的欧洲人进入英国寻找经济上更好的生活方式。房价飙升，特别是在经济发达的地区，如伦敦，5年内几乎翻了一番。

由于牛津和剑桥各学院是真正的长期投资者，短期考虑不会影响其战略资产配置，尽管这可能会导致更多的战术分配。因此，与其政策基准相比，一些学院会提高不动产资产在其实际投资组合中的比重。传统经验表明，最优投资组合通常是多元化的投资组合，但多元化的程度和性质取决于个人投资者的目标。许多财务主管表示希望确定教育捐赠基金的最佳资产配置模式，如打破它们各自制定的基准。哈佛大学和耶鲁大学所采用的资产分配策略并没有反映出它们的需求,牛津和剑桥各学院也是如此,其原因很多,比如缺少在私人股本和对冲基金部门的质量管理人员。此外,他们将现有的不动产敞口作为另类资产投资的替代品。一位财务主管解释道:"该学院将其不动产控股视为多元化投资组合的组成部分。"不动产作为核心资产在牛津和剑桥学院中比例显著。

不动产投资涉及一系列股权资产和债务资产以及融合了股权和债务类资产特征的资产。不动产既可以是私人拥有的,不能被频繁估价的资产也可以是被公开报价的其他有价证券,从而产生了多样化的属性,证明其作为单独资产类别的地位。据一位经验丰富的剑桥大学财务主管说:"有些不动产就像债券一样;其余的就像是股票。我们对伦敦哈雷街的一个停车场有99年的收租权,回顾这30年来的租金收取情况,它就像一个债券。我们也投资了一个花园中心,并对其中的一些风险资本进行投资。而且,我们对不动产进行了标准投资,同股票有相似的回报。因此,这取决于其所投资的不动产类型。"对于这所学院来讲,不动产收入估计占捐赠基金总收入的1/4(25%)。

一些牛津和剑桥的学院把其核心的不动产资产视为债券的替代品。"较大的不动产敞口意味着我们的债券敞口低;所以不动产被视为债券的替代品。"一为财务主管说道。"我们把不动产作为金边证券的替代品,因此,不动产除了可以分散风险,还是一个收入来源。农业资产也是一次性资本总额的来源。"另一位财务主管说道。因此,学院持有的不动产服务于一系列学院的需求,影响整体资产配置,即使资产类别不在捐赠基金投资组合中也是如此。根据另一个财务主管所说,"与学院业日常建筑密不可分的商业不动产在投资组合中有相当高比例",因此,在这种情况下,我们允许较低比例的固定利率证券。

与此同时,还有一些学院,如贝利奥尔学院在20年前做出了出售其不动产资产的战略决定,但是贝利奥尔学院最近通过购买不动产基金建立了对该领域的投资。引入房地产投资信托基金(REITs)的英国市场很可能会使其投资行为发生改变,因为学院寻求持有更加多元化的投资组合。一些牛津、剑桥的学院正在考虑整合其不动产资产，尽管不动产仍然是一个敏感而有争议的问题。由于房地产投资信托基金与股票的相关性更高，直接不动产资产能很好地分散风险，但是，一种流动性更高的新型资产类别的存在将影响投资者的行为。

牛津各学院已经为另类资产类别设立了集合资金，如对冲基金和私募股权。牛津投资合伙公司（Oxford Investment Partners）是一所针对所有资产类别，专门为慈善行业提供资产管理服务的公司。如今，剑桥大学还通过混合基金对私募股权和对冲基金进行投资。虽然没有计划建立牛津或剑桥大学房地产投资信托基金，但毫无疑问大学可能在未来选择这样做。学院在管理不动产方面可能有更具想象力的方法；他们可以通过推出此类产品来发挥其在该领域的专长。追溯到几百年前，学院的信托契约可能使联合投资变得困难，但这也并非不能实现。虽然这种过渡需要时间和考虑，但是学院有权规划他们的未来。

半个世纪以来，学院缩小了他们原有的房地产规模，其现有的投资组合中包括股票，固定利率证券，另类资产和不动产。不是所有学院的捐赠基金投资组合中都持有不动产。有大量不动产的学院其不动产并没有被纳入到捐赠基金资产中。1/4（23%）的学院称其捐赠基金中没有包含不动产资产，其中一些学院拥有大规模的房地产，这些房地产是"经营性"资产，其价值并没有在年度报告和账目中公开。因此，拥有大量不动产资产的牛津、剑桥学院，并没有把这类资产全都纳入到捐赠基金中。10所牛津学院，4所剑桥学院，其捐赠基金没有不动产投资，包括像牛津圣休学院和基布尔学院这样的拥有大规模经营性不动产的学院也是如此。尽管这些资产具有证券化的潜力，但这种潜力并不能预计其未来的发展价值。

许多学院有包括不动产的附属贸易公司。[1]某些不动产可能不会出现在捐赠基金中，但提供综合账目的学院在他们的财务报表中含有此类投资。例如万灵学院的子公司奇切里不动产有限责任公司（Chichele Property Company Limited）进行的交易活动同其他贸易公司一样，负有公司税。公司所赚取的利润捐赠给学院，反过来万灵学院通用委员会又会将其分配给其他慈善活动和其认为有价值的活动。同样,剑桥丘吉尔学院有 3 家全资子公司,为学院提供额外收入,并优化学院基础设施的使用。这 3 家公司都是注册公司,每年都把账目提交给英国公司注册处(Companies House)。一些学院没有提交综合账目,因为其拒绝接受《1985 年公司法》为中型企业提供的免税权。

不动产配置

表6.1　捐赠基金投资组合中不动产资产的分配比重

不动产(%)	牛津	剑桥	牛津和剑桥
75～100	–	4	2
50～75	9	19	13
25～50	29	30	30
10～25	9	15	11
<10	21	7	15
无不动产*	24	22	23
没有回应	9	4	7
总计	100	100	100

*捐赠基金中无不动产资产。

牛津和剑桥各学院捐赠基金投资组合中不动产资产的分配范围见表6.1。仅有不到 1/3(30%)的学院其不动产投资占捐赠基金的 25%～50%;13% 的学院为 50%～75%;只有 1 所学院为 87%。只有大约 15% 的学院拥有少于 10% 不动产,11% 的学院其捐赠基金投资组合有 10%～25% 的此类资产。重要的是,只有 1/4(23%)的学院其捐赠基金投资组合中没有任何不动产配置。

如上所述,1 所学院处于资产配置频谱的极端。在 2002—2003 财年,剑桥大学彼得豪斯学院的捐赠基金投资组合包括 87% 的不动产投资,剩余的 13% 用于股权投资。该学院过去有大量的不动产投资,但在 20 世纪 90 年代后期,又进一步提高了不动产配置的权重。因此,1963—1993 年间,学院将其捐赠基金的22%用于股权投资,其余用于不动产投资。2003年的股权分配,为13%,处于历史最低点。此外,其不动产资产投资显著;仅伦敦皮卡迪利的奥尔巴尼的投资就占了捐赠基金的39%。另外23%投资于剑桥商业中心及其附近的住宅和公寓;超过21%投资于商业地产,其主要分布在剑桥,伦敦和英国各省。

表6.2显示了自20世纪60年代以来彼得豪斯学院捐赠基金投资组合中的资产配置变化。

表6.2 彼得豪斯学院捐赠基金资产配置百分比

资产\年份	1963	1993	2003
不动产(%)	38	22	39
奥尔巴尼	19	28	23
商业	9	22	21
土地	12	7	4
股权(%)	22	22	13
总计	1.3	34.5	74.8

来源:安德鲁·缪里森。

根据安德鲁缪里森所言,确保未来收入流的集中是成功投资的本质。他引用了学院中"怀疑实用主义"哲学的例子,并解释说:

只要投资能够从根本上确保稳定的收入,理性投资就是有效的。在20世纪90年代初,当价格下滑时,学院通过精心挑选增加了具有收益潜力的耕地持有量,他们认为该片区域能够吸引投资获得建筑许可。在其他区域,这所学院在剑桥北部购买了86英亩的土地,每英亩价值1500英镑,低于几年前每英亩2000英镑。学院每年以每英亩65英镑的价格出租土地,产生一个连续的收益率,这样可以很好地适应市场变化,并且可以满足学院4%的年收益。因此,尽管复合资本会给学院带来发展压力,学院也有能力支付未来50年甚至是100年内的费用。最近划为开发区的土地价值为每英亩365 000英镑。

毫无疑问，对资产的高度集中源于相对成功的资产分配，因为这类资产在投资组合中比重较高。更重要的是，当基于相对经济价值时，集中无疑是成功之母。相比之下，不考虑经济价值，学院认为，自动投资组合再平衡的政策没有实际价值，这无异于杀鸡取卵。对于一些人来说，无论出于何种原因，这可能都是一个相对安全的政策，因为当机会出现时，这种政策不会限制他们的活动，并能确保收入的稳定性，以满足未来的债务需求。如果一个捐赠基金可以独立做出这些判断（也就是真正了解资产运营机制），它就会满足未来的需求。

彼得豪斯学院的投资风格倾向于对单一资产的风险管理，而没有考虑组合资产投资。这种观点像不动产投资一样，体现在该学院的股票资产中。在捐赠基金的股票配置中，个别股票的购买只是由其稳定的增值能力和其对未来的预测能力所决定的。"股权投资组合的资产配置是股票选择的结果，在建立股权投资组合之后，要对其特定风险相互抵消的程度进行评估。由于随机选股的系统性风险性应控制在95%的分散水平下，所以我们的股票投资组合限制在15个股票以内，才可以使其特定风险被抵消。但我们不是进行随机选股的，而是经过了仔细筛选。我们在选择企业股票时，最关注的核心要素是基于增量股权和再投资率的可预测现金回报的程度，换句话说，就是要关注一定时间内潜在的复合现金收益。"缪里森补充道。

如果相关资产的收入来源不安全，则集中被认为是有风险的，因为它们通常与股票相关。因此，人们考虑的问题是"如何定义捐赠基金的成功与风险"，缪里森回答道：

答案在于在成功标准中不应过分强调资本收益。这可能看起来很奇怪，因为事后这对于保持学院的运营至关重要。但资本收益本身并不是捐赠基金的目的。为流动负债提供资金（包括资本性质的负债）是关键。相反，消除现实的资本损失（会减少未来收入的损失）必须是其所要遵循的最高投资目标。我们不能将资本损失与账面价值的波动混为一谈，账面价值波动只是反映了财政意见的变化，并没有影响资本的长期盈利能力。长期以来，除了投资于其所能预测的，具有盈利能力的资本之外，任何投资都是有风险的——在相对较低的风险中获得成功。根据学院目前和未来债务所需的收入，对捐赠基金进行管理，然后对那些高收益的资产进行投资，以满足当前和未来的预期需求。无可挑剔的增值能力被认为是"未来收益最大化的必要保障"。

根据这个定义，股票在很长的一段时间内，被认为是一个完美的投资类别。然而，缪里森补充道，"由于学院本身缺少识别值得信任的企业的能力和信心，为了维持学院的长期盈利能力学院往往会避开股票市场"。彼得豪斯学院基于投资经验和投资原则制定了投资政策，学院更倾向于对其所了解的资产类别进行集中投资，这种做法是可以理解的。当投资者可以承担多样化的风险时，投资者的专业知识仍然是成功的关键。

考虑到牛津和剑桥大学捐赠基金投资组合中对不动产的平均分配是26%（牛津为22%，剑桥为30%），因此值得研究是没有这类资产敞口的各学院的资产配置。大约1/4（23%）的受访者报告说，他们的捐赠基金没有不动产资产（牛津24%，剑桥22%）这些学院也有较小的捐赠基金，其资产在500万英镑到3 600万英镑之间；捐赠基金规模平均为1 400万英镑。表6.3显示了这些机构在不同的资产类别和战略之间进行资金分配的情况。

表6.3 资产配置：没有不动产资产的学院百分比

机构	股票			固定收入	另类资产			现金	总计	平均
	英国	海外	总计		私募股权	对冲基金	总计			
牛津	52.0	21.3	74.0	15.6	1.0	1.2	2.2	8.3	100	17.8
剑桥	61.4	16.6	78.0	19.1	0.0	0.0	0.0	2.9	100	10.3
平均	56.7	18.9	76.0	17.3	0.5	0.6	1.1	5.6	100	14.0

牛津和剑桥之间的资产分布出现了有趣的差异。在没有不动产敞口的学院中，剑桥的这些学院没有另类策略投资敞口，尽管它们在英国股票和固定收益资产方面有更多的投资，并且显著减少了现金投资。牛津大学则持有更多的非英国股票，另类资产和现金。由于牛津有一所学院的另类资产敞口高

达14%，因而扭曲了牛津另类资产的真实平均持有率。1/3 的牛津学院在其捐赠基金中没有不动产投资，也没有另类策略。值得注意的是与整体平均资产配置相比，那些没有不动产投资的学院是如何进行资产平均配置的。不动产的平均分配是26%，在没有持有任何不动产的学院中，这笔资金被用于英国股票投资。

传统的土地捐赠可能使牛津和剑桥学院倾向于不动产投资。这些资产在很大程度上为学院服务用以创造收入，并在分散风险的同时，提高其长期资本价值。对这些学院来讲这是一种完美的投资。牛津学院一位具有专业资产管理经验的财务主管提道：

目前没有明确的投资案例表明要降低不动产敞口——事实上，情况可能相反，目前不动产是当前收益率较高的资产类别之一。不动产是流动性不足的投资类别，即使我们能把不动产以高价按时出售，但我们很可能将无法在市场周期内以最低价重新收购不动产资产。这并不排除出售个别不动产的决定，这种决定要根据不动产各自的优点和再投资机会做出决策。但是，基于（有些理论上的）风险/回报研究，很难对不动产的整体出售提出异议。

哈佛管理公司（HMC）的投资组合目标政策体现了的许多最佳投资实践，特别是投资组合十分多样化，有利于分散风险，以避免投资失败产生的灾难性后果。这与大多数牛津和剑桥学院的资产分配截然不同。HMC 投资组合大约 60% 的股票，20% 的债券和 20% 的非核心投资。不动产包括在 20% 的非核心中约为 7%。这种配置在其他较大的美国捐赠机构中并不罕见。较小的学院其非核心资产规模较小。对于牛津和剑桥而言，哈佛所使用的目标投资组合模型是他们唯一的参照。结合其长期投资的多样化需要，资产/负债研究与这类资产组合的风险/回报的特性是否适合于捐赠基金。这就意味着，我不会采用目标型的投资组合。首先，我们不能从零开始。

有实例表明，哈佛大学采用目标投资组合对学院捐赠基金进行金融投资。然而，我还是不建议马上采取行动。股市低迷（遭受"灾难性事件"的影响），利率和债券收益率低的股票市场周期内，把 100% 的股票投资组合转向

60∶20∶20 投资组合的做法看起来是不谨慎的。同样，当股票市场强劲时避免股票投资，分散投资的做法也是不谨慎的。资产配置集中，所带来风险令人不安，但是与股市上涨 25% 时相比，这种忧虑已经降低很多了。在未来的资产配置决策中，我们应该牢记哈佛投资组合中的这些教训。特别是当相对价值不利于增加股票投资的比例，而有利于增加债券投资的比例时，我就会考虑到这一点。

正如其他机构的投资者所了解的那样，牛津和剑桥的财务主管对捐赠基金管理的长期困扰在于资产配置，其中主要问题之一是，你不能从零开始。直接不动产资产占投资组合 1/3 的提议很难实现，特别是当资产提供多元化的收入时。同贝利奥尔学院的情况一样，学院花费了几十年时间才做出出售不动产的决定。当他们实现目标资产配置时，这一决定可能在几年前就已经做出了，全球经济环境的变化需要一个新的资产配置；这时又需要买回这类资产。虽然金融投资更容易交易，但不动产和私人股本资产是其所面临的挑战之一。因此，资产配置决议是基于捐赠基金建立的基本原则，这一原则可以作为创造理想投资组合的指南。

捐赠基金中的不动产收入

由于不动产在捐赠基金资产管理中发挥着重要作用，因此，毫无疑问，牛津和剑桥学院间的不动产投资收入水平是影响这一资产分配的关键因素。但是，不动产资产对捐赠基金总收入的贡献水平差别很大，从 75% 到 0%。平均而言，大部分（60%）的学院其不动产收入超过了 10%。

表6.4 捐赠基金中的不动产收入比例（%）

收入	牛津	剑桥	牛津和剑桥
无*	26	19	23
<10	15	7	11
10~25	9	15	11
25~50	18	19	18
50~75	21	22	21
>75	3	15	8
无回应	9	4	7
总计	100	100	100

*捐赠基金中没有不动产。

大约1/4（23%）的学院称没有不动产资产；这些学院没有从这种来源获得的收入。1/5（21%）的学院称，他们从不动产中获得了1/2~3/4的捐赠基金收入，另有18%的学院收到了1/4~1/2（25%~50%）的不动产收入。几乎1/3（29%）的学院从不动产投资中获得了一半以上的捐赠基金收入。11%的学院其不动产收入不到10%，相似比例的学院其不动产收入为捐赠基金收入的10%~25%。表6.4说明了参与调查的牛津和剑桥各学院其不动产投资收入的分布情况。

在捐赠基金投资组合中没有不动产资产的学院的一位财务主管解释说，学院将其所有的不动产作为"运营资产"，如果包括运营资产收入，那么这类资产的收入占总收入的45%左右，但运营资产不是捐赠基金的一部分。如果将所有这些资产添加到捐赠基金中，不动产将占总资产的48%~50%。在某些情况下，学院收入的一半来自租金。但由于这些资产被认为是经营性的，他们没有出现在捐赠基金账目中，来自于这些资产的收入也不显示为捐赠基金收入。

另一位财务主管说道："除了不动产投资所带来的125万英镑的收入，学院每年还从不动产慈善基金（CPF）获得7万~8万英镑的收入。不动产的总收入约占捐赠基金收入的60%。其他的不动产资产不包括在捐赠基金资产中而隶属于经营性资产。不动产慈善基金的捐赠不足收入的10%。但是，如果要将所有不动产资产包括在捐赠基金中，那么它们将至少占总资产的一半甚至更多。"通常，学院不考虑把住宿收入、会议收入和其他类似的收入作为捐赠基金收入的一部分。

近来推出的"高等教育会计操作规程"（SORP）并没有对学校的不动产结算方式产生影响。除维护学院及其附属企业的账目外，唯一的不同似乎在于一些学院在维持其不动产资产方面的供款方式存在差异。正如牛津大学《2002—2003年学院财务报表》，万灵学院的《营运和财务评论》所指出的那样：

学院的大部分建筑是受一级法令保护，其历史可以追溯到15世纪和18世纪。院长和教员对这些建筑物的保护和维护负有集体责任。在过去的几年里，学院除了保护其建筑物外，应谨慎建立和维持相当于其建筑物保险价值至少5%（约220万英镑）的储备金。根据今年推出的新的结算方式，这种供款不可能在继续产生。

万灵学院的运营不动产资产的保险价值约为440万英镑，这不属于学院的捐赠基金。就本学院而言，2003年不动产在捐赠基金中的持有量为564万英镑（占其总捐赠基金价值的40.5%），2004年为700万英镑（占总捐赠基金价值的45%）。这些年来为了维持学院的运营活动，学院每年以零息贷款的方式从捐赠资金中提取的商业地产和房地产资金的金额尚不清楚。

不动产管理中的相关问题

由于捐赠的性质，学院历史上接受土地作为实物捐赠，目前对不动产在捐赠基金中分配比重最高的学院，保留了这些资产的直接所有权，尽管管理成本相对较高。大多牛津和剑桥学院（41%）有直接不动产投资；牛津学院为（44%）多于剑桥的（37%）。只有13%的学院进行间接投资或通过集体基金（例如，不动产慈善基金）进行不动产投资。另有16%的学院采用直接和间接形式投资于不动产，更多的剑桥学院（30%）报告了这种投资方式，只有6%的牛津学院选择直接和间接相结合的投资方式。在没有不动产配置的学院中，牛津有较多的学院（26%）在其捐赠基金中没有任何不动产。

表6.5 捐赠基金中不动产性质百分比

持有的不动产	牛津	剑桥	牛津和剑桥
直接持有不动产	44	37	41
投资不动产基金	15	11	13
直接不动产与投资基金	6	30	16
无不动产*	26	19	23
无回应	9	4	7
总计	100	100	100

*捐赠基金中没有不动产配置。

表6.5列出了牛津和剑桥的不动产所有权性质。

与股权相似的是，不同类别的不动产资产有所不同，例如商业性不动产、农业性不动产、住宅性不动产。与股权不同的是，管理不动产的成本在各资产类型之间以及从一种特定的投资到另一种特定的投资之间差别很大。当被问及如何管理不动产投资组合时，大约1/3（31%）的受访者表示会雇用地产经理人和外部经理。由于每类不动产的性质不同，学院倾向于雇用具有所涉资产特定知识的顾问。因此，这种关系可以长期存在。大学投资委员会在选择和任命投资顾问时，特别是在资产配置方面，强调选择具有不动产知识与投资经验的顾问。对不动产投资知之甚少的投资顾问很难获得成功，因为牛津和剑桥的不动产平均配置约占其资产的1/3。

大约1/4（21%）的学院报告称其在管理内部不动产资产时雇用地产经理人和不动产顾问。只有18%的学院称其通过专业的综合基金来进行不动产投资，从而将这些资产的管理委托给外部基金经理。但超过半数（52%）的受访者表示，在地产经理人和外部管理人的协助下（如果有的话），学院财务主管或不动产财务主管对不动产管理负有主要责任。考虑到他们对这类资产的长期投资，这些学院的财务主管常常掌握了此类投资的专门知识。

表6.6 雇用外部经理管理不动产的学院百分比

不动产经理	牛津	剑桥	牛津和剑桥
学院财务主管	15	30	21
外部经理/地产经纪人	29	33	31
投资于不动产基金	21	15	18
无不动产	26	19	23
无回应	9	4	7
总计	100	100	100

表6.6列举了牛津和剑桥大学各学院的财务主管对其在不动产资产管理方面的回应。剑桥大学管理不动产投资的财务主管人数是牛津的两倍。同样，约1/3的剑桥学院在其管理不动产投资过程中雇用外部经理/或地产经理人。更多的牛津学院（21%）把其不动产投资委托于外部经理人。

有关不动产管理的一些回应记录如下几条。

（1）不动产财务主管在外部经理人的帮助下负责管理整个投资组合，并与投资委员会其他成员协商。

（2）这所学院是与众不同的，因为我们在内部对直接不动产进行管理。我们有一位教员主要负责此事。地产经理人实际上就是这位教员。

（3）学院的住宅性不动产主要由内部财务主管管理。但是，商业性的投资主要由其所聘请的专业经理来管理。

（4）"我们聘请地产经理人和律师协助我们进行不动产管理。我们雇用3名管理人员——两个负责我们的商业性不动产，一位负责为农业性不动产。我们有一个混合型的不动产投资组合，其中包括大量的商业不动产（42.8%）和一些农业不动产；其余的不动产分布在西区休闲中心和酒店之间，也在伦敦西区。我们没有很多的住宅性不动产，他们需要高额维护费；但我们大约有100个这样的地方，我们以此收取租金，这有助于降低成本。经理人负责不动产的全面管理。"

那些通过其直接持有的不动产获得重要收益的学院雇用地产经理人，这些代理人在不动产投资中发挥了重要的作用。"地产经理人主要负责管理不动产,但关键决定要经由财务主管和财务委员会的批准。"一个财务主管解释道。同证券经纪人一样,地产经理人熟悉不动产市场,掌握不动产的定价、管理以及其他相关问题。地产代理人"每年至少要巡查一次不动产,有时要更多",一位财务主管补充说。地产代理人还负责对学院的不动产投资组合进行评估。地产代理人每年都会提供非正式的评估,但是在3~5年会进行更正式的评估。

这种估值过程的一个限制因素是,投资者所采纳的评价方法对这类资产的波动性评估不足。斯文森说道:"缺乏一个为资产定价的现成市场,投资者聘请估价师对市场价值进行评估,并把贴现现金流,可比销售额和重置成本作为估值指标。这种评估方法并不常用,往往由同一家公司开展并对其进行逐年评估,评估过程平滑了观察到的一系列价格,低估了其真实的波动性。"[2]这种定价方法与公开上市的股票市场交易众多房地产信托基金的行为方式形成了鲜明的对比。虽然斯文森对定价过程如何低估波动性的解释是正确的,但他指得并不是牛津剑桥各学院所持有的特定不动产。他的观点同样适用于私募股权投资。

由于英国公开上市的房地产市场不发达,牛津和剑桥大学似乎从普遍低效的房地产市场中受益,因为这些学院在黄金地段拥有优质资产。当英国房地产投资信托基金市场成熟时,学院将受益于这种发展。虽然从目前来看这种情况不太可能实现,因为不动产集体化是一个高度敏感的问题,同时要考虑牛津和剑桥房地产投资信托基金或债券发行的前景,以及这些学院所合并的不动产资产中,有哪些价值可能会附加到房地产投资信托基金中?由这些机构所拥有的不动产资产收入构成的公开交易证券,将确保不动产的溢价。

除了投资于不动产慈善基金的17所学院外,还至少有19名不动产经理或地产经纪人管理牛津和剑桥学院的不动产资产。表6.7说明了外部管理人员/经理人所持有的财产委托数量。

因此,11名不同的经理人每人都有一个授权,但有17所学院都投资了一种基金,即不动产慈善基金,由卡尔·谢普帕德斯·克罗斯韦特·萨维尔基金管理公司管理。只有 3 名不动产经理人/代理人或顾问有不少于 5 个的授权。由于不动产所有权的具体位置和类型，管理人员的合并可能不是牛津剑桥各学院的最优选择。所雇用的经理人数为 20 人，显著高于学院中管理金融资产投资的基金经理人数，有更多的证据表明经理多元化的效率过低。

表 6.7 外部不动产经理人的授权分配情况

授权数量	经理人数量
1	11
2	2
3	1
4	2
5	1
6	1
8	1
17	1

由于不动产资产收购的历史性，学院与顾问之间所建立的关系，可以追溯到几十年前。在直接不动产投资中，学院有明确的理由任命更多的经理或顾问，因为这些资产的性质十分独特。

房地产资产没有为投资者提供选择多种不动产投资的基准。通常，基准多用于指导投资，而不是用来衡量其业绩表现 就目前的不动产管理基准而言，大多数财务主管并不认为将他们的个人持股和业绩与外部基准进行比较是非常重要的，如不动产投资数据库 IPD 指标，就没有包含学院用于投资的大部分资产。大学投资委员会审查 IPD 指数的整体表现，但更多的是为了比较。

虽然各学院之间存在合理的信息共享，但他们并没有意识到需要开发一个内部制定的不动产基准。数百年来这些学院一直持有这些资产，而且大多数不动产是以礼物和捐赠的形式出现的，因此就引起了一些与评估此类资产方法相关的问题。例如，大多数建筑受一级法令的保护，有些可追溯到 13 世纪或 14 世纪。由于这些资产往往是历史发展的产物，所以今天几乎不可能获得这类资产。虽然财务主管通过他们的各种顾问自己了解市场的发展，但实际上他们没无法在短期内利用有效的方式对他们所持有的不动产进行重新分配。

正如一位财务主管所言，"我们参考了 IPD 和联合精算养老金服务（CAPS）的数据，但在我们所持有的不动产与其他资产的特定组合中，没有适当的基准。尽管没有与之相匹配的基准，我们每个季度都为不动产资产指定一个市场价值。目前，我们的不动产包含大量（52%）的商业资产，如商店和办公楼。33% 的工业不动产，13% 的住宅和其余的农业地产。我们还有一些其他的国内不动产资产，例如教职工住房（Fellows Housing Scheme）和其他的学院住房"。财务主管和财务人员定期比较票据以跟踪成本和收益。但是，由于没有足够的指数来匹配其不动产资产的组合，因此根据其他基准来比较其绩效会产生误导。"我们非常密切地监控剑桥的租金变化，但没有用任何不动产基准来衡量其表现，因为我们认为它不相关。"另一位财务主管回应道。

大约 1/3（31%）的学院表示在管理和衡量其不动产组合方面没有正式使用任何特定指标，而不到 1/4（21%）的学院提到了 IPD 指标。投资于房地产基金的学院（18%），如不动产慈善基金，使用基金经理提供的 IPD 指标作为基准。一些学院在其整体评估和评估过程中使用内部确立的基准。一位剑桥学院的财务主管说：

学院在不动产管理中使用 IPD 基准；不动产投资的总回报率不应低于 3 年期间的 IPD（所有不动产）总回报指数。来自不动产的收入至少要比 10 年期金边债券的总赎回收益率高出 1%。学院拥有零售、商业、工业和国内的不动产，可单独管理或通过不动产信托基金管理。不排除海外房产投资。但学院没有进一步投资农业地产的计划。

另一位财务主管说：

我们的直接不动产投资组合的投资目标如下所示：

a. 根据高等教育工资和价格指数（HEPPI），未来净租金收入的增长至少要与大学成本的上升相持平。

b. 确保符合上述目标的最大现金收入，同时维持实际资本价值和可接受的风险敞口。

c. 在 3 年的滚动期内实现 IPD 每月指数的第 25~33 个百分点。

在过去几个世纪中，捐赠基金投资组合中的不动产资产分配相对较高，这意味着与其他投资者相比，大学本身对特定投资的长期收益有更好的见解。虽然资本价值大幅上升，但不动产资产的较高收益也增强了这类资产的吸引力。随着学院逐渐走向总回报投资方式，随着越来越多的房地产基金的加入，长期来看，不动产的平均持有量很可能会下降。但在中短期内，作为总资产的一部分，不动产将继续在这些学院中获得更高的配置。

房地产投资信托基金的较高波动性以及与小市值股票更高的相关性，使得许多投资者得出这样的结论，房地产投资信托基金的表现更像是股票而不是债券。无论私人持有还是公共持有的房地产，这两种资产都提供了多元化的机会。这些市场的定价差异也为投资者创造独特的不动产投资组合提供了机会，尽管这种机会无疑更多的存在于有价证券中。同时，学院在确定不动产资产的定价和机会方面效率低下，需要进行积极的管理。同所有积极战略相似，它包含更高的成本；只要经理人拥有更高水平的技能，最大化回报的潜力就会随之增强。

不动产对资产配置的影响

不动产在捐赠基金资产配置中的作用及对学院收入的贡献，没有得到牛津和剑桥大学各学院的重视。对于那些从不动产中获得较高比例捐赠基金投资收入的学院而言，此类资产与捐赠基金投资组合中其他资产之间的平衡所带来的影响可能是显著的。由于不动产资产是牛津和剑桥学院整体资产投资组合中规模最大的资产,无论它们是被归为经营资产还是捐赠基金,它们都被视为核心资产。

因此,那些没有把不动产纳入到资产配置中的举措颇为讽刺。除了那些在捐赠基金投资组合中没有不动产资产的学院之外,值得注意的是,1/3 的牛津和剑桥学院称它们现今持有的不动产对总体捐赠基金资产配置没有显著影响。一个财务主管总结道:"不动产投资组合具有历史性,它不影响我们的整体资产配置。"考虑到各学院的不动产资产配置平均为 26%,这样的回应是自相矛盾的。

同样值得注意的是,与低于平均配置的学院相比,那些高于平均配置的学院也有类似的回应。另一位来自不动产资产收入约占学院年捐赠基金收入 2/3 的牛津学院财务主管说:

我们有一半的捐赠基金用于不动产投资。近年来,相比于其他更具波动性的资产来讲,不动产投资更具吸引力。此外,我们对不动产的投资已经持续了几个世纪。所以,我们习惯了在捐赠基金中持有这么多的不动产。我们需要以战略方式进行审查。我们需要与专家交流,与那些对这个领域有很多了解的人交流,然后才能确定我们未来的行动方向。目前,它并没有以任何显著的方式影响我们的资产配置。

另一个投资主管提道,"这不会影响我们对证券投资组合的决策。就整体资产配置而言,我认为受市场的影响,资产配置中不动产和证券的配置各占一半"。同时其补充说:"我们计划寻找更多的出售不动产资产的机会。"当降低房地产投资敞口的机会增多时,学院找到了应对的方法。这种机会主义的意愿是成功管理该行业的关键,因为大多数这些资产本质上是在私有的不动产市场或在一个流动性不足的市场中运营的。

许多财务主管认为他们的捐赠资产被分为两个投资组合——不动产和证券。对捐赠基金内的所有投资进行概述,是最近才发展起来的,也许是由其采取的"总回报"方法所导致的。传统的捐赠基金管理方法主要考虑收入。因此，不动产因其创收能力而受到重视；通过租赁和销售不动产，他们可以预计能够通过不动产获得多少收入，从而指导学院的基金经理应该从证券投资组合获得多少收入。

那些低于牛津和剑桥不动产敞口平均配置的学院也认为不动产对资产配置没有影响。"由于不动产的敞口较低，因而不影响整体资产配置。"一位财务主管评论说，"我们只有50万英镑的新直接住宅性不动产。它规模太小，不足以改变我们的总体政策。我们不会出售所持有的不动产。我们认为我们在该领域的比例不足。"另一位没有不动产投资的财务主管说，"如果我们投资于不动产，特别是那些不能被折价的不动产，我们会对其进行专业化的管理和使用动态的混合工具。我们期待英国的房地产投资信托基金。有经验的投资者都清楚，与其他封闭式基金相似，房地产投资信托基金的上涨或下跌，要么产生溢价，要么对其所持价值有所贬损。"

一些投资主管在进行不动产投资时采用更务实的方法。一位财务主管提道，"学院只直接投资于为战略目的而持有的不动产。在一个商业不动产的投资案例中，投资分析必须证明其所能获得的商业收益。对供学院学生使用的住宅性不动产的任何投资，其净收益必须是正向的，具有适当的资本收益的前景。这种购买还必须考虑学院的整体资金的流动性和收入要求。"

表6.8　不动产对资产配置的影响（%）

影响	牛津	剑桥	牛津和剑桥
无影响	32	33	33
代替债券	12	15	13
有助于总回报	12	11	11
有助于多元化	9	11	10
无不动产	26	19	23
无回应	9	11	10
总计	100	100	100

有一些回应表明，大学把不动产看作是一种金融资产，并对优势不动产进行投资。一位财务主管说："不动产影响整体资产配置，只有当我们把资产看作是资产类别时，我们才会考虑投资决策时的相对回报。我们在2000年时投资了不动产慈善基金，因为当时股票看起来很昂贵。"另一位财务主管说："我们将不动产视为资产类别，我们的投资观念基于我们对另类竞争性资产类别的回报预期。"第三位财务主管说："不动产被视为资产类别，其占总投资组合的权重要经过商定并根据实际需要重新平衡。"

表6.8说明了问题的影响范围：房地产如何影响整体资产配置？

只有13%的受访者表示，把现有的不动产作为债券的替代品，另有超过10%的受访者把其作为确定多样化资产配置的主要因素。此外，11%的受访者建议不动产资产有助于学院向总回报政策的过度，即不动产投资的稳定收入流缓冲了学院的总收入，特别是在另类资产投资表现不佳时，同时不动产提高了学院对另类资产投资的灵活性如私募股权和对冲基金等。我们把不动产资产视为我们的"核心"投资，一个财务主管解释说，不动产资产占该学院捐赠基金收入的80%。我们的股票资产是为了更大的风险承担，另一个财务主管声称。"我们的不动产资产为我们提供了一个稳定的收入流，使我们能够投资而不必从我们的金融资产中寻找收入。"第三位牛津和剑桥的财务主管说，其所在的学院约2/3（66%）的捐赠基金收入来自不动产。

"考虑到总回报，"一个财务主管说，"我们把不动产视为一个具有稳定收入流的资产类别。我们在出售了不动产之后的总收入低于平时的水平。不动产和股权之间的分配会根据我们对各自市场的预期而变化。"持有高比重的不动产还有助于更有效的税收投资策略的实施。"我们的不动产收入一直很高，"另一个财务主管说，"因此，总回报政策为我们节省了一些税款。"

例如，2002年，不动产收入占总收入的50%，高于2000年的43%。我们认识到需要考量我们的支付方式，我们的不动产投资组合为我们提供了稳定的收入。在采用总回报方法时，我们希望更好地获取我们的资本。众所周知，我们过去并不能这样做。由于我们拥有这么多的不动产，不动产的收入一直为我们支付费用。然而，由于我们出售了不动产和增加了证券组合，我们需要确保我们可以出售其中一些不动产，以便在需要时弥补赤字。不动产资产明显有助于学院在捐赠基金投资组合采用总回报策略。

对于那些不依赖于来自其金融投资组合收入的学院，由于其来自不动产投资组合的收入，在没有流动性风险敞口的情况下，实施总体回报投资策略更加容易。根据一位财务主管所说，我们的不动产收入目前为6%～7%，而非不动产投资组合为2.8%。在总价值为9850万英镑的捐赠基金中，不动产年收益预计约为426万英镑。不动产投资组合缓解了市场下滑的影响以及来自非不动产的低收益。虽然我们仍然是长期投资者，但非不动产投资组合稳定收入的下降仍然是一个令人担忧的问题。虽然我们正在考虑增加其他资产类别（如私募股权）的风险敞口，但在我们的不动产交易中，我们可能会更加投机。

大多数学院把他们持有的大部分不动产作为一种产生高收入的核心资产。对于1所不动产收入占捐赠基金一半的学院而言，学院的资产配置的一个特定要素是不动产。目前，这一比例达到了投资组合的35%，而且每年都被重新估值。如果增长超出比例，就会有销售以重新平衡配置。同时，许多负责人不确定他们是否应该在捐赠基金资产配置中保持这样高的不动产敞口。一位财务主管说，以前我们的不动产占有很高的比例；占投资组合的60%。我们认为资产配置应该是相反的，即应该有60%的证券。

另一位牛津学院的财务主管目前正在进行分阶段撤资计划，旨在将其捐赠基金中的不动产资产由26%降至10%。这位财务主管说，纵观历史，由于许多原因，学院出售了很多土地。目前，我们把地产看作是一种可以产生收入的资产，与此同时，它促进了投资组合的多元化。我们不认为我们需要保持和过去同样规格的不动产。因此，从长远来看，我们的整体投资策略是将一些地产转为其他类型的资产，这将有助于我们正在寻求的总回报政策的实现。

一位财务主管对一所进行不动产投资的典型牛津和剑桥学院的做法，总结如下：

拥有大量有价值的直接财产学院很难出售其不动产。理想情况下，我们希望使投资组合多样化，可能将不动产权重减半。我们的不动产总收入超过50%。20世纪90年代初，当我在开始做这项工作时，大约直接不动产占学院捐赠基金的2/3，其中40%为农业地产。所以，自那时以来我一直在努力尝试改变不动产配置，以确保投资多元化。然而，不动产确实提供了大量的收入流，从而大大地满足了我们对收入需求。由于存在着强劲的租金流，我们可以有效地忽略其他领域的收入限制。然而，不动产的不平衡造成了流动性的限制。

受访者（13%）认为不动产是债券替代品，其中一位财务主管评论说："这确实影响了我们的整体配置——目前我们还没有任何债券配置。这主要是由于我们有高额的不动产收入。不动产也被视为大学的历史遗产。所以，学院对此类资产比较偏爱。任何转让不动产的做法都将引发很多争议。此外，将各学院的不动产资产合并在一起的想法不会受到欢迎。牛津大学各学院的财富差距使其比剑桥各学院更加难以凝聚，因为三一学院在剑桥各学院中居于主导地位。而牛津大学的学院结构更倾向于保护各学院的独立性。"

少量的（8%）学院对不动产资产的收入依赖度非常高（超过75%）。不动产仍然是这些学院的核心，他们对自己的立场并不表示怀疑。一位财务主管说："尽管我们收到了大量（82%）的不动产收入，但我们不会对基金经理所采用的投资方式做出限制——在满足我们的投资目标的基础上。自20世纪50年代以来，我们只投资于股票。由于一些历史原因，几百年来，土地一直是我们主要的资产。由于我们一直未能找到一个我们可以坚持的最佳资产配置政策，我们不清楚我们所应该可持有的地产是否会影响我们的投资政策。"

不动产投资对总体资产配置的影响不涉及那些在捐赠基金投资组合中没有不动产资产的学院，一位财务主管解释道："我们没有因为来自不动产的收入而改变我们的捐赠基金资产的组合。"该学院近一半的收入（45%）来自其经营性不动产。由于不动产被视为经营性资产，该资产类别的收入对捐赠基金收入的贡献为零。如果所有不动产资产都被视为经营性资产，那么它对捐赠基金投资组合的资产分配决策没有任何影响。

一位财务主管解释说："我们没有把不动产中的商业租金作为捐赠基金收入的一部分。"这种结算结果所引发的问题已经引起了人们的讨论。学院所提供给学生的资助也是一个问题。一些学院，特别是那些不太富裕的学院，希望向学生收取更高的租金。一位财务主管说："我们希望获取市场租金，因为学生租金不具竞争性；另外，我们的不动产也存在一些其他的租户。"在更具竞争力的世界里，非经济资产是对资源的消耗。越来越多的学院选择向学生收取经济租金，并降低对未来学生的补贴。

小　结

牛津和剑桥大学拥有大规模房地产资产。同时，具有较小规模捐赠基金的学院在其捐赠基金中持有不动产资产的可能性最小。大约 1/4 的学院报告说，在捐赠基金中没有任何不动产资产。一些没有对捐赠基金进行不动产投资的学院正在考虑建立这种风险敞口。例如，在牛津大学，28% 的学院在捐赠基金中没有任何不动产。在其余的学院中，不动产与捐赠基金资产的比率从 2003 年的 31% 上升到 2004 年的 33%。这段时期内，3 所学院的不动产都有所下降：基督教堂学院将其不动产资产从 8100 万英镑减少到 7400 万英镑，从 2004 年的 47% 下降到 41%；耶稣学院将其从捐赠基金的 60% 减少到 57.6%，而奥里尔学院将其不动产投资在捐赠基金投资组合中的 89% 减少到 79%。我们没有得到可比的剑桥大学的相关数据。

只看到牛津和剑桥各学院捐赠基金中的高额不动产配置以及在英国属于他们的那些重点保护建筑，就判断他们拥有巨额财富是荒谬的。缪里森说道：

考虑到学生和媒体的假设，牛津和剑桥各学院应当比现在更为富有，当我成为投资主管时，我据此做了一些研究。我发现，牛津和剑桥各学院的农业地产在 1871 年达到最高峰，在投资中占有绝对地位，牛津剑桥各学院所拥有的地产面积合计为 319 000 英亩。与此同时，英国贵族拥有 4 200 万英亩的土地，是牛津和剑桥的 120 倍。1898 年受到所得税和恺撒战争的影响，贵族卖出了 1 400 万英亩的土地——是学院在高峰期拥有土地的 40 倍。因此，在过去的日子里，牛津和剑桥各学院不可能没有土地。或者可以这么认为，剑桥三一学院的财务主管也可以巡视剑桥到多佛的土地。

诚然，几百年来，通过捐赠和资本增值，学院捐赠基金已经升值。在绝大多数情况下，捐赠多是以土地的形式存在。值得注意的是，在政府介入大学资助后，各大学所获得的捐赠都有所下降。在几个世纪以来，为维护学院建筑物和房地产以及为贫困学生提供助学金和奖学金方面，捐赠基金产生了巨大的花销。对于这些学院而言，从捐赠基金中撤出此类支出，会使学院难以计算其不动产投资的总回报。在竞争日益激烈的环境下，学院更加努力地投资。与 1970 年以来建立的美国常春藤盟校的财富相比，牛津剑桥大学财富的缺乏实在是令人惊讶。

如果想要对牛津大学的不动产投资进行全面的了解，可以建议把学院（不是大学）的不动产视为核心资产。一些学院正在考虑减少他们所持有的大规模不动产，以创造更加多样化的投资组合。与此同时，由于同样的原因，其他人正计划增加其配置。那些有大量的不动产敞口（超过 40%）的学院，正考虑减少此类敞口，这些学院表示不动产的理想配置应保持在捐赠基金的 1/4～1/3 之间。

然而，学院正在从农业资产投资转向商业投资，但是，即使是这样的重新分配，也远不能简单明了，因为农业地产的发展潜力被转化为住宅性不动产，因此其价值得以迅速升值。马格达伦学院于 1991 年与保诚保险有限公司合资，成立牛津科学园就是其中的一个例子；马格达林的投资在 2004 年为 1 630 万英镑（2003 年为 1 860 万英镑）。牛津和剑桥各学院一般认为投资于不动产是一件好事。一些学院对最近的熊市作出了反应，以极具吸引力的利率，从银行获得了长期固定利率的贷款，从而增加了它们的不动产持有量。

随着欧盟的扩大以及英国经济增长都高于预期水平，由于有价证券和低利率的不确定回报所主导市场环境处于几十年来的最低水平。这导致该国经济增长强劲的地区对不动产资产的需求增加，不动产投资可以与投资于对冲基金的积极策略相比较。

截止到财政年 2003 年 7 月 31 日，根据牛津大学《2002—2003 年学院财务报表》，奥里尔学院的《运营和财务评论》指出："2002—2003 年间，学院的捐赠资产大幅上涨，通过现金和长期固定利率贷款提供资金的投资不动产，学院的捐赠资产大幅增加。"这些资产的收入和服务贷款的支出也相应增加。有报告证实"学院的流动性良好"，当学院发现那些表现不佳的不动产时，学院将会在下一个财政年度对此进行改善。2004 年，学院从其土地和不动产投资中筹集了 560 万英镑，实现了 120 万英镑的销售重估收益。1 940 万英镑的捐赠基金资产抵押银行贷款的固定利息在 5.04% 和 5.81% 之间。

2002 年 1 月，耶稣学院用银行贷款购买了商业不动产，这些不动产收入在很大程度上抵消了用于购买不动产的借款利息。2003 年，学院的捐赠基金资产价值为 9 680 万英镑，其中 2 440 万英镑是长期贷款。学院要在 25 年间以 6% 的固定利率支付贷款利息。截至财政年 2004 年年末，未偿贷款为 2 390 万英镑，而不动产资产价值为 5 750 万英镑，低于上年的 5 810 万英镑。2004 年，学院从土地和不动产投资中筹集了 220 万英镑，在此过程中获得了 140 万英镑的重估收益。作为一项长期投资，耶稣学院收购了玉米市场街（Cornmarket Street）13～21 号之间的不动产，其位于牛津市中心，在其他学院看来，这将成为耶稣学院的战略资产。

虽然美国教育机构利用捐赠基金的方式多种多样，但是利用捐赠基金资产获得低息的银行贷款是最近才在英国发展起来的。希望这样的做法有助于保持捐赠基金的长期购买力，因为以高优惠利率从捐赠基金中借款并不是各学院所应当遵循的最佳做法。从前，各学院以零利率的方式向捐赠基金借款。这种做法对捐赠基金的净财富造成无法估量的损害。牛津和剑桥大学的学院主管们在捐赠基金整体管理方面的表现同美国同行一样精明，但他们并没有足够的自由去专注于捐赠基金的长期持有，这是主要是因为学费的下降和其他资金的缺乏使学院一直面临着持续的财政压力。

大学需要向捐赠基金借款来资助一系列的活动,如整修房地产,发展学术、扩建图书馆,研究设施和体育设施以及发展营利性活动,如公寓建设和发展工业园区。这些活动的资金来源仍然存在争议。这是一个亟待解决的问题,涉及捐赠基金的交易应该是透明的。就像牛津奥里尔学院所做的那样,借款是必要的,因为其成本很低。

如果学院意识到他们的集体议价能力,他们可以这样做,例如,向捐赠基金借款,利用结构化产品,从而解除目前产生不经济租金的资产价值,并将风险转移给第三方购买者。但首先,学院和大学需要对创新型金融市场更加开放,并以最有效的方式管理他们的事务,以实现他们既定的长期目标。

牛津和剑桥大学各学院或许不是最早对私人股本和对冲基金进行投资的,但是他们在投资不动产方面所使用的方法具有创新性,尽管它们没有采取有意识的策略来进行投资。虽然这样的资产管理方法可能是由从前那些强加给他们的限制条件演化而来,但由于其长期拥有的优质不动产资产,这些大学已经发展成为不动产市场的利基参与者。

在不动产投资方面有着如此悠久历史的其他投资组织寥寥无几。由于这些捐赠基金从未作为独立实体进行管理,也没有关于其表现的记录,因此这些大学无法宣称其有捐赠管理方面的辉煌历史。传统上,捐赠基金存在的意义在于,为这些机构的教育目标和其相关目标的实现提供支持。现代化的私立捐赠基金应具有明确的目标,支出率和政策投资组合。毫无疑问,这将有助于保持代际公平。这种意识在英国的捐赠基金和基金会中日益增加,但这些概念也得到了受托人和这些机构投资委员会成员的认可。

第七章 投资组合管理中的问题

引 言

在不确定的环境中进行长期投资是一项持续的挑战。决定持有何种资产，资产持有比例以及资产配置状况，成为管理过程中的核心问题。由于机构有不同的目标，并且有时没有明确对负债进行界定，所以资产配置提供了巨大的可能性。过去，牛津和剑桥的一些学院投资于不动产、债券以及包括私募股权在内的股权类资产，他们同样持有原创的艺术品、珍贵的书籍、葡萄酒以及其他通常会一直被他们持有的资产。资产的范围可能没有显著扩大，但财政革新创造了更多的选择，从而使传统资产得到更有效的管理。

慈善机构，特别是在英国和欧洲的慈善机构，继续投资于他们最了解的传统资产。在过去几十年里，投资领域得到了极大的丰富，这反映了财务分析和财务创新应用的进展。在资产管理中使用计算机和全球通信技术已转化为越来越多地使用量化技术。投资的性质越来越抽象，衍生工具、期货、期权、保险合同、指数化，程序化交易策略以及绝对收益策略应用的增加都是这个过程的一部分。虽然"衍生工具"在捐赠基金资产管理中的应用受到限制，但未来对风险管理的态度可能会发生变化。

除了风险和收益，还有一些与一揽子政策选择相关的哲学问题。2000年3月至2003年3月，学院受到了股市低迷的影响。金融市场将在未来3年内复苏，但长期投资者面临的问题也会相对更复杂。各学院对投资组合的管理也处于巨大的变革之中，它们正倾向于使用总收益政策，定义其投资目标，并构建投资组合中每个投资类型的有效边界。此外，代际公平问题使得资产配置更加具有挑战性。长期保持资产的实际价值是正确的方式吗？还是应该保持更多的支出？"对于像教育捐赠基金会这样真正的长期投资者来说是否存在最优的资产配置？"成为投资委员会成员经常被问到的问题。

本研究的目的不是特定的，特别是关于个人资产配置和执行的问题。投资顾问像医生一样，需要在病人身上花相当长的时间，以获得其病历或个案史的全面信息，并且需要在得出任何结论之前进行全面的诊断测试。当然，不同的投资组合会有不同的解决方案，正如高血压患者需要 β-受体阻滞剂，而不是更多的运动，睡眠可能是温和的镇静剂，而其他人则需要钙通道阻滞剂。我们的目的是探讨这些机构做出捐赠基金管理决策的理由。我们同样旨在提供一个该行业发展与国际比较的背景分析。

牛津和剑桥的一些学院在与它们的投资顾问商讨后决定投资于一些投资组合。这些学院的财务主管是最担心其最优资产配置的人。投资顾问往往最终为相似的投资组合提供通用的资产配置方案，纵使这些学院的投资目标可能不尽相同。因此，进行集中投资的学院，例如，对不动产进行投资，更有可能在其投资策略中体现出一定程度的现代投资组合管理理论。这并不是寻找最佳资产配置的最好途径。怀疑主义保护他们不受现代投资和投资顾问理论的影响，使他们投资于长期为他们服务的资产。

学术研究的目的并不是要贬低任何专业部门的投资顾问所做的工作。相反，我们希望通过分析，使牛津和剑桥的学院以及其他捐赠基金和基金会，可以通过一组选定的真正长期投资者的大量知识储备，从客观的角度对现行的捐赠基金资产管理实践进行审视。这似乎不是牛津和剑桥各学院没有意识到美国发生的变化，而是他们没有意识到变化所带来的影响。大多数英国首相、内阁部长和高级公务员都曾到过牛津或是剑桥。然而直到最近，大多数慈善机构才被要求对收入进行投资。政府和监管机构在倡导这个方式上似乎表现不佳，但美国除外，他们的捐赠基金一直在对他们的做法进行检视。几乎半个世纪以来，似乎找不到一个替代的模式，即使在今天，美国的机构在捐赠基金领域的投资思想仍占主导地位，因为这些机构在资产管理中使用的方法更具开创性。

在本章中，我们研究的问题涉及整体资产分配的决策，主要因为它是塑造投资组合的有效决策。为了保持多元化的投资组合，投资者不仅要检查预期收益和相关的风险参数，他们还需要考虑地理因素，经理人员和多样化的管理风格。因此，战略配置包括战术问题，如除了有关指数化和主动管理决策的再平衡。选择管理者的能力也许与整体资产分配权一样重要，比如哈佛和耶鲁，遵循完全不同的策略，哈佛历史上对其大部分捐赠基金资产采用内部管理的方式，而耶鲁在鉴别拥有提供高于各种资产类别的平均收益率的外部资产管理者方面更成功。如果机构认为他们更善于选择经理，那么选择一个积极的战略是有意义的。对于其他机构来说，指数化可能是正确的道路，虽然在大多数情况下，投资者选择主被动相结合的策略。

指数化的作用

由于大多数投资者都希望超越市场表现，所以考虑到成本和市场影响，积极经理人面临更严峻的挑战。没有得到有效定价的市场为积极的管理者提供的投资范围比相对有效的市场为其提供的范围要更优越，如股票和债券市场。由于没有直接衡量市场效率的指标，积极经理人的行为暗示了市场的繁荣或低迷。高效市场中的积极经人仅充当着纸上谈兵的指数制定者的角色，而低效市场中的积极经理人倾向于在收益率较高的分散水平下持有多样化的投资组合。因此，有经验的投资者对所有的积极策略都保有一定的怀疑态度。

对于有控制风险偏好的财务主管来说，积极经理人不再承担他们本应承担的风险，而表现得更像是无所作为的指数制定者，指数化是管理投资组合整体风险的关键。"我们不赞成主动的基金管理。"他进一步解释了从主动管理向指数化管理的转变进而促使我们进行自身风险评估。大规模不动产投资有助于风险的多样化,因为不动产投资收益与其他资产类别不相关联。投资组合经理不再愿意承担风险,他们要求客户在这些问题上给予非常明确的指示。由于资产配置显然比选股更重要,所以我们专注于此。我们在风险方面的目标是拓宽资产基础,使投资组合中各种资产类别的回报保持高度不相关。指数化通常被用于制定投资策略,并根据其收益和风险来进行相关指数的选择。

指数化的优势除了降低可分散风险还可以避免选择错误的经理人。过去10年中,英国使用指数化策略的捐赠基金管理者出现了前所未有的增长。20世纪90年代,资产管理行业变得更加全球化。此后,特别是在近5年,英国的资产管理行业一直处于结构调整的阵痛期。管理人员的波动与接管和并购高度相关。市场波动又加剧了这一现象。在英国,指数化战略的不断升温也是养老金基金部门"均衡"管理者业绩低于平均水平的结果,投资组合结构的落后导致了风险水平较高以及回报预测的信息利用效率低下。

因此,投资者更有可能选择一个与业绩相关的低成本的核心——卫星方法(指数股票/债券)。许多投资者倾向于解释核心——卫星资产配置方法,其中一个指数股票组合采用积极的方法。当其作为使用从核心指数投资组合到市场中性策略以及拥有私募股权敞口,大宗商品和其他资产,如不动产的绝对回报策略的混合技术的一个组成部分时,指数化提供了一个有吸引力的选择。而由于全球市场经历了期待已久的调整,指数的增长率随之下降,数量的增加,绝对收益的技术都刺激了对冲基金部门和其他外来的固定收益产品的增长。

到2000年3月新兴市场开始收敛,积极经理人无法击败市场,新产品的创造以及这类产品的成本分配容易促使被动管理策略优势的产生。价值低廉的指数期权本身是市场上涨的一个因素。通过选择有效定价的资产内的保守策略,投资者也可以节省成本。今天,一些专注于保守策略的资产管理者愿意为管理其资产而向他们机构的客户进行支付佣金。因此,几个因素共同导致了指数化革命。熟练的量化主动管理,利用衍生工具,有助于结合主动管理与被动管理的优势,从而为投资者提供安全选择(α)的优势,同时在相关资产类别中保留业绩（β）。

在风险管理中增加衍生工具的使用为投资过程带来了一种新的维度。使用衍生工具的投资策略，被认为是能够产生高于市场收益的最佳金融工具，以提供给基金经理进行风险和收益管理。β指数能够轻易获取。几十年前，威廉·F. 夏普（William F. Sharpe）建立了这种模式，在相对长的时期里对于一般的主动管理能够战胜市场在数学上是不可能实现的。从积极经理人的长期平均业绩记录来看，没有证据表明，积极的股票投资组合经理比指数化更优秀。总的来说，积极经理人没有能够在市场表现良好时出售资产，也不会在市场低迷时进行投资。

在过去10年中，虽然牛津和剑桥一些学院转向保守策略，但是大部分学院（64%）仍然支持主动管理。大多数财务主管都希望从其资产中获得稳定收入，考虑到这一点，各学院资产配置选择的范围还是很有吸引力的。表7.1提供了两所大学投资于指数化战略占其资产比例的状况。

表7.1 投资组合指数化占比

指数化（%）	牛津	剑桥	牛津和剑桥
0	53	78	64
1~10	12	4	8
10~20	0	4	2
20~30	12	0	7
30~40	9	7	8
40~50	3	0	2
50~60	3	4	3
60~70	6	0	3
70~80	3	0	2
80~90	0	4	2
90~100	0	0	0
合计	100	100	100

只有10%的学院将50%以上的投资组合投资于指数化产品，其中有很多

趋向保守投资。虽然 2/3（64%）的学院没有投资于指数化，但是它们采用的积极管理策略却没带来绝对收益策略。不到 5% 的学院对其 70%~90% 的捐赠基金投资组合进行被动管理，它们全部投资于股票。正如表 7.1 所示，8% 的学院对捐赠基金投资组合指数化不足 10%；9% 的学院有 10%~30% 投资于指数化产品；高于 8% 的学院有 30%~40% 的投资，另外 8% 有 40%~70% 的投资。

值得注意的是，剑桥大部分的学院（78%）不使用指数化作为其投资策略。同时，剑桥各学院在其投资组合中受绝对收益策略的影响最小，且平均持有更多的不动产资产。因此，不动产资产或许可以为资产配置分布提供线索。只有当投资于股票时指数化才是风险最低的策略（并非所有财务主管都同意这个前提），与长期国库券与金边债券相比，股票的风险要更高些，虽然不一定比一些高收益的新兴市场债券风险更大，而对冲基金和私募股权基金被视为高风险，而不动产则被视为几个世纪以来机构所拥有的资产中风险相对较低的资产。根据一些学院的观点，即使是指数化的股票投资，在获得理想收入水平时也不如不动产安全。英国股票市场中采用富时指数的一小部分股票的集合也被视为采用被动方式的障碍。

更多的牛津的学院采用指数化的投资策略与绝对收益政策相配合，例如对冲基金和私募股权。一位财务主管评论说"我们期望在未来更多地运用被动工具。选择被动或者主动的工具要随着市场风险程度进行转换"。牛津一些学院被动地管理了整个上市股权配置，同时对私募股权和对冲基金等高"风险"的策略进行了小规模的分配。其中许多学院还报告对于不动产高于平均水平的分配给它们提供了稳定的年收入，从而促进实施更有效的资产分配策略。并不是所有走保守路线的学院对不动产敞口进行投资。因此，在如此有限的证据基础上，不可能对牛津和剑桥各学院的投资策略下定论。有一点是明确的，大学从他们的捐赠基金中寻求一定的收入。产生有效的投资组合并不是主要焦点。对于从不动产资产中获得收入合理贡献的学院来说，产生更有效的投资组合相对容易些。

捐赠基金规模似乎对风险配置没有什么影响。牛津和剑桥对另类资产配置较高的学院与指数化策略和不动产资产配置相同的学院相对比,并不能透露任何明确的风险预算模式。因此,一个只有小规模的捐赠基金(2 400万英镑)的学院有超过一半(57%)的资产进行被动投资,1/4(26%)投资于不动产以及不足10%的另类战略。与之相比,另一个学院有相当大的捐赠基金规模(1.8亿英镑)却没有被动投资,其积极另类资产敞口不足5%,不动产投资也高于平均水平(30%)。例如,它可以认为,在投资管理过程中,具有较小的资产规模管理和较少的资源投资的学院能更好地实施保守策略。但情况并不总是如此。

表7.2 持有另类资产的学院各类策略配置对比(%)*

学院	另类策略	被动策略	不动产	捐赠基金（百万英镑）
1	14	<5	-	36
2	9	57	26	24
3	7	39	44	120
4	6	40	53	49
5	6	25	55	81
6	5	-	30	180
7	5	-	6	16
8	5	14	42	77
9	3	37	42	88
10	3	33	30	54
11	3	-	-	27
12	3	-	23	45
13	2	66	46	162
14	2	-	58	63
15	1	-	37	39

*捐赠基金投资组合百分比。

捐赠基金规模较小的学院,追求积极策略,这些学院更愿意承担风险。这些学院对以捐赠基金维持其运营水平的依赖程度不是太高。但不能因此推断牛津和剑桥拥有小规模捐赠基金的学院会选择指数化策略,或者捐赠基金规模较大的学院更愿意投资于另类战略。

表 7.2 展示了牛津和剑桥大学另类战略配置最高的 15 个学院,并将其指数化策略和不动产资产进行对比。

捐赠基金规模较小的学院也指出,如果有更多可以用于管理的基金,那么他们愿意增加另类资产的配置。但是,2002—2003 财年,牛津和剑桥对对冲基金和私募股权配置较高的学院都拥有价值为 3 600 万英镑的中等捐赠基金规模。但是其捐赠基金投资组合中指数化策略不足 5%,且没有不动产敞口。另一端,另类战略敞口较小的学院称其配置少于 5%,没有表现出任何投资于保守策略或不动产的明显模式。

表 7.3 指数化战略持有最多的学院对不同战略的配置(%)

学院	指数化战略	另类战略	不动产
1	88	−	6
2	75	−	−
3	70	1	−
4	66	1	16
5	57	9	26
6	52	−	33
7	47	1	5
8	40	6	53
9	40	1	49
10	39	7	44
11	37	3	42
12	33	3	30
13	29	2	46
14	25	1	48
15	25	2	7
16	25	6	55

* 用百分比表示的捐赠基金资产组合。

表 7.3 呈现的是对指数化战略配置最高的学院对另类战略和不动产的投资状况。例如，指数化战略配置排名前 3 的学院对另类战略和不动产的配置很低或者不进行配置。值得指出的是，在牛津和剑桥指数化战略配置排名前 3 的学院中，有一个学院拥有规模庞大的不动产资产并未在捐赠基金中列示。

没有证据表明，积极的风险配置过程贯穿于牛津和剑桥所有学院整个资产配置过程当中。牛津与剑桥各学院捐赠基金风险分布存在较大差异。分布从本质上似乎更具艺术性，而不是更加科学或定量。许多学院可能最终经历不适当的、不知情的风险，但是不会得到对这种风险适当的补偿。没有证据表明，他们已经通过对广泛可用的相关数据的考量对投资机会进行了评估。积极投资组合中固有的、被疏忽的或无意识的风险会淹没阿尔法（良好业绩）的来源，从而扭转预期的结果，即捐赠基金的留存收益要高于预期风险和负阿尔法。牛津和剑桥的学院不能广泛衡量风险调整后的绩效。财务主管都深深地意识到这样的赤字并且希望解决这一问题，问题的关键是他们怎样才能做到最好。

牛津和剑桥有超过 1/3 的学院（36%）对其部分资产进行投资时使用被动的策略，与之相比，根据 2004 年 NES 的报告，美国有超过一半（51%）的学院对其资产进行被动投资。受访者表示了资金池规模和资产的比例与被动管理的负向关系——有大型资金池资产的机构比拥有小规模资金池的机构更倾向于对较小的一部分的资产进行指数化投资。在美国资产超过 10 亿美元的教育捐赠基金会中，只有 6.6% 的机构将其超过 25% 的资产进行被动投资。而这个比例在资产不足或刚好为 2 500 万美元的机构中上升为 26.5%；公共机构则占至 28.3%。只有 16.4% 的独立机构对超过 25% 的资产进行被动管理。平均 20% 的机构指数化投资超过其资产的 1/4。

表 7.4 表现了 2004NES 捐赠基金会对投资资产进行被动管理的比例。

表 7.4 美国教育捐赠基金会资产被动管理的比例

捐赠基金 (百万美元)	0~5%	5%~10%	10%~15%	15%~25%	25%~35%	35%~50%	50%~75%	>75%	NR	合计
>1 000	11.1	8.9	11.1	15.6	2.2	2.2	2.2	—	46.7	100

(续表)

捐赠基金 (百万美元)	0~5%	5%~10%	10%~15%	15%~25%	25%~35%	35%~50%	50%~75%	>75%	NR	合计
500~1 000	17.3	15.4	11.5	7.7	5.8	3.8	5.8	–	32.7	100
100~500	7.0	9.3	10.6	10.6	8.4	7.5	2.2	2.6	41.0	100
50~100	8.8	4.0	5.6	5.6	7.2	4.8	8.8	1.6	53.6	100
25~50	5.7	7.6	9.5	9.5	2.5	6.3	2.5	5.7	55.7	100
<25	7.9	4.3	2.9	2.9	3.6	5.0	3.6	14.3	55.7	100
公共部门	6.4	5.6	8.6	8.6	9.4	6.9	5.6	6.4	44.6	100
独立机构	8.9	8.4	8.0	8.0	3.7	5.3	3.1	4.3	51.0	100
平均	8.2	7.5	8.2	8.2	5.5	5.8	3.9	5.0	49.0	100

NR＝未回应。
来源：2004NES。

再平衡

投资组合管理的目的在于确定和实施长期的政策目标。如果投资者持续或者在实质上偏离这些目标，那么这将导致投资组合不能反映通过配置过程表达风险收益偏好。再平衡确保投资组合在其目标水平下维持资产规模，从而揭示基金的期望收益和风险特征。市场表现导致基金的实际分配偏离其目标。再平衡包括必要的行动，以确保实际投资组合接近目标水平。这样的行动，涉及一个高水平的逆向投资行为。

当市场发生重大变化时，问题不仅仅是机械地再平衡问题，而是投资者是否坚定了这种信念？正如斯文森提醒我们的那样，"再平衡代表极度理性的行为。保持投资组合目标要面对市场活动，决定出售业绩相对较好的投资组合而购买业绩相对较差的投资组合。换句话说，训练有素的再平衡投资者决定出售热门投资组合而购入非热门投资组合。在正常情况下，再平衡需要适度的勇气。而当市场出现极端变化时，再平衡则需要更大的魄力"。[1]

无论保持资产配置目标多么重要，很少有投资者遵循这种严格的方法。在基金管理不力的现实世界持续发生的对流动性资产的投资，导致实际持有的资产偏离目标水平。即使当实际配置符合所需目标时，由于管理技术的问题，业绩可能会偏离指数收益。这并没有考虑在投资组合管理中使用杠杆，也就是通过放大成果从根本上改变投资组合的基本属性。因此，由于一系列原因，偏离目标的配置经常出现。

在建立理想的资产组合之后，风险控制需要定期对政策目标进行再平衡。一些基金会进行月度再平衡，其他一些基金进行季度或年度的再平衡，还有一些基金在实际分配偏离广泛且有针对性的分配范围时会进行再平衡。虽然渐进主义在另类资产部门强烈建议使用再平衡，但是作为有价证券而言，大部分训练有素的投资者会对其投资组合进行定期的再平衡。再平衡的频率在某种程度上反映了再平衡的原因。根据斯文森的观点，对再平衡的持续追求，比列出日程和确定交易范围的方法更能提供潜在低成本的有效风险控制。[2] 由于目标分配基本上掌握了投资组合的风险收益率，这使投资组合偏离其长期的政策目标帮助机构规避风险。

再平衡的根本作用是风险控制，而不是增加收益。趋势跟踪或市场时机策略对长线投资者并不可取。正如伯顿麦基尔在《在不确定的时代管理风险》中写道：

> 我们特别反对大学试图根据其预测市场趋势的能力来进出股市。想与时间博弈的投资者必须对整体经济、企业利润、利率乃至整个国际、经济、政治和社会的发展对证券市场的影响拥有一个不寻常的掌控程度。这样无所不知的程度是很难达到的。[3]

在专业投资领域，风险恰恰在于资产所有者而不是指定的资产管理者。相关机构的经理认识到一揽子政策的重要性，以及是否或如何根据基准对投资组合进行再平衡。例如，在美国的教育捐赠基金会中，投资政策的特点通常是正式的，如果是非正式的，也按着这样的过程定义。表 7.5 通过 NACU-

BO 报道显示了机构再平衡政策的比例和种类。

表7.5 美国教育捐赠基金会再平衡政策占比（%）

捐赠基金 （百万美元）	正式	非正式	无再平衡政策
>1 000	64.4	28.9	6.7
500~1 000	78.8	17.3	3.9
100~500	79.5	16.7	3.7
50~100	88.0	7.6	4.4
25~50	82.0	14.9	3.2
<25	75.4	20.4	4.3
公共部门	82.0	15.0	3.0
独立机构	78.8	16.8	4.5
平均	79.7	16.3	4.0

来源：《2004 NACUBO 研究》。

因此，在美国，80%的教育捐赠基金会都有正式的再平衡政策，16%有非正式的再平衡政策，只有4%的没有此项政策。规模较小的捐赠基金会（0.5亿~1亿美元）大部分（88%）都有正式的再平衡政策，而2/3（64%）的大规模基金会有此类政策。

基准概念或政策投资组合以及实际投资组合是否或如何再平衡以维持资产配置目标与欧洲的新型捐赠基金会相关。卫康信托基金会是世界范围内最大的生物医学慈善机构同时是世界上最大的捐赠基金会，直到最近才使用政策投资组合。在1998年的最后一个季度，卫康信托对其投资管理安排进行了全面审核。资产负债研究被委托用以帮助确定最佳投资组合，以确保信托基金可持续的支出水平。

卫康信托以前没有采用一揽子政策的概念。创建基于长期风险收益假设的一揽子政策反映了对信托责任和风险状况的认识以及在信托资产管理政策中认可一揽子政策是至关重要的。作为本次实践的结果，并以潜在的战略资产配置为基础，信托投资组合的资产分配和外部管理安排发生了显著的变化。随着2005年新的首席投资官的任命，卫康信托报告称他们将舍弃这样的概念。

自设的基准或一揽子政策不仅评估经理人对指数的表现，选择基准本身就是关键的投资决策，因为它定义了投资组合的风险收益特征。选择一揽子政策或定位资产组合是投资委员会最重要的投资决策。无论是自己定义还是效仿同行，都要基于具体情况进行分析和判断。这样的判断可能存在缺陷。风险在于，基准不具备为机构的负债提供其所需的巨额资金的预测性。

因此，投资委员会选择他们所信任的资产分配政策，现有的证据表明，特定的配置是为了使他们能够满足其负债，而不是因为其他基金有类似的分配。牛津和剑桥学院投资委员会在他们的资产配置过程中表现出令人耳目一新的自主性和独立性。养老基金托管人通常采用资产负债模型，然后任命一位或多位基金经理按照指定的基准管理这些资产。捐赠资产的受托人，并非总是有明确界定的负债状况，他们也使用定量分析来确定他们的资产组合，以在理想的风险水平下提供最高收益。经理通常负责选股，也许也会对其他战略性资产进行分配，并把战略配置留给投资委员会。

确实，确定一个特定的基准是一个极其复杂的过程，投资委员会的一些成员可能由于种种原因，根本不具备处理这些问题的能力。大多数的投资顾问在选择基准时通常使用被称为随机资产负债的模型。通常情况下，任何模型的结果都主要取决于模型中所包含的数据。资产负债模型特别具有挑战性，因为其需要一个长期利率和其他经济指标的广泛假设，如通货膨胀和增长率，以及资产类别，所有这些指标都需要长期的时间序列数据。

牛津和剑桥各学院在使用定量风险分析时的主要障碍之一是缺乏不动产资产管理的长期数据。牛津和剑桥各学院对大规模不动产的担忧或许说明了具有不动产专业知识的投资顾问的使用率相对较低。这样决策的另一个主要原因是，从定义上看，有些资产类别没有被包含在内，因为他们是新兴资产而且没有历史时间序列数据。或者精确地说，市场经济活动效率低下时，如果有这种技能，也可能存在着获取 α 的机会。

虽然牛津和剑桥的学院越来越多地研究绝对收益战略的优点，但是他们的主要问题是谁将提供绝对收益？例如，资产配置模型，可以建议 10%～

20%的非相关策略,如对冲基金和私募股权。像其他投资者一样,各学院的问题是如何最好地获得这样的资产敞口。例如,各学院并未从福希耶公司对冲基金创造的资产组合中获取特别有益的经验。康桥集团设立的私募股权组合基金并没有足够的时间来衡量投资者的整体业绩。因此,这些机构怀疑资产分配模型并不能真正实施。

定义一揽子政策以及牛津和剑桥各学院的再平衡政策的责任主要(84%)都寄托于各自的投资委员会。不到一半的学院(46%)认为他们的投资委员会对再平衡负全责。只有16%的学院即10个学院(牛津剑桥各5个)认为投资委员会不应该参与再平衡过程。投资顾问一般不用于确定这样的政策,虽然牛津12%的学院说,他们的投资顾问参与了这一过程中。然而,投资顾问的贡献水平并不显著。剑桥只有1所学院称他们的投资顾问对再平衡决策负25%~50%的责任。剑桥大约2/3(67%)的学院预计他们的投资经理将在需要时重新平衡证券投资组合;19%的学院完全把这一任务留给了资产经理人,而在美国,有15%的机构把它交给资产经理人处理。超过半数(52%)受访者不认为这是经理的责任。

利用资产配置目标或一揽子政策可能在牛津和剑桥的各学院之间不是全新的尝试,但由于其资产组合的性质,不到1/4(23%)的学院有再平衡的政策或对一揽子政策进行再平衡。一些学院拥有广泛的资产配置,如60%的金融资产和40%的不动产或类似资产,这导致了罕见的再平衡。此外,不动产资产很少出售,除非有一个很好的理由这样做,但再平衡不是其中理由之一。

2/3(64%)的学院报道称他们的再平衡政策是非正式的,或采取更加灵活的方法,而13%的院校表示他们没有任何再平衡政策不管是正式的或非正式的。在报告非正式再平衡政策的学院中,并非所有的学院都报告有相关的一揽子政策来进行重新平衡。如果各学院具备短期市场的能力,那么灵活的再平衡就是有益的。例如,美国最大的捐赠基金会最有可能存在战术上的灵活调整政策。

表7.6　牛津和剑桥采用投资组合再平衡政策的状况（%）

政策	牛津大学	剑桥大学	牛津和剑桥
正式政策	26	19	23
非正式政策	59	70	64
无政策	15	11	13
合计	100	100	100

表7.6总结了牛津和剑桥采用投资组合再平衡政策的状况。

根据2005共同基金基准研究教育捐赠基金报告，90%的机构报告称他们有目标或一揽子政策，89%称他们遵循自己的政策。几乎所有（97%）较大的机构报告称他们有目标或一揽子政策，并且会遵循他们。78%的较小机构报告有这些投资组合并且大多数（77%）会遵循他们。此外，有78%的受访者在过去一年已经对他们的投资组合进行了再平衡，由2002财年的62%上升至2003财年的75%。[4]

最常见的再平衡投资组合的方法是通过固定机制目标/百分比的再平衡，55%的机构采用这种方法在过去一年进行再平衡。40%报告称他们采用灵活的再平衡政策。最大的机构最有可能采用灵活的方法（63%），而最小的机构经常使用固定机制（58%），这可能是由于较小机构的人力资源的局限性。在过去一年调整了投资组合的学院中，大约1/3（36%）的学院是进行季度调整，而1/4（27%）学院进行年度调整。由于最大的学院主要进行战略性的再平衡，所以40%的投资组合的再平衡就不足为奇了。相比较而言，20%的较小学院进行半年度的再平衡。[5]

再平衡的原因

再平衡的主要目的是反映投资组合的预期风险收益率。股票市场和收益预期的波动以及内部投资目标的变化，导致了不同风险回报模型的变化，这些模型的改变又导致了资产配置方式的改变。再平衡有助于维持资产配置。

保留一些灵活性，而不是进行机械的再平衡的决定也可以被描述为一种策略。因此，与再平衡相比战略资产分配是一个完全不同的过程。

正如斯文森所指出的那样，针对风险如何进行再平衡应在一揽子政策中体现出来。

没有特别的再平衡政策的机构迎来了一种特殊的市场时机。资产配置随市场变化而反复无常，投资组合的风险和收益特征也变幻莫测，引入更多的专业交易已经成为一个具有高度不确定性的过程。事实上，在很长一段时间内，如果不重新调整投资组合配置向最高收益资产移动，这样其结果会增加投资组合的整体风险水平。最终严谨的再平衡可以控制风险，增加投资者实现投资目标的可能性。[6]

对牛津和剑桥再平衡的制度方法分析发现，在过去的几年里几乎所有学院的投资组合都发生了显著变化，很多都进行了重要的重组。过去或最近，大多数机构已经转向执行总收益政策。尽管一些学院已经确立了目标或一揽子政策，并采用战术灵活性重新平衡，但这种投资组合的改变并不是"再平衡"的结果。像牛津和剑桥其他捐赠基金管理方面一样，多元化的考量也应作为注意事项加以强调。

一些学院报告说他们有战略性的长期计划以改变资产配置，如几十年来减少不动产投资组合。一位财务主管说道：

如果我们观察总的捐赠基金就会发现，再平衡一直处于重要的过程之中，因为我们的目标是在十年内将不动产敞口减少至25%。因此，我们一直处于重要的再平衡实践当中，这在很大程度上依赖于实现我们持有的不动产资产的潜在价值的能力。我们的目标是持有75%证券和25%不动产的投资组合，这也是基于6%的长期实际股本回报率的假设。我们目前所采取的做法并没有持续足够长的时间，使我们考虑在投资组合的证券方面进行广泛的再平衡。

虽然这样的定义没有严格遵循传统意义上的"再平衡"，许多学院描述了他们对投资组合进行再平衡发生的变化。例如，一所学院遵循收入导向的投资策略，因为从此类资产中所获的收入状况不佳，他们在2003年减少了海外股权投资。这所学院的财务主管表示，从某个角度上说，基金经理要求学院增加海外股权的敞口，但是学院认为通过学生构成已经足够可以满足海外经济敞口的需求，这所学院有80%的学生来自国外。这所学院的学生来自于57个不同的国家，所以学院可以大量获得学生来源国的财富敞口。例如，美元的贬值正在伤害来自美国的学生。今年我们要对房租进行谨慎审查，否则我们将以无担保债务告终。我们所有的成本都是以英镑计算，但我们的收入来源并没有被对冲。确保收入的需要是投资政策的一个重要决定因素。最大的投资风险是未能获得预期收入。

这里有几个再平衡的例子，通常会被称为资产配置政策的战略变化。另一位认为捐赠收入不是预算管理的主要问题的财务主管认为：

这里有一个再平衡的例子，例如，对于一个长期投资者来说，我们的资产配置必须在每季度对投资组合进行再平衡，因为我们相信市场是有效的。我们认为，这可能是真实的高度流动的发达市场（不包括发达国家的股票和债券市场），但我们不是有效的市场理论家，我们相信有足够熟练的人能够识别和套利厚尾。因此，当我们认为我们已经发现了非常大的异常情况时，我们准备从战术上调整资产配置，但我们对说服自己的过程持谨慎态度。

有些决定显然是市场性的，另一些是由学院的具体要求决定的。有效地管理捐赠基金的需要已经得到了广泛认可，差异主要在于对效率的定义和实现方式。大约10%的学院处于制定和实施这些政策的过程中，主要是为了创造更有效的投资组合。"我们正在改变我们投资组合的结构"，解释之一是，因为我们被告知我们没有持有"最佳"投资组合，或者我们没有将其置于有效的位置，所以假设在相同的风险水平下可以提高我们的收益。内部效率和储蓄问题被纳入整体管理考量，在任何可能的情况下都是为了提高效率。

虽然只有10%的院校表示其有基准定位，并不时重新调整其投资组合以满足政策目标，并有对长期目标的总体的认识。许多学院将这种责任委托给投资经理。其他清楚地制定了基准的学院，认为要很大程度提高再调整的灵活性，采用更多的战术方法使他们从市场的短期波动中收益，例如，在股市低迷时期允许不动产作为投资组合的一部分有所增长。正如一个财务主管所说："2002年1月，我们同意增加不动产在整个捐赠基金中的比重，而不是进行再平衡。"很多财务主管针对其不动产采取了这样的做法。

最近被曝出一种相类似的战略方法，尤其是在资产超过10亿美元的美国较大规模基金会之间，这其中63%的机构都使用了战略性灵活的再平衡政策。基金规模在5亿~10亿美元的其战略性进行再平衡的占59%，46%的资产在1亿~5亿美元之间的捐赠基金会也是如此。捐赠基金规模稍小的机构（价值不足1000万美元）中1/4采用了这种方法，大约1/3（32%）资产规模在1000万~5000万美元之间的捐赠基金会也是如此。38%的中等规模捐赠基金会（0.5亿~1亿美元）采用灵活政策。总体而言，40%的机构采用灵活的战略性再平衡政策。美国教育捐赠基金会报道的战略性再平衡表明他们再平衡的方式有所转变。灵活战略性的需要受到了市场波动的驱动。只有1/3（33%）的较大的机构采用了固定的再平衡机制，但有超过一半的机构（55%）都进行了报告。[7]

大多数牛津和剑桥的学院更多地是改变投资政策，而不是对原有投资结构再平衡。例如，由于主动管理策略表现不佳，7%的学院都将其积极管理转变为了保守管理。他们同样关注资产管理者所有权的变化，并且更加重视行业内的资产聚集。其他学院由于一些内部原因改变了其投资政策。一所学院由于一笔相当大规模的捐赠基金内部借款导致了捐赠基金投资组合价值的崩盘，所以其由增长导向的总收益投资政策转变为收入导向的政策。另外5%的财务主管没有对这一问题给出明确的答复，再平衡不仅仅是一个相关问题。表7.7解释了财务主管是如何回应的。

值得注意的是，牛津和剑桥大约1/3（30%）学院的捐赠基金投资组合的再平衡是由不动产相关问题所引发的。牛津1/4的学院（24%）以及剑桥超过1/3的学院（37%）都由于不动产投资对其投资组合进行了再平衡。考虑到这些学院的投资组合中不动产的高占比，这种状态也许并非给我们带来启示。有趣的是，对不动产投资组合管理的投资观点是多样性的。一位财务主管认为，股权组合不过是我们与不动产相关的主要决策的补充。投资组合的资本价值不是主要考虑因素。另一位财务主管则说："我们在 2003 年 7 月进行了再平衡。不动产占比达到 10%～20%。目前，我们持有 16% 的不动产资产。如果我们愿意，可以持有更多额外的不动产资产达到其 20% 的限额。所以，我们需要更多的现金使我们可以这样做。这笔钱来源于长期的金边债券，要经过投资政策的审查。

表 7.7　牛津和剑桥各学院再平衡的例子（%）

原因	牛津	剑桥	牛津和剑桥
允许不动产资产增加	5	3	8
计划在长期内减少不动产资产	5	–	5
投资于当前的不动产资产	2	2	3
将不动产转换为基金	2	2	3
再平衡不动产投资组合	–	5	5
将不动产转换为股票	–	2	2
将股票转换为不动产	–	2	2
将金边债券转换为不动产	–	2	2
将主动转换为被动	3	3	7
将增长导向转换为收入导向	–	2	2
增加股票配置	5	–	5
增加日本股票配置	2	–	2
增加英国股票配置	2	–	2
增加欧洲股票配置	2	–	2
减少海外股票	–	2	2
将股票转换为债券	3	2	5
将债券转换为股票	–	2	2
投资于私人股本	2	2	3
减少固定收入	3	2	5
在市场低迷时增加现金持有	5	–	5

（续表）

原因	牛津	剑桥	牛津和剑桥
更换经理人员	3	–	3
留给基金经理处理	2	–	2
基准导向	3	7	10
战略性再平衡	–	2	2
规划或实施过程中	8	2	10
无回应	–	5	5
合计	56	44	100

牛津和剑桥各学院投资组合的变化是由投资政策审查、基金风险状况的变化、市场环境的变化或相似原因所导致的。表7.8说明了这些原因所导致的整体配置的变化程度。

表7.8 资产配置变动动机的相对重要性（%）

原因	100	50~100	25~50	0~25	0	无回应	合计
投资政策审查	16	26	16	9	18	15	100
风险状况变化	2	12	22	10	39	15	100
市场驱动	3	14	16	13	39	15	100
其他	8	3	3	5	66	15	100

对16%的学院来说，投资政策审查是其投资组合配置变化的全部原因，对于超过1/4（26%）的学院而言投资政策审查是引发配置变动的大部分因素（50%~100%）。风险变化对39%的学院没有影响。只有1所学院受到了风险状况变动的影响而改变了其基金投资组合。只有2所学院（3%）对投资组合进行再平衡完全是由市场活动导致的，14%的学院受市场活动影响较大，而39%的学院认为市场驱动力对其没有任何影响。因此，对于相当数量的学院来说，再平衡的概念是新兴的且并没有被完全采纳。

2/3的受访者（66%）在维持其资产配置或改变其配置时没有引用"其他"这一影响因素。对于那些已经被承认的其他因素，学院给出的原因都是独特的。8%的学院认为保证收入的需要是对捐赠基金进行再平衡的压倒性因素。对于1名财务主管而言,无力管理学院职员也是一部分原因(20%)。两位来自牛津大学的财务主管均认为,管理人员的不良表现以及对学院建筑物的维护同样也是资产配置变化的原因(50%)。

在一个例子中,向学生提供住房的需求也是资产配置变化的驱动力。而在另外一个例子中,"避免向新兴市场投资的需要"也是原因之一。在后者中基金经理投资于日本市场,但是这一行为未得到学院批准,所以不得不将这一部分投资出售。投资组合被投资于投资经理的几个资金池中,这意味着从管理者的角度来看,投资经理的投资行为有时是"政治上不敏感的"。学院的目标是投资于众所周知的欧美企业而不是新型市场。"因此,当基金经理建议投资于对冲基金或日本市场等风险投资时,我们指示他们要遵守我们的准则。"一位财务主管解释道,"虽然这可能反映了投资决策,但是实际上它代表了学院的组成问题。"管理人员风格的偏移以及对管理协议坚持的缺乏成为这所学院需要解决的相关问题。

衍生金融投资工具的使用

牛津和剑桥各学院投资委员会的成员将其自身定位为本质上的风险厌恶者,他们认为他们在对捐赠基金进行管理时整体上使用保守的方法。就像几个世纪以来他们一直做的那样,将1/3的捐赠基金直接投资于不动产,被认为风险较小。理事会成员或许可以成为自己所在领域的专家,但他们对市场并不熟悉,特别是近期出现的新兴金融产品。因此,他们的不动产资产不会出现集体证券化;直到最近,一些学院才选择指数化作为保证其资产敞口的一种方式。虽然投资决策一般留给投资委员会成员,但管理捐赠基金的最终责任仍在于管理机构。除非投资策略得到投资委员会和管理机构的认可,否则就不可能成功。因此,在管理捐赠基金投资组合时,衍生工具的使用仅限于货币对冲是不足为奇的。

尽管牛津和剑桥有1/4（25%）的财务主管表示，他们愿意使用金融工具，但是大部分学院（66%）在进行资产管理时没有使用衍生工具。只有1/3的财务主管表示他们没有能力或不愿意这样做。有趣的是，剑桥大学愿意使用衍生工具的财务主管人数（33%）是牛津大学（18%）的2倍。整体而言，牛津和剑桥有10%的财务主管报告他们使用金融工具对其捐赠基金进行管理。但是，在这些学院中，这样的使用仅限于股票期权或货币对冲，用牛津一个财务主管的话说，"不能利用复杂的金融衍生工具，不能使用外汇衍生工具进行外汇套期保值"。由于这位财务主管是一位经验丰富的基金管理经理，所以他这样说不足为奇。随着越来越多的具有相关行业经验的财务主管的任命，资产管理的总体方法将会发生改变。

虽然大多数财务主管在管理捐赠基金资产时不使用衍生工具，但是他们允许他们的基金经理这样做，只不过要遵循一定的约束条件。例如，通过电话形式和书面形式授权基金经理去进行投资，任何时间段，基金投资的项目数不能超过5单，且每单要限制在50万英镑。使用衍生工具的受访者也限制了基金经理单独使用货币对冲。一些没使用衍生工具的财务主管说，如果他们采取行动的话，他们也可以这样做。他们可以自由使用衍生工具，但他们选择不这样做。2/3的财务主管表示他们在管理其投资组合时不使用衍生工具，但是，他们认为他们的基金经理需要这样做，尤其是对冲基金经理。

小　结

像养老基金和保险公司一样，捐赠基金会的资产配置是由投资顾问和管理人员的帮助下的投资委员会指定成员决定的。然而，与养老基金和保险公司不同，慈善部门的投资者越来越意识到他们作为真正的长期投资者的优势。作为一个部门，他们已经成为真正的风险承担者。虽然大多数养老基金机构认为，长期投资是指几十年的投资，对于学术机构而言，如果不是永久性的，那么长期投资通常是指世纪性的投资。

美国的常春藤盟校捐赠基金与养老金基金部门或零售部门的投资者相比，投资方式有所不同。在发达国家的其他地区，甚至在牛津和剑桥的学院中，捐赠基金、基金会和慈善机构的投资政策也是如此。英国的大多数慈善机构都必须为收入进行投资，平均而言，他们的捐赠资产的价值也比美国的同行少。尽管一些公司的支出不足资产的5%，但美国这样总体要求导致了更大的风险，包括投资非传统资产的自由。美国主要捐赠基金所采用的开拓策略现在得到广泛认可。

作为一个群体，牛津和剑桥的学院在资产配置方法上缺乏规范性的表现，在20世纪80年代和90年代的大部分时间里困扰着养老基金在英国的发展。战略资产分配过程中投资顾问的缺乏，可能有助于牛津和剑桥的发展以及欧洲捐赠基金投资方式的多样性。随着同行群体活动意识的增强和新一代专业慈善投资者的崛起，可以想象的是目前在养老领域表现出来的个人主义水平可能会消失。

从历史上看，牛津和剑桥的投资委员会成员在资产配置，或建立一揽子政策时没有进行积极决策。因此，战略资产配置往往是个人投资决策的结果，而不是投资组合出现的原因。令人惊讶的是，指数化作为公开上市交易的证券组合投资策略在这些机构中的流传不是很广泛，因为克服主动的成本管理本身就是一个巨大的挑战。用斯文森的话说："在一个极其复杂且艰难的投资环境背景下，受托人往往会趋向于主动管理路径。"[8]由于最佳收益是不确定的，严谨的投资者在追求高成本的主动管理策略前，应考虑低成本的保守策略。

牛津和剑桥各学院对风险概念界定也很有趣。理论意义上的风险概念很少被使用，他们更乐于接受剩余结果。例如，在这个部门的许多投资者认为，只要收入不受影响，市场波动对投资组合的影响不大。他们的主要风险是未能从捐赠基金中获得所需的收入。只有少数人从他们所有的投资中寻求绝对回报，而这些投资不希望失去任何投资资本。在理想的世界里，这些投资者更偏好一个可持续的收入来源及对冲通胀，而不必担心如何保值。这样的一种概念化的风险也是为什么这些投资者喜欢将不动产作为一种资产类别的原因。可以说，由于持有不动产资产，在整体捐赠基金投资组合资产配置的方法上，高校表现出高水平的多样性。这些政策可能不是基于定量分析模型，但数百年的不动产收入让这些机构认识到收入多元化的重要性。

虽然超过半数的美国机构使用固定的机制来对他们的目标范围进行再平衡，但牛津和剑桥不使用这样的做法。如果牛津和剑桥的许多学院不受任何投资限制，并且没有负债，那么他们都逐渐将其持有的一揽子政策或投资组合置于重要位置。由于高校具有长期投资于不动产的经验，他们对不包括资产类别的资产分配模型持怀疑态度。尽管许多财务主管表示为了本学院的长期发展，有必要寻找一个理想的资产配置政策，但是作为一个群体，学院投资政策特点并没有体现再平衡。这个问题暗示他们要根据具体情况做出正确的决策，同时承认他们无法确定哪些应该被列入投资条款。

这些机构不惧怕采用像多样化那样冲击基本投资理念的资产配置政策，例如可以通过在捐赠基金投资组合持有超过60%的不动产资产。最经常被引用的方法是"战术性方法"，这被大多数学院所使用。这种变化有时允许不动产资产配置超过可以接受的最高配置。这种回应出现于市场低迷的前三年，即2000—2003财年。股票市场自2003年3月开始复兴，这有利于那些再平衡其资产到股票上的投资者。

人们常常将战术资产配置的意义作为不遵循投资顾问建议的一个原因，而不是机械再平衡的方法。一位财务主管说道，康桥公司是我们的投资顾问，学院的财务主管雇用他们已经超过了3年。顾问的局限性在于他们过于依赖历史为基础的统计模型。他们还认为，你应该建立一个长期的投资政策以及再平衡投资组合以自动应对市场的变化，这似乎被认为在战术上是低效的。

不动产在牛津和剑桥的学院投资组合中的重要性没能得到足够的重视，这影响了与资产配置相关投资方法。例如，如果你的投资组合有30%~40%直接投资于不动产而不是通过不动产投资信托公司，那么再平衡就不是一件容易的事。学院起初在该领域并非一片空白，贝利奥尔学院用了几十年出售不动产资产。时至今日，是时候回购一些不动产资产了，他们是以不动产基金的形式进行的，而非直接控股。当然，拥有较小捐赠基金的学院在其投资组合中没有任何不动产资产。虽然这些机构历史清白，并拥有最符合他们长期投资目标的有效投资组合，但是没有证据表明，所有情况下都要如此。这些机构之间的捐赠基金资产管理可能显得过于个人主义，但这种做法与他们较大的美国同行相比并没有显著不同。

第八章　投资组合风险

引　言

经验丰富的投资者认识到，全面了解投资组合的整体风险状况是对其所有投资方案进行评估的核心。与此同时，每位投资者对风险的界定不尽相同，因此很难将这些风险一概而论，除非有绝对的风险评判标准。由于每个投资人对风险的看法不同，因此这种多样化使得投资人或者为了高收益选择高风险的投资组合，或者为了降低风险而选择低收益的投资组合。为了优化投资组合，在衡量引入的一组投资项目时，往往要基于定性的评价标准，而不是明确的定量标准。因此，调整假设来反映相应的风险回报水平，平衡风险回报是风险控制的关键。

根据慈善监管机构——英国慈善委员会所提供的指导，考量投资风险主要从两方面进行：其一是合约风险，其二是投资风险。合约风险是指慈善组织与履行投资业务公司之间的风险，如银行、股票经纪人、投资经理未履行合约的风险。如果金融服务受到监管，赔偿计划能够发挥效用，投资亏损的风险就会降低，但这也绝对不能涵盖整个投资领域。投资委员会成员和受托人可能或多或少地关注这个问题，具体取决于其投资的性质和范围。他们不应忽视交易对手违约的可能性以及在其特定的投资策略背景下，评估和管理风险的必要性。另一方面，投资风险是任何投资都固有的风险。在某种程度上，风险可能被看作是投资失败或表现不佳，但适当的多样化投资组合，可以在一定程度上减轻风险。[1]

学院试图界定捐赠基金投资组合的风险程度（以5级量表分类，1不是很重要，到5非常重要），其中投资组合所涉及的各种风险（例如市场风险，基准风险，流动性风险，信贷风险，和其他风险）为牛津和剑桥各学院制定投资风险框架提供了线索。值得注意的是，大多数（85%）的学院认为他们的投资委员会负责捐赠基金资产的风险管理，大约一半的学院称，这项工作是在内部完成的，没有任何外部专家的参与。就如投资顾问很少参与投资过程一样，投资顾问也很少参与投资风险的管理；90%的受访者表示在风险评估过程中没有顾问的参与。即使许多牛津的学院称其接受投资顾问服务，但也只有15%的学院在风险管理中依靠顾问。

投资经理的影响十分显著，43%的学院依靠其经理进行此类评估和完成后续活动。一些学院称，财务委员会通常会把风险评估作为其管理学院整体财务的一部分。在剑桥，几乎一半的学院将风险管理委托给投资经理，其中22%的学院完全依赖于经理。在牛津大学，1/3以上的学院将风险管理委托给投资经理，在约1/4的学院中，外部经理对整个管理流程做出重要贡献（25%~50%）。

2002—2003财年，牛津大学财务报告确定了风险管理的重要性。尽管还没有建立起最佳的风险管理实践模式，但大多数的学院正处于风险管理的进程中。大多数学院表示"学院基金管理机构确认，其所面临的主要投资风险已被审查，并且学院已经建立起相关制度，以减轻这些风险所带来的影响"，有时主要风险的增加会阻碍学院实现其永久的慈善目标。

牛津万灵学院，为本项研究提供众多相关信息的学院之一，在其公布的年度报告和账目中列出以下风险声明：

学院正在进行持续的风险评估。当无法利用自身资源解决风险问题时，学院将从具有专业知识的外部专家那里获得建议。学院内的投资政策和投资程序由相关学院委员会审查。学监主持的校务发展委员会（General Purposes

Committee）负责审查涉及风险的一般战略制定，合规性风险及操作性风险。财产投资风险由地产及金融委员会进行评估和监管，并采纳投资地产发展小组委员会的意见。后两者依次管理一些外部专业顾问关于学院捐赠基金中持有的各种资产的风险状况和绩效监测。学院还任命其两名研究员担任财务代表，任期两年。他们每年与审计师会面，审查财务控制情况，会计制度和学院财务状况的报告。学院委员会监督就业、健康与安全问题。外部顾问在必要的情况下协助学院对这些领域的风险进行评估，并且为了达到目的，学院每年都会雇用专门的投资公司。此外，财务主管、伙食管理员和院内工作负责人每学期都会交流一次，以审查健康和安全问题。学院工作人员通常会参加培训课程和其他形式的职业发展课程，以提高他们在风险相关领域的技能和意识。

《剑桥大学周报》（*The Cambridge University Reporter*）指出，在 2004 大学会计报表中，并没有把"风险管理"单独列出，仅仅是在"管理机构责任"一节提及"内部财务控制"，而没有建立基金风险管理标准。各学院公开的信息不尽相同，尽管许多信息都强调管理机构的责任，其应当采取合理方法，确保有适当的财务措施和管理控制措施来保护学院的资产。大多数学院称，已经建立了适当的财务管理控制体系来保护学院的资产，以预防和发现欺诈，同时确保经济、高效、有效地管理学院的资源和支出。此外，也要承认任何内部财务控制体系只能在一定程度上降低重大错误和损失，而不能完全规避风险。

捐赠基金投资组合的风险是整个管理过程中一个最为关键的环节。牛津和剑桥大学认为其投资保守的，规避风险的。传统上，风险并不是积极的，也不能以定量的方式来管理，而是通过投资于更多元化的投资组合来进行定性管理的。因为风险过高，学院不会把超过捐赠基金 50% 的资金投资于同一资产类别中，例如投资房地产和国内股票。虽然随着预期波动性较高的价格上涨会带来高收益的回报，但是多元化的投资，特别是资产投资及策略多样化给投资者提供了一种风险控制的机制。一些较大的捐赠基金也开始重视经理的选择并采用多元化的投资风格。最近,牛津大学和剑桥大学捐赠基金投资组合的重组有助于学院积极实施寻求长期回报的以总回报为导向的投资政策以及实现资本增长与收入之间的平衡,提供实际增加的年度开支。但对于这些机构而言,制定风险管理的正式投资政策声明并非是其优先考虑事项。

表8.1 院投资组合风险程度(%)

捐赠基金(百万美元)	正式	非正式	无政策
>1 000	44.4	15.6	40.0
500~1 000	42.3	21.2	36.5
100~500	53.3	15.9	30.8
50~100	60.8	11.2	28.0
25~50	58.2	12.0	29.8
<25	54.3	10.0	35.7
公立	60.5	14.1	25.3
私立	51.8	13.2	35.0
平均	54.5	13.5	32.0

来源:《2004 NACUBO 报告》。

与美国教育机构相比,在风险管理方法上,超过一半的学院(54.5%)正式确定了资金池的风险程度,中等规模的捐赠基金(资产在5 000 万~1 亿美元之间)以及公立机构比其他任何领域的机构更愿意这样做。此外,大约1/3 的机构(32%)没有评估捐赠基金资金池的风险程度的政策,私立学院更愿意采取这样的方式。[2]

市场风险

眼光长远,具有熟练投资经验的投资人会忽视市场时机,而不是市场价值。严谨的投资者会根据市场周期来坚持其投资理念。预测市场变化是困难的,不仅因为影响市场的因素众多,而且很难准确地预测发生这种事件的时机。然而，所有投资者都对市场有所了解，据此相应调整资产配置。例如，投资者通常以消极的态度来预测股票市场的波动，因此会减少对股票这一类资产的投资，同时增加对其他资产（如债券、房地产或另类资产）的投资分配。即使采取保守策略，投资者也隐含地表达自己对市场的看法。由于预测市场变化与长期投资不同，经验丰富的投资者更愿意坚持全面投资。

因此，值得注意的是，超过一半（59%）的牛津和剑桥的学院认为市场风险非常重要；几乎 1/3（65%）的牛津大学财务主管认同这种说法，剑桥的比例超过一半（52%）。与此同时，牛津的股权分配平均为55%，剑桥则为52%，各学院国内投资份额接近38%~39%。平均值掩盖了所报告的市场风险与这些机构遵循的股权分配策略之间的关系的差异。固定收入投资平均为12%，从而揭示了绝对回报策略的投资几乎不存在，尽管房地产占捐赠基金资产的1/4（26%）。在公开交易资产中，房地产交易需要更具战术性的方法，因为其直接持有的不动产可能难以出售。

表8.2 牛津和剑桥大学对市场风险的认知能力

风险级别	牛津（%）	剑桥（%）	牛津和剑桥（%）
5 非常重要	65	52	59
4 比较重要	18	19	18
3 一般	6	22	13
2 比较不重要	6	7	7
1 不重要	-	-	-
0	-	-	-
没有回应	6	-	3
总计	100	100	100

表8.2列出了各学院对市场风险的评估。为了方便起见，得分采用进位法选最高值。例如，两所学院的受访者给出了不在调查中的分数，因而将表8.2中显示的4.5归为5，表8.3中的2.5归为3。

大约1/3（31%）的受访者认为市场风险比较重要，将风险评级定为3级和4级。与牛津相比，剑桥有更多的学院（22%）认为市场风险一般重要

(风险级别为3),牛津只有6%的学院认同这种观点。因此,83%的牛津的学院认为需要关注市场风险,认为市场风险性较高(风险为4级和5级),而在剑桥,只有71%的学院认同此观点。只有少数(7%)牛津和剑桥学院认为市场风险不是投资组合的主要风险;少量学院(3%)没有回应或没有对这一问题发表看法。

虽然基于此类分析的主要结论可能会产生误导,在2003—2004财年进行访谈时,超过一半的参与者称股票市场是风险的主要来源。大多数学院预计股市将进一步下滑,不会出现上涨或复苏的情况。但是,在长期策略中,超过50%的股权分配并没有反映出股市的这种特征。由于许多学院也从事战略资产配置,所以这种市场悲观情绪将会迫使学院降低股票敞口。因此,这种高额的股票配置究竟是由积极管理政策所导致的,还是由受投资者偏好所导致的,目前仍不清楚。

斯文森说道:"参照金融理论和投资常识,长期资产配置要坚持三项原则——坚持股权投资,保证多元投资组合的有效性,保持税收敏感性。"[3]如果这些学院对这些标准进行评估,他们会有很高的分数;他们应认识到股本投资的重要性,不动产投资在一定程度上有利于投资多样化,并且能够创造让许多学院投资者都会羡慕的财富收入;尽管作为慈善机构,学院在多数情况下是免税的,但是各学院应当对税务问题保持高度敏感。

牛津大学和剑桥大学诸学院通过不动产配置减弱了市场冲击带来的影响,特别是在2000—2003财年的熊市期间。作为长期投资者,这些学院继续把半数以上的资产投资于股市是有意义的。不动产,债券和现金的分配构成剩余资产,因为获得另类战略的机会受到严重限制。在不断上涨的牛市中,长期指数证券投资是最简单易行的 β 投资。由于富时全股和摩根士丹利资本国际全球指数(MSCI)在2000—2003财年熊市以来的大幅回升,这种投资方式可以称为明智之举。

美国的捐赠基金通过投资绝对回报策略来应对市场环境的变化,规模越大的捐赠基金其投资积极性越高。然而,对对冲基金投资风险控制的关注达到最高水平,(平均4.1级,级别范围有1~5个等级,5级代表着最高的关注度）和监督/正当查账（平均得分为4.0）。个人经理风险，经营风险或业务风险分别为3.7和3.5，透明度（3.2）和交易费（3.1）。规模较大的学院其整体关注度较高，而规模较小的学院只有监督和尽职调查高于3.0。这可能反映了许多较小的机构在对冲基金的风险管理领域主要依靠其基金经理，而较大的学院则更多地依赖绝对回报策略。[4]

基准风险

与市场风险相反，所有的受访者都表示基准风险并不是十分重要的。换句话说，大多数财务主管认为，相较于投资经理的能力或其他可能影响投资组合表现的其他风险来源，股票市场的表现更有可能令人失望。因而我们可以从这样的角度得出结论，牛津大学和剑桥大学认为自己具有卓越的经理选拔能力，但是投资顾问预测市场回报的能力不得而知。

表8.3显示了牛津和剑桥对基准风险的评估。

表8.3　牛津和剑桥各学院对基准风险的评估

风险级别	牛津（%）	剑桥（%）	牛津和剑桥（%）
5 非常重要	–	–	–
4 比较重要	15	17	11
3 一般	29	19	25
2 比较不重要	6	7	7
1 不重要	21	7	15
0	–	4	2
没有回应	6	–	3
总计	100	100	100

当就此问题进行更深入的访谈时，一些受访者表示并不确定"基准风险"的含义。基准风险指的是投资组合的潜力落后于其所选择的基准，从而无法实现其收益目标和投资目标的风险，只有11%的学院认为其比较重要，

在5级量表风险级别为4，另外25%的学院认为基准风险一般重要，关注程度为3级。大部分学院回应称，这种风险的产生在于经理未能提供收入，而不在于基准中隐含的总回报目标。44%的学院，将其评为2级。正如积极管理者所做的那样，学院对此表示怀疑。考虑到这种怀疑态度，我们惊讶地发现更多的学院没有被动投资。剑桥大学一所学院的财务主管表示，不存在基准风险。因为大部分的资产处于被动管理之下，即便基准风险不是零，其风险性也很低。例如，基金经理可能面临与1995年的巴林学院一样的未知风险。

大部分学院认为没有最优的投资组合政策是风险来源之一，但是很少有人认为基准本身就存在风险，因为在20世纪80~90年代间，在养老基金领域广泛采用同行基准。尽管一些风险不能避免，牛津和剑桥诸学院仍然在捐赠基金管理的几个关键方面保有个人主义倾向。因此，风险基准通常是定制的，有时经过了几十年的发展变化反应出每所学院独特的特点。然而，没有证据表明这种变化是源自于学院有意识的设计规划；也不清楚现有的最高效的投资组合是否经受住了实践的检验。例如，许多投资官认为不动产投资敞口过高以及这种资产分配会限制长期回报的预期。一些学院已经对其资产组合进行在平衡，避免对不动产进行过重的投资。

寻求教育捐赠基金理想化的资产分配仍然是各学院一个共同关注的问题。模拟美国教育捐赠基金模式，哈佛大学、耶鲁大学、普林斯顿大学或斯坦福大学采用另类策略的高额配置，而这种策略并不能给那些拥有主要资产自主权的学院，提供现实的解决方案。了解这些机构所面临的资产管理困境的关键是长期不动产敞口，对这一资产类别具有丰富的管理经验，并满足了提供收入和多元化的两个关键要求。另一方面，与捐赠基金相比，养老金基金受其规模限制，并没有太多的投资选择。

在一个例子中，一所大型的牛津大学基金会的主席承认，他们的投资顾问认为他们持有次优组合。正如他所说，"我们没有考虑投资组合的有效前言问题，所以只假定我们可以在同等风险水平上改善投资回报。一些牛津和剑桥的学院的捐赠投资组合可以从这种优化分析中受益。虽然大多数财务主管表示希望了解更多关于一揽子政策的效果,但他们不确定现有的投资研究是否充分认识到其特定的资产组合。投资顾问对捐赠基金资产配置的大部分研究未能考虑到不动产。虽然剑桥协会等顾问团体对美国的捐赠基金和基金会进行了广泛的研究,但他们对英国教育捐赠的报道仍然有限。在牛津,康桥公司似乎已经产生了一些影响,虽然许多财务主管仍然对这类研究的价值持怀疑态度"。

只有少数学院表示他们可能没有投资于有效的投资组合,但他们正在处理这个问题。就像一位财务官所说的那样,"我们将不会指定康桥公司的投资顾问,不会把投资其私募股权作为投资计划的一部分。我们不会把他们任命为我们的顾问。但是我们希望能够看到私募股权的敞口,牛津大学为其专门设置的基金似乎是一件好事"。这位财务官同时也解释道:"除了监察拟聘用的私募股权基金的表现外,我们也希望他们能在资产配置、风险指令、建立基准等方面做出积极的贡献。我们并不确定基金经理是否能建立起一条合适的基准。"投资经理目前负责基准问题,因为基准的风险性很高,所以亟待解决。

流动性风险

捐赠基金的主要问题之一是为运营提供充足的资金。得益于教育捐赠基金收入来源的多样性,因此对于捐赠收入的依赖程度也各不相同。虽然总回报方式使投资者能够专注于资产配置,以期实现资本和收入永久增长,但流动性仍然是一个重要问题。由于牛津和剑桥各学院平均持有现金资本为7%(牛津大学9%,剑桥大学5%),流动性并不被认为是主要风险。收到回应的学院中有超过一半(56%)的学院认为其风险性为低,评级为1;牛津大学超过1/3的学院(68%)报告流动性风险比较不重要,而剑桥为41%。

每年从捐赠基金中获得足够的资源被评为影响资产配置的主要因素,由于这些机构只是最近投资于收入,所以这些考虑只是自然而然的。然而,在学院的整体收入中，对捐赠基金的依赖性较低的高校并不认为流动性会影响资产配置。表8.4 显示了牛津和剑桥各学院如何评定投资组合中的流动性风险。

在不动产和现金分配方面，牛津和剑桥大学平均为26%和7%，约占捐赠基金投资组合的1/3，牛津和剑桥的诸学院并没有将流动性风险视为重要风险。2 所（3%）来自于牛津大学和剑桥大学的学院，认为其根本没有风险；2 所学院在其投资组合中拥有非常高的现金投资水平，其中1 所占21%，另外1 所学院为14%，并不包括不动产投资。这些学院都没有认为他们的高现金分配是一个风险来源，因为现金并没有完全投入于市场。

剑桥1 所学院认为流动性风险非常重要，反映了该学院在其捐赠基金中对不动产的高额配置（90%）。其他学院没有这么大的不动产风险敞口。

表8.4　各大学对流动性风险的看法

风险级别	牛津（%）	剑桥（%）	牛津和剑桥（%）
5 非常重要	–	4	2
4 比较重要		11	5
3 一般	12	7	10
2 比较不重要	12	33	21
1 不重要	68	41	56
0	3	4	3
没有回应	6	–	3
总计	100	100	100

另一所对不动产进行高额分配的学院（牛津），其不动产配置为75%，把流动性风险定位2 级，因此这所学院有充足的现金流。这两所有着高额不动产配置的学院对其股权投资也采用绝对回报方式，也就是说，他们不能容忍其股本投资组合中任何资本价值的损失。

剑桥大学中有11%的学院认为流动性风险是比较重要的，尽管它们不在最低现金持有的学院之列。其中1 所大学持有2%的现金，其余为7%~8%的现金。但他们认为流动性风险很高评级为4，或其风险性80%。1/3 的剑桥的学院将流动性风险评为2级。相较于牛津大学80%的学院,剑桥大学(74%)较少的学院,并没有将流动性风险视为投资组合风险的重要来源。平均而言,大学对于能够从捐赠基金中的不动产收入获取的现金流以及目前相对较高的现金配置,感到满意。

为数不多的学院表示转变资产配置方案迫在眉睫,可是其中一些学院正在处于捐赠基金投资组合重组过程中,改变现金分配至少在未来几年内才会得以实现。因此,今天的分配很可能表示较低的现金头寸,甚至更低的不动产分配。坊间证据表明,其中一些将被投资在另类战略。例如,巴里·赫德利在2000年富时股本达到最高峰的一个月后,作为财务主管加入到剑桥大学的冈维尔与凯斯学院。他苦笑着回忆说,他的上任被寄予厚望,他会重塑大学的捐赠基金,更加积极的投资股票,以代替之前的不动产投资和金边债券投资。

他帮助学院首次建立了总体财政目标,并且展示了学院目标怎样把历来的支出规则同投资政策正式地联系到一起以及包括转到新的"全回报"会计制度,后者要求枢密院批准更改"大学章程"。鉴于21世纪初资本市场普遍存在的股票波动和下降趋势以及将捐赠基金的元初配置转变为战略目标配置的行动,需要在大学院士之间达成一致,而这其中所涉及的战术困难是巨大的!然而,到2006年中期,这些变化几乎完全实现了,近100%的学院将捐赠组合重新组合成一个广泛多元化的结构,包括对冲基金和私募股权的大量分配以及对大宗股票,国债,现金和不动产方面的削减。

除了倾向于流动性不足的不动产投资,牛津和剑桥投资于有价证券,并没有对冲基金或私募股权资产的过高的投资敞口,其在较大的市场波动期间,这些资产往往流动性较低。因此,这些学院,没有考虑流动性风险作为投资组合风险的相关来源。由于流动性不足也可能是异常表现的来源或 α 值,长期投资者更愿意适应这一特征。缺乏与非流动资产有关的信息创造了投资机会。高流动性,大量资本化证券受到很多分析师的关注。在竞争激烈的市场中,难以在一段时间内捕获 α。私营公司缺乏可用信息,从而创造了挑战和机遇。此外,当私募股权公司获得股票上市时,投资者也意识到投资的价值。

那些拥有的特定不动产的牛津和剑桥的学院也有类似的优势。这些资产缺乏流动性，实现其内在价值比私募股权投资可能需要更长的时间。大多数高校不寻求实现这种投资的潜力，不动产通常被认为是核心资产。经营不动产由学院不可转让的资产组成。只有在捐赠基金范围内持有的不动产资产，才可以根据其他财政考虑因素进行出售。不动产的出售可能是一个复杂而冗长的过程。不同于有价证券，不动资产没有流动性；因此，对不动产配置较高的学院也会带来更高的流动性风险。由于牛津和剑桥大学具有真正的长期投资前景，因此更适合管理这些风险。更重要的是，不动产的租金价值为这些学院提供了一个安全可接受的收入水平。

信托风险

信托风险的定义非常广泛。这种风险会对财务状况，条例执行情况以及学院运行现状产生不良影响。因此，负责风险管理投资委员会有广泛的职权，委员会应谨慎使用其权利。就如表8.5所显示的那样，牛津剑桥大学认为信托风险不是非常重要。

表8.5 各大学对信托风险的看法

风险级别	牛津（%）	剑桥（%）	牛津和剑桥（%）
5 非常重要	–	–	–
4 比较重要	9	–	5
3 一般	–	11	5
2 比较不重要	24	26	25
1 不重要	59	63	61
0	3	–	2
没有回应	6	–	3
总计	100	100	100

英国受托人与美国受托人的受托责任相同，他们大多都遵循"审慎/稳健"的投资。它包括管理代际权益，平衡当前和预期的财务需求，预测物价趋势以及了解当前和未来的全球经济状况。捐赠基金管理者必须对下行风险保持高度敏感，因为这种风险可能会影响其信托责任，即保持当代支出和捐赠基金未来增长之间平衡。此外，在通货膨胀的影响下，他们保证捐赠基金能够提供足够的收益来满足当前的支出。

大约1/4（25%）的牛津和剑桥的学院将信托风险定为2级，占五级量表中的40%。只有10%的受访者认为其风险性较高，将此类风险定为3级和4级。有较多的牛津的学院（61%）认为管理学院捐赠基金的信托业务存在风险，但其风险性较低。一位财务主管（牛津）认为他们的信托风险是零。因为学院对其投资经理和自身评估此类风险的能力充满信心，这种盲目的信任十分幼稚和狂妄，尤其是在这种充斥着欺诈、破产、监管违规和收购的行业中。

其他风险因素

除了金融市场风险、基准风险、流动性风险和信托风险外，牛津剑桥（79%）学院在全面管理捐赠基金资产时，没有定义其他风险；与剑桥59%的学院相比，94%的牛津的学院称不受其他重要风险的影响。表8.6是各学院对这一问题的回应。

表8.6 各大学对其他风险的评估

风险级别	牛津（%）	剑桥（%）	牛津和剑桥（%）
5 非常重要	–	30	13
4 比较重要	6	4	5
3 一般	–	–	–
2 比较不重要	–	–	–
1 不重要	–	7	3
0	–	–	–

（续表）

风险级别	牛津（%）	剑桥（%）	牛津和剑桥（%）
没有其他风险	94	59	79
总计	100	100	100

大约1/3（30%）的剑桥的学院将其他风险视为投资组合中"非常重要"的风险，但这一看法在牛津则为零。这些学院所定义的其他风险因素包括：

（1）单项风险敞口风险。9所剑桥的学院称其他风险因素会对其投资组合产生影响，其中2所学院报告了"单项风险敞口"或特定股票高风险敞口。1所学院中，单一股票份额占捐赠基金中英国股票敞口的30%，而该学院的英国股票配置占投资组合的65%。尽管此类敞口可以相对较低的成本进行对冲，但是该学院没有考虑这样做。

（2）校办企业无法提供收入的风险。对于一所运营收入高度依赖其校办企业的学院来说，毋庸置疑，其风险在于企业未能满足学院未来运营收入。因而，这所学院很难对冲此类潜在损失。这所学院目前没有花费任何捐赠基金收入，因此，减缓了学院的一部分资金压力。但是，学院仍然需要建设捐赠基金以确保其教育目标的实现；学院非核心业务活动的预期收入下降可能最终会危及其总体目标的实现。

（3）基金经理未能兑现其承诺收入的风险。6所剑桥的学院（22%）主要关注的是基金经理的履约能力，这6所剑桥的学院的捐赠基金收入占总收入的比重最高为62%，最低为12%，（其他学院捐赠基金收入占总收入的比重为50%、42%、27%和19%）。一位财务主管指出："我们所面临的最大的风险是基金经理的能力——他们会好好干活吗？"然而，这种风险不足以使学院撤换其基金经理。

（4）另一所剑桥的学院的财务主管认为高度集中的不动产投资组合具有较高风险，由于其投资组合不够多元化，所以不动产价值和收益率的下滑会不可避免地影响捐赠基金收入。

牛津大部分学院（94%）认为"其他风险因素"对捐赠基金投资组合没

有影响。有 2 所学院认为其他风险因素会产生影响，这 2 所学院的经理都没有兑现其承诺的收入；其中 1 所学院的捐赠收入占总收入的 12%，另 1 所学院为 21%，但这不足以让学院撤换其基金经理。

更换管理人员的高昂成本被认为是一个抑制因素。由于不能保证新经理带来的业绩收入是否足以支付这项行动的整体成本，所以投资者一般在投资周期内坚持委任同一经理。不知情的投资者很容易受到经理短期内最佳业绩的影响，从而错估基金经理的周期业绩表现。同选股一样，经理选择也受益于逆向思维。这样做的前提是投资者已经对其要选聘的经理进行了详细的调查。选择经理的市场时机与选股一样困难，做出错误决策的概率很高。

大多数牛津剑桥的学院认识到他们尚未全面解决风险管理问题。由于在某些情况下，学院在数十年前就已经开始聘用资产经理，那时《投资管理协议》（IMA）还没有生效，即便已经存在此项协议，目前还不清楚学院是否会对该协议进行定期审查。英国养老基金部门要求资产经理和客户之间签订书面的《投资管理协议》。这一做法在有益于基金会和捐赠基金的发展，但是最近慈善监管条例的改革，要求各慈善机构制定更加严格、规范、正式的《投资管理协议》。

根据慈善委员会发布的指导意见，在任命投资经理之前，受托人必须要准备好一份声明，用于指导投资经理进行投资，否则不能聘用投资经理。受托人必须以明确的方式制定这样的政策声明，并确保经理履行自己的职责以达到该机构的最大利益。政策声明必须像《投资管理协议》一样，以书面形式存在。该协议必须包括一项规定，即经理所必须遵守的政策声明（可以进行修订或替换）。

政策声明的编制由有关机构的受托人或投资委员会成员负责，"信托法"中的法定责任义务适用于其政策起草。政策声明的编制不能委托给投资经理，但受托人有权就起草的政策声明听取独立专家的意见，这种做法有益于政策声明的编制。无论如何，慈善事务委员会建议受托人应与拟聘用的投资经理协商，共同编制政策声明。如上所述，经理有义务遵守政策声明，因此，如果受托人在没有与经理协商，就拟定了政策声明，基金经理可能会遇到困难即一些条款可能难以实现。

自 2001 年 2 月 1 日起，在进行全权委托投资管理时，都需要制定政策声明，无论此种授权是来自于法定、慈善机构制度性文件，还是监管机构本身。但是，如果在 2001 年 2 月 1 日之前已经订立委托管理协议，除非慈善组织或其受托人与投资经理之间的协议被新的协议取代，否则政策声明的要求不适用。由于很多学院都在很早之前就曾任命投资经理，所以最近没有对这些协议进行审查。在这些情况下，如果任命了新的经理，就要签订新的协议。

慈善组织的政策声明旨在为从事投资管理的经理提供指导。明确投资经理的责任和权限。慈善机构的政策声明为制定慈善投资策略提供了书面框架，其中包含了投资经理管理投资决策的细节性原则。经理要按照政策声明中的规定做出决策。

由于捐赠基金、基金会和慈善机构具有不同的投资目标，每个投资政策声明的内容和复杂性很可能反映出这种差异。《信托法》并没有规定政策声明的具体内容。然而，该法令规定，受托人制定的政策声明必须提供指导方针，以确保其委任的投资经理能够实现慈善机构的最大利益。

根据委员会发布的通用指导意见，慈善机构的投资政策声明可能要包含以下信息：

（1）慈善机构投资目标，包括慈善机构的风险承受力；

（2）受托人对资产配置策略的指示；

（3）用于评估经理业绩的基准和目标；

（4）慈善机构的道德投资立场；

（5）慈善机构对平衡资本增长和代际收入的立场（或者总回报政策的性质）；

（6）投资权限[5]。

大部分的牛津和剑桥的学院与其外部基金经理（在本节之后我们将进一步讨论他们的协议）签订了正式的《投资管理协议》。自 2000 年以来，随着市场和经济形势的变化，总回报投资政策的引入，有几所学院借此机会审查其投资政策声明，从而引发资产配置和经理人任命的重大变化。在新建立的投资管理关系中，存在一个最新的《投资管理协议》。据牛津大学投资委员会主席介绍，作为整体投资组合再平衡的一部分，大学正在与若干基金经理达成新的合约。学院已经任命专家律师来对政策中的一部分指导方针进行修改。我们的顾问团，剑桥公司，在一开始就设定了追踪风险和绩效目标的指标。

得益于他们的投资顾问，剑桥公司和专业的投资委员会的成员，牛津大学捐赠基金会定期审查其《投资管理协议》。剑桥大学处于一种不寻常的地位，因为剑桥大学只有一位基金经理管理其捐赠基金，其审查《投资管理协议》的有效性值得商榷。捐赠基金明显受到经理人风险的影响，例如在资产配置，绩效表现和信托风险等与经理有关的风险。剑桥大学与英国海外殖民政府信托公司（Foreign&Colonial）的关系，该公司是英国最早的投资信托管理公司，其历史可追溯到半个世纪之前。任用多元化的经理以及改变其他战略政策是剑桥大学捐赠基金全面管理中的关键问题，但最重要的是学院没有在早期就认识到这一点。

那些没有撤换其经理人的学院正在审查他们的《投资管理协议》。在某些情况下，审查《投资管理协议》是捐赠基金投资组合全面重组的重要部分。由于各学院近些年来没有审查其投资管理协议，因此几十年来投资管理费用也没有得到审查。经理人为自己作为牛津和剑桥各学院的基金投资人而感到骄傲，负责这些关系的管理者也重视这种联系。一些学院称通过对协议的审查发现，上调经理人费用并不能提高经理人的服务水平。大约 1/3（30%）的受访者表示，《投资管理协议》没有为基金经理提供任何特定的风险指示；与剑桥 1/3 的学院相比，牛津 1/4 的学院称他们给经理提供了指示。

一位财务主管说道："过去投资委员会中有些委员会和基金经理人商讨贝塔投资等有关问题，但是现在已经很难看到这一现象了，因为这并没有给我们带来任何益处。"另一位财务主管说："通过选择经理，我们隐含地选择低风险策略，例如回避高 β 股。"第三位财务主管简单地说："我们指示我们的基金经理采取低风险的投资方式。"另一位财务主管说："我们和基金经理每年都对风险进行 8 次审查，尽管他没有说明风险审查的具体内容。"另一位财务主管说:"基金经理确实存在一定的风险,但我们认为这是可以接受的。"

8名受访者表示,他们将风险管理委托给投资经理,一些经理针对捐赠基金投资组合做出"季度BARRA结构风险分析"。剑桥的学院的高级财务主管评论说:"我们不建议为经理制定基准标准,而是将风险决定权交付给经理。"另有5%的学院直接管理其捐赠基金,因此对自己的风险管理负全责。一为财务主管指出:"我们没有聘用外部基金经理。我们坚持长期投资,不过分看重市场风险,只担心特定的股票风险。"一所学院的财务主管表示,委托顾问来监督经理所筛选出的投资组合风险。其余(55%)的学院向其基金经理提供了广泛的风险指示。

一些学院采用组合策略,向基金经理提供的指示如下:

(1)该部门的投资组合应以这样的方式投资,基准偏差应限制在-1%~3%之间。与综合基准相比,资产类别之间的分配偏差值在-1%~3%的范围内。在每个领域的投资组合中,个人持股不得超过总投资组合价值的10%。

(2)基金经理应当理解并遵照这些基准和目标,并对自己的业绩做出预期。这有助于经理制定投资策略和设定风险参数。我们也对个别股票持有量施加限制(5%)。

(3)我们坚持长期投资,分散风险,不会过于依赖某一种单项组合基金。我们会不时考虑货币风险和各种其他风险。

(4)由于我们大部分的投资是指数化的,因此风险指示主要限于跟踪误差,标准偏差等。我们还尝试监控绩效是否受到股票借贷的影响。在不动产投资方面,在制定决策之前,会对投资所涉及的一系列风险进行详细讨论。

表 8.7 各学院对投资经理提供的风险指示

指示	牛津（%）	剑桥（%）	牛津和剑桥（%）
股票限制	9	11	10
追踪误差	3	7	5
收入目标	6	7	7
集体基金投资	3	4	3
持有多元化的投资组合	12	7	10
投资组合政策或基准	24	11	18
绝对回报策略	3	4	3
顾问监控风险	3	0	2
投资经理	9	7	8
没有明确规定	26	33	30
在内部进行资产管理	3	7	5
总计	100	100	100

表8.7列出了牛津大学和剑桥大学给基金经理提供的各种风险指示，风险指示分为不同的类别，如投资组合政策或基准（18%），持有多元化的投资组合（10%），股票限制（10%），收入目标（7%），追踪误差（5%），集体基金投资（3%）和绝对回报策略（3%）。

用于风险管理的一些基准，同样也适用于基金经理确定收益目标。一位财务主说道："风险约束隐含在收益目标中，例如，富时全股收益率为3.5%。经济管理中的多元投资是分散风险的一种方式。"正如另一位财务主管解释的那样："我们对经理提供的指导方针主要与收益有关，而不是风险。例如，我们的对冲基金经理，需要达到的回报目标为12%。我们倾向于确定投资组合政策基准。"第三为财务主管认为："我们对不动产投资进行风险管理。就我们的证券投资组合而言，我们在试图进行风险趋避，即我们不想损失一分钱。"

另一位财务主管提出了不同的见解："我们告诉我们的经理，我们不会将波动率视为真正的风险。风险对我们来说意味着永久性的资本损失。在此基础上，我要对那些高品质的资产进行风险管理，以便保证对它的长期持有。我们不会通过投资劣质资产来分散风险。我们认为股票价值反映了内在的经济价值，而价格反映了长期的基本面。我们希望我们的经理承担风险，并坚持自己的投资信念。我们也采取了合理的逆向投资观。"他接着说道，"我们希望通过股权投资承担更多的风险，并在此基础上任命我们的经理。他们应坚持绝对回报的目标，即在 3~5 年的投资期限内，其实际回报能达到 4%，就不会产生资本损失。"

一些牛津和剑桥的学院在宏观层面进行风险管理。正如一位财务主管解释的那样："每个经理要按照基准所规定的方式管理他的投资组合（如果有的话）。然后，这些制定完善的投资组合被用来增加或减少风险，这并不是每个经理都需要考虑的，因为每位经理的职责在于对全局关键情况的把控。"另一位财务主管说道："对经理人的风险指示主要取决于授权，我们会根据经理人对风险管理的实际表现雇用令自己满意的经理，因为我们把管理风险预算作为成功进行长期投资的一个必要条件。为了监控整个投资组合风险状况，我们亦在讨论采取一些措施来提高投资委员会对风险面的监管能力，但困难的是我们很难追踪到与对冲基金或股票卖空的可用信息。"

《投资管理协议》特征

《投资管理协议》是一份重要文件，因为它正式确定了赞助机构与其任命顾问之间的关系。斯文森说道："合同的基本目标包括协调双方利益，促使投资顾问遵守信托准则。投资顾问的表现难以达到机构的期望，这种结果使得机构花费了大量的成本，从而降低了其实现基本目标和宗旨的可能性。"[6] 尽管平衡捐款人和基金经理之间的利益阻碍重重，但这也并非是不能实现的。

在参与调查的学院中，大约有 82% 的学院与他们的经理签订了《投资管理协议》。还有 10% 的学院要么正在内部审查这一问题（5%），要么认为与代理人签订书面协议根本没有必要（5%），因为代理人与学院之间雇用关系已由来已久,并且代理人通常是按照财务主管的意愿行事。代理人不能够按照自己的意愿独立行事,因为他首先要征求其财务主管的同意。通常,财务主管是代理人或基金经理的联系人。一个财务主管证实:"在我的印象中,我们没有建立适当的投资准则;话虽如此,他们(经纪人/经理)会清楚地了解我们的需求。我们目前正在起草一份投资准则声明。"剩下8%投资于集体资金的学院与其任命的经理没有单独签订的《投资管理协议》。

表8.8 各学院就《投资管理协议》中是否明确了责任与权限的回应

回应	牛津(%)	剑桥(%)	牛津和剑桥(%)
明确责任	76	78	77
在内部管理	3	7	5
集体基金	12	4	8
不清楚	6	4	5
没有/正在审查中	3	7	5
总计	100	100	100

表8.9 各学院就《投资管理协议》中是否明确了投资限制的回应

回应	牛津(%)	剑桥(%)	牛津和剑桥(%)
明确责任	74	59	67
在内部管理	3	7	5
集体基金	12	4	8
不清楚	3	15	8
没有/正在审查中	9	15	11
总计	100	100	100

分析《投资管理协议》在何种程度上影响赞助机构的利益,例如明确责任,投资目的和目标,确定投资界限和投资限额,以及使用衍生工具跟踪误差的指导方针,这种分析有利于赞助机构改进其投资管理。随后的表(表8.8~表8.14)概述了参与此项研究的牛津和剑桥的学院的《投资管理协议》的特征。

表8.8显示了各学院是否在其《投资管理协议》中明确了责任和权限,

即《投资管理协议》是否明确规定了经理的责任以及权限。据报道，大多数（77%）牛津和剑桥的学院的《投资管理协议》规定了经理的责任与权限。少数学院（5%）不确定《投资管理协议》是否规定了经理人的责任和权限。有5%的学院正在审查其协议条款。8%的学院投于集体资金，没有《投资管理协议》。

超过2/3（67%）的学院报告说《投资管理协议》规定了投资权有没有授予给基金经理人；两校差异甚大，与剑桥的学院（59%）的数量相比，有更多的牛津的学院（74%）承认已做到这一点。表8.9是各学院就《投资管理协议》是否确定了投资界限和投资限额这一问题的答复。

那些把捐赠基金投资于外部管理的基金总和的学院（8%）有义务遵守基金投资准则。有时，学院的投资目标与基金的目标并不一致。由于捐赠基金规模很小，根据其经理意见，学院应投资于资产管理公司所管理的基金总和而不是投资于指数产品。

19%的受访者表示《投资管理协议》中没有规定经理的投资限额；超过两倍（30%）的剑桥的学院报告说，其《投资管理协议》中没有这样的规定，而在牛津大学则为12%。在有这样规定的19%的学院中，有11%的学院没有界定投资界限和投资限额，而8%的学院不确定这些限制是否真的在《投资管理协议》中列出。虽然有更多的剑桥的学院报道说，在《投资管理协议》中不清楚是否存在投资限制，但其中一所剑桥的学院也提供了更为详细的问责制和权限性说明，其中《投资管理协议》包含以下规定：

（1）每项投资的权重应占投资组合基准指数的5%（或上下波动）。这一规则不适用于以下情况：发生了合并计划；或以利润，外汇储备或权益资本等方式发行新股或债权；发生了两家或多家公司的合并，合并股本的形式包含单方合并或通过持股公司合并或其他方式合并，市场产生波动等。如因上述情况超出限额，投资经理应以合理的方式尽快解决这一状况。

（2）无论是否受到投资经理或其合伙人指定的集体投资计划的约束，投资经理人的投资最多可以达到投资组合市场价值的10%。

（3）投资组合中对同一家公司的投资不应超过其已发行资本的5%。

（4）投资组合只投资于英国股票，不直接投资于不动产。

（5）禁止投资非上市证券或海外股票。对现金的投资不得超过投资组合的5%。

大多数（80%）的受访者表示在其《投资管理协议》中有对使用衍生工具指导方针的规定。表8.10总结了这些回应。

表8.10 各学院对《投资管理协议》中指导方针适用范围的回应

回应	牛津（%）	剑桥（%）	牛津和剑桥（%）
提供指导方针	79	81	80
内部管理	3	7	5
集合基金	12	4	8
不确定	3	4	3
没有审查	3	4	3
总计	100	100	100

表8.11 《投资管理协议》中指定追踪误差和下行风险的适用范围

回应	牛津（%）	剑桥（%）	牛津和剑桥（%）
明确风险水平	15	7	11
内部管理	3	7	5
集合基金	12	4	8
不确定	3	7	5
没有审查	68	74	70
总计	100	100	100

那些将捐赠基金资产投资于集体基金（8%）的学院，受到基金指导方针的约束，基金经理参考这些准则，选择相应的衍生工具。大多数集体基金在管理过程中明确规定了是否可以使用衍生工具，以及衍生工具的哪些特定功能可以被运用到其管理过程中。6%的学院要么在其《投资管理协议》中没有包含指导方针（3%），要么根本就没有《投资管理协议》（3%）。

在牛津大学和剑桥大学诸学院中，有3/4（75%）的学院称在其《投资管理协议》中没有指定追踪误差和下行风险。仅有11%的财务主管称其这样做了，有这项规定的牛津的学院数量是剑桥的两倍多。尽管大部分牛津的学院的财务主管具有专业背景（例如曾从事于基金管理或投资银行），没有证据表明这些财务主管能够更好地与他们的经理人在投资事务的各个方面达成协议。

由于大部分学院没有形成正式的投资组合政策，所以追踪误差就显得不是很重要。在支出政策仅以收入为导向的年代中，资产经理人需要提供确定水平的收入。因此，跟踪误差和下行风险不会被列入《投资管理协议》；风险就不能达到所需的收入标准。自从转换为总回报的支出政策，许多学院利用基准来衡量绩效。但是在其新的《投资管理协议》中是否存在指定的追踪误差和下行风险，目前还不清楚。有趣的是，那些采用总回报政策的学院也没有在其《投资管理协议》中指定下行风险。

表8.11中列出了各学院财务主管对其是否在《投资管理协议》中指定追踪误差和下行风险的回应。

当被问及《投资管理协议》是否规定了绩效目标以及当绩效未达到预期标准时，学院是否会采取相应的措施，超过半数的受访者（54%）表示其《投资管理协议》明确规定了绩效目标，但就其是否会采取后续措施则没有明确规定。一位财务主管说道：

一般情况下，学院详细地规定了与问责、投资限制等有关的问题。这些规定在跟踪误差，预计下行风险，确定绩效目标与采取何种后续措施（当政策没有达到预定目标时）等方面存在不足，我们很难清楚地知道这些不足最终会导致什么结果，例如，经理可能会被"三击不中，接杀出局"。

大多数的牛津和剑桥的学院都与他们的经理达成了一致的绩效基准，例如，"其佣金应为连续5年间的指数收益率的1%"，但是在投资的过程中没有任何正式或非正式的协议，即未达成预期目标或预期目标超额完成时所应采取的后续行动。因为绩效分析并不是在外部进行的，所以缺乏严格的绩效归因过程，甚至根本就没有绩效归因。学院从资产经理人那里获得绩效信息，但是他们没有准备充分利用这些信息。

表 8.12 显示了只有 2 所牛津的学院（占参与此项研究的 3%）在其《投资管理协议》中确定了绩效目标，此外，也对未达成绩效目标时，应采取何种措施做出了明确规定。大约 1/3（30%）的学院既没有确定绩效目标也没有就其应采用何种后续措施做出规定。

当被问及投资管理政策指导方针是否适用于所有基金经理时，在那些只聘用一位经理的学院中，几乎有一半的受访者（48%）会使用投资管理政策指导方针，其中大多数为平衡委托。表 8.13 是各学院对这一问题的回应。

表 8.12 确定绩效目标和规定后续行动的学院比例（当目标未达成时）

回应	牛津（%）	剑桥（%）	牛津和剑桥（%）
确定绩效目标	6	0	3
内部管理	3	7	5
集合基金	12	4	8
不确定	3	7	5
没有	18	33	25
有绩效没有措施	59	58	54
总计	100	100	100

*《投资管理协议》中确定了绩效目标，但并未对未达成绩效目标时，应采取何种措施做出明确规定。

表 8.13 投资管理指导方针的适用性

回应	牛津（%）	剑桥（%）	牛津和剑桥（%）
适用于所有经理	6	19	11
内部管理	3	7	5
集合基金	12	4	8
No specific 不明确	3	7	5
雇用一位经理	44	52	48
没有	32	11	23
总计	100	100	100

表 8.14　有明文规定的投资管理指导协议

回应	牛津（%）	剑桥（%）	牛津和剑桥（%）
有	79	74	77
内部管理	3	7	5
集合基金	12	4	8
不明确	3	11	7
没有	3	4	3
总计	100	100	100

就对冲基金或私募股权合伙协议而言，实际差异很大。约 1/4（23%）的学院称，与私募股权和对冲基金经理达成了不同的协议，因为个人合伙关系没有涉及那些与传统独立股权或平衡委托有关的问题。只有 11% 的受访者表示，其《投资管理协议》适用于所有外部经理，但这些学院中投资经理不多于 5 人，且捐赠基金中不存在另类战略配置。

各学院与其外部基金经理达成了一致的投资管理政策指导协议，77% 的学院称其有明文规定的《投资管理协议》，其中牛津的学院（79%）多于剑桥的学院（74%）。有 8% 的学院将捐赠基金投资于集资基金或集合基金，因此没有和他们的经理人单独签订《投资管理协议》。较少的学院（10%）要么没有明确地回应（7%）要么没有《投资管理协议》（3%），超过 5% 的学院在内部对资产进行管理。表 8.14 列出了各学院就这一问题的回应。

小　结

如果说基于个人目标评估所导致的资产配置差异，能够带来更高的效益，那么这些独立学院似乎采用了正确的投资方式。从确定投资政策到进行风险管理，这些学院之间似乎没有形成任何的羊群效应，尽管他们广泛地就投资问题达成一致，并且有最低限度的信息共享。这些学院的个性化投资行为可以被看作是投资世界的加拉帕戈斯群岛现象，在需要注入大量资金的情况下，可能面临巨大的消失风险,更不用说进行更多的集中决策了。

　　学院所面临的主要风险主要来自于那些会阻碍其实现永久慈善目标的行为,因此,维持(如果不能实现增长的话)捐赠基金对学院总体运营预算贡献的现有水平是至关重要的。因此,捐赠基金资产管理应成为高校全面风险管理的一个主要目标。这些学院没有正式涉及与资金池风险程度有关的问题。资产类别多样化是进行风险管理的最佳方式,而并非总是通过投资策略和基金经理来实现的。对于那些捐赠基金规模较小的学院而言,这或许是管理投资组合风险最低廉的方法。但没有证据表明,这是管理投资组合风险的最有效或最低效的方式。

　　一般而言,学院称其对基金资产管理的各个方面进行监管,包括经理责任、投资限制等。其中学院主要在跟踪误差、预测下行风险、制定明确的业绩目标以及解释在没有达到目标的情况下需要采取哪些具体措施等方面存在不足,特别是没有明确指出哪些因素会使得学院撤换经理。在大多数情况下,经理的任命期很长,会持续几个投资周期。目前,学院在任命新的基金经理时,会与其签订一份《投资管理协议》,协议中包括了投资所涉及的一系列管理问题规定。在过去几年中,对经理的任命没有正规审查,因而存在一些不足。

第九章　投资顾问的选择和监督

引　言

养老金基金部门受托人经常在资产管理过程中使用外部投资顾问，与之相比，在牛津和剑桥的学院中使用外部投资顾问的比例很低。这可能是由于愿意提供独立意见的校友和其他投资委员会成员具有高水平的专业知识。缺乏外部专家咨询和历史性捐赠基金资产组合也导致捐赠基金管理缺乏专业的投资顾问。

例如，在牛津和剑桥，大约 2/3 的被调查院校没有使用任何外部投资顾问来管理他们的投资组合。在这些院校中，有几位注册顾问对提供增值服务的能力不满。不足 10% 的财务主管报告称由于战略资产配置和风险评估的缘故，他们计划任命投资顾问。大多数机构建议使用投资顾问，以获得投资另类战略的途径或经理的选择和监督。

这些捐赠基金所包含的大量的不动产资产或许会对投资顾问的低渗透率做出解释，这些投资顾问并不具备不动产领域的相关专业知识。一位财务主管说："是的，我们雇用康桥公司。他们在某些方面对我们是有帮助的，但在其他领域如在处理持有大量不动产的投资组合时就显得力不从心了。他们似乎对不动产不太了解。同时，他们的研究更多的是面向美国的。"另一个财务主管说："他们（康桥公司）资产配置不将不动产考虑在内，我们觉得这有点令人担忧。所以，我们对他们的建议并不完全满意。"第三位财务主管说，我们雇用康桥公司，更多的是选择管理人员以及在必要的时候，检索对资产报酬率的信息，而不是很大程度上用于私募股权投资。由于我们在整体投资组合中拥有大量的不动产资产，所以我们不认为康桥公司有足够的经验可以在资产分配和其他战略投资决策方面为我们提供建议。"

投资顾问缺乏不动产领域的相关专业知识使得持有大量不动产资产的学院无法享受他们的服务，除此之外，捐赠基金规模较小的学院以及非不动产主要持有者或投资者的学院同样认为投资顾问对其投资过程提供的价值有限。一所捐赠基金价值为1600万英镑的学院的财务主管说道："康桥公司在2000年夏季被任命为主要的管理人员选拔机构。这一任命只持续了一年，因为该学院并不认为它在投资政策或资产配置方面具有很大的价值。在牛津大学中，投资组合规模不足以投资私募股权和对冲基金的几所学院同样这样认为。"因此，在牛津和剑桥大学的证券交易投资组合管理过程中使用外部投资顾问的比例比养老基金行业低。在养老基金领域，不管是管理人员选拔方面还是资产配置决策方面，投资顾问都发挥了重要的作用。

不采纳外部顾问投资建议的做法并不局限于牛津和剑桥的学院。这是英国的慈善部门的普遍做法。只有规模较大的基金和捐赠基金会在他们的决策时聘请投资顾问。可以说，较小的组织没有足够的资产来负担聘请投资顾问的费用。投资顾问也很少接触这一领域，因此仍然不熟悉这些机构的相关问题。

与这种做法相比较，美国教育捐赠基金为投资管理指导雇用外部投资顾问的平均比例为75.8%。但是捐赠基金资产超过10亿美元的机构不太倾向于雇用外部投资顾问，这些机构中，只有一半（2004年为53%，2003年为45%）采取了雇用外部投资顾问这一做法。这很有可能是因为他们将主要的员工资源投入到了投资管理之中。小规模捐赠基金会或者那些资产不足2500万美元的机构同样不太可能任命外部投资顾问；这一比例在2004年为63%，2003年为59%。这很有可能是因为财务上的限制而不是其他原因。此外，公共的教育捐赠基金会很有可能任命外部顾问（2004年为74%，2003年为

76%），独立机构要稍高些（2004年为77%，2003年为74%）。超过86%的资产规模在1亿~5亿之间的捐赠基金会雇用了外部投资顾问，79%的资产规模在5亿~10亿之间的捐赠基金会雇用了外部投资顾问。[1]

2005年的《共同基金基准研究：基金会和慈善组织运营报告》显示，使用外部投资顾问的比例由上年的70%上升至了79%。与教育捐赠基金会不同，大规模的资产超过10亿的机构更多的使用外部顾问（2004年为93%，而2003年为77%），79%（2003年为63%）的较小规模的基金会（资产价值在0.5亿~1亿美元之间）也是如此。社区基金会最常使用顾问（90%），而独立/私人基金会占73%，经营慈善机构占85%。社区基金会的全时当量比他们同行的要小（0.8全时当量），并对投资顾问表现出明显的依赖性。许多基金会需要为他们的顾问制定利益冲突政策。例如，这些政策不允许投资顾问推荐他们自己作为管理人员，或作为任何类型的佣金收入公司的管理人员。近2/3（61%）的基金会报告有这样的政策，社群基金会比个人或私人基金会更可能报告有利益冲突的政策（72%）。[2]

因此，投资顾问在美国的捐赠基金资产管理中扮演着越来越重要的角色。虽然在英国和欧洲对投资顾问的态度可能会改变，但是如果顾问把他们的研究资金直接投入这些机构关心的投资问题，那么这种变化可以加快。由于捐赠基金和基金会随着需求的多样化而变得日益分散，与养老基金和保险行业相比可进行管理的捐赠基金资产较少，所以投资顾问几乎忘掉了大学里面的基金、基金会及信托。

外部投资顾问的使用

在捐赠基金证券投资组合的管理过程中，牛津大学使用外部投资顾问的学院数是剑桥大学的2倍。那些对不动产资产进行了大规模配置的学院，在对他们的证券投资组合进行管理时没有接受外部顾问的投资指导，而是为他们的不动产资产的整体管理雇用不动产顾问。例如，剑桥大学1所拥有显著的不动产投资组合的学院，其地产顾问已被雇用了半个多世纪。该学院亦从事不动产发展，其外部地产顾问担任顾问。但同样是这个学院，没有剩余证券组合的投资顾问。

表9.1 使用外部投资顾问的程度

使用情况	牛津（%）	剑桥（%）	牛津和剑桥（%）
是的，使用投资顾问	56	22	41
不，不适用投资顾问	44	78	59
合计	100	100	100

总体而言，59%的受访者报告没有使用任何投资顾问。报告中没有使用投资顾问的学院的数量可能会有误导性，因为这些学院中有许多在其地产管理中使用顾问。但是当被问及"你是否使用外部投资顾问"时，答案是否定的。许多财务主管请投资顾问多数是为了解决证券投资组合问题，而不是地产投资组合。41%的牛津和剑桥学院报告称他们使用外部投资顾问。现实中，获得投资建议的学院比例要比表9.1中给出的受访者要高。

剑桥大学的两个学院以及牛津大学的3所学院说他们正在考虑雇用投资顾问，以使牛津和剑桥各学院接触到顾问的私募股权基金。一位财务主管说："我们正处于任命康桥公司作为我们的投资顾问的过程当中，因为这是我们能够使剑桥各院接触到该公司私募股权的唯一途径。"另一位财务主管说："除了监察他们（康桥公司）所聘用的私募股权基金的表现外，我们亦期望他们能积极参与资产配置、风险指引及基准的设立。我们不确定我们是否有一个合适的基准，至少是由基金经理创建的。我们希望他们（顾问）能参加一系列的会议，但不一定必须提交复杂的报告。"

另一位牛津的财务主管确认他们不会使用康桥公司进行资产分配或接受其提供的风险建议，而纯粹是为了获取私人投资。剑桥的一位财务主管，在2000年免除了其投资顾问的服务，他对这一决定进行反思的结果是，这纯粹是为接触另类策略投资的缘故：

我们在 1998—2000 年雇用康桥公司 2 年，他们帮助我们进行投资的基本审查，重铸账户，设置支出政策，以及确立总收益/收入的投资政策。另一个贡献是他们向我们介绍私募股权和对冲基金领域的投资机会。然而，我们还没有完全相信我们会从投资另类资产中获益。现在看来我们可以确认了，私募股权行业出现泡沫，至少减弱了。此外，我们更倾向于资产类别的组合基金路线，而不是投资于个人基金，其中康桥公司管理以剑桥的学院为代表，类似于牛津基金会。

有充分的证据表明，大多数学院聘请顾问，如康桥公司，主要是为了投资于另类战略。即使是那些受益于一般的投资指导，如战略资产分配，也并没有继续下去的关系。一般的看法是投资顾问没有提供有用的价值。这种观点可能与一位顾问的优势有关。牛津和剑桥 1/3 的学院雇用了康桥公司作为他们的投资顾问。正如一位财务主管总结的：

康桥公司提供有价值的管理人员信息，并可以从他那获得对私募股权投资的研究。私募股权投资有几个障碍，如管理者研究的高成本。这些投资具有高风险和非流动性。因此，康桥公司为牛津和剑桥各学院创造的私募慈善产品提供了一个有效的解决方案。他们在出售另类投资方面做得很好。我们每年支付的费用包括购买公司的研究途径（拷贝和在线访问）、几个小时的咨询、季度会议和管理人员信息（特别是在私募股权方面）。

我们仍然对主动基金管理持怀疑态度，许多学院都对上市股票进行追踪。基金经理的"羊群心理"是一个主要的问题，就像管理者/分析师的营业额一样。在与美国进行对比时，基金经理缺乏专业性经验也是市场的一大特点，缺乏基金经理充足的信息也是一个问题；咨询公司（包括康桥公司）没有上升成为一项挑战。

牛津大学投资委员会主席艾伦巴德（Alan Budd）先生，在我们的研究期间对康桥公司在管理方面所发挥的作用表达了最高的称赞："我不能过誉康桥公司对大学投资政策的影响。采取总收益的做法是由康桥公司与大学投资委员会成员合作的结果。"康桥公司鼓励牛津大学转变为总收益政策，甚至在没有聘请康桥作为投资顾问的学院，他们的影响不仅为引入总收益政策的这些机构带来了差异，而且也为投资另类策略的学院带来了差异。在研究进行的时候，牛津大约一半的学院采用了"总收益"政策，相比之下，剑桥大约有1/3学院采取这一政策。目前，所有学院和两所高校在捐赠管理方面都实行了总收益的管理方式。大约一半的学院也投资于另类战略。

表9.2 牛津和剑桥各学院使用投资顾问的状况

顾问	牛津（%）	剑桥（%）	牛津和剑桥（%）
康桥公司*	47	15	33
其他顾问*	9	7	8
不使用顾问	44	78	59
合计	100	100	100

* 包括 Edward Jewson（2），Bacon and Woodrow（1），Chiswell Associates（1），以及 Mercer（1）等投资公司。

表9.2总结了牛津和剑桥各学院使用投资顾问的情况。47%的受访者表示，他们使用投资顾问且大部分是雇用康桥公司。

有5所学院雇用其他公司作为投资顾问，爱德华朱森（Edward Jewson）（2），墨瑟（Mercer）（1），培根和伍德罗（Bacon and Woodrow）（1），奇斯韦尔（Chiswell Associates）（1）。其中，墨瑟和培根伍德罗（Mercer and Bacon & Woodrow）采用一次性基础，主要是用于选择经理人员，其次是对资产配置的建议。其他资产治理公司，如摩根斯坦利、霸菱、施罗德也提供资产配置和风险管理的建议，但不包括在"其他"内，尽管尚未有学院和这些投资公司的私人客户部门之间建立正式的关系。

投资管理公司通常提供投资建议，并希望获得授权。奇斯韦尔公司担任一所学院的投资顾问，这所学院在之前的几年以康桥公司作为基金经理。这所学院由任命外部顾问转为任命新的基金经理进行投资咨询。牛津和剑桥的许多大学传统上雇用基金经理都以质量咨询为基础。这些机构对这些建议是如何评定的我们无从得知。就像养老基金行业的客户一样，评估顾问的投入仍然是一个值得关注的领域，甚至在那些聘用投资顾问服务的机构中也是如此。

例如，在爱德华朱森的例子中，牛津大学的一个学院计划任命这所公司作为其日常投资顾问，而另一个剑桥的学院报告要使用该公司进行绩效评估和分析，而不是资产配置或风险分析："我们使用爱德华朱森进行绩效评估与分析，而不是资产配置。如果我们选择新的基金经理，我们可能会得到顾问的帮助，以促进这一进程，正如最近当我们选择瑞士联合银行作为我们的基金经理时一样。"牛津和剑桥的大多数学院报告雇顾问对管理人员进行筛选。过去几年，这一领域更高层次的活动可能有助于对顾问更高层次的利用。

顾问的贡献

投资顾问在牛津和剑桥各学院资产管理过程的贡献是分布不均的。顾问的整体使用率低，且59%的学院没有顾问。不管是在过去雇用过投资顾问还是最近刚雇用投资顾问的学院中，大多数（88%）的受访者表示，甄选管理人员是雇用顾问的主要原因。大约有2/3（65%）的学院表示他们雇用投资顾问是为了更容易获取另类投资，同样，大约有62%的学院表示，他们使用投资顾问是为了进行资产配置。

虽然有23%的牛津和剑桥学院表示，他们在制定投资政策时考虑到了顾问的意见，但是只有一小部分学院（11%）表示顾问在决策过程中起决定作用。牛津有18%的学院表示他们使用顾问来检视自己的投资政策，而剑桥的这一比例为4%。总体而言，牛津和剑桥有89%的学院在制定或检查投资政策时都不使用顾问。在对投资政策进行检视时，剑桥有1/3的学院（33%）使用他们的投资经理，而牛津有18%的学院使用投资经理。

尽管这些学院具有高水平的投资专业知识，但是没有正式的机制用于评估投资经理或顾问的聘用。一位建议在评估这些问题时使用"结果导向"的财务主管，在新的任命下达后仍未改变他们已经持续几年的投资顾问合同，这期间顾问协助进行资产配置。顾问在做组合投资时，也聘用外部专家，也觉得聘用外部专家是有价值的，但是这种聘用不是连续性的而是一是一的，一位财务主管说：

> 我们在私募股权和对冲基金、可持续支出规则和经理选择等问题上使用康桥公司。我们认为美国式的运营明显比英国式更令人印象深刻。我们也认为最好的基金经理在一般问题上做好了充分准备与最难打交道的客户合作，并以同样的（或更高）的标准与顾问合作。在英国，外部基金投资顾问用了一种机制把受托人的责任转嫁到他们肩膀上，这意味着受托人有更多的时间来处理其他的事情。当投资银行处理一个整体平衡的授权机构市场时，顾问是关键的中间者。由于市场指向更具体的授权，比较大的基金经理人明白他们必须像大商场一样灵活，提供覆盖范围更广的优势产品，否则他们将失去业务。
>
> 我已经促使康桥公司经营纸面上的投资组合，这就是他们的长期资产配置策略得以量化，如果可以的话增加短期战术的附加值，并且基金经理来实施这一战略，而不仅仅是一项理论或者获得交易成本。然而，他们都非常不情愿这样做，因为他们认为自己处于一个坚不可摧的市场地位，且不想承担额外的成本和经营风险。如果他们的客户群意识到这点或其他有说服力的供应商填补空白时，这一定会发生改变。

康桥公司在教育捐赠领域运用投资顾问是十分广泛的，这种运用来源于美国的经验。该公司帮助捐赠基金和基金会进行投资，以提高其开发研究能力。在美国，这样的投资需求持续存在，且历时更长，经验更多。把这一投资的技术迁移到英国，特别是牛津和剑桥已不简单。因为学院本身目标不一致，所以挑战固存。该领域雇用了非常聪明且有自己观点的人。牛津和剑桥大学还在全国范围内聘请了一些有独到见解的思想家。这些人不会轻易跟风，他们需要确信为什么他们必须效仿哈佛、耶鲁、斯坦福或普林斯顿的榜样，尤其是当他们自己的投资经历截然不同时。这些学院自始至终的目标都是为教育服务，捐赠基金会并非独立的实体，会持续支持学院的目标。

聘用基金顾问的年限

在牛津和剑桥那些雇用了投资顾问的学院中，只有10%的学院10年间始终定期接受顾问的投资建议。如表9.3所示，1/3的牛津和剑桥学院（33%）报告他们使用投资顾问超过5年但不足10年；这些学院大部分来自于牛津。另外，1/3的学院超过3年不足5年；这其中剑桥的学院更多些。大约有1/4（24%）的学院使用外部顾问不足2年。

表9.3 投资顾问任命持续时间长度

持续时间	牛津（%）	剑桥（%）	牛津和剑桥（%）
1~2年	27	17	24
3~5年	27	50	33
5~10年	40	17	33
>10年	7	17	10
合计	100	100	100

过去10年来，投资顾问在牛津和剑桥的捐赠基金资产管理方面的应用稳步上升，并在过去的5年里加速增长。过渡到使用总收益政策大约开始于10年前。两大学投资委员会最先聘请顾问。大学花了几年时间才得以转变，这在大多数情况下改变了大学章程。一些学院聘请顾问来协助这一过渡的完成。因此，最近在牛津各学院中顾问的使用频率上升，剑桥在一定程度也是如此，这可以归因于学院转变为总收益投资政策。

康桥公司的成功也可以归因于改变了仅投资于收入的政策。基于收入的传统模型不需要专业的顾问。资产配置也是资产管理人员的责任，他们需要提供必不可少的收入。但是随着总收益政策的引入，进行战略性资产配置的责任从经理人员转移到了学院身上。这种改变使引入投资顾问成为必要,这些投资顾问的经验类似于美国大学的投资顾问。康桥公司将他们的专业知识很好地转换到捐赠基金领域,除了美国一些很久之前改变了仅投资于收入的学院,不再有拥有大规模投资于不动产的机构了。因此,对于投资顾问来说,没有必要在资产类别中拥有不动产资产领域的专业知识。

小　结

与养老基金行业不同,受托人有义务在投资事务中接受外部专家建议,但英国的教育捐赠基金没有要求获得此类建议的监管要求。牛津大学和剑桥大学的资产管理过程中缺少投资顾问,这可能部分地解释了在进行资产配置决策时,大学缺乏羊群效应。除了另类资产领域,牛津大学的捐赠基金管理的各个方面都体现出了多样性,康桥公司的存在导致了另类资产领域更大的聚合和集中投资,这也正是各学院想要获得的。正如一位外部观察人士所评论的那样,"康桥公司似乎正在分别为各学院提供个别建议,将捐赠基金整合起来将产生可观的规模经济效益"。

学院的信托契约可以追溯到几百年前,虽然不是不可能,但在开始的时候可能会使整合变得困难。一些大学已经开始建立投资伙伴关系,如牛津投资合作伙伴,因为合并增加了资产总量和基金投资总量。这是牛津 5 所学院采取的一小步。只有时间能证明这种实践是否会成功。不动产资产的持有者往往会产生更多的激情。当各学院在庆幸不动产信托投资公司在英国和欧洲市场取得发展时,他们的不动产资金池似乎表现平平。这些机构在保留其资产所有权的同时,有权设立此类投资工具。

多样性使得投资组合和市场更加有效。无论牛津和剑桥捐赠基金的投资组合的投资方法表现出的高水平多样性是必要的还是可取的,考虑到手头上管理的捐赠基金资产总体规模是一个有趣的问题。高校很重视自身的独立性,一个所有学院都需要考虑的问题是:"是否存在适用于真正的长期投资者如教育基金的理想资产配置？"常春藤集团的资产配置策略会进行定期检查，但并没有效仿。另类战略存在一定程度的质疑；对于牛津和剑桥各学院来说，这样的战略投资机会仍然有限。从历史上看，这些机构缺乏顾问可以用于解释是他们的个人资产配置偏见。不考虑各学院的地位，牛津和剑桥之前存在的良性竞争环境导致了个体决策。

进一步而言，如果牛津和剑桥的风气会随着在资产管理过程中任命具有专业背景的投资主管而改变，并且这些主管更愿意在资产配置决策过程中雇用投资顾问，那么这些学院的投资组合最后将会变得非常相似，资产池表现出更加令人满意的结果。然而，没有证据表明情况确实如此。也没有证据表明除了他们对不动产的不寻常分配，今天的大学拥有明确的投资优势，还是这是一个历史建构。可以假设，随着咨询公司对整体投资政策影响的增加，他们目前的资产分配政策的分散性将被削弱。

投资顾问在牛津和剑桥各学院资产管理过程中产生影响的程度同样取决于投资顾问投资于教育领域捐赠基金会具体需求的能力和意愿。如今财务主管的普遍看法是，学院利益与顾问的利益远未对等。

目标和结果的不同存在于不同的捐赠基金会和基金会以及他们的外部管理者和建议者之间。这些问题包括代际公平，投资视野，税收问题和风险，其中，捐赠基金会对这些问题关注更加密切。顾问和投资者之间的代理问题随处可见。投资咨询公司，如墨瑟、沃森怀亚特和培根休利特，都发展了他们在捐赠基金资产管理领域的专长。有越来越多的咨询公司专门从事该行业，更不用说部门内的专用资产管理人员了。

捐赠基金领域的机构采取更加专业的方法进行资产管理，如对前投资银行家任命的增加，他们很有可能雇用投资顾问，他们对基金会和捐赠基金的影响会持续上升。捐赠基金会需要牢记的是，投资业绩的长期改善要高于所产生的总成本。通常情况下，计算成本和风险比计算收益更具挑战性。

第十章 经理的选择与监管

引 言

基金经理的选择及监管是投资委员会的关键任务。在选聘外部经理时，投资者的主要任务在于找到那些有良好业绩的经理。选择卓越的基金经理只是选聘经理的重要一环。而真正的挑战在于能够与基金经理或投资公司达成长期合作关系。学院会雇用那些理解并尊重其投资目的和目标的经理人，这有利于维持学院与其经理人之间的长期合作关系。

斯文森指出："除了要提高投资经理的业绩之外，受托方必须确保进行积极管理，以提高投资组合的预期回报，而不是去考虑基金投资的绩效满意度。"[1]在保证稳健投资的基础上，更高投资组合预期回报的实现不仅受到资源与能力的影响，还受其长期承诺的影响。在分析基金经理的 α 值，用商定的基准来评估其实现的回报时，学院应提高警惕，以客观的态度对经理人所披露的信息做出评估。找到一位愿意将公司利益与客户利益结合起来的经理是至关重要的。

挑选卓越的基金经理是学院进行投资的重要环节，大多数的牛津剑桥的学院希望能从顾问那里获得一些提示与建议。一些剑桥的学院称在过去的几年里，资产经理的规模发生了变化；一些学院提高了其经理数量，而另一些学院则专门招募那些具有另类投资策略经验的经理。投资者面临的最大挑战是要预先挑选出可以提高投资组合 α 值的基金经理。这种情况在另类资产投资中更为明显，因为相较于传统资产类别，在另类投资中，中级经理和高级经理的业绩表现差异显著。

全面且深入地了解该行业，对于其鉴别卓越经理人至关重要，尤其是鉴定那些具有另类战略投资经验的高级经理人。在人才济济的管理团队中，一旦有新兴经理人崭露头角，创造了卓越的投资业绩，那么这一团队的所有权和结构就会发生变化。当管理公司的周期业绩处于峰值时，把基金委托给这所公司的经理，并不是一个明智的选择。识别新兴经理人的原因之一是业绩出色的团队一旦取得了个人财富，往往就会分道扬镳。如果他们没有这样做，那么这一团队本身的成长过程，就会扰乱团队的动力，从而使团队一开始的努力付之东流。

制定成功的积极策略需要高超的技巧和一定的运气。在这种复杂且充满了竞争的投资行业中，追求低成本的保守策略往往是最有效的解决方案。仅仅确定一个优于市场的投资组合是远远不够的，经理人需要确定一些投资，这些投资所产生的回报必须要高于其总成本（总成本包含交易成本、管理费用以及市场影响）。优于市场指的是指数回报与成本的加和。平衡管理成本与业绩回报是一项巨大的挑战。因此，一揽子政策负责调整风险回报，确保其回报高于成本支出。但是，在最优秀的投资经理聘用上，要选择一个长期的基金经理团队，这个团队的长期基金效益理念要和受托人的理念具有很高的一致性。

因此，投资政策声明往往会包含各种各样的指导方针，这些指导方针会对机构的投资理念产生影响。此类声明通常对投资目标、资产配置、支出政策、投资限制和绩效基准等问题做出了相关规定。此外，投资政策声明规定了资金池风险及再平衡标准风险，并对经理的委任和续聘做出了详细的说明。

牛津的学院和剑桥的学院在他们的投资准则声明或投资管理协议中，对其中的一些管理问题做出了规定。但是，在参与此项调查的学院中，没有关于资产经理选拔和续聘的正式政策声明。大多数学院要么没有明确的政策，要么充其量只有非正式的规定。在美国的教育捐赠基金中，有71%的投资政策声明都有这样的规定。只有8%的受访者表示没有制定选拔经理人的政策,21%的学院报告称,有非正式的经理选拔和续聘的政策。也许由于负责此项工作的是其内部专业工作人员,在资产规模超过10亿美元的大型美国机构中,大部分机构(57.8%)没有正式的政策;美国私立机构为69.1%[2]。

捐赠基金资产的外部管理

牛津和剑桥的大部分学院将捐赠基金的战略资产配置,投资组合的日常管理委托给投资财务主管和指定的外部经理。四分之一的学院雇用投资经理来审查其投资政策;大约1/3(31%)的学院依赖投资经理来审查其资产配置。大约一半(48%)的剑桥的学院中,基金经理参与资产配置审查。在1/3的案例中,基金经理对资产配置审查的贡献相当高,达到25%~50%。外部基金经理在牛津和剑桥的捐赠基金资产管理中扮演着重要角色,并有助于学院目标的实现。

只有3所学院(1所牛津的学院,2所剑桥的学院)在内部管理捐赠基金资产;学院的财务主管则在经纪人的帮助下对捐赠基金进行管理。一般而言,2/3的学院(64%)将大部分的捐赠基金资产(超过90%)委托给外部经理。这些学院中约有一半(49%)承认其捐赠基金资产是在外部管理的;相较于牛津(41%),有更多的剑桥的学院(59%)把其捐赠基金委托于外部经理。在最后的分析中,战略投资决策通常是由投资委员会制定的。然后,一位外部经理或多位经理负责执行其决策。在不动产方面,投资决策也由投资委员会或不动产小组委员会制定,并在不动产顾问协助下执行。

值得注意的是,在回答各种问题时,一些财务主管给出的答案仅限于捐赠基金资产组合的证券部分。例如,捐赠基金中有较高不动产敞口的学院财务主管表示,将资产的25%委托于外部经理。这一回应适用于所有资产。或者可以这么说,将捐赠基金所持有的25%金融资产(如股票、固定收益和现金等)委托于外部管理者。在其指定的不动产经理人的协助下,由学院管理

75%的不动产，在回应中没有体现。

表10.1 外部经理管理的捐赠基金资产份额（%）

管理份额	牛津	剑桥	牛津和剑桥
全部	41	59	49
90~99	21	7	15
80~90	12	-	7
70~80	6	4	5
60~70	3	-	2
50~60	6	4	5
40~50	6	7	7
30~40	-	7	3
20~30	3	-	2
10~20	-	4	2
1~10	-	-	-
无	3	7	5
总计	100	100	100

另一种解释可能是，学院认为其对不动产的管理是在内部进行的，尽管在此过程中有外部经理的参与。这种看法普遍存在于那些投资组合中有大量不动产资产敞口的学院。至少有20%的学院其回应将不动产投资排除在外。我们可以从一些案例中发现这一现象，例如，学院没有把捐赠基金看作是金融资产和不动产资产的集合。本研究中，这些回应或许存在局限性，可能受到了学院雇用投资顾问经历的影响和缺乏将不动产相关事宜纳入到整体分析中。因此，当被问及其所雇用的基金经理时，至少有10所学院（牛津、剑桥各5所）在其回应中没有提及不动产经理人。当然，这也能是由于牛津和剑桥在此之前从未参加过此类调查，对此问题考虑不周所导致的。

表10.1是各学院委托给外部经理管理的捐赠基金资产比例。

分析捐赠基金资产规模与外部管理的资产份额之间的关系，可以发现捐赠基金规模较小的学院更愿意雇用外部经理来管理它们的资产。在牛津大学和剑桥大学中，相较于那些有大规模捐赠基金的学院，捐赠基金资产在5 000万英镑以下的学院，把其捐赠基金资产全部委托给外部经理管理。这是否表明那些捐赠基金规模较小的学院缺少具有专业知识的投资专家，或者反言之，这些学院是否更愿意通过任命合适的外部经理人来承担更高的风险。小型学院资源匮乏可能是学院决定将资产管理外包的决定因素。

另有超过15%的资产规模在5 000万英镑以下的学院报告称，雇用外部经理管理的资产占捐赠基金资产75%~99%。因此，超过半数（56%）捐赠基金资产在5 000万英镑以下的学院，称将大部分资产（多于75%）委托给外部经理人管理，而只有18%的较富裕学院称其也会这样做。在那些资产超过1亿英镑具有大规模捐赠基金的学院中，只有7%的学院将其50%~75%的捐赠资产委托给外部经理管理。

表10.2是各学院对此问题回应的更具体的展现。

总体而言，有1/3（31%）的较富裕学院报告称雇用外部经理，而在那些资金规模较小的学院中，有超过2/3（69%）的学院聘用外部经理人。较富裕的学院似乎更愿意在内部管理其资产，这也许是因为它们有更丰富的资源来进行有效的管理。然而，较富裕学院所提供的信息往往不包括不动产投资。如果这些资产被包括在内，那么在外部管理的资产比例将会更高，因为这些学院的捐赠基金中拥有较高的不动产配置。

在美国的教育捐赠基金中，内部管理的投资资产比例一直在下降，这表明各学院普遍采用外部资产管理。2004年的NACUBO捐赠基金研究报告指出，在内部管理资产的全部学院的加权平均值，从2001年的18.3%降至2004年的11.0%。2003—2004年间，捐赠基金资产不多于2 500万美元的机构大幅降低了其在内部管理的资产份额，捐赠基金资产规模在2 500万~5 000万美元之间的学院，报告称其在内部管理的资产份额上涨了不到1%，此类学院是唯一提高了内部管理资产比例的学院。[3]

平均而言，2004年，学院将其约89%的资产委托给外部经理管理，而在2001年这一比例为81.7%。捐赠基金资产价值在5亿~10亿美元之间学院最有可能遵循这一策略，其中97.2%的资产是交由外部管理的。资产价值在1

亿~5亿美元之间的学院，也倾向于把资产委托给外部经理，而交由外部管理的资产占总资产95.2%。与私立学院（资产比例为87.4%）相比，公共学院更倾向于聘用外部管理人员（93.1%的资产是在外部管理的）。

表10.3显示了2004年参与NACUBO捐赠基金调查，美国735所教育机构对其捐赠基金资金池中进行内部管理和外部管理的资产比例描述。

资产经理人的选拔

牛津和剑桥各学院的投资委员会负责挑选和聘用外部资产经理，有时会听取顾问或其他专业人士的建议，包括校友和盟友。超过半数的学院（59%）称投资委员会负责选聘经理。大约1/4（23%）的学院报告称顾问负责经理的遴选。

表10.2 捐赠基金规模与外部管理的资产占的比重（%）

外部资产	>100m	75~100m	50~75m	>50m	25~50m	10~25m	<10m	<50m	总计
全部	2	2	5	8	13	13	15	41	49
75~99	5	3	2	10	7	8	–	15	25
50~75	2	2	3	7	2	–	–	2	8
25~50	3	–	2	5	7	–	–	7	11
10~25	–	2	–	2	–	–	–	–	2
<10	–	–	–	–	–	–	–	–	–
没有	–	–	–	–	2	3	–	5	5
总计	11	8	11	31	30	15	15	69	100

m=百万英镑。

表10.3 美国教育基金会：内部/外部管理的资产比例（%）

捐赠基金规模（百万美元）	外部管理	内部管理
>1 000	83.3	16.7
500~1 000	97.2	2.8
100~500	95.2	4.8
50~100	93.1	6.9
25~50	93.5	6.5
<25	94.7	5.4
公立机构	93.1	6.9
私立机构	87.4	12.6
平均值	89.0	11.0

来源：《2004年NACUBO报告》。

5%的受访者表示学院的"老同事"或"校友"对学院任命经理有一定影响。一位财务主管说道："我们利用一切社交资源（学校、顾问的社交关系网）来挑选有发展前景的经理，然后调查这些经理的详细情况。"例如，如果公司内部结构发生重组，经理不得不与所有的私人客户解约，因此即将离职的经理会给客户推荐一位新经理。

一些财务主管（7%）报告说会继续与现有的基金经理合作，但是有半数的财务主管对经理的表现并不满意，并称会在合适的时机撤换其经理人。正如一位财务主管所解释的那样，各学院的捐赠基金资产由其各自的外部基金经理管理。然后，在得到学院的同意之后，基金经理会把从这些独立的投资组合中提取部分资产，并将其转换到内部管理的慈善投资资金池中（通常被称为OEIC或开放式投资公司）。基金经理的近期业绩很差。当积极管理策略失败时，财务主管认为经理们在盈富基金，节约管理成本方面会表现得更好。这种观点在各学院中得到了越来越多的支持。

通过避免高昂的费用和交易成本，保守策略通常会为缺乏资源的投资者提供最有效的投资选择。由于与积极策略相关的成本往往更高，因此追求这种策略的投资者需要确保他们的风险调整回报能够弥补他们的额外成本和监控经理所花费的时间。不过，尽管有明确的证据表明，主动型基金经理更有可能无法实现风险调整后的超额回报,但投资者仍会选择主动的管理方式。此外,当经理的业绩持续走低时,投资者不会转换成指数型产品;他们会在投资业绩的峰值期,将资产委托给另一位主动型经理,从而产生了更高的成本。

表10.4 负责资产经理选聘的责任主体

责任主体	牛津(%)	剑桥(%)	牛津和剑桥(%)
投资委员会	53	67	59
投资委员会与顾问	32	11	23
投资委员会与学院资深职工	9	–	5
投资委员会与前任经理	3	–	2
现任经理	–	15	7
没有聘用外部基金经理	3	7	5
总计	100	100	100

例如,一所学院的经理表现不佳,但在对经理进行审查时却确没有制定正式的经理审查政策。这一过程有助于学院确定其投资目标,并帮助经理改变其投资管理模式。尽管经理表现不佳,但是学院也没有采用指数化策略,但至少学院不会把资产委托给另一位主动型经理,从而避免了承担转换经理人的额外成本。虽然牛津和剑桥学院更偏好于主动的管理风格,但与那些对其经理人不那么满意的学院相比,那些对经理人的总体表现和服务感到满意的学院(特别是那些没有订立审查政策的学院)不经常对经理进行审查。

表10.4展现了牛津和剑桥各学院负责经理选聘的责任主体。

除了少数在内部管理其资产的牛津的学院和剑桥的学院(5%)和那些由现任基金经理担任资产经理的学院(7%)外,其余(88%)的学院称,学院投资委员会参与经理选拔,59%的学院投资委员会对经理的选拔承担全部责任。在剑桥,67%的学院投资委员会对经理人的聘用负有全部责任。此外,与牛津相比,剑桥大部分学院的投资顾问没有参与经理人的聘用。

总体而言,在牛津和剑桥,23%的学院会雇用投资顾问来帮助学院选聘基金经理,投资顾问的贡献在25%~50%之间变化。在此过程中,相比于剑桥（11%），牛津的学院（32%）更愿意在选择基金经理时依赖其顾问。牛津各学院在推行总回报投资政策方面也领先于剑桥，其中包括全面审查资产配置和经理人的选择。因此，与剑桥相比，牛津各学院的投资顾问在改变其捐赠基金资产管理方面发挥了重要作用。剑桥的学院在实施总回报策略方面较为迟缓。在牛津被广泛提及的咨询顾问是剑桥公司，剑桥公司最值得称颂的是将另类战略投资推荐给学院。剑桥公司还在协助学院确定投资目标、支出规则以及资产配置和经理人选择等方面发挥了作用。

监督经理的业绩表现

监督和评估资产经理的业绩与选择经理同样重要。英国《信托法》规定受托人有义务审查该慈善机构的投资管理安排。受托人被要求审查投资经理的行为，无论经理的授权是来自于法定权利，还是其他权利，例如该机构管理文件中所规定权利。这样的审查不一定涉及投资经理职位的竞争性重新招标。在《信托法》中没有被指定的管理人，在牛津和剑桥的机构中，审查的法定要求是不适用的。然而，对经理进行审查是保持投资经理良好业绩的做法。

慈善委员会就解决这一问题提供了明确的指导方针：

法定审查职责是指受托人必须定期考查政策声明中一些条款的适用性，并考核经理的业绩表现。当前经理是否仍然适合担任这一职位？政策声明中的条款是否适用于当前情况？受托人特别需要考虑经理是否遵守了政策声明的相关规定，以及考虑该声明中的一些条款是否还有存在的必要。

当然，投资经理不应参与到这项审查中，但经理应保有知情权。如果受托人觉得他们在没有专家帮助的情况下无法做出正确的评估，慈善机构会花钱雇用与其投资经理无关的专家来帮助受托人做出评估。

"定期审查"没有强制要求受托人以特定的时间或以特定的方式来审查这些安排。履行这一义务的方式视具体情况而定。例如，投资经理向受托人提交的不良业绩报告会触发受托人审查投资经理。

审查可能会引发对投资经理的行为是否合适的担忧以及经理的表现如何。受托人必须考虑在他们自己与投资经理或一般法律之间的书面协议中使用任何干涉的权力。例如，他们可能有权在某些事情上向经理提供指示。他们也许能够与其经理协商改变协议中的某些条款。或者他们可以终止它。[4]

英国慈善委员会要求受托人行使其职权以保障其所代表机构的最大利益。虽然牛津的学院和剑桥的学院并没有受到慈善委员会的直接监管，但这些学院开展的所有活动总体上也符合其所代表机构的最佳利益，并希望不断提高其业务能力。在牛津和剑桥，有较多的学院（66%）通过一系列的经理报告、与经理多次会谈（每年）的形式，直接对他们的资产经理进行监控。这些报告分为季度报告和年度报告。约有1/5（21%）的受访者表示，他们会参照已商定的基准来监督经理的业绩表现，从而不必要与经理频繁接触。

在美国，88.5%的教育捐赠基金在其投资政策中确定了正式的投资绩效基准。[5]与之相似，有87%的牛津和剑桥的学院会对其资产经理进行监管，尽管没有制定正式的经理人审查政策。一般情况下，学院的财务主管负责审查经理的绩效，并将评估报告提交给投资委员会。最终，审查经理是财务主管的责任。在牛津和剑桥大学，只有不到10%的学院任命了投资顾问、投资公司或投资专家，以监督外部经理的业绩。

对于那些将资产投资于指数策略的学院来说，他们很少与外部经理人会面，因为与主动经理人的自主监控相比，在此类事件上倾注大量时间（与外部经理人会面）不太可能给整个管理过程带来价值，尤其是在私募股权和对冲基金领域。即使是在另类投资领域，经理会议的召开也更多是为了开展详细的调查，因为有些战略投资已经持续了数年。投资政策的战略性转变可能需要数年时间才能实现。这种限制适用于那些投资于流动性较差的资产类别投资者，例如不动产、私募股权。

表10.5 牛津和剑桥各学院监督经理人的方法

方法	牛津（%）	剑桥（%）	牛津和剑桥（%）
定期审查经理报告并会面	59	74	66
基准和与经理人会面	29	11	21
投资顾问参与这一过程	9	7	8
在内部管理投资组合	3	7	5
总计	100	100	100

指数战略最引人注目的是其不仅能够减轻监控经理绩效的负担，而且有助于提高管理流动性并降低管理成本。一位财务主管说："我们很少与基金经理——巴克莱全球投资管理公司（BGI）会面。只要其兑现了投资承诺，我们很少会与其会面讨论投资问题。我们会从经理们所提交的定期的报告中，了解一些必要情况。就我们的私募股权投资而言，我们每6个月进行一次审查，但我们失败了。除了保持消息灵通之外，我们毫无办法。"财务主管没有强调交易这些产品时所涉及的低成本。

表10.5是各学院对其"如何监管其基金经理"这一问题的回应。

监督外部资产经理人的绩效是各学院投资委员会的关键任务，尽管在拟定聘用经理人数和制定相关战略方面可能涉及高度的个人责任，特别是负有广泛责任的财务主管。大多数（98%）的牛津和剑桥的投资委员会报告称，他们高度参与了对经理人的监控，80%的学院称其对监控经理人负有全部责任。在剑桥，投资委员会的参与程度更高，有89%的学院声称对基金经理的监督负有全责。然而，一所剑桥的学院报告称资产经理会进行自我监控，而另一所学院则将这项任务分配给了退休的高级财务主管。在经理监管中，顾问的整体使用水平很低；只有1所牛津的学院完全依赖（100%）投资顾问来监督其经理的表现。

审查资产经理的频率

在捐赠基金资产管理中,主办方、顾问和资产经理之间的关系通常十分复杂,在确定合适的投资期限、经营风险和基准标准方面存在多种问题。选择诚信度高的人有助于缩小受托人、顾问和经理之间的信托差距。主办方会选择其所熟知的个人,在这种关系中,忠诚不可或缺,并影响学院的决策。如果关系稳定,各方都可以集中精力为实现长期目标提供最佳解决方案。尽管这样的安排并不排除对经理或顾问的审查,理解这种关系需要漫长的时间,这一过程强化了各方的所有权感。

由于各种原因,受托人和经理之间的关系走向了终结。有些令人信服,有些毫无意义。投资委员会在考虑更换经理时非常谨慎,因为这涉及巨大的成本。糟糕的业绩表现可能不是解雇其经理的有力理由。用一位牛津和剑桥财务主管的话说:"没有确定正式的审查期。绩效是评价经理人的关键指标,但是我们不清楚还有哪些因素会使得学院撤换当前的经理,除非经理明显地违反了信托契约。"牛津和剑桥大学更换其经理的原因很多,有些是因为经理业绩不佳,有些是因为经理不断违背投资指导方针的要求。经理人的整体服务质量也被认为是更换经理的原因:"我们更换了经理,因为我们以前的经理不能再为我们提供服务;他们被一家大型公司接管,我们成了这所大公司中的小客户。与此同时,他们也失去了一位顶级经理人。此时,我们认为应当做出改变。"

大部分的牛津的学院和剑桥的学院与经理建立了长期的关系。超过1/4(28%)的学院最近没有对经理进行审查,也没有计划这样做;超过1/3(37%)的剑桥的学院报告称对经理进行了非正式的审查,而只有不到1/4(21%)牛津的学院也有同样的做法。一些学院从主动管理转为被动管理,这使得评估经理的短期业绩变得没有必要。一位财务主管认为,当从主动管理转为被动管理时,没有必要"密切监控经理人的业绩波动",除非这种波动十分异常，我们才会去着手解决这一问题。我们主要关注的是在现行市场条件下，保守策略是否适合我们的要求。

如表10.6中所提到的，管理人员审查的频率各不相同，有些学院每年都会对经理进行审查，有些学院的审查期是3~5年，有些学院的审查周期可能会更长。1/4（25%）的受访者表示，他们进行了年度评估（牛津的学院的数量是剑桥的学院的2倍），10%的学院每3年进行一次评估，超过10%的学院每3~5年进行一次审查。超过1/4（28%）的学院没有与他们的经理达成明确的审查期。

当经理的业务能力下降时，财务主管会撤换基金经理。此时，一份正式的经理评估报告有助于财务主管做出更换经理的决定，并且提供了有力证据以回应其投资委员会对这一决定的质疑。如果经理没有在一开始就与学院签订协议，缺少正式的合约关系可能是学院更换经理的理由。因此，维持经理和学院间的长期合作关系，关键在于经理的投资业绩表现。

表10.6 资产经理审核频率

频数	牛津（%）	剑桥（%）	牛津和剑桥（%）
3个月	3	–	2
6个月	6	7	7
1年	32	15	25
2年	–	4	2
3年	12	7	10
3~5年	9	11	10
5年	9	7	8
5~10年	3	–	2
10年	3	4	3
没有明确规定	21	37	28
经理负责审核	3	7	5
总计	100	100	100

一位学院的财务主管说，他们的基金经理已经在这所学院工作了12年，

"我们最近审查了一些经理（包括我们目前的经理）并决定继续任用当前的基金经理，因为更换经理的成本很高。此外，我们也没有理由更换当前的经理，我们的经理很有竞争力"。更换经理的成本被认为是与现有经理保持联系的主要原因之一。

资产经理的更换频率

当问及"过去3年里，学院更换了或增加了多少资产经理？是否考虑过在未来的2～3年内做出一些改变"时，约2/3（63%）的牛津剑桥的学院报告称在过去3年中更换了资产经理，或者正在考虑在未来3年内做出这样的改变。在另类资产类别中有更换经理的记录。一位财务主管说："我们在过去3年中增加了6位新经理（在专门的领域）；受多元化政策的影响，未来可能会出现类似的增长。"有趣的是，在我们对这项研究进行采访的时候，其余37%的学院表示，在过去3年里没有更换任何经理人，也没有在近期更换经理人的打算。表10.7是各学院对这一问题的回应。

方便起见，把这些回应归为3类：A 指在过去3年间更换了经理的学院；B 指那些没有更换其经理人，但在接下来几年有这种安排的学院；C 是指那些在过去2～3年没有更换过经理，同时，也没有打算更换经理人的学院。

表10.7 资产经理人变化情况

类型	预期变化	牛津(%)	剑桥(%)	牛津和剑桥(%)
A	在过去3年间更换了经理	6	7	7
	处于更换经理的进程中	9	–	5
	转向指数管理	12	4	8
	近期没有更换经理的计划	21	7	15
	近期有更换经理的计划有计划	3	4	3
	总计	50	22	8

（续表）

类型	预期变化	牛津(%)	剑桥(%)	牛津和剑桥(%)
B	在未来3年内有更换经理的计划	18	7	13
	审核经理近3年来的表现	–	11	5
	考虑转向指数管理	3	–	2
	寻找另类投资经理人	9	–	5
	总计	29	19	25
C	在过去3年内没有更换经理人	18	15	16
	近期没有更换经理人的计划	3	44	21
	总计	21	59	37
	样本总计	100	100	100

如表10.7所示，超过1/3（38%）的学院报告称在过去3年里更换了资产经理；其中有较多的牛津和剑桥学院（15%）表示在未来3年内不会再更换其经理人；只有3%的学院表示有更换经理人的计划。有8%的学院报告称，将主动管理转向被动管理，有5%的学院表示正在处于更换经理的进程中。1/4（25%）的学院（B类）表示在过去的几年里没有更换经理，但暗示学院即将更换其经理。剩下的37%的学院（C类）在过去3年里没有更换经理，同样在未来3年内也没有更换经理人的计划。

B类学院在过去3年里没有更换其经理，但会在未来3年内做出改变。其中13%的受访者表示会在近几年更换其经理；5%的受访者正在考虑更换经理的相关事宜或进行经理审查，尽管这样的审查不会使学院更换现有的经理。正如一位财务主管所表述的那样："我们已经很久没有对经理的表现进行正式的审查了。我们需要重新审核我们的经理，我们打算在未来几年内做到这一点。当我们进行审查时，我们可能会更换经理人。但是，目前还没有这样的计划。"另一位财务主管指出："诚然，我们对我们目前的基金经理有一些保留意见。这些保留意见与他们的投资风格、业绩表现和新的公司结构有关。但是，我们认为还没有到更换经理的地步，因为更换经理意味着高额的成本支出。"

牛津大学的财务主管简明扼要地强调了这一点:"在现代投资管理模式中主动性和变化性较强。因此,各学院必须要不断地调整投资组合,而受托人更换经理人的行为只是为了表明其已经履行责任。我一直不同意这种做法;在不同层次的投资领域中,这种做法都浪费了学院大量的时间和金钱。我想我要说的是,与经理人保持长期稳定的关系并不是什么坏事。"只有一位牛津和剑桥的财务主管说:"在过去15年里,我们没有更换任何的资产经理,从原则上来讲,我们应当做出一些改变。"

表10.7的C类模式显示,在牛津和剑桥,约有1/4(21%)的学院没有打算更换经理人。做出这一决定的原因很多,也许学院受到了成本和时间的限制。一位财务主管解释说:"我们还没有进行正式的审查,因为我们正集中精力来完成一项大规模的发展项目,我们没有足够的时间来正式审查经理的表现或者更换我们的经理。"一些学院已经连续几十年委托同一基金经理来管理学院资产。剑桥大学的捐赠基金以基金经理长久的任期而闻名。这样的做法通常存在于此类学院,即学院中个别的顾问或经纪人在协助财务主管管理捐赠基金方面扮演重要角色。

对牛津大学和剑桥大学而言,就像资产经理要了解客户一样,学院的社交关系和对其经理的了解十分重要。学院常常会基于相关人员的推荐而任命其经理,比如,在过去的30年里,当其经理就职于另一家投资公司时,学院也会更换其咨询公司。"我们并不是唯一一个这样做的学院。"一位财务主管评论道。除此之外,正如财务主管所说的那样,一所学院的基金经理其任期已经有30多年了,但是其经理糟糕的业绩表现和财务主管的变动最终迫使这所剑桥的学院任命了新的基金经理。虽然频繁地更换经理不利于学院的发展,但如果学院没有定期审查基金经理的业绩表现,同样不利于学院的发展。

资产经理分析

目前,没有相关规定,要求牛津和剑桥大学在其年度报告和账目中公开其外部资产经理的姓名。然而，一些学院自愿公开了这一信息。本研究收集了有关这一问题的一些资料。我们要求这些学院提供其指定资产经理人的姓名。大多数受访者提供了这些信息；少部分学院表示，在另类资产领域，其经理人的数量大幅增加。此外，由于这一问题涉及了很多敏感信息。一些学院不愿透露其对冲基金经理或私募股权合伙人的名字，除了几所雇用剑桥公司和福希耶公司的学院。

一些学院没有提供一份完整的经理名单，一些学院只给出了那些管理上市证券（股票、债券或现金）的经理人名单，而没有提及其不动产经理。10所牛津和剑桥学院没有提供不动产经理人名单，但提供了非不动产经理人的名单。由于大部分学院都持有大量的房地产投资组合，因此，我们所统计出的经理人数目可能会低于实际水平。由于8所学院没有参与这项调查，因此也会对经理的总体数量产生影响，因为这些学院拥有大规模的捐赠基金，也必然会任命一些基金经理。

在新公布的牛津和剑桥大学的年度报告和账目中，没有要求其公开资产经理名单的规定。2003—2004财年，超过半数（53%）的剑桥的学院在他们的报告中公开了此类信息，相比之下，只有不到1/3（31%）牛津的学院也这样做了。这2所大学有较高的透明度，尽管其没有义务公开此类信息。剑桥大学的捐赠基金由F&C资产管理公司管理，他们的不动产管理公司是拉塞尔投资管理公司。到2004财年年末，在剑桥和牛津，总共有41%的学院在其年度报告和账目中公开了资产经理和顾问的名单。

由于牛津和剑桥各学院的参与度较高，我们的分析是基于在我们研究过程中所收集到的信息。更多的学院愿意在一项不可归因的研究中公开这些信息，而不是将其纳入到在他们的年度报告中。自从我们开展此项调查以来，基金经理的任命发生了一些变化。因此，我们的分析并不是为了提供当前经理人的确切情况，只是为了了解2002—2003财年的一些情况。尽管自此以后可能发生了一些合并，但坊间证据显示，学院雇用了越来越多的经理。

表10.8 资产经理人数

经理类型	经理人数
股票（主动）	52（23%）
股票（被动）	8（4%）
债券（主动）	11（5%）
债券（被动）	1（0%）
现金	12（5%）
不动产	19（8%）
对冲基金	11（5%）
私募股权	110（49%）
*总计	224（100%）

*没有包含10所学院（5所牛津的学院，5所剑桥的学院）的不动产经理人数和拒绝参与此项调查的8所学院的经理人数。

表10.8总结了参与此项研究的牛津大学和剑桥大学所提供的信息。据统计，在参与此项调查的61所学院中，其所聘用的经理超过了224人。这个数字不能反映出每个经理的授权数量。据报道，在私募股权管理中，资产经理的数量最多，大约占总经理数的一半。这些经理也不太可能拥有多项授权。大多数管理另类投资策略的经理是最近才招聘的，而在另类投资策略中个人委托数量很高，则反映出该行业的性质，即经理人往往是利基参与者，而不是资产收集者。与传统的公开交易证券相比，私募股权资产管理中涉及的合伙人数量是其两倍多的现象并非罕见。

牛津和剑桥，每所学院平均雇用3.7名资产经理，这一数值掩盖了一个事实，大约一半（48%）的学院会雇用1名投资经理以管理全科事务，而在美国每所学院平均雇用12名投资经理，这些经理具有特定专长，各司其职。美国教育捐赠基金中另类战略配置比例较高，这也导致了其雇用较多的经理人。2002—2003财年，当我们开展此项研究时，牛津和剑桥各学院正处于变革期。以收入为导向的资产配置策略很常见的，对另类策略的配置也很少。随着学院提高了对冲基金和私募股权的配置，即便只达到了5%，也不难预计出各学院会雇用更多的经理人。

捐赠基金投资组合的复杂性是一个规模函数，最终会成为促使学院雇用更多经理人的强大动力。根据《共同基金基准研究：2005年教育捐赠基金报告》，其资产超过10亿美元的，美国规模最大的捐赠基金平均有68.4位投资经理，而一年前为81.0位。捐赠基金规模最小的机构报告其平均有1.9位投资经理，而一年前是2.1位。通过对样本中具有大规模捐赠基金的学院进一步分析，比较他们在2003—2004年间，其各自的投资管理公司数量，可以发现在2003年，经理的平均数量是77.4位，2004年平均为79.5位，显示各学院适度增加了资产经理。

表10.9 显示了2003—2004年间的美国教育捐赠基金的资产经理人数

捐赠基金规模（百万美元）	财政年2004（N=707）	财政年2003（N=657）
>1 000	68.4	81.0
500~1 000	29.4	30.0
100~500	15.6	14.1
50~100	8.6	8.7
10~50	5.4	5.2
<10	1.9	2.1
平均	12.0	12.5

N=所有参与此项调查的学院数目。
来源：《共同基金基准研究：2005教育捐赠基金报告》。

表格10.9显示了参与《共同基金基准研究》的美国教育机构在2003—2004财政年度中所雇用的资产经理数量。[6]在美国，无论其拥有何种规模的捐赠基金，各机构在另类战略领域雇用的投资经理人数要远多于其他资产类别。在另类投资战略配置中，各机构在对冲基金领域雇用了大量的经理人。总体而言，在投资于对冲基金的资产中，有73%是直接通过组合型基金投资的，平均有7.9位经理。规模较大的机构平均雇用了18.4位经理，而较小的机构则平均雇用了3.0个对冲基金经理。[7]

《共同基金基准研究》还显示，今年以来，规模最大的一些学院增加了管理国内股票的经理，而其余的学院则减少了管理这类资产的经理人数量。规模最小的学院实际上削减了所有资产类别经理人的数量，而中等规模的机构则增加了管理国际股票经理人的数量,并增加或保持了管理固定收益的经理人数量。总体而言,各学院的捐赠基金计划在未来3年内平均雇用11.4位经理人。[8]

表 10.10 授权数量

管理方式	牛津	剑桥	牛津和剑桥
股票(主动)	61(15%)	32(8%)	93(23%)
股票(被动)	18(5%)	9(2%)	27(7%)
债券(主动)	12(3%)	6(2%)	18(5%)
债券(被动)	1(0%)	1(0%)	2(1%)
现金	29(7%)	30(8%)	59(15%)
不动产	28(7%)	34(9%)	62(16%)
对冲基金	22(6%)	3(1%)	25(6%)
私募股权	103(26%)	7(2%)	110(28%)
总计	274(69%)	122(31%)	396(100%)

* 没有包含10所学院(5所牛津的学院,5所剑桥的学院)的不动产经理人数和拒绝参与此项调查的8所学院的经理人数。

考虑到那些捐赠基金规模较小的牛津的学院和剑桥的学院,分析其所聘用经理人的平均值,可以发现这些学院在使用外部资产经理方面似乎效率更高。其较低的另类战略配置,与较高的不动产配置,有助于保持可控的经理人数量。尽管牛津和剑桥大学的资产经理数量被低估了,但它确实对牛津和剑桥各学院的平均经理人数量做出了初步的指示。在牛津大学和剑桥大学,有61所学院雇用了超过224位经理来管理其捐赠基金资产;2003年,这些资产总价值约为38亿英镑。在这224名经理中,49%负责私募股权资产,23%负责长期主动股票,8%负责不动产,5%负责现金、债券和对冲基金,其余4%是负责保守策略。

牛津和剑桥各学院资产经理人的授权数量反映了一些细微的差异。例如,52名经理(见表10.8)负责长期主动股票的管理。这些经理中,有部分经理其授权不止一个。牛津大学和剑桥大学(见表10.10)将传统的长期主动股票管理中涉及的93项授权,委托于这52名经理人。同样在不动产领域有相似的做法，19 名经理负责 62 项授权。只有在私募股权投资中，授权数和管理人员的数量是一样的，因为几所大学提供的是管理他们投资组合中私募股权投资的合伙公司名单，而不是单个经理的名单。表 10.10 显示了牛津和剑桥各学院的授权数量细目。报告显示，牛津和剑桥各学院一共与 224 位经理签订了 396 份个人管理合约。

在这些授权中，超过 1/3（34%）由另类战略组成，其中只有 3% 的授权来自于剑桥。例如，一所较富裕的牛津的学院，其捐赠基金投资组合中涉及了 26 所私募股权投资合伙公司，占其所雇用外部经理总人数 76.5%，在牛津和剑桥各学院共 110 所私募股权投资公司中约占 1/4（23.6%）。这些学院提高了对另类战略的投资。

基于资产类别的基金经理的平均数量，反映出美国和英国的捐赠基金资产配置偏好，并揭示了各学院近年来日益重视另类投资战略的投资倾向。在美国最大的捐赠基金中，另类战略配置和其经理人的雇用数量是显著的。2004 年，在资产超过 10 亿美元的机构中，每所机构平均有 54.3 个另类战略基金经理。在 2004 年，707 所机构的平均另类战略经理人数为 13.5。[9]当被问及学院未来会雇用何种资产类别的经理人时，几所牛津剑桥表示，他们打算增加其另类战略经理人数量。考虑到这些学院另类战略配置的敞口较低，有意在另类投资战略领域招聘额外经理人的做法并不罕见。

虽然在美国捐赠基金投资组合中另类战略的多样化已经对绩效产生了普遍的积极影响，但在过去的 10 年中，它也使大多数捐赠基金雇用了更多的经理人，从而引发了资源分配问题，因为他们必须要对经理人做出详细的调查，监控经理人业绩和进行风险管理。正如共同基金基准研究所报告的那样："对另类战略投资的持续转移，尤其是在对冲基金领域，这种需求已十分迫切，因为在此类投资领域往往对管理人的专业能力做出限制，因此学院不得不聘用越来越多的专业经理人以满足其投资需求。这些管理人员通常不那么透明，其规模较小，基础设施较少，并且多适用投资杠杆，这就要求捐基金会中具有专业经验的成员及其董事拥有更熟练的监控能力。"[10]事实上，在最大规模的捐赠基金中，用于另类战略投资的基金经理人数从 2003 年的平均

64.6人降至2004年的54.3人；一些基金经理除了直接投资于单一对冲基金外，还投资于组合型基金。

在另类投资中，尤其是对冲基金经理人的增加，不仅会产生高昂成本，还会增加投资组合风险。相比之下，牛津大学和剑桥大学的不动产资产配置似乎效率更高。尽管投资于直接的不动产资产，可能比被动的投资股票资产要昂贵得多。但不动产所有权提高了投资组合的多样化，并带来了收入。管理这些资产的风险性不大，因为这些学院在很久之前就拥有此类不动产，并且了解相关风险。大学没有利用不动产资产来降低总体成本。尽管投资银行一直在忙于为养老基金、保险公司和企业部门构建各种金融产品，但它们在满足基金会和捐赠基金的需求方面并没有创新。随着行业内长期投资创新的规模和能力越来越受到重视，这可能会发生改变。

表10.11 捐赠基金规模与经理人数

经理人数量	>100m	75~100m	50~75m	>50m	25~50m	10~25m	<10m	<50m	总计
>25	2	2	–	3	–	–	–	–	3
20~24	–	–	–	2	2	–	–	2	3
15~19	2	2	–	3	–	–	–	–	3
10~14	–	2	–	2	2	2	–	3	5
5~9	7	2	7	15	10	8	2	20	34
<5	2	0	5	7	16	15	13	44	51
总计	11	8	11	31	30	25	15	69	100

m=百万英镑。

由于管理人员的数量通常与基金规模相关，据此，分析了牛津和剑桥各学院的经理人分布情况。表10.11显示了不同资产规模的牛津和剑桥学院的资产经理分布情况。分析表明，超过半数的学院（51%）雇用的经理少于5个，捐赠基金资产规模与经理人数量之间没有明确的联系。值得注意的是，半个多世纪以来，一所具有大规模捐赠基金的剑桥的学院，将其大部分非不动产资产委托给一位主动经理。如今，这种主动型基金经理的风险集中程度是前所未闻的。剑桥大学、牛津大学雇用了22名非不动产经理（4名受雇于剑桥、18 名受雇于牛津；其中，牛津大学在其回复中没有提及不动产经理的名字）。

在我们开展此项调查时，牛津大学投资委员会进行了多次经理变更，牛津大学捐赠基金的经理人数将会上升。虽然剑桥大学已经公布其捐赠基金管理方面的变动，但我们不知道投资政策，资产配置，另类战略投资，各资产类别经理人数等方面的变化。然而，毋庸置疑，剑桥大学会显著增加其捐赠基金经理人规模。

在牛津和剑桥，超过一半（51%）的学院其捐赠基金经理少于 5 人；在具有较大规模捐赠基金的学院（资产超过 5 000 万英镑）中，其捐赠基金经理少于 5 人的学院占 7%，而在捐赠基金资产低于 5 000 万英镑的学院中，这一比例为 44%。大约有 1/3（34%）的学院其经理人数多于 5 人，但少于 10 人，其中，较富裕的学院占 15%。5% 的学院其经理人数多于 10 人，但不多于 15 人。只有 3% 的学院其经理人数在 15 人以上，但都少于 20 人，其中处于此列的所有学院其捐赠基金资产规模都高于 5 000 万英镑。还有 3% 的学院其经理人数多于 20 人，但不足 25 人；只有 1 所捐赠资产低于 5 000 万英镑的牛津的学院有同样规模的经理人数，这是因为其有较高的另类战略配置。其余 3% 的学院聘用了超过 25 名的经理人，这些学院的捐赠基金资产价值超过了 7 500 万英镑。

剑桥公司——牛津大学（较多的牛津的学院将其任命为投资顾问）和剑桥大学（较少）的投资顾问，为牛津大学和一些学院建立了一个私募股权投资基金组合（牛津投资有限公司）。与之类似的，额外私募股权合作已经在一些学院和专门从事私募股权资产管理的公司广泛存在。

在对冲基金领域，牛津大学和其 15 所学院投资于牛津大学绝对回报合伙基金与福希耶合伙基金，此类基金采用合伙制的组织方式，各学院从这样的合作中获益。该基金收取的费用是成本的 1%，没有任何绩效费用；自成立以来其波动性一直是 3.5%，β 值为 0.11。此类组合型对冲基金以英镑计价，而不是以美元计价，并提供了大约 30 种战略投资，是所有战略投资的一半。令人惊讶的是，越来越多的大学没有投资这种合作基金。在我们进行此项调查时，与牛津的学院相比，仅有 2 所剑桥的学院投资于剑桥合伙基金与福希耶合伙基金，其中 1 所学院（冈维尔学院和凯斯学院）将捐赠基金中 3.7% 的基金投资于福希耶基金。

考虑到在传统资产中经理人数的高度集中，管理现金的经理人数是不寻常的，几乎和管理不动产的经理人数一样多，是对冲基金经理的 2 倍。由于大多数学院都投资于牛津大学福希耶合伙公司管理的组合型对冲基金（万灵学院、基督学院和莫德林学院都与福希耶有单独的授权），这可能会导致管理对冲基金的经理人变少。因此，各学院共同建立资产池以投资于对冲基金的做法是一种创新，特别是其有较低的对冲基金敞口时。

相比于各学院在对冲基金领域所展现的创新能力，分析牛津和剑桥各学院的现金管理情况，44% 的学院在内部管理他们的现金余额，这意味着现金被存入银行或建筑协会账号中基金经理的投资管理不积极。不到四分之一（23%）的学院报告将现金投入到由该大学管理的联合基金中，有同样做法的牛津的学院数量明显增加。如果不是大学合并了现金基金，那么牛津剑桥的学院管理现金的外部基金经理人数可能会更高。

表 10.12 显示了牛津和剑桥各学院捐赠基金经理的授权分配情况。

虽然受雇于牛津和剑桥的经理平均数量明显低于美国教育捐赠机构，但通过分析每位资产经理的授权数量，可以发现这些学院的规模效率更高，特别在现金和上市证券的管理方面。牛津的学院和剑桥的学院聘用的 35 名资产经理有一项授权，即负责传统多空主动股票的管理。在调查期间，共有 151 名经理有一项授权，这 151 名经理分管不同的资产类别和战略投资。有 21 位基金经理有两项授权，只有 5 位基金经理有超过 10 项的授权，其中很多授权都来自于联合基金，比如不动产慈善基金、大学现金存款池、剑桥私募股权合伙基金以及福希耶组合型对冲基金。

表 10.12 每位资产经理人的授权数量（%）

授权数量	股票		债券		现金	不动产	另类战略		总计
	主动	被动	主动	被动			对冲基金	私募股权	
1	35	2	8	–	16	11	9	70	151
2	9	3	1	1	1	2	1	3	21
3	2	–	–	–	2	1	–	2	7
4	1	2	2	–	–	2	–	1	8
5	1	–	–	–	1	1	–	1	4
6	3	–	–	–	1	1	–	–	5
7	1	–	–	–	–	–	–	–	1
8	–	–	–	–	–	1	–	–	1
9	–	–	–	–	–	–	–	1	1
10	–	–	–	–	–	–	–	1	1
11	–	1	–	–	1	–	–	–	2
12	–	–	–	–	–	–	–	–	–
13	–	–	–	–	1	–	–	–	1
14	–	–	–	–	–	–	1	–	1
15	–	–	–	–	–	–	–	–	–
16	–	–	–	–	–	–	–	–	–
17	–	–	–	–	–	1	–	–	1
总计	52	8	11	1	23	20	11	79	396

考虑到这些学院的资产配置分布情况，对不动产的管理最为高效，有8%的不动产经理负责管理不动产投资和进行咨询，其所管理的资产平均占总资产26%。由于这些数字是不完整的（10所学院没有提供其不动产经理的名单也没够告知其不动产经理的数量），因此我们需要相应地调整数据。如果将不动产经理的数量增加一倍，不动产经理所管理的资产比例仍将比主动股票经理人所管理的资产比例更具吸引力，在不动产管理中，27%的基金经理管理53%的资产。对固定收益的管理似乎也相当有效，因为5%的经理负责管理的资产在总资产中的比例超过12%。表10.13是牛津和剑桥各学院捐赠

基金经理数目与资产管理分配之间的比例。

表 10.13 资产配置与经理人数

资产类别	经理人数目	平均资产配置（%）
股票	27	53.2
固定收益	5	12.2
现金	5	7.1
不动产	8	26.1
对冲基金	5	0.7
私募股权	49	0.5
总计	100	100

尽管较高的经理人配置并不令人担忧，但没有明确的证据表明其所雇用经理人的成本是合理的。我们无法从学院获得可靠的长期成本数据和投资回报数据，这限制了我们的总体结论。目前，我们无法评估资产配置策略和相应的经理聘用是否是最优的。有关风险分配的数据也很难得到。因此，我们不清楚学院是如何分配他们的投资以获得较高 α 值的。坊间证据显示，就传统的股权投资而言，这些学院在某些情况下可能会从被动投资中获益。通常规模经济可以通过合并资产来实现，尤其是在主动股票、现金管理、私募股权投资等领域。例如私募股权的平均资产配置为 0.5%，但各学院却有 110 位合伙人。由于缺乏更可靠的数据，这种分析是有缺陷的。即便如此，它也反映出了牛津和剑桥各学院任命经理人趋势。2002—2003 财年，牛津大学和剑桥大学中 5 位主动股票投资经理拥有最多的授权：汇丰投资管理公司有 7 项授权，嘉盛莱宝奇斯韦尔投资公司（Sarasin Chiswell）有 1 项授权（原名奇斯韦尔公司），牛顿资产管理公司 1 项授权，瑞银莱恩银行和克鲁克公司有 6 项授权（瑞银莱恩和克鲁克公司既担任经纪人又充当基金经理）和嘉诚证券 1 项授权。

小 结

　　随着多样化投资策略的实施，越来越多的牛津和剑桥学院认识到要任命相应资产类别的基金经理。例如，剑桥大学已经建立了一个投资办公室，合并了捐赠基金资产以成立一个单一的基金。随着牛津投资公司的建立，牛津各学院也合并了一些资产。牛津和剑桥各学院在管理现金、不动产和另类策略方面，也有此类表现。

　　不动产慈善基金是专门为慈善机构提供资金以促进其不动产投资多元化。有17所牛津和剑桥学院（大部分学院的捐赠基金投资组合没有直接不动产配置）设立了不动产慈善基金。牛津大学和15所牛津的学院投资于牛津大学绝对回报合伙基金与福希耶合伙基金。一些牛津的学院投资于剑桥私募股权联合基金，有15所牛津的学院将现金投资于大学现金储蓄池。尽管有证据表明，在某些资产的管理上存在合并的迹象，但在经理人招聘方面，存在很大的进一步整合机会。

　　值得一提的是，牛津大学和剑桥大学在其资产配置和经理人选择上的独到见解。然而，在这些学院中，很少有学院在投资政策声明中正式规定了经理选拔和续聘的政策。在一次正式的比较之后，学院雇用了越来越多的资产经理，有时会在顾问的指导下开展此项工作。学院报告称在他们任命经理时会利用学院的社交关系，并根据相关人士的推荐任命经理。据报道，在另类战略投资领域，能否找到合适的经理人是投资于此类资产类别最大障碍。因此，除公开招聘外，任命另类投资战略经理人多采取个别推荐的形式。另类投资策略中，投资于组合型基金被认为是一种相对安全的投资方式，尽管这会产生一些额外成本。捐赠基金规模较小的牛津的学院和剑桥的学院其雇用的基金经理较少，这些学院捐赠基金同样也倾向于投资集合产品、组合型基金。

　　在衡量投资业绩和相关成本方面缺乏透明度，仍是牛津和剑桥的捐赠资产管理的致命弱点。这些学院需要让其成本调整后的投资业绩更加透明。实现这一目标的方法是雇用一个外部独立的投资业绩评估公司，以评估其整体绩效和成本。这种安排将使大学能够确保规模经济，实现其所期望的资产配置，但由于捐赠规模或组织结构的限制，这种安排难以实现。由于牛津和剑桥各学院将其资产的 1/3 投资于不动产，因而管理不动产的成本在整体投资管理成本中最高，因此，学院可以从不动产汇集的大量资产和丰富的投资经验中受益。尽管这样的转变需要时间和进一步的安排，但这些学院正处于规划其未来的关键时期。

第十一章　社会责任投资

引　言

英国1995年养老金法案的修订案要求受托人表明其社会责任投资的途径对企业行为产生的潜在影响。企业责任部长的任命表明政府对于社会责任投资的关注日益密切。2000年7月3日对1995年养老金法案进行修订，要求所有的养老基金受托人要对他们的投资政策声明记录在册。在一定程度上，要把社会、环境、道德等方面的因素纳入到选择、保留或者实现投资项目的考虑中，并且，他们的政策（如果有的话）均与投资权利（包括投票权）行使有关。[1]

在其报告《私人行动：公共利益》中，内阁办公室战略小组建议，较大规模慈善机构的受托人应在他们的年度报告中做出类似的披露。他们还表达了这样一种观点，即所有的慈善机构都应该公布这些信息，即使他们不需要这样做。目前，虽然对慈善机构受托人没有任何法律上的要求，但将这些资料呈现在年度报告中，被认为是一种很好的做法。[2]

在美国，有关投资政策声明的劳动解释公告，明确规定了管理计划资产的受托责任，即公司股票的股份。这个公告于1994年发布，清楚地说明了谨慎的受托义务以及计划参与者和受益人的忠诚度。[3]因此，社会责任的投资问题包括计划的发起人和管理者的受托义务。然而，美国捐赠基金的投资管理政策不需要包括社会责任标准。根据 2004 年的 NES 报告，在做出投资决定时，大约有 3/4，即 73.4% 的机构不考虑这样的标准，尽管有 8.2% 会在捐助者的要求下做出决策。[4]

在英国，职业养老金计划对他们的道德和投票政策以及他们的基金财务表现负责。法律并没有取消受托人必须做出有利于受益人决定的要求。最早指出养老基金必须披露社会责任投资政策的工党政府大臣，约翰德纳姆（John Denham）声称，根据现行法律，没有什么能够贬低养老基金受托人的主要责任，应将受益人的财务利益放在第一位。[5]法律认可将保护受益人的财务利益放在首位的做法，同时法院认为慈善机构的受托人应遵守慈善法关于投资的相关原则。

社会责任投资或者道德投资是一个用于涵盖各种投资策略的短语。道德投资政策或者社会责任投资包括寻找在环境保护、就业、人权方面表现极佳的公司，或者这些公司的商业活动对于营造整洁的环境及构建更加健康的社会做出了相应的贡献。它同时也包括积极地与公司合作，以影响他们的道德政策。社会责任投资也可能涉及负面筛选，以避免在一个特定的行业进行投资。许多道德投资者和道德投资基金采取正面筛选和负面筛选相结合的方式。当社会责任投资和道德投资被用来描述一种特定的道德投资方式时，两者都需要区别于社会投资，同时他们也并非普通的金融术语。道德投资是经济意义上的投资，受托人所采取的行动受法律约束。

慈善机构的管理文件有时会对该机构的总投资能力施加道德限制。当然，这些限制必须由受托人遵守。更常见的是，决定采用道德投资政策的是受托人本身。慈善委员会规定：

> 他们（受托人）需要牢记的基本原则是，他们的投资能力要以进一步巩固信托为目的，而这些目的通常会在寻求与商业审慎一致的最大回报中发挥作用。正如法官在审判哈里斯（牛津主教）案 [1992] 1 WLR 1241（俗称牛津主教案）时说道，"大部分慈善机构都需要钱；而如果给予它们越多的钱，就会有更多的受托人设法去完成这件事"。[6]

因此，道德投资政策与寻求最大回报的投资原则完全一致。如今，有越来越多的人认为，承担社会责任的企业更容易取得长足的发展，也更容易实现风险和回报之间的长期平衡。受托人可以自由采取任何道德投资政策，他们相信这会为他们的慈善事业提供最优的风险和回报平衡。正如任何其他投资策略一样，他们必须小心履行他们的职责，特别是他们必须考虑多样化的需要，并采取适当的建议。

因此，慈善机构投资者的目标是将他们的资产以一种对社会和环境负责的方式进行投资，以反映他们的长期投资目标。例如，剑桥大学卡莱尔学堂在其公布的报告中指出其道德投资政策：与社会责任投资相关，投资委员会认为，学院的利益通常是通过寻求与商业审慎相一致的投资来获得最佳财务回报。[7]

社会责任投资策略通常考虑公司投资的道德记录、社会记录和环境记录，并将该评估纳入其长期财务绩效考核中。投资者认识到存在公司治理红利；他们拥有更高的市场估值，廉价的资本渠道，并受益于强大的股东基础。从历史上看，与新兴市场经济体相比，发达国家的溢价相对较低，但全球的企业更清楚地意识到自己在公司治理方面的品牌塑造能力以及它们对社会和环境问题的政策，就像财政政策一样多。对于公司和股东来说，坚持卓越的道德经营原则是极其重要的，这反映了他们的整体业绩。投资者越来越多地要求公司提高透明度，包括它们的治理原则、环境政策和做法、保护人权的记录以及公司参与当地社区活动的记录。

无论投资者选择屏蔽违规企业（例如，在这个案例中教堂委员避免向违规企业投资，这些违规企业的收入来源于军火交易、酒精、烟草、赌博等相关业务）还是积极参与公司治理（就像爱马仕集团管理的各种基金一样）英国养老基金部门的投资过程已经出现了不可逆转的改变。

传统观点认为股东的活动被分为两类：一类参与公司治理活动；另一类承担企业社会责任。公司治理决议涉及董事会的组成、保密选举、非执行董事的独立性、董事和高管的薪酬等问题。社会责任主要包括企业对环境、健康、安全、性别、工厂以及人权问题的政策。如今，大多数大型企业以及投资公司都会有专门部门负责处理社会责任投资问题。

虽然牛津和剑桥的一些学院并没有在其投资过程中正式运用社会责任投资标准，但是这并不意味着学院没有这类意识，也不意味着他们不愿意参与到社会责任投资问题当中。正如一名财务总管在总结他们的方法时说的："我们通常不关注社会责任投资，因为我们希望管理者能够自由地做出经济决策。我们认为，从长远来看，那些投资绩效良好的企业，都会遵循投资原则，他们在追求利益最大化的同时可以促进社会福祉。"这一观点越来越被人们认可，另一位财务管理人员的观点是：

我们并未制定社会责任投资政策，但是在选股层面，存在并未被社会认同的投资特征。我们有一个商业质量清单，没有一类投资能够通过内部筛选过程进入到我们的投资范围。我们会把那些有"社会责任投资问题"的公司视为那些收入不稳定、增长状况不稳定的公司。因此，他们不会成为我们投资的候选人。社会责任投资是投资理念的一个子集，但我们做得并不好。例如，我们都非常热衷于爱马仕专注基金的投资理念，这使得投资者通过更好的治理方式对公司估值产生了影响。

剑桥和牛津的大多数学院都遵循慈善委员会提供的指导。一位财务主管这样描述他们的道德立场："任何受托人或其代理人做出的投资要顾及伦理问题，这些决策必须以慈善利益为根本。"如果他们确信一项投资会阻碍慈善事业的发展或者造成财政损失，那么他们会拒绝此类投资。如果公司活动与慈善机构的目的直接相悖，他们也会予以拒绝，因为这会损害利益相关者的利益。

一些机构声称他们浏览了《优质公司章程》(Good Corporation Charter)："我们的政策是支持该章程所包含的内容（这是有助于这些机构提升商业道德的一系列条款），并指导基金经理人在与即将投资的公司进行商讨时，采纳该章程中所包含的原则。"另一位财务主管人员解释道："我们要求投资咨询委员会通过投资道德基金来寻求实现投资目标的机会。"

在牛津和剑桥,很少有学院拥有正式的社会责任投资政策。那些拥有正式的社会责任投资政策的学院通常实施这些政策来指导他们的管理人员避免投资某些股票或者部门。而其他学院更偏好与公司合作来影响他们的社会责任投资政策,从而使不同机构的利益保持一致。通常情况下,学院认为,通过使管理者自由实施社会责任投资政策能够保持长期投资的价值。剑桥唐宁学院对于社会责任投资持积极立场,在其2003—2004年的财报中,描述了由于管理者的改变,公司将其道德政策从与公司合作转变为排除在外:

学院对其基金的道德投资审查仍负有责任。目前烟草公司并没有直接持股。这一结论,也就是前些日子哈里斯案件的调查结果,并没有对财务收益产生重大影响。

学院采取了一项政策,要求其可自由支配的基金经理在对公司的分析中包括伦理、社会和环境问题,参与公司对这些问题的管理,并在必要时通过投票对管理人员进行审查。学院收到了持股公司关于社会、道德和公司治理的季度报告以及投票的细节。新成立的基金管理公司的组织方式不同,学院将采取排外政策,而不是参与其中。学院正在评估与其慈善目标相悖的管理机构的投资政策所产生的影响。[8]

有时,仅基于股票排除的道德投资政策可能会对业绩产生不利影响。虽然所有谨慎的投资者都会将企业的社会责任投资记录纳入其业绩进行考量,但是在进行战略资产配置时,牛津和剑桥的各学院像他们的美国同行一样,通常不会考虑社会责任标准。这种考虑可能会在选股时出现在。由于牛津和剑桥的学院通常不会积极参与选股,他们期望投资经理人采取反映这一问题的政策。少数学院在选股过程中囊括了管理资产的标准:这更多的是对他们所投资公司前景的财务评估的一部分,而不是在他们的投资方式中采用任何特定的道德偏见。

与美国捐赠基金领域的做法相比,私立机构以及具有小规模捐赠基金的机构更有可能在其投资管理政策中考虑社会责任标准,而拥有最大捐赠基金的机构则不太可能这样做。总体而言，超过1/4（26.4%）的捐赠基金资产不足或者刚好为2 500万美元的机构报告称他们将社会责任标准纳入其投资管理政策中。与之相比，资产超过2 500万美元的机构的平均比例为18.5%。此外，22.2%的私立机构以及10.3%的公共机报告包含此类标准。这种做法对于某些投资战略而言显然更适用，但是采用社会责任投资的机构面临巨大的障碍，因为他们同时要努力提高投资业绩。[9]

社会责任投资会影响资产配置吗？

当被问及"在捐赠基金管理中，特别是在资产配置时，社会责任投资是否得以正式解决"时，有超过一半（61%）的牛津和剑桥学院表示社会责任投资问题并不产生影响。超过四分之一（28%）的学院表示在其资产配置过程中包括了道德标准，11%的学院表示道德标准对其资产配置产生了一定程度的影响。表11.1总结了牛津和剑桥各学院"社会责任投资会影响资产配置吗"这一问题的答案。

表11.1 社会责任投资对配置影响的程度（%）

回应	牛津	剑桥	牛津和剑桥
极具影响力	26	30	28
有限的影响	31	–	11
无影响	53	70	61
合计	100	100	100

牛津和剑桥各学院作为投资者似乎比他们的美国同行更有社会责任感，根据2003年NACUBO捐赠基金研究报告，超过3/4（75.1%）的美国教育捐赠基金以及基金会的投资管理政策中不包含社会责任标准，虽然有7.6%的捐赠者要求这样做。在2003年的调查中，只有17%的受访者表示他们的投资管理政策中包含社会责任标准。[10]

投资管理政策不受社会责任标准影响的比例由 2001 年的 61.4% 上升至 2003 年的 75.1%，2004 年有轻微的下降，在学院捐赠基金资产管理中不包含社会责任投资标准的比例为 73.4%。规模较大的美国机构同样不太可能将社会责任标准纳入其捐赠基金资产管理政策中。80% 资产超过 10 亿美元的学院同样不会这样做，78.8% 的资产超过 5 亿美元，但不足 10 亿美元的学院也会在其决策过程中忽视道德标准。83% 的公共机构不会将社会责任投资标准纳入其资产管理中。[11]

牛津和剑桥超过 1/4（28%）的学院报告在其投资决策中包含了社会责任投资问题，但是这些学院通常通过基金经理来指导其管理者实施道德或社会责任投资。很少有学院要求他们的经理不要投资于某些类型的部门和公司。这些机构对道德投资的重视主要是为了通过这种方式管理他们的投资，从而使他们的社会责任投资立场不会损害他们的既定投资收益。学院一直保持务实的方法，一所学院的社会责任投资政策表明只要是可行的，且在一定程度上能够提供收益，那么道德上可行的投资就应该继续。对主要经营武器、烟草制品的公司，不得直接投资。这种道德立场与慈善委员会提供的有关如何建立这些政策的指导相一致。

英国慈善机构做出判断的关键是根据自己的情况而定，而不是试图遵循所谓"一致"的"公众舆论"。以下是慈善委员会列出的决策要点：

（1）考虑慈善机构的目的和目标。

（2）牢记收益最大化的基本原则。如果采用道德政策，就应该以书面形式提出，且积极的目标和豁免项都应该清晰列出。

（3）如果公司或部门被排除在外，则应该清楚地考虑排除的理由。政策越严格（条款除外）获得收益的风险越大。

（4）受托人需要评估所有建议政策可能对投资回报产生的潜在影响，这通常需要专家的意见。

（5）如果一个被提议的政策会增加低回报的风险，那么就要对其进行调整，以保证学院不会背离相关道德准则从而避免学院的声誉受到损害。此类风险不能通过精确计算得出，只是受托人必须识别和管理的诸多风险之一。

（6）受托人如果考虑了正确的问题，采取了适当的建议，得出了合理的结果，那么他们所采取的政策就不太可能受到批评。[12]

这样的指导也有助于机构处理压力集团和其他利益。由于学生往往对社会责任投资问题更积极，教育机构往往更容易受到来自其内部团体需求的影响。牛津和剑桥的学生最近采取的行动，似乎并不是高校捐赠资产管理的一个严重制约因素。一小部分全部来自于牛津的学院（11%）的小团体表示，它们将道德或社会责任投资标准纳入资产管理过程主要是由于受到了学生方面的压力。一所学院的财务主管表示，"由于学生压力而产生的禁令在这一领域非常常见，如烟草行业。否则，社会责任投资对资产配置的影响微乎其微。我们投资的是基金而不是个别企业，所以我们没有积极的社会责任投资政策"。

例如，在牛津的2所学院，投资委员会的学生代表负责将社会责任投资问题引入投资流程中。一位学院的财务主管解释说："我们的管理团队中有学生活动室（Junior Common Room）的成员，所以我们的讨论将涉及社会责任投资问题。学院的观点是，我们在这些问题上没有采取任何特别的立场。"在另一所没有学生代表的学院，社会责任投资在一定程度上由学生推动，一位财务主管解释道："在任何情况下，我们不会直接投资于烟草公司或国防领域。"因此，学院先发制人通过采用某种形式的社会责任投资政策来阻止学生的反对。

用另一位财务主管的话说："我们对来自学生群体的社会责任投资的关注一直存在。我并未意识到学院的同学有什么严重的问题。这不是因为他们没有社会责任感。我认为，他们只是把学院这方面的事物委托给更了解相关事项的人员。随着被动管理的转变，我想对于那些可能会主动提出这样的问题的人来说这已经变得困难了。"一些学院通过不公开投资组合来解决这些问题："我们不公开我们的投资组合，从而避免任何可能出现的问题。当然，我们会不时地讨论这些问题，并逐一加以解决。"

学院普遍认为，公司治理和社会责任投资政策效果评估相关信息的披露是必要的，这反过来会促进资本市场透明度的提升。学院也认为任何必要的行动都是投资经理的责任。两个学院（分别在牛津和剑桥）报道他们正在考量以投资为目的道德基金的业绩；其中的一个学院（牛津）已经朝这个方向迈出了一步，此项投资主要由学生负责，他们将一小部分资金投资于专业道德投资公司管理的集体投资基金，这部分基金由道德投资小组进行管理。

另一所剑桥的学院也处于监测 SRI 基金表现的过程中，"看看他们的业绩如何。否则，我们并不是特别喜欢 SRI，尽管我们的学生在这个领域相当活跃。在使用保守策略的情况下，SRI 不是一个大问题"。财务主管解释说，由于被动的管理者也积极"参与"公司关于 SRI 的问题，所以采用 SRI 政策不再是不符合实施保守策略资产管理。投资收益最大化才是财务主管主要关注的问题，大多数财务主管都认为在财务上成功的公司更有可能是一个道德的公司。考虑到他们（财务主管）所采取的限制措施，就可用于广泛监控公司的资源而言，基金经理投资于过分受限的 SRI 政策是无效的。一个财务主管表示，大学的观点是："我们更倾向于道德得进行支出而不是将其他企业排除在我们的投资组合之外。"

进一步分析 SRI 标准对资产管理过程的影响，以探讨 SRI 管理战略在哪里以及如何应用，揭示了牛津和剑桥 80% 的学院，没有任何可衡量的或有意义的方式。牛津大学 88% 的学院，剑桥大学 70% 的学院在其投资管理过程中没有考虑社会责任投资标准。剑桥大学在投资会议中对社会责任投资问题进行讨论或审查的学院数量是牛津大学的 2 倍。

表 11.2 给出了受访者在整个捐赠基金资产管理过程中对社会责任投资标准处理的情况。

对于一些牛津的学院来说，由于他们采用保守策略管理上市证券组合，所以 SRI 的问题并没有呈现在他们的资产管理过程中，尽管一些问题可能仍然出现在不动产管理中。一位财务主管说："存在追踪基金和绝对收益策略而没有对股票进行豁免。"另一个财务主管说道："学生们从来没有就这些问题向我们施压。我们没有任何股票被列入黑名单。由于持有不动产资产，我们确实在环境和农村问题上提出了一些问题。在股权方面，我们没有向我们的经理提供任何具体的 SRI 指示。"

超过 1/3（36％）的学院有不同的指数化策略，（牛津 47％ 的学院以及剑桥 22％ 的学院转向追踪系统）这些机构更倾向于采用"参与选择 SRI 选项，而不是股票筛选或排斥。对于那些投资于共同基金的机构来说，它们的 SRI 立场反映了该基金的情况。他说："我们正从直接持股转向联合基金；而并非所有公司都是内部产品。""我们仍然对沃达丰、帝亚吉欧、葛兰素史克进行独立持股。但是，其目的是进入联合基金。所以，我们将道德责任视为投资基金。"一位财务主管评论道。

表 11.2　社会责任投资在资产管理过程中起作用的程度（％）

回应	牛津	剑桥	牛津和剑桥
进行讨论或检视	12	30	20
社会责任投资不起作用	88	70	80

尽管许多学院都表示愿意公开审查此类问题，但与实施和监控相关的成本却阻碍了积极的 SRI 进程。牛津大学一位大型捐赠基金的主席说：

就 SRI 政策而言，我们不会对可以投资的公司施加任何限制，尽管一些学生和教员认为我们应该这样做。考虑到我们对跟踪基金的使用颇具意义，我们不知道如何确切地得以实现。然而，我们已经签署了良好公司章程，并已对我们的基金经理进行了相应的指示。我认为，我们唯一的限制是除了跟踪基金，我们不投资于烟草公司。

在捐赠基金资产管理中实施社会责任投资政策

牛津和剑桥各学院在捐赠基金管理过程中实施社会责任投资政策各有不同。社会责任投资考虑到公司的社会和道德记录，并纳入其长期财务表现。股票排斥不是 SRI 政策管理的最佳形式；牛津和剑桥约 1/5（21％）的学院称如果他们有社会责任投资政策，那么他们会采用这样的方法。在诸如烟草、军备、色情、动物试验、全球变暖等领域的投资被排除在慈善机构之外的这一做法越来越受到青睐,因为这些行业是包括学生在内的投资者最关心的领域。

一些社会责任投资的投资者认为,改善公司的社会和道德政策是一种更好的策略。虽然活跃的基金经理和私募股权投资者可以"参与"那些关注他们的社会和道德政策的公司"接触",但其他投资风格——比如被动和绝对回报策略——并不容易对这种策略开放。在牛津和剑桥大学,超过1/3(38%)的学院没有将任何股票排除标准纳入对基金经理的要求,而1/4(26%)的学院报告称他们参与公司事项。越来越多的资产管理公司提供保守策略,同时包括在自己的机构内部参与社会责任投资流程,以反映客户的担忧,同时增强其投资组合的长期业绩。

牛津和剑桥大学也报告了一些行业和公司的排斥现象。广义上讲,学院不会对烟草、国防或类似领域进行投资。这是在捐赠基金管理中没有正式社会责任投资政策的学院的财务主管的观点。另一位主管说:"虽然我们没有对经理施加任何限制,他们确实也没有持有这些股票,而我们也希望他们不要持有烟草行业股票或军火供应商的库存。假设他们认为应该在未来买进,那么他应该同财务主管一起进行审核。"第三位财务主管来自于剑桥大学,他说:"该学院不直接投资于烟草行业,也不直接投资于销售武器或武器的收入超过总收入的15%的企业。在履行其职责的同时,投资委员会也会不时地保留一些权利,以排除那些被认为与学院总体目标不一致的其他公司。"

有一些学院不会机械地将某些公司从他们的投资组合中剔除,在这些学院中SRI标准与选股过程有着本质的联系:"我们试图做出长期的决定,而不是在社会责任投资的基础上对股票进行筛选。对我们而言,投资于那些主要收入来源是烟草、色情或童工的公司,无论如何都不是一项好的长期投资。因此,我们的目标是实现最佳长期总收益的同时符合捐赠基金谨慎的标准。"一位财务主管说。因此,一些学院在他们的投资政策中考虑到了道德立场,从而不对大部分收入来源于武器或烟草的公司进行投资,尽管诸如童工、色情或环境等其他问题仍是潜在问题。排除决定的依据是符合道德准则的财政标准。

表11.3提供了关于实施SRI政策的不同方法的回应的细目表。

表11.3　牛津和剑桥各学院实施SRI政策的方法

方法	牛津（%）	剑桥（%）	牛津和剑桥（%）
没有股票排斥	53	19	38
基金经理与企业进行商讨	18	37	26
股票排斥（烟草和武器）	18	26	21
接受慈善委员会指导	3	7	5
投资于联合媒介	3	7	5
被动的基金管理	3	4	3
财务主管在SRI原则上对基金进行管理	30	–	2
合计	100	100	100

在大多数情况下，学院财务主管负责监控社会责任投资问题。基金经理也期望在他们的季度报告中涵盖有关社会责任投资的问题。经理们也将在季度投资会议上提出这些问题。正如一位财务主管解释道：

> 我们没有这样的社会责任投资政策。我们把将其交给基金经理，他们将以社会责任投资政策为依据的社会责任投资声明写入报告中，同时，他们的投资过程包括公司的社会环境和道德立场的研究。每个季度，基金经理都会与公司进行会面，集中讨论企业的社会和环境风险。我们鼓励公司将其社会责任投资风险进行集中管理，而不是进行单独管理。
>
> 我们的基金经理赞同英国保险人协会的指导方针，该协会旨在通过识别新出现的威胁和机会，来提高股东价值。另一个话题是生物多样性，基金经理曾与许多经纪人合作，以鼓励人们意识到这一问题。该季度的评估还为学院提供了投资公司关于各种问题的投票记录。然而，该学院不遵循任何特定的社会责任投资战略。

在使用积极的社会责任投资政策的学院中，大部分都有排斥政策。只有一位直接管理剑桥大学的财务主管表示,他直接与企业关心的问题进行交涉:"在对英国企业进行投资时,我们以富时社会责任指数为导向。如果需要,我们也直接与企业进行交涉来解决社会责任投资问题,而不是在遇到困难时就减少或停止投资。"另一位投资财务主管认为,基金经理的业绩与他所投资的企业息息相关,所以,这些行动应该留给基金经理去执行。

社会责任投资被纳入投资目标。但是,就投票权而言,我们不排除任何资产类别,它被委派给基金经理。他们认为那些不承担社会责任的公司同时更容易面临财务问题。该基金行使投票权的政策是基金经理应该行使其权利,而其主要利润来源于投资收益。

之所以将这项政策的实施委派给基金经理,是因为他们认为强烈的社会责任意识能使公司长期获得良好的投资回报。他们认为,有悖于民意的企业活动可能面临社会制裁或法律的惩罚,这可能会导致不良的回报。我们的经理鼓励公司研究公众对社会责任的看法,并在管理层认为合适的情况下遵循它。

牛津大学另一位财务主管说:"学院会不时地关注其自身的社会责任投资问题,例如,过去我们一直排斥对南非的投资。我们已经意识到了社会责任投资问题,但是我们没有将一些公司排除在投资范围以外。我们期望我们的基金经理积极地参与到他们所投资的企业中,也就是说,我们希望基金经理能够考虑他们投资决策产生的影响。"与之相似,另一位财务主管说:"在过去的一段时间里,该学院一直在关注诸如此类的问题,例如,在一段时间前,该学院关闭了巴克莱银行的账户,这是一项'无南非政策'。"但目前同一所学院没有任何社会责任投资政策,不过如果这个问题引起了学生团体以及研究员的足够反对,就可以引入一些排斥政策。

与美国在教育捐赠基金中的做法相比,在投资管理中包括社会责任标准的做法表明,这些机构涵盖了广泛的问题。美国的机构坚持的最普遍的标准是:不生产或销售烟草产品的企业(69.9%),其次是不生产或销售酒精饮料的企业(47.1%)以及不参与赌博或博彩业务的企业(44.9%)。

表11.4显示了美国机构最关心的社会责任标准。

在美国，尽管私立机构包括社会责任标准的做法比公共机构更普遍，但是他们对环境或社会问题的考虑似乎没有什么不同。与独立学院和私立大学相比，公立的学院和大学不太可能有阻止他们投资于"罪恶股"的投资政策。例如，只有26.1%的公共机构不向生产或销售酒精饮料的企业投资，相比之下，独立机构的这一比例为51.3%。[13]

表11.4 美国捐赠基金会：社会责任标准（%）

捐赠基金 （百万美元）	A	B	C	D	E	F	G
>1 000	-	-	-	-	87.5	-	12.5
500~1 000	16.7	16.7	16.7	33.3	66.7	33.3	16.7
100~500	15.8	34.2	5.3	36.8	60.5	36.8	28.9
50~100	27.8	22.2	-	61.1	77.8	50.0	22.2
25~50	24.1	20.7	6.9	62.1	72.4	51.7	17.2
<25	27.0	29.7	8.1	51.4	70.3	56.8	29.7
公共机构	21.7	21.7	17.4	26.1	60.9	21.7	30.4
独立机构	21.2	26.5	3.5	51.3	71.7	49.6	23.0
全部样本平均	21.3	25.7	5.9	47.1	69.6	44.9	24.4

A. 坚持所有的环境政策和实践。
B. 无明显的武器制造。
C. 不产生核能。
D. 不生产和销售酒精饮料制品。
E. 不生产和销售烟草制品。
F. 不参与赌博或博彩。
G. 没有违反《美国童工法》及国内或国际标准。
来源：《2004年NACUBO研究》。

小 结

英国企业年金计划的受托人应该为他们的道德投资政策以及基金财务表现负责，新的社会责任投资立法没有取消这一需求，即受托人必须做出符合受益人的最佳利益的决定。因此，采用正式的社会责任投资政策的受托人面临的问题是，实现他们的目标同时不违背他们的受托责任，即把受益人的利益视为最重要的。除了积极地与他们投资的公司进行洽商，目前社会责任投资政策立法如何改变捐赠基金托管人和他们基金经理进行资产分配决策和股票选择的方式还不明确。捐赠基金和基金会不可避免地在这一领域发挥作用。牛津和剑桥的学院希望他们的经理人能够考虑到他们投资决策的影响。许多学院只是简单地遵循由慈善委员会委员制定的指导方针来完成他们的社会责任投资义务。

在构建投资组合时，捐赠基金和基金会的目标是在任何给定的风险水平下实现收益的最大化，同时，履行其受托责任。虽然收益率目标更容易定义和衡量，但各部门的投资者对风险的定义缺乏共识。风险总是被单独定义。此外，只要不会导致预期收益降低，投资者一般乐意将社会责任投资标准纳入他们的投资政策。尽管股东在影响公司政策方面的权力越来越大，但大型机构投资者更倾向在不影响其业绩的情况下与公司进行洽商。

对于资产管理公司而言，如何确保优质的投资回报是其无可争议的焦点。治理记录不佳的公司能仅在财务方面就被排除在外，而不是因为它们对环境或社会的无力政策。此外，将道德筛选作为备用政策可能会导致一系列的企业排斥甚至引发对中小市值公司的偏见。与之相比，引导基金经理参与改善公司社会和环境实践，被认为是良好的社会责任投资策略。虽然社会责任投资战略更适合于私募股权投资，但他们难以实施绝对回报战略。指数化经理也倾向于与公司进行商讨。因此，商讨是公认的值得尊敬的分析师或投资者责任的一部分。

第十二章 绩效评估

引 言

评估捐赠基金投资组合的整体投资业绩在资产管理中占有重要地位。有效管理赞助机构与其指定资产经理人之间的关系至关重要。一旦指定了资产经理,监督其表现有助于实现捐赠基金的投资目标。在此基础上,制定明确的投资目标政策并与经理就相关评估条款达成一致有助于监督经理的业绩表现,因为衡量不同的绩效目标需要不同的评估方法。对于受托人而言,只要基金的投资目标不变,那么其首要任务就是按照成熟的基准对经理的业绩进行评估。

英国慈善委员会公布的指导方针如下所示:

受托人要依照投资资产规模,投资政策声明中的相关条款以及资产经理人的权限等方面的相关规定,制定清晰且严格的经理人绩效评估基准与绩效评估目标。受托人负责为其慈善机构制定绩效评估基准,并按照这些基准来确定合理的绩效目标。在此过程中,受托人希望可以从那些独立于其资产经理的相关人士那里获取一些专业意见,这有利于受托人制定合理的基准体系。但是其所指定的绩效考核基准体系要写入政策声明,经理对此保有知情权。[1]

根据本研究提供的数据，牛津和剑桥大学有将近一半（48%）的学院聘用单项资产经理人来管理其捐赠基金投资组合，其中每位经理人都有平衡的授权。因此，确定一个合理的投资组合绩效基准，不是一项太困难的工作，即便是在不动产投资结算后。然而，牛津大学和剑桥大学所公开的捐赠基金绩效表现却并非如此。一些财务主管指出长期以来，无论是对外还是对内，一些学院都不太愿意公开其捐赠基金绩效表现，或是缺少对此类分析的关注，而此类分析是捐赠基金资产管理的关键工具。这就使得受托人在确定绩效基准时阻碍重重。

例如，2003—2004 财年公布的会计报表中，46%的牛津诸学院公开了捐赠基金年度收益，而剑桥为40%。那些公开了年度业绩数据的学院不一定雇用了单一投资经理。与养老金不同，牛津和剑桥各学院在评估其捐赠基金绩效表现时受到多种因素的综合影响。例如，学院认为聘用外部绩效管理顾问成本太高，并且认为此项开销对其投资收益的增长没有任何益处。

长期以来，牛津和剑桥各学院与其他慈善组织一样都是为了获取高收益而投资。相比于了解投资预期收益，对其投资资本价值的监管就显得不那么重要了。对不动产的评估每5年进行一次，有时评估周期会更长，可能每10年评估一次。年度评估是在近期流行起来的。学院没有必要知道其究竟持有多少不动产，除非学院打算卖掉其所持有的不动产。学院需要知道的是，这类资产每年会产生多少收益。如果学院所需要的只是一定的收入，那么其是否清楚所投资的证券是升值还是贬值也变得无关紧要了。

近年来，由于各学院转向了回报总收益，对投资绩效进行年度评估变得的至关重要。尽管牛津和剑桥各学院已正式过渡到了总回报投资，但大部分学院的投资观念仍以收益为主。高额不动产配置被认为是可取的，不仅仅是为了多元化投资，而是为了不动产所带来的丰厚收益。例如，在牛津或剑桥，很少有学院称其会出售部分捐赠资本，以提高运营所需的收入水平。

学院出售了不动产，并保留了一部分现金收入。但这更像是一项投资决策，需要减少不动产的高敞口配置。学院获得的部分实物捐赠也被视为收入。捐赠基金的支出与收入主要来自于股息、利息和租金的收入。学院每年支出

4%的捐赠基金，并不意味着他们每年要出售4%的资产以筹集这笔资金。

即使是那些具有高额对冲基金和私募股权配置的学院，也拥有大规模的不动产投资。各学院逐渐建立起更加复杂的私募股权和对冲基金投资组合，随着此类投资组合的日益完善，在特定的周期内，学院会逐渐出售其持有的不动产，降低不动产配置。目前，大多数学院的收入需求都不需要通过出售不动产来满足。当然，总会有例外的情况出现。需要注意的是，提高捐赠基金资本的筹资能力有助于改善资产配置决策。

为数不多的牛津剑桥的学院会雇用外部绩效评估公司。牛津和剑桥各学院雇用的审计员对学院董事会负责并为其提供评估报告，该报告是按照学院章程，专门为评估其业绩表现而编制的。各学院的管理机构要遵循牛津大学和剑桥大学1923年法案及学院年度会决算的相关规定来编制学院评估报告和财务声明。汇报捐赠基金年度业绩并不是审计人员的责任，他们也不会对学院依照相关规定所制定的财务报表发表任何看法。与养老基金不同，学院账目决算不需要遵守全球投资业绩标准（GIPS）。牛津和剑桥各学院没有必要专门报告其捐赠基金的业绩表现。但实际上他们更愿意这样做，这一事实表明他们追求良好投资行为的意愿。

捐赠基金绩效评估

平衡定量分析和定性分析是进行绩效评估的关键，即便是那些经常购买绩效评估服务的学院也都认同这一观点。开展投资绩效评估有助于投资者或委员会仔细审查其投资过程。因此，评估外部资产经理制定的投资组合收益是此项评估的关键内容。尽管定量分析有助于评估绩效、理解风险和收益来源，但此类分析方法并没有被牛津和剑桥各学院所广泛采纳。大多数的牛津和剑桥学院都没有进行正式的投资绩效评估，并且其大多采用定性的、软性评估方法，而没有采用定量的方法。因此，经理人的不佳业绩不足以使学院撤换其经理人。对其他方面的定性评估也起着重要的作用。在这些学院中的高额不动产配置也是一个决定性因素。

表 12.1　负责牛津和剑桥各学院绩效评估的责任主体

评估责任人	牛津（%）	剑桥（%）	牛津和剑桥（%）
学院	65	89	75
基金经理	29	7	20
顾问	6	4	5
总计	100	100	100

在参与此项调查的学院中，有 3/4（75%）的学院称其开展了非正式的绩效评估，20% 的受访者称其使用基金经理的报告来进行绩效评估，其中大部分是雇用了单项外部经理人的学院。与剑桥相比，有较多的牛津的学院（29%）任命经理人来负责内部绩效评估，而这一比例在剑桥只有 7%。剑桥内部评估的机构占 89%。只有 3 所牛津和剑桥学院（5% 的受访者）称其雇用了外部绩效评估顾问。表 12.1 总结了各学院对这一问题的回应。

与招聘经理时类似，定性因素在绩效评估中同样占有重要地位。例如，判断学院与其外部经理之间的合作关系对绩效评估有重要影响。更换基金经理的原因不在于经理人一年或两年内平庸的业绩，而在于学院转变投资理念或内部发生人事变动，学院与其经理的合作伙伴关系减弱。由此可以发现学院更换经理的原因不在于经理人一年或两年内糟糕的业绩表现。简而言之，学院更换基金经理主要在于其合作关系发生了变化而不在于经理的短期业绩。然而，正式的投资组合分析或定量归因分析在绩效评估过程中并不常见。

大部分的牛津剑桥的学院在其内部评估捐赠基金投资组合的业绩表现。超过 90% 的受访者表示，在评估不同的资产类别投资组合绩效时没有参照既定的基准。例如，2003—2004 财年，牛津圣约翰学院的投资绩效如下所示：

本年度，市场低迷：在富时环球指数中，富时环球指数上涨了 7.1%，而在摩根全球政府债券指数则上涨了 6.4%。在截至 2004 年 7 月 31 日，学院的英国投资总回报率为 7.3%。每一种资产类别都产生了积极的回报，除了海外债券投资组合的 -0.8% 回报率外。英国股票的投资组合回报率为 14.7%，比富时股票多了 3.9% 的回报率。在海外投资领域，富时股票（除英国外）的回报率为 3.9%，而学院的投资组合实现了 8.6% 的综合回报率。不动产投资组合的总回报率为 19.9%，而 IPD 回报率为 16.6%。

牛津圣约翰学院公开了其所持资产的绩效表现，但并未提供捐赠基金所获得的总回报。同样，2004—2005 财年，该学院报告了不同投资类别的绩效表现：学院的英国投资经理称其总回报率为 24.3%。英国股票投资组合回报率为 28.8%，比富时全股的回报率高 4.1%，而海外股票的回报率为 37.6%，而富时股票（除英国外）的回报率则为 23.8%。海外债券的回报率为 24.0%，而摩根大通全球债券指数（除英国外）为 10.7%。指数化债券的回报率较低，为 13.9%，但仍高于相关指数。不动产一如既往地表现强劲，这一资产类别的总回报率为 33.0%，而 IPD 指数为 18.0%。

一些学院报告称投资业绩不涉及任何基准回报率，只公开了各种资产类别的回报，而没有公布其捐赠基金的总回报。牛津圣彼德学院在其"投资业绩"的研究报告中写道："学院在制定相关政策时，不仅要着眼于当前的利益，还要考虑学院未来的发展要求，因此，投资委员会建议应制定有利于未来投资收益的总回报政策。当基金收益率为 3.1% 时，其资本价值上涨了 3.5%。货币市场中的现金收益率由上年的 3.5% 上升到 4.5%，而大学资金池的收入增长了 4.1%，资本增长率超过了 3.4%。"其中，并未提及捐赠基金年度总回报。

一些牛津的学院，例如，三一学院和林肯学院，表示将支出率作为（这 2 所学院的支出率为 3%）回报目标，但没有提及实际的捐赠基金回报率。另一些学院，比如剑桥大学的罗滨逊学院，确定了基准回报率——"根据慈善基金财富管理指数中回报率的规定（WM Income Constrained Charity Median Return）学院应达到的最小收益率为 1%，并高于富时指数收益"，但在 2003—2004 财年公开的账目中没有提及实际回报。同样，剑桥大学的克莱尔学院表示，"学院的目标是在长期内实现 7.5% 的总回报率（包括通胀）"，但没有提供任何有关捐赠基金投资实际回报的信息。

剑桥大学的克莱尔学院和唐宁学院提供了大量投资信息和绩效的信息。唐宁的捐赠基金在2003—2004财年间进行了重大重组，这些变化在学院当年的账目中均有记载。2004—2005财年，唐宁学院报告称其总回报率为13.33%，这一年的业绩表现相对较差，一些人解释说这是由于基金管理权被移交给了摩根史丹利私人财富管理公司。通过分析该学院所公开的详细资产配置，可以发现学院投资于包括股票、固定收益、对冲基金、私募股权、不动产、黄金和现金在内的多样化的投资组合。

在参与此项调查的所有学院中，只有克莱尔学院和唐宁学院公开了其资产配置、总回报和基准数据等方面的信息，因为没有要求各学院公布此类信息的相关规定。尽管他们的绩效归因分析还不够全面，但唐宁学院仍旧做出了辩解。唐宁学院称"将学院持有的英国股票配置由原来的58%降至7.08%"，是一项战略资产配置决策，因为较高的英国股票配置可能导致整体回报率的下降。[2]在克莱尔学院中，相较于其所制定的16.6%基准回报率，其总回报率达到了17%，但没有提及相关成本。由于在基准中没有附加成本，所以不可能比较基金的净回报，因为没有扣除相关成本。

即便一些牛津的学院和剑桥的学院，在其公布的账目中包含了绩效信息，但他们没有提及绩效评估的基准。例如，剑桥丘吉尔学院称在2004—2005财年，学院捐赠基金投资总回报率为16.5%，但没有提供与之相比较的基准回报率。同时，也不清楚总回报是总成本还是净成本。我们也无法比较各学院的绩效数据，因为各学院的评估方式不同。有时，学院实际上会对其评估回报的方式做出详细的说明，例如剑桥耶稣学院。该学院在2004—2005财年的年度账目中对此做出了详细说明，具体如下：

计算投资组合的总回报有多种方法。剑桥各学院所常用方法是在扣除购买此类资产费用，与相关财务成本后，将本年度实际投资收益和资本收益合并，得出净收益，并计算其占当年投资资产平均值的百分比。按照此类做法，截止到2004年5月该学院的年度的总回报率为18.2%，2003年4月为12.4%。[3]

在捐赠基金投资中尽管我们知道了学院计算回报率的方法，但我们仍然不清楚学院的"投资目标"也不清楚学院的基准回报率；我们也不了解学院具体的投资项目，除了一些主要的投资项目，例如英国股票和世界股票（除英国外）、固定利率基金、组合型对冲基金，商业不动产（办公室、工厂和零售店）（由比德韦尔管理）和农业不动产（由戴维斯管理）。捐赠基金资产配置如下：私有不动产（60.2%）、上市股票（26.9%）、固定收益（7.5%）、未上市的证券——股票（0.24%）、投资经理所管理的现金（0.23%）和其他项目（4.8%）。[4]在其投资组合中，并未提及任何与基准有关的信息（如果有的话）。我们也不清楚是否有此类基准。这类信息很可能存在，尽管其未能体现在学院的账目中。然而，耶稣学院并不是唯一这样做的学院。在牛津和剑桥，很少有学院会公布其资产管理的全面信息，因为并没有要求学院公开此类信息的规定。而那些公开了此类信息的学院值得被嘉奖，因为这种做法有助于账目变得公开而透明。

用于捐赠基金绩效评估的基准，其适用范围差异很大，从以市场指数为导向，到以通胀调整后的回报率为导向。基于回报和基于因素特征的分析在欧洲的捐赠基金中仍然处于起步阶段。基准中通常包括市场指标和可比较的投资者群体环境指标。创建适当的基准可能是受托人所面临的最重要的决策，换言之，政策投资组合实际上就是投资委员评估主动型经理人的重要指标。

一位投资财务主管用这样的话来解释他们的绩效评估进程："我们每3年对基金投资绩效进行评估。其绩效评估要参照富时指数，富时环球指数和环球慈善财富管理指数。对区域项目的绩效评估要参照当地指数。当评估基金经理的绩效时，投资小组委员会有时会保留参照一些其他的合理因素的权利。"当对投资顾问所制定的基准、相关指标及其经理进行深入调查时，我们可以发现，大约1/4（23%）的学院采用内部制定的基准来进行评估，采用内部基准的剑桥的学院是牛津的学院的2倍。

尽管市场指标能够反映一段时间内相关市场的潜在回报，同行比较也能为其他积极型投资者实现真正投资回报提供一定的启示。虽然同行比较有其局限性，但如果将其与市场指标一起，看作是衡量资产配置的指标，其就能为同领域的其他投资者实现其投资回报提供指导。短期资产配置会影响业绩表现，因此大多数学院在进行绩效评估时多采用长期业绩数据。对于牛津和剑桥各学院而言，比较同行间的业绩评估方式存在一定障碍，因为这些学院缺少长期绩效数据。

由于这些学院既没有购买外部绩效评估服务，也没有在进行绩效评估时采用相似的标准，因此牛津和剑桥各学院没有捐赠基金绩效基准。在牛津和剑桥、无论是大学还是学院都认为其管理捐赠基金资产的方法截然不同，因为它们拒绝"牛津和剑桥"这一代表其集体立场称谓。显然，这些信息存在于各个学院的档案中。我们访谈了很多不同的财务主管，通过对这些绩效评估信息的分析，可以发现这些学院并没有找到一种有效的方法来评估其捐赠基金的投资业绩。有时，顾问和外部基金经理提供不同的绩效分析。一般来说，这种分析是在内部以非正式的形式开展的。

2005年7月31日，牛津大学各学院的代表们举办了一场史无前例的新闻发布会，在此次新闻发布会上，牛津各学院公布了其年度账目，声称本年度捐赠基金绩效表现强劲：捐赠基金净值18.1亿英镑，学院共实现了4.13亿英镑的总回报，全年平均涨幅为23%。牛津各学院自2002—2003财年以来开始以新的格式发布他们的账目数据，牛津大学各学院开始公布集体数据。剑桥大学诸学院还没有采纳与其类似的方式。没有法律规定要求学院这样做。因此，这些拥有大量时间和资源需求的学院并没有优先考虑开展投资绩效评估，特别是处在这种变革期中。

当然，多年以来，牛津大学和剑桥大学都公开了其年度捐赠基金绩效表现。截至2005年年底，剑桥大学捐赠基金（合并基金）的总回报率为20%。牛津大学的捐赠基金，由信托基金、资本基金和资金池组成，分别实现了19%、17.2%和4.9%的总回报率。资金池是最大的捐赠基金资产池，因为它吸纳了若干学院的存款。虽然牛津大学的综合总收益不可用，但值得指出的是这些业绩数字与牛津大学和剑桥大学所管理的资产相关，不包括其各自的学院所管理的资产。

因此,通过比较分析发现,剑桥大学 2005 年实现了 20% 回报率,其计算回报率的方式与哈佛大学不同,哈佛大学在扣除了净费用,净支出以及与某些基金经理达成的收入分成(按时间加权计算)后,实现了 19.2% 的回报率并将其公布在哈佛大学整体投资账目中。与之相似,耶鲁大学 2005 年捐赠基金的回报率为 22.3%,但严格说来,我们不能将其与牛津大学的捐赠基金相比较,因为后者没有包含各学院的捐赠基金。此外,当以不同类型的货币来衡量回报时,货币因素也会发挥作用。从长期来看,货币因素并没有发挥重要作用,但短期内它们会影响业绩表现。例如,在 2002 年 6 月 30 日至 2004 年 6 月 30 日期间,美元兑英镑贬值了 19%。相较于投资此类资产类别的美国投资者而言,对于没有任何货币对冲基金投资的英国本土投资者来说,这种变动对其造成的影响不大。

如何进行绩效评估

在资产配置中,随着总回报方式被广泛运用,在牛津和剑桥,约有 45% 的学院称,其使用全球慈善财富管理基金限制指标作为同行基准。在慈善领域,全球慈善财富管理指标是投资者可获得的唯一参照基准。财富管理绩效服务公司为慈善机构提供两个指标:一个是受限制的指标(收入),另一个是不受限的。采用总回报方法的投资者通常会把"无限制"指标作为其首选基准。

在评估牛津剑桥大学捐赠基金不动产投资组合时,多将 IPD 不动产指数作为其衡量标准,有 40% 的学院采用这一指标。这一指标,由学院财务主管负责监管,但从 IPD 指数细项来看,它们所持有的特定资产性质十分不同。不动产所有权的非流动性使得学院很难在短期内改变其持有的资产结构。因此,牛津和剑桥各学院不同资产组合间所采用的基准差异很大,这一基准仅适用于比较其他同类不动产投资。

考虑到它们所持资产的具体性质，更令人吃惊的是牛津和剑桥的学院从未制定内部绩效评估基准。如今，有几所学院已经创建了这样的基准，但在美国或其他类似机构所采用的基准中没有 NACUBO 基准。有几所学院采用了慈善财富管理基金的基准。就市场指数而言，相较于摩根指数基准等其他类型的基准，富时指数基准的应用范围更广。表12.2 总结了牛津和剑桥各学院在进行绩效评估时所采用的方法与基准。

仅有少数的牛津和剑桥的学院（不到10%）聘请外部顾问来进行绩效评估。鉴于其资产配置十分不同，牛津和剑桥各学院通常不会与美国捐赠基金的绩效进行比较，尽管其他投资者的业绩受到英国慈善组织的监管。大约一半的牛津和剑桥学院使用慈善财富管理指数基准。没有一所牛津的学院或剑桥的学院会把其绩效同美国顶尖常春藤盟校教育基金相比，尽管哈佛、耶鲁、普林斯顿以及其他类似机构公开了其整体业绩和资产配置状况；有部分牛津和剑桥的财务主管很熟悉美国主要教育捐赠基金的资产配置和业绩表现情况。

表 12.2 评估捐赠基金业绩的指标

基准类型	学院数量	
	牛津	剑桥
自设基准	18	9
IPD 指数	12	14
慈善财富管理非限制指数	10	14
富时指数	2	9
CAPS	3	1
顾问（剑桥公司）	4	0
慈善财富管理非限制指数（除不动产）	1	3
慈善财富管理限制指数	2	1
摩根指数（MSCI）	–	2
环球慈善财富管理绩效评估指数	1	0
没有指数	1	1
没有获得相关数据	3	4

CAPS = Combined Actuarial Performance Services'"精算组合绩效服务"养老基金指标

Pooled Pension Fund survey；
FTSE ＝富时指数；
IPD ＝不动产投资数据库指数；
MSCI ＝摩根史丹利全球资本指数；
WM ＝财富管理绩效评估指数；
NB＝学院总数不到61，因为一些学院可能使用了一个以上的基准（即便是以非正式的形式），例如，同时参照了摩根指数（债券）和不动产数据库指数（不动产）。

牛津和剑桥各学院评估其捐赠基金资产所使用的方法存在缺陷。各学院本身也深知自己的短处。学院能够从优越的绩效管理体系中受益。各学院可以进行合作，共同聘请外部顾问进行绩效评估。虽然牛津和剑桥各学院之间存在投资信息共享，但是却没有提及各学院的捐赠基金投资绩效。由于不同学院的资产配置差异很大，因此，其认为没必要做内部绩效比较分析。将近一半的牛津的学院受访者表示不会公开其绩效数据，这一比例在剑桥为1/3。即便是那些提供了此类信息的学院，其公开的数据也是不完整的——主要提供证券组合的绩效信息。长期以来，各学院不对其不动产进行年度评估。学院对其不动产的评估是有一定周期的，一般5~10年评估一次，但是基金经理人每年都会提交一份证券投资组合的绩效分析报告。

在2002—2003财政年度，超过一半的牛津和剑桥学院对其5年内的整体捐赠基金投资组合绩效进行了综合分析。17所牛津的学院（参与此项调查学院数目的50%）和18所剑桥的学院（67%）提供了投资业绩数据；其中部分学院没有提及其不动产投资组合的绩效数据。表12.3是牛津和剑桥各学院所提供的投资绩效数据。平均而言，剑桥的学院在这段时期内表现得更好，特别是在2000年之后，这主要得益于其保守的股票配置和高额的不动产配置。

表12.3 牛津和剑桥各学院用百分比表示的总回报率（%）

绩效\年份	2002	2001	2000	1999	1998
牛津平均	-12.9	-7.7	9.6	10.3	15.2
剑桥平均	-7.8	-0.2	3.8	11.5	9.5
牛津和剑桥平均	-10.4	-3.9	6.7	10.9	12.3

分析《牛津大学 2002—2003 的财务报表》可以发现，学院的捐赠基金绩效表现有所改善，在 2003 财年年底学院获得了正向投资回报，之后连续 2 年产生了负向投资回报。牛津大学 36 所学院管理的捐赠基金资产总额从 2002 年的 15.6 亿英镑上升到 2003 年的 17.1 亿英镑，增幅为 6.87%。并不是所有的学院都报告了综合绩效数据；在 2003 财年，超过 1/3（36 所大学中有 13 所）的学院公开了捐赠基金绩效信息，如表 12.4 所示。

表 12.4 2003 财年牛津各学院的捐赠基金绩效百分比

学院	捐赠基金回报率	基准回报率
圣约翰学院	12.6	-
圣安妮学院	9.7	-
教会学院	9.0	3.4
赫特福德学院	8.4	-2.1
沃尔森学院	7.7	6.4
玛格丽特学院	5.5	5.1
圣艾德蒙兹学院	5.2	-
林肯学院	5.0	-
萨莫维尔学院	4.5	-
耶稣学院	4.4	-
莫德林学院	0.6	-
圣休学院	-0.1	-
凯瑟琳学院	-2.5	7.4
平均	5.4	-

表 12.5 2004 财年牛津各学院的捐赠基金绩效百分比

牛津	捐赠基金	基准绩效	剑桥	捐赠基金	基准绩效
哈里斯曼彻斯特	20.0	-	莫德林学院	23.0	-
皇后学院	12.5	-	耶稣学院	16.5	-
圣凯瑟琳学院	12.0	7.5	克莱尔霍尔学院	15.2	13.7
萨莫维尔学院	11.3	7.5	丘吉尔学院	14.0	-

(续表)

牛津	捐赠基金	基准绩效	剑桥	捐赠基金	基准绩效
莫顿学院	11.3	–	唐宁学院	12.8	–
赫特福德学院	11.3	9.8	三一学院	12.5	–
圣安妮学院	10.2	–	国王学院	12.0	–
坦普顿学院	9.8	–	冈维尔凯斯学院	12.0	–
莫德林学院	9.6	–	新学堂	11.5	–
玛格丽特学院	8.1	7.9	圣凯瑟琳学院	7.4	–
教会学院	7.0	10.7	赛尔温学院	3.2	–
耶稣学院	6.7	–	彼得豪斯学院	3.2	–
奥里尔学院	6.1	–	平均	11.9	–
圣希尔达学院	5.9	8.0			
圣艾德蒙兹学院	5.7	–			
埃克赛特学院	5.2	–			
圣休学院	2.5	3.0			
沃尔森学院	2.0	2.6			
平均	8.7	–			

一些牛津的学院在2002—2003财年的账目中公布了捐赠基金绩效表现，但通过调查可以发现，其中有几所学院没有提及其绩效基准，这也就意味着至少这几所牛津的学院并没有制定合适的绩效基准。在那些报告了实际回报率和基准回报率的学院中，除了圣凯瑟琳学院外，其他牛津的学院的绩效表现都优于他们所选择的基准，这表明这些学院的绩效基准有很强的针对性。剑桥的学院所提供的数据没有可比性，因为剑桥各学院没有用新的RCCA（剑桥大学会计结算推荐标准）格式公布其2002—2003财年的财务数据。剑桥各学院在2003—2004财年所公开的此类信息是有效的，有40%的剑桥的学院公布了其捐赠基金投资绩效。

分析牛津和剑桥各学院所公开的2003—2004财年的学院账目，一部分学院公开了其捐赠基金绩效，在此类学院中，剑桥的学院（40%）捐赠基金绩效优于牛津的学院（55.6%）。有较多的牛津的学院公开了其绩效基准。在剑桥，只有克莱尔学院公开了其捐赠基金投资组合的实际回报率和基准回报率，并且其所采用的是自制的基准，并没有参照富时基准或是同行基准。出于支出目的，一些学院公开了其收入目标和预期的捐赠基金回报率，但是没有提供基准回报率或预期回报率与实际回报率的对比数据。

表12.5显示的是在2003—2004财年的账目中公开了投资回报率与基准回报率的牛津的学院和剑桥的学院。

我们尝试使用以下算法来粗略估计2003—2004年度牛津和剑桥各学院的捐赠基金总体绩效水平（不包括聘请外部顾问进行绩效考核的2所学院）。

将每一所学院的捐赠基金投资收入与当年捐赠资产的增值数额或贬值数额进行加和，然后除以年初的初始捐赠基金，从而使我们可以得出投资资产的回报率。虽然这种计算方法未考虑学院每年的捐赠基金补款和取款，但它确实提供了一些有价值的绩效信息（值得注意的是，各学院对捐赠基金的补款数额并不大，并且其平均提款金额达到了捐赠基金总额的3%~4%。）

以这种方式计算的平均回报率显示，在2003—2004财年，剑桥各学院的平均回报率为13%，牛津各学院的平均回报率为10.6%。相比之下，哈佛大学捐赠基金（HMC）在2004年的回报率为21.1%，而耶鲁大学捐赠基金为19.4%。2004年，根据NES的调查数据显示，美国大学捐赠基金的年回报率为15.1%。[5]与牛津和剑桥各学院相比，美国的机构有更高的股票资产配置，而牛津和剑桥学院的平均不动产资产配置占总资产的1/3以上。

剑桥三一学院的主要捐赠基金，同时也是牛津和剑桥各学院捐赠基金中最大的单项基金——在2004年实现了16.2%的回报率。剑桥大学2003—2004财年的绩效数据显示，剑桥大学合并基金今年的总回报率为17.3%，而基准回报率（富时指数）为17.8%。剑桥捐赠基金的绩效得益于英国股票和新兴市场股票投资。在其投资组合中，过高的英国债券配置使得绩效低于基准。对英国以及欧洲股票的配置对其绩效贡献较大，现金配置比重较大，也为资产配置带来了积极影响。剑桥大学的捐赠绩效评估是由WM公司负责的，而牛津大学是由剑桥公司负责的。在截至2004年7月31日，牛津大学捐赠基金的投资绩效由信托基金池、资金池和资本基金以及一些对私募股权和风险资本基金的投资构成,其中信托资金池的绩效回报率为 7.5%。牛津大学的捐赠基金在 2004—2005 财年的绩效表现更好,当时信托资金池的总回报率为 19%。

尽管在 2002—2003 财年和 2003—2004 财年之间,牛津和剑桥各学院捐赠基金回报率呈正向增长,但它们仍然没有提供足够的资金来抵消 2000 年以来的成本增长。在过去的 3 年间,受到通货膨胀加之捐赠基金糟糕的业绩回报率的双重影响之后,牛津和剑桥各学院的财务主管们处境艰难,这不仅体现在其赠基金管理方面,与此同时,他们也难以维持学院的运营费用。他们必须重新评估和修改他们的投资策略以应对未来股市中潜在的低收益影响。当学院预算收入明显下降时,迫使大学意识到,大学不可能脱离商业世界而生存。例如,两所大学都呼吁进行大规模的筹款活动,以增加大学所必需的捐赠基金财富,以保持大学经济上更加独立,并保持他们的世界级地位。

过去几年中,美国各大学的投资业绩也出现了逆转。2003 年 NES 的报告显示,截至 2003 年 6 月的财政年度里,有 640 家机构的平均年回报率为 3.0%,这是 3 年以来的首次情况。这一结果与 2002 年 6 月 30 日和 2001 年 6 月 30 日的数据相比有所改善,当时各机构报告的平均回报率分别为 −6.0%,−3.6%。[6]

在经历了 3 年艰苦期后,美国的大学和学院捐赠基金在 2004 财年获得了更高的回报,这得益于股市的强劲表现。总体而言,那些公开交易股票配置较高且固定收益资产配置比例较低的学院其绩效表现排名靠前。正如前面提到的,参与 2004 年 NES 调查的学院,其平均加权回报率为 15.1%。这是 1998 年以来的最高水平,而美元加权回报率为 17.4%,这一数据表明大规模捐赠基金的绩效表现优于小型捐赠基金。虽然大学和学院需要很长时间才能弥补上 2000—2003 财年的损失,但从那以后取得的积极回报代表了一个可喜的转变。

由于牛津和剑桥大学的业绩指标不可靠以及只有一半的学院公开了其绩效表现,因此不能将牛津和剑桥各学院的捐赠基金与美国同行或美国的教育捐赠基金进行任何有意义的比较。资产配置的差异仍然是一个关键因素,会影响绩效数据的审核。因此,在 2001 年,美国教育捐赠基金所报告的损失与牛津和剑桥各学院所报告的情况类似（根据 NES 报告，美国各大学为 -3.6%；牛津剑桥各学院为 -3.9%）；尽管存在汇率波动。

表 12.6 牛津学院捐赠基金回报率与捐赠基金规模

捐赠基金（百万英镑）	学院数量	平均资产（百万英镑）	平均回报率（%）
>100	5	142	10.7
50~100	7	72	9.6
25~50	10	33	8.4
<25	14	14	4.8

2002 年，牛津和剑桥各学院报告的亏损率为 -10.4%，而美国捐赠基金的亏损率为 -6%，这两项指标均以其各自货币衡量。在 2001 年 6 月底至 2002 年 6 月之间，美元兑英镑汇率下跌了 8.3%。

由于不动产的配置较高，在股市下跌期，牛津和剑桥各学院的绩效表现较好，因为英国不动产市场表现良好。人们有可能辩称，牛津和剑桥大学的绩效表现可能会更好，只不过其没有公开此类数据。2003 年，剑桥各学院没有公开此类数据，而牛津各学院称其绩效为 5.4%，优于 NES 所报告的 3%。在 2002 年 6 月底至 2003 年 6 月底之间，美元贬值超过了 8.4%。

资产规模似乎对整体投资绩效有一定影响，但在牛津大学和剑桥大学中，那些绩效表现最佳的学院并非全部是捐赠基金规模最大的学院。表 12.6 根据各学院的捐赠基金资产规模，提供了 2002—2003 财年牛津各学院的回报率。

捐赠基金资产规模超过 1 亿英镑的牛津和剑桥学院其平均投资回报率（剑桥 13%，牛津 11%）高于那些资金规模少于 1 亿英镑的学院（剑桥 12%，牛津 10%）。在 2002—2003 财年这种差异变得更为明显，在这段时期股市低迷，那些拥有高额不动产配置的学院其投资回报率更高。在牛津其捐赠基金资产规模超过 1 亿英镑且投资绩效排名前 5 位的 5 所学院具有显著的高额回报率，那些资金规模不到 2 500 万英镑的学院却相反。资产配置的不同以及在投资管理进程中的不同投入会对那些较富裕牛津和剑桥学院的业绩表现产生一定程度的影响。

小　结

　　绩效评估有助于评定经理是否能够提高投资价值。如果其所带来的价值仅仅来自于战略资产配置，那么受托人就需要考虑更换基金经理或是投资于追踪基金/指数追踪型基金（Tracker Funds）。这一决定在于对其投资组合收益来源的确定。受外部因素的影响，如经理人对大部分投资事宜都有决定权，经理的业绩可能会表现得更好。长期的绩效归因有助于区分经理人的绩效究竟是得益于其投资能力还是一时的好运。由于战略资产配置通常由投资委员会决定，因此其指定的基金经理通常会通过选股来提高价值，有时是战术资产配置。有时单项投资经理人通常也负责整体资产配置，在这种情况下了解经理的专业技能是必要的。

　　由于牛津和剑桥各学院不雇用外部独立机构评估其业绩或经理人，在总回报投资的背景下，绩效评估的整体问题仍然十分关键。考虑到各学院对不动产的配置倾向、投资过程中顾问的缺失、学院的分化以及缺乏共同的模式，绩效评估的整个问题都是一个烫手的山芋。像 OXIP 这样的联合基金的推出并不能解决这个问题。即使一些学院分配给该基金 50% 的资产，绩效评估的问题也不会自动得到解决。学院不太可能会选择将所有的捐赠基金资产都投资于此类基金，因此，与其管理的其他相关资产评估问题，例如不动产，仍体现在总资产绩效评估中。

　　因此，各学院应该认真考虑集中资源以聘请一位外部顾问来负责整体的绩效评估，因为此类评估能够帮助各学院客观评估自身获得的回报和其他英国同行和海外同行所获得的回报。目前牛津剑桥各学院在其捐赠基金资产管理方面任重道远。其投资过程涉及过多的参与者，但都没有为其投资资产带来额外的资产升值。如第 2 章所示，参与此项研究投资委员会成员总数为 477 人。考虑到所雇用的 224 名基金经理，超过 700 人参与了总价值为 43 亿美元的捐赠基金资产管理。在 2003—2004 财年，牛津各学院的投资回报率介于2%~20%之间，而剑桥的投资回报率则介于3%~23%之间。尽管总体资产配置似乎优于个体资产配置，但投资回报率区间的分散表明，各学院要改善现行的投资管理模式。

如果假设牛津各学院的投资委员会都是一个专业的基金经理，他们都在一个更大的伞状组织中运作——大学，这所大学的组织结构与资本集团相似，个人分析师和投资组合经理在资产管理方面拥有自主权。之后如果我们审查学院和大学所取得的回报，检验与这些活动相关的时间和费用是否合理取决于是否产生了足够的附加价值。在此类组织中，一旦一位经理实现了12%回报率而其他的经理提供了5%的回报率，在没有明确界定投资范围的情况下，表现较差的经理就会就会陷入窘境。除非经理人能够合理解释投资策略所产生的短期低回报，否则经理就会被辞退。目前尚不清楚的是，表现不佳的牛津剑桥各学院是否会通过采用这样的审查。

无论如何，绩效排名前4位的学院中有1所学院采用了此类方式。正如第3章所述，目前牛津大学赫特福德学院的财务主管罗德凡诺登，在过去40年里一直在管理捐赠基金，他在大学捐赠基金的投资中获得了12%的年复合增长率。当被问及这段时期捐赠基金的实际回报率时，他的回答是："我们的长期收益净回报率年均为7.75%，我们本可以进行指数投资并获得类似的回报率。"如果在牛津和剑桥的机构中更好地克服指数难度和复杂性的投资过程，那么大学就可以在捐赠基金管理过程中节省成本和资源。

对投资经理的业绩及投资委员会自身绩效进行有效且公正评估，对实现投资的长期成功至关重要。投资委员会的成员在与投资经理达成一致的情况下，确立恰当的基准和目标以评估经理人绩效，并将这些基准和目标写进政策声明，以便能够合理监督经理人业绩。投资委员会成员还应该将其所取得的回报与全体捐赠基金投资组合回报进行比较，以评估其自身的资产配置政策是否成功。

相对较高的不动产配置是战略资产配置决策的结果，不应将其作为学院进行消极业绩评估的借口。学院应当参照其确定的基准和目标定期评估经理人的绩效表现以及资产配置决策。值得欣慰的是，在最近的熊市期间，牛津的学院和剑桥的学院都已开展了此项工作。随着市场复苏以及传统资产类别预期回报的不确定性，对捐赠基金资产配置以及业绩表现进行合理的评估比以往更为重要。

第十三章 捐赠基金管理成本

引 言

在投资管理中,投资者们会定期检查总成本领域。在投资者对投资项目管理者的监管中也包括总成本检查。一般来说,有两个因素会影响总成本检查,其中一个就是项目管理者收取的费用,除此之外还会有一些不透明的开支,比如与交易、研究、托管、管理、税收和现金管理相关的费用。这些成本不包括组合基金投资交易的市场影响,尽管交易的价格压力往往与较大规模的基金相关。(这些成本可以通过更低的交易成本和大规模投资公司高效的关系网络得以改善。)一般来说,资产管理者收取的费用与其管理的资产价值有关而与资产管理者的表现无关。

新兴资产类别(如对冲基金和私募股权)的兴起,绩效费用的引进和指数化工具以及ETFs(交易所交易基金)和其他相关工具的广泛使用,使得投资者对成本估算的方式变得更加复杂。因此,大型捐赠基金和基金会的投资委员会通常寻求独立的第三方的专业意见来确定机构是否从其投资管理安排中获得最大价值。

基于资产的补偿安排没有考虑到投资管理的增值方面可能会导致经理失去对收益的关注。因此,受托人必须建立补偿机制,为管理人员提供更高的风险回报。正如斯文森提醒我们,"当收取费用时,代理问题就出现了;资产管理公司以寻求回报的投资者的利益为代价获利。……投资者和代理人的目标之间存在冲突。投资者（例如学院）希望为金融服务支付公平且具竞争力的费用。而代理人（基金经理）偏好较大规模的且不太透明的薪酬方式。复杂的资产所有者会与以委托为导向的代理人进行接触，以减少冲突的影响，并增加利益的一致性。[1]

希望通过积极管理策略来战胜困难的投资者，从选择经理人到投资另类资产大幅提高的成本，面临着各种各样的障碍。因此，识别并监测一组有长期合作关系的管理者的绩效对于成功的长期投资策略是至关重要的。区分资产管理者技术超群还是运气好不仅需要对管理者的投资理念有非常清晰的理解，还需要对投资和业绩评估进行定期且详细的审查。大多数投资者都难以获得真正公正、独立、客观的分析和建议。

识别高质量的经理人以建立长期关系的做法在内部得到了广泛认可。剑桥大学和牛津大学为投资成功做出了重要努力。在某些情况下，较低的管理者流动率有助于降低成本。牛津大学和他们的外部管理者之间定期的面对面会议是衡量绩效的一个重要工具，特别是在采用积极策略的时候。学院在直接投资于共同基金时，尽管投资管理公司越来越有义务向其报告所有成本及其对长期回报的影响，但是在理解相关成本的真实性质方面的选择会受到限制。无形成本，例如大型买/卖决策的市场影响，对于外部共同基金投资者来说更难以跟踪。

投资会带来成本，因为需要指派代理人。因此，任命与所有者行事风格相似的代理人是很重要的。除了可见费用之外，投资者还必须管理与资产增长和投资组合周转相关的成本，因此明智的投资者会寻找具有价格竞争力的高质量经理人。这样的过程，不可避免地具有挑战性。如果找不到一个具有良好的长期绩效记录且价格合适的经理人，那么被动型资金通常可以被视为一个解决方案，因为它们的成本通常比那些试图复制该指数的主动型基金更低廉，同时会实现更高的价值。通常，投资于指数型基金的效率更高。

牛津大学和剑桥大学大多数学院在2003—2004年公布的年度报告中报告了捐赠基金的管理成本。牛津大学78%的学院公布了管理捐赠基金的费用，剑桥大学的这一比例是 73%。这是一个令人鼓舞的发现，理解和管理投资捐赠基金的成本是一项重要技能。在他们的年度报告和账目中，这样的披露并不是强制性的。值得注意的是，这些机构的开放程度超过了它们通常被授予的信贷额度。

一些学院的账户并不包括这些信息。一些学院（6 所牛津的学院）报告了零捐赠金管理费用。这些学院报告了他们的净收费额。显然，管理者不提供免费服务，而学院负责承担费用。基金经理报告了成本调整后的业绩，而大学的会计方法不要求他们确认这些成本，所以他们没有出现在年度账目中。这种报告方法不是牛津大学和剑桥大学的独特之处。美国的大学，如哈佛和耶鲁，也没有在其年度账目和报告中确定捐赠基金管理的真实成本，只有净收费。

在牛津和剑桥，很少有学院能够提供管理费用，包括投资管理费、主动和被动管理费用、交易费、托管费用、咨询费、绩效测量费以及其他内部成本。除非与私募股权和对冲基金的投资有关，没有多少学院会报告其业绩表现。牛津和剑桥的另类资产投资较低，大部分资产通常投资于根据管理资产价值收取费用的上市证券。不动产资产的定价不同，所以各学院的成本各不相同。由于不动产是资产的重要组成部分，所以与不动产管理相关的成本会对捐赠资产管理的总成本产生影响。

转移绩效相关费用是欧洲捐赠基金领域的最近发展。例如，卫康信托基金最近从固定费用中移除了指定基金经理的绩效费用，使信托基金能够控制其投资管理成本。1996—2003 年期间，该基金资产占总资产的比例增加了一倍。在此期间，信托基金的投资组合进行了战略性的重组，其对另类战略的风险敞口有所增加，许多在管基金也被收取了与绩效相关的费用。

在牛津和剑桥两所大学捐赠基金中，牛津大学（例如，2003—2004 年）公布的财务报表没有与管理捐赠基金相关的成本。而《剑桥大学报告》包括这些成本。虽然剑桥大学没有提供其捐赠基金管理的费用的细目，但管理大学证券组合超过 48 年的福希耶管理有限公司的管理费用，占资产比例为 0.15%，而 LaSalle 投资管理有限公司管理不动产资产的成本是资本价值的 2%。

牛津大学：捐赠基金管理成本

牛津大学的 36 所学院每年都会公布其财务报表，在 2003—2004 财年，有 28 所学院报告了其捐赠基金管理相关的费用。其余的学院（贝利奥尔、哈里斯曼彻斯特、基布尔、利纳特、曼斯菲尔德、圣希尔达、圣休斯和圣彼得）没有报告成本或他们的基金管理成本为零。这些学院不包括在我们的计算中。为了计算捐赠基金资产管理成本占管理资产的百分比，我们用 2003—2004 年度报告的捐赠基金管理支出除以年初捐赠的价值，即在 2002—2003 财政年度结束时的捐赠基金价值。

分析显示，捐赠基金管理成本占资产的百分比变化很大——从伍斯特学院的最低 0.06% 到瓦德汉学院的 0.94%。邓普顿学院是例外，其成本为 6.8%。进一步的调查显示，邓普顿的成本并不是指支付给基金经理的费用，而是与实现捐赠目的相关的其他成本。根据其 2003—2004 年度年度报告，邓普顿学院称，他们将其 89% 的捐赠基金投入货币市场，以获得商业利率。永久性捐赠基金投资于由梅隆投资基金管理的慈善机构全球增长与收入基金。年度账目并没有对高捐赠管理成本提供任何解释，也没有说明这些成本的性质。尽管捐赠基金投资成本较低，但那些为了实现目标的另类投资成本则比较高。

因此，除去邓普顿学院，是由于其不寻常的会计方法，在 2003—2004 年牛津 27 所学院的平均成本是 0.45%。较富裕的学院有更高的成本结构，其中，资产价值超过 6 000 万的学院为 0.6%，资产不到 6 000 万英镑的学院为 0.38%。具有较高不动产配置的学院（如奥里尔学院、基督圣体学院和瓦德汉学院）也报告了较高的成本，尽管它们的总资产管理水平低于平均水平。具有高不动产配置的学院也需要更高的成本。像牛津大学学院、墨顿学院和基督学院的分别有 49%、47% 和 41% 的土地和房地产投资，这使得成本较高，因为不动产管理涉及更高的管理成本。一些富裕的学院有更高的另类战略，所以管理成本也相对更高。值得注意的是，牛津大学和剑桥大学（牛津大学圣凯瑟琳学院）对另类策略分配最高的学院在2003—2004年度捐赠基金的管理成本相对较低，其捐赠基金价值为3 470万英镑。

表13.1总结了2003—2004年牛津大学各学院捐赠基金资产管理的成本。

表13.1　2003—2004财年牛津大学各学院捐赠基金管理成本（%）

学院	成本
万灵学院	0.45
布雷齐诺斯学院	0.21
基督教会学院	0.77
基督圣体学院	0.86
艾克赛特学院	0.48
赫特福德学院	0.47
耶稣学院	0.37
玛格丽特夫人学堂	0.29
林肯学院	0.26
莫德林学院	0.41
莫顿学院	0.80
新学院	0.43
纳菲尔德学院	0.55
奥里尔学院	0.87
彭布罗克学院	0.13
王后学院	0.38
圣安学院	0.42
圣安东尼学院	0.18
圣凯瑟琳学院	0.14
圣艾德蒙学堂	0.42
圣约翰学院	0.90
萨默维尔学院	0.11
三一学院	0.32

(续表)

学院	成本
牛津大学学院	0.80
瓦德汉学院	0.94
沃弗森学院	0.22
伍斯特学院	0.06
平均	0.45

作为牛津大学总成本的一部分，捐赠基金管理成本平均为4.4%，与不富裕的学院相比，较富裕的学院在捐赠基金管理中的支出占比更高。2003—2004年捐赠基金超过1亿英镑的5所牛津的学院，占资本管理总支出的10%，而资产在0.5亿~1亿英镑之间的学院占了5.8%。相比之下，2003—2004年度资产价值低于5000万英镑的学院只占1.4%。

牛津捐赠基金价值超过1亿英镑的5所学院，与其捐赠基金不到2500万英镑的学院相比，也取得了更高的投资回报。表12.6提供了2002—2003财年度依据捐赠基金管理规模的牛津大学诸学院投资收益分析。具有最大和最小规模捐赠基金的学院之间表现出的差异非常明显。资产配置的差异以及在投资管理过程中投入更多资金的能力，可能影响了牛津和剑桥的富裕学院的表现。具有较高不动产资产配置的学院也报告了较高的成本。牛津大学的11所学院（约1/3，30.6%）持有超过40%的不动产资产，其管理成本占捐赠基金管理总支出的7%。不动产资产持有超过10%的学院花费3.8%的捐赠基金管理总成本。不动产资产持有不到10%的学院的管理成本不到捐赠基金管理总成本的1%。

表13.2提供了2003—2004财政年度报告的捐赠基金管理成本与大学总成本的比率、捐赠基金规模和不动产资产百分比的细目分类。

在这些学院之间，捐赠基金管理的信息具有相当大的共享空间。从成本到资产配置，支出规则到管理者的投资绩效，在各学院之间可以更好地进行资源共享。虽然有些负责人表示已经共享了一些信息，但受访者表示他们没有信息共享的占60%。约70%的财务主管也表明，获取有关捐赠基金管理成本的信息是其投资决策的有用工具。平均而言，除了被视为物非所值的顾问费用，财务主管不太关心与捐赠基金管理相关的成本。

剑桥大学：捐赠基金管理成本

在剑桥大学每年公布财务报表的 30 所学院中，19 所学院（63%）报告了与 2003—2004 财政年度捐赠基金管理相关的成本。其余的学院（基督学院、克莱尔学堂、伊曼纽尔学院、耶稣学院、新学堂、王后学院、罗宾逊学院、圣约翰学院、塞尔温学院、三一学院和沃尔夫森学院）没有报告或没有以新的格式提交账目。将这些学院排除在我们的计算之外会使整体结论失常，因为一些最富有的学院包含在这一范围内。为了计算捐赠基金管理成本占管理资产的百分比，我们将 2003—2004 年度报告的捐赠基金管理成本支出除以年初的捐赠总额，即 2002 年财政年度结束时的捐赠基金价值。

表 13.2　2004 年牛津大学捐赠基金管理成本占总支出的比重

学院	捐赠基金（百万英镑）	不动产（%）	管理支出（%）
万灵学院	155.8	45.0	12.2
贝列奥尔学院	41.3	8.2	Na
布雷齐诺斯学院	62.3	17.9	2.4
基督教会学院	180.9	41.1	8.2
基督圣体学院	41.5	49.7	7.8
艾克赛特学院	30.1	14.6	3.2
哈里斯曼彻斯特学院	2.2	0.0	0.0
赫特福德学院	31.5	0.0	2.5
耶稣学院	99.5	57.6	5.2
基布尔学院	17.9	0.0	0.0
玛格丽特夫人学堂	20.1	0.0	1.0
李纳克尔学院	5.1	0.0	0.0

（续表）

学院	捐赠基金（百万英镑）	不动产（%）	管理支出（%）
林肯学院	37.7	55.0	1.8
莫德林学院	108.9	17.9	4.9
曼斯菲尔德学院	5.9	0.0	0.0
莫顿学院	96.7	47.8	9.7
新学院	62.1	35.3	3.1
纳菲尔德学院	112.4	40.8	9.0
奥里尔学院	50.3	79.2	6.6
彭布罗克学院	23.3	1.9	0.6
王后学院	95.6	46.8	5.8
圣安学院	19.7	0.0	1.2
圣安东尼学院	21.2	1.8	0.9
圣凯瑟琳学院	34.7	3.5	0.8
圣艾德蒙学堂	18.6	9.6	1.5
圣希尔达学院	23.7	0.0	0.0
圣休学院	15.3	0.0	0.0
圣约翰学院	210.7	28.3	15.3
圣彼得学院	16.9	23.6	Na
萨默维尔学院	27.8	2.0	0.6
坦普顿学院	1.0	0.0	0.5
三一学院	49.4	24.3	3.6
牛津大学学院	67.5	18.7	8.0
瓦德汉学院	34.1	45.7	4.5
沃弗森学院	20.2	20.8	1.3
伍斯特学院	18.1	27.8	0.2

注：Na 为未取得数据。

分析显示，捐赠基金管理成本占资产的百分比变化很大——从纽纳姆学院的 0.07% 到露西·卡文迪许学院 1.89%。平均成本为 0.56%。剑桥的 2 所捐赠基金价值超过1亿英镑的学院，都没有在他们公布的2003—2004年度年度账户中披露与基金管理相关的成本。在剑桥捐赠基金资产价值超过5000万英镑但少于1亿英镑的10所学院中，2所学院没有报告此类支出。在披露捐赠基金管理成本的学院中，占年初捐赠基金资产比例最高的学院，包括冈维尔与凯斯学院和圣体学院。这些学院属于较富有的学院，他们在其投资组合中拥有较高的不动产分配，冈维尔与凯斯学院和圣体学院在2003—2004年度的不动产占比分别为46.2%和52.5%。剑桥大学捐赠基金资产价值超过6000万英镑的3所学院的平均管理成本为0.71%，相比之下，较不富裕的学院的平均成本为0.53%。

由于许多较富有的剑桥的学院选择不公布捐赠基金管理成本，因此不能推断出，具有较大规模捐赠基金和/或较高不动产分配的学院具有更高的捐赠基金管理成本，这与牛津大学的情况相似。剑桥大学国王学院2004年的捐赠基金的价值为9000万英镑，其中23%投资于不动产，是剑桥大学基金管理成本最低的报告之一。国王学院不是例外，彼得学院、彭布罗克学院和三一学院，在2003—2004年资产价值分别为7550万英镑、5960万英镑和6560万英镑，且对于不动产的配置都相对较高（彼得学院为84%，彭布罗克为52%，尽管三一学院只有12.6%）其报告的捐赠基金管理成本低于剑桥大学的平均水平。

表13.3总结了2003—2004财年剑桥大学19所学院捐赠基金管理成本占总管理成本的比例。

表13.3 2003—2004年剑桥大学捐赠基金管理成本（%）

学院	成本
露西·卡文迪什学院	1.89
冈维尔与凯斯学院	1.46
圣体学院	1.08
达尔文学院	0.77
卡莱尔学院	0.70
唐宁学院	0.70

(续表)

学院	成本
菲茨威廉学院	0.57
彼得学院	0.50
西德尼·苏塞克斯学院	0.49
休斯学堂	0.42
圣埃德蒙学院	0.31
丘吉尔学院	0.31
圣凯瑟琳学院	0.29
麦格达伦学院	0.27
彭布罗克学院	0.25
三一学堂	0.22
格顿学院	0.21
国王学院	0.17
纽纳姆学院	0.07
平均	0.56

在具有较小规模捐赠基金的学院中，28%选择不在其公布的年度账户中披露捐赠基金管理成本。对于那些提供信息的学院，捐赠基金管理成本在捐赠基金资产中所占的比例差异很大——1.9%～0.07%。路西卡文迪学院，2004年的捐赠基金资产价值为670万英镑，其中5%是不动产，该学院的管理成本在剑桥最高。纽纳姆学院，2004年的捐赠资产为4 160万英镑，拥有10%的不动产投资，是剑桥大学中管理成本最低的一所学院。

剑桥大学19所学院所报告的资产管理的平均成本（0.5%）高于牛津大学所报告的平均成本（邓普顿学院除外）。牛津大学另类资产的高配置导致这些学院的成本增加。事实上，他们已经能够在进行管理成本的同时使资产管理和投资风格多样化，这表明当投资者选择私募股权和对冲基金等投资策略时，牛津大学能够达到一个令人满意的交易水平，从而优化他们的成本结构。由于对另类战略的投资较低，即使在牛津大学，其成本影响也不会很大。据报告，牛津大学的学院更多采用保守策略，这可能会导致成本效率的提高。

管理者在股权和不动产方面的投资约长期，成本收益越好。值得一提的是剑桥大学由于其与资产管理公司 F&C 资产管理的长期关系，捐赠基金资产管理成本相对较低。

这些都不能解释为什么剑桥大学在捐赠管理上花费更多。尽管与牛津大学的投资回报率相比，他们报告的投资回报率较高，但缺乏与捐赠管理成本、资产配置、投资回报等相关的长期数据，很难总结出剑桥大学实施的资产配置决策是否会带来更高的回报。例如，很难确定较高的回报率是投资委员会做出的战略资产配置决定的结果，还是由高级经理选择和/或战术资产配置决定的。也不可能认为实施这样的策略会导致更高的成本。

剑桥大学的捐赠基金管理成本占总成本的平均比例为 3.4%。而牛津大学则为 4.4%。值得注意的是剑桥大学的平均总成本高于牛津大学，2003 年牛津大学为 570 万英镑，剑桥大学为 660 万英镑。由于剑桥的几所学院没有公布它们在捐赠管理方面的支出，因此，不像牛津大学一样可以得出定论，剑桥大学的富裕学院是否在捐赠管理方面的支出占总支出的比例更高难以确定。较高的不动产分配是否会对捐赠基金管理成本产生影响同样不得而知。

在剑桥，有 20% 的学院报告投资管理成本占其全部支出的 5% 以上，而在牛津大学，这一比例几乎是剑桥的两倍（39%）。6 所较富有的剑桥的学院的平均值为 8%，而 11 所牛津大学的学院的平均值为 8.4%。剑桥各学院的成本分配差距更大，例如，在较富裕的冈维尔与凯斯学院捐赠基金管理成本占总成本的 14%，而圣约翰为 10%，国王学院的投资管理的支出只占年度总支出的 1%。

表 13.4 提供了 2003—2004 财年剑桥大学各学院捐赠基金管理成本占总成本的比例以及捐赠基金的规模和不动产的配置比例。

表 13.4 2004 年剑桥大学捐赠基金管理成本占总支出的比重

学院	捐赠基金（百万英镑）	不动产比重（%）	管理支出（%）
基督学院	59.4	Na	Na
丘吉尔学院	31.2	20.0	1.13
卡莱尔学院	53.1	30.5	6.48
卡莱尔学堂	9.5	10.9	Na
圣体学院	52.8	52.5	3.42
达尔文学院	11.0	2.4	3.42
唐宁学院	29.9	40.9	1.83
伊曼纽尔学院	78.3	31.7	1.83
菲茨威廉学院	16.2	26.6	2.14
格顿学院	36.1	14.7	0.98
冈维尔与凯斯学院	87.8	46.2	13.77
休斯学堂	2.4	0.0	0.58
耶稣学院	77.8	53.8	1.16
国王学院	90.1	23.0	1.16
路西卡文迪学院	6.7	5.2	5.76
麦格达伦学院	33.6	45.7	2.05
新学堂	22.6	28.3	Na
纽纳姆学院	41.6	10.1	0.45
彭布罗克学院	59.6	51.6	1.74
彼得学院	75.5	83.8	4.96
王后学院	42.1	12.0	Na
罗宾逊学院	11.8	0.0	0.79
圣凯瑟琳学院	27.8	43.7	0.52
圣埃德蒙顿学院	7.7	0.0	2.26
圣约翰学院	232.0	63.7	9.92
塞尔文学院	17.7	0.0	Na
西德尼·苏塞克斯学院	27.6	17.2	3.76

(续表)

学院	捐赠基金（百万英镑）	不动产比重（%）	管理支出（%）
三一学院	649.9	0.0	Na
三一学堂	65.6	12.6	1.17
沃尔森学院	5.2	0.0	Na

注：Na 为未取得数据。

和牛津大学一样，剑桥大学的财务主管也并未分享很多与成本有关的信息。虽然少数财务主管表示其具备捐赠基金管理的相关知识，但85%的受访者表示对其自己与同行的费用结构知之甚少。剑桥大学88%的财务主管还表示，获取有关捐赠基金管理成本的信息将大有裨益。

与美国对比

牛津和剑桥的各学院捐赠基金资产管理成本与美国大学报告的成本相当，由NACUBO报告的美国大学的平均投资管理和托管费为0.5%。一些机构报告了额外的临时支出，平均为1.2%。[2] 表13.5显示了参与2004年NACUBO基金研究的机构报告的成本。

值得注意的是，美国捐赠基金资产价值在5亿～10亿美元之间的学术机构，其投资管理和监管费用最高，其次是公共机构。最低的费用是由资产超过5000万美元，但不到1亿美元的机构报告的。具有小规模捐赠基金的机构没有高额的投资管理费，尽管其非收回费用明显更高。

表13.5 与美国教育机构捐赠基金管理成本的对比（%）

捐赠基金（百万美元）	管理&监管	临时支出
>1 000	0.5	0.5*
500～1 000	0.7	—

(续表)

捐赠基金 （百万美元）	管理 & 监管	临时支出
100～500	0.5	1.2
50～100	0.4	3.0*
25～50	0.5	3.5
<25	0.5	6.1*
公共机构	0.6	0.8
独立机构	0.5	1.5
全部样本平均	0.5	1.2

* 受访的学院不足 10 个。

有 695 个学院提供了与费用相关的信息。

来源：《2004 年 NACUBO 研究》。

共同基金基准研究对教育捐赠基金的研究表明，参加 2005 年研究的机构中有近 3/4 的学院（73%）能够报告与管理投资项目相关的费用。与其小规模的同行相比（60%），规模较大的机构（74%）更有能力确定他们的外部管理费用，这或许反映出这样一个事实，即他们能够雇用庞大的员工团队来跟踪和管理这些成本，或者投入更多的资金。平均成本为 71 个基点（每个基点等于 0.01 个百分点）。基点的平均成本与最大和最小的捐赠基金的平均成本没有差别，分别为 65 个基点和 68 个基点。价值超过 5 亿美元但低于 10 亿美元的捐赠基金会最有可能承担最高的费用，这组机构报告的平均成本为 78 个基点。这些费用计算中包括的内容在美国的捐赠基金中有很大差异。虽然 96% 的机构包括投资管理费，76% 的机构包括保管费，但只有 54% 的机构包括咨询费，47% 报告交易成本，只有 14% 的机构包括与投资计划相关的内部成本。所有的成本都由大型机构提供，而这些机构更有可能将它们的内部成本考虑在内。[3]

小　结

乍一看，牛津大学和剑桥大学的捐赠基金管理成本似乎与全球行业一致，同时牛津大学在管理此类支出方面的效率更高。一项研究表明，牛津和剑桥的成本也与英国慈善机构的成本相当，小规模慈善机构平均为每年1%。然而，平均成本并不反映资产配置决策、实施策略的性质、风险水平、回报—风险的比率，向客户提供的其他服务。[4]

考虑到牛津和剑桥诸学院传统的投资方法，更高水平的资本积累和/或指数化可以进一步降低成本；或可以以同样的费用获得更高水平的投资服务。学院目前不聘用任何绩效评估顾问；确保此类服务的内部整合，可以解决当前实践中存在的差距。机会规模可以被考虑在内，例如，目前在牛津分散管理下的20亿英镑每年只花费大约1000万英镑，这可能有更大的优势。

降低成本可能并不是这些机构投资者的主要目标，这些机构投资者似乎已经在过去几十年里与基金管理公司达成了具有吸引力的协议。资产管理公司一直愿意将这些有声望的名字列入他们的客户名单中，以获得有竞争力的费用。收费之所以维持在较低的水平，其中一个原因是这些机构长期以来一直保留着经理人的服务。F&C管理公司向剑桥大学收取的低费用是一个很好的例子；资产管理公司管理了48年以上的证券投资组合，包括所有的成本在内，花费了大学的0.15%的资产。这种安排的机会成本却不得而知。

频繁的经理更换肯定会增加审查费用进而导致更高的费用。展望未来，牛津和剑桥的学院可以通过向其经理介绍绩效相关费用来有效地管理投资成本。它不一定能降低与基金管理相关的成本，但是它将有助于澄清投资目标并关注经理人技能，以确保更高的投资回报。通过更加明智的投资决策确保成本不增加，进而改善基金投资的整体绩效，如能这样，那么就可以拿出更多的钱用于牛津和剑桥诸学院的运营开支。

例如，成功地利用市场的低效率和及时地追求反向投资策略，使得耶鲁大学创造了巨大的财富。截止到2004年6月的10年间，耶鲁增加了54亿美元的净财富，从而提高了大学的消费能力。哈佛、普林斯顿和其他常春藤同盟机构也是类似的。如果牛津和剑桥机构将捐赠基金回报仅仅提高了1%，那么将产生4660万英镑的收益。目前，这些机构在捐赠管理方面的支出约为一半。问题是他们是否获得了最佳的投资价值？

第十四章 筹款：捐赠的作用

引　言

捐赠基金的增值得益于多方面的因素——投资组合政策的绩效表现，卓越的绩效（在同一风险水平，实现最佳回报率），谨慎的支出，稳定的捐赠。因此，除了成熟的投资管理和谨慎的支出之外，捐赠基金的增值及其收入流也得益于其所获得的捐赠。学术机构的捐赠基金资产可以定期从校友和捐助者那里获得，但并不是所有的慈善机构都有幸通过礼物和捐款来提高其资产总额。例如，卫康资产信托公司的资产与其投资组合的业绩表现直接相关。教育机构从不同渠道获取收入的能力使他们能够专注于制定长期回报的投资策略，从而使他们能够最大限度地提高可承受的风险水平。

在美国，根据 NACUBO 研究报告，捐赠基金中捐赠的平均增长率为 6.0%，捐赠基金资本增值和投资收入的增长幅度是其两倍以上，为 15.6%。如表 14.1 所示，私立机构的捐赠包含个人捐赠与遗赠以及其他形式的捐赠，其捐赠流入率略高于公立机构，分别为 6.3% 与 5.3%。公立机构和私立机构的捐赠基金资本升值及投资收益增长率相似，分别为 15.9% 和 15.5%。捐赠基金资产规模低于 2500 万美元的机构称，捐赠基金中个人捐赠和遗赠的增长率最高（8%），而资产超过 5 亿美元但低于 10 亿美元的机构则报告称其捐赠增长率最低（2%）。这些机构也公开了捐赠基金资本升值与投资收入的最低增长率（12%）和最高增长率（16.8%）。

表 14.1 2003 年美国捐赠基金增长百分比（%）

捐赠基金（百万美元）	增值及收益	个人捐赠和遗赠	其他捐赠
>1 000	16.1	2.6	0.6*
500~1 000	6.8	2.0	3.4*
100~500	14.9	4.3	6.4
50~100	13.8	2.5	3.6
25~50	13.2	3.1	3.6
<25	12.0	8.0	3.7
公立	15.9	2.8	2.5
私立	15.5	3.1	3.2
平均	15.6	3.0	3.0

不到 10 所机构做出回应。

788 家机构提供了一些关于捐赠基金增长的信息。表中数据是以美元进行换算的，收益率是前年的数据。

来源：《2004 年 NACUBO 报告》。

具有大规模捐赠基金的机构通过基金资本增值和投资收入，使资金池规模大幅增加；捐赠基金规模较小的机构，也获得了较大的增长，这主要是因为在那些基金规模较小的机构中，价值 100 万美元的捐赠在其资金池中占有很大比重。[1] 因此，对于基金规模较小的机构来讲，一年内的捐赠基金价值变化并不能体现其业绩表现。例如，在 2004 年，捐赠基金规模低于或等于 2 500 万美元的机构其基金增长和投资收入占资金池的 12%。这类机构通过获得的个人捐赠、遗赠和其他礼品收入使其基金价值提高了 11.7%。

根据 2005 年共同基金基准研究，美国捐赠基金增长平均有 5.5% 来自于捐赠，9.9% 来自于再投资收益。2004 财年，参与此次研究的 645 家机构中，捐赠金额占总资产增长的 36%。[2] 基金规模较小的机构与基金规模较大的机构相比，其资金池的增长则更高；最大的机构增长了 3.1%，最小的机构增长了 12.7%。虽然较大机构的捐赠占捐赠资产的比重较低，但在过去几年中，其年度增长率平均 3%~4%，在促进原有资产的持续升值中发挥了实质性的作用。现今，捐赠作为一笔关键资金，在大多数美国教育机构的长期捐赠基金规划中占有重要地位。

斯文森在《机构投资与基金管理的创新》中详细说明了捐助者的支持对捐赠基金增长的重要性，并以哈佛、耶鲁与卡内基大学在20世纪的经历做了例证。1902年，安德鲁·卡内基捐赠1000万美元建立了卡内基学院，并在1907年和1911年又对其追加了分别为200万美元和1000万美元的捐款。

卡内基个人2200万美元的捐赠几乎与哈佛1910年价值2300万美元全部捐赠基金持平，大大超过了耶鲁1200万美元的捐赠额。在接下来的90年间，卡内基学院的捐赠基金远远超过了通货膨胀的速度。1998年6月30日，其价值高达4.2亿美元，扣除价格上涨的影响后为3.6亿美元。但显然卡内基捐赠基金的增长速度不及哈佛大学，哈佛大学为128亿美元，耶鲁大学捐赠额为66亿美元。

"尽管投资政策和支出政策的差异无疑解释了一些差距，"斯文森写道，"没有持续的捐赠流入是卡内基未能跟上耶鲁和哈佛的根本原因。大量外部支持资金的存在使得大学与基金会之间的捐赠基金规模产生了显著差异。"[3]他还强调新的捐赠对耶鲁大学捐赠价值的影响，"在过去48年没有新的捐赠的情况下，耶鲁的捐赠总额可能只有今天的1/3左右"。[4]如今大多数机构都意识到捐赠对全面管理策略产生的影响。有效的捐赠基金管理有助于筹资战略的推行。尽管学院的投资策略不会受到筹资政策的影响，但越来越多的人意识到两者之间的共生关系。

牛津大学、剑桥大学近年来筹资趋势

在英国，同欧洲其他国家一样，平衡学术部门之间的资金来源主要在于政府；只有剑桥大学和牛津大学有大规模的捐赠基金。剑桥大学的副校长埃里森·理查德教授表示："过去50年中，慈善事业对大多数大学财政的帮助微乎其微，并未受到大学的重视，直到最近，由于税法的出台以及国家政策支持的影响，这一情况才得以改善。"因此，英国的整体情况是严重依赖单一的资金来源——政府，历届政府对大学的宗旨和价值观持有强烈的矛盾意见。理查德教授继续指出："进一步改革税法将有助于大学获得更高的自主权，鼓励大学更加积极地通过慈善事业筹集资金。剑桥大学已经得到了捐助者的慷慨支持，2009 年的 800 周年校庆也为进一步扩大基金规模提供了一个独特的机会。800 周校庆的目标是为剑桥大学筹集 10 亿英镑的额外资金，许多捐赠都是指向捐赠基金的。"[5]

数百年来，牛津大学和剑桥大学利用捐款和资本增值扩大了其捐赠基金规模。从历史上看，一些捐赠是以赠送土地的形式开展的。几百年来，学院所获得的捐款多被用于维护学院的建筑物和房地产，以及为贫困学生提供助学金和奖学金。虽然近几十年捐赠模式发生了变化，但政府对教育的拨款却不利于学院积极开展筹款活动。由于政府生均资助水平下降，学院在投资时面临更大的压力，这就迫使学院要探索新型筹资方式。筹资活动并不是在最近才新兴起来的，其建立的发展办公室负责为学院筹集额外的年度运营资金。

"值得注意的是，随着政府参与大学财政，彼得学院只有一位捐助人——政府。如果政府要支持大学，那还要捐助人做什么？这对于现今的大学来说，是个重大的问题。"缪里森说道。彼得学院的发展办公室已经存在了好几年，学院每年都会收到捐款和礼物，但所收到的金额与其他收入来源和新增捐赠资本相比份额较小。彼得学院并不是唯一的案例，其他学院也有类似的筹款经历。值得注意的是，过去几年，牛津和剑桥各学院的筹资方式正在发生变化。在未来 5~10 年的时间里，投入到筹款和发展中的投资将取得成效。

自 2002—2003 财年开始，制订筹款计划的学院数量为 79%，而到目前为止，这一比例几乎达到了 100%。牛津大学和剑桥大学都承诺会在未来几年内开展大型的筹款活动。其下属的诸学院也是如此。2002—2003 财年，当与大学财务负责人、财务会计、财务工作人员进行面谈时，79% 的受访者表示有制订筹款计划；其余的则表示没有筹款计划。如今，除了万灵学院和纳菲尔德学院之外，牛津大学所有学院的捐赠基金都会因为捐赠而获得一些新的增长。捐赠数额可能并不重要，如牛津大学圣约翰学院，其筹款活动可能不高效，但筹资作为学院活动的一个重要方面要体现在院校的活动议程中。

在牛津大学2003—2004财年公布的账目中，捐款和捐物的收入占总收入的份额为920万英镑，占全年总收入的4.4%，而去年为690万英镑，占总收入的3.5%。这些数额不包括牛津大学收到的资金。在剑桥大学诸学院提供的此类信息中，捐款和捐物的收入在2003—2004财年为1160万英镑，而去年为1070万英镑。由于像三一学院、圣约翰学院、皇后学院、伊曼纽尔学院及基督学院没有在其年度账目中公开此类信息，剑桥筹集的资金数额可能会被低估。捐款占上述学院总收入的比重可能并不重要，但信息的缺乏确实限制了我们的研究。公开此类数据的剑桥大学各学院的捐款收入占2003—2004财年总收入的8.3%。此外，值得注意的是，其账目中公布的数据可能不准确，因为各学院报告的方式不尽相同。

除了公开所获得的捐赠收入外，学院还公开了将其投入到捐赠基金中的比例。在2003—2004财年，剑桥大学所获得的新增捐赠资金为2400万英镑，牛津大学则为2180万英镑，都没有达到其捐赠资产的2%。在2003—2004财年的筹资活动中，25所剑桥的学院的捐赠总收入为3580万英镑，牛津大学36所学院为3100万英镑，同年其收入也没有达到捐赠资产的2%。在牛津大学和剑桥大学中，较成功的学院平均获得了200万英镑捐款，各学院平均约为100万英镑。与新建立的学院相比，老牌学院能够筹集更多的资金。与男子学院相比，女子学院的捐赠多以遗产捐赠的形式出现。

由于缺乏关于这一问题的具体信息，对牛津和剑桥大学筹资战略的有效分析是不可能的。在2003—2004财年，剑桥只有5所学院公开了其筹资活动的综合数据，2002—2003财年只有2所学院公开了此类信息。牛津大学中一些较富有的学院，如万灵学院、纳菲尔德学院或圣约翰学院，没有任何重大的筹款举措。万灵学院只公开了2004财年和2003年财政年度的预算赤字，纳菲尔德学院也是如此。但是，学院没有制定筹资策略来解决这点不足。由于这些学院是牛津大学最富有的学院，因此这就解释了不管学院年度运营赤字是多少，学院都没有制订筹资计划。学院回应是为了平衡预算，而不是筹集资金。例如，牛津大学圣约翰学院是牛津大学最富有的学院之一，在2003年曾产生运营赤字。但是，2004年，它很快由赤字转向了小盈余；2003年的赤字近100万英镑，但2004年，该学院报告了少量的盈余（20万英镑）。

捐赠基金规模较小的牛津的学院，其筹资活动获得了更大的成功。如表14.2所示，根据2003—2004财年学院年度账目中公布的数据，那些捐赠基金低于2500万英镑的学院，通过筹资平均提高了其捐赠价值的7.7%，而捐赠资产超过1亿英镑的学院为0.7%。在2003—2004财年，相比于大型学院，捐赠基金规模较小的学院其捐赠基金的绝对数额也增加了很多。

表14.2　2004年牛津学院筹集资金分布情况

捐赠基金规模 （百万英镑）	学院数目	筹集资金平均百分比 （%）	捐赠基金资产 （百万英镑）
>100	5	0.7	153.8
50~100	7	1.5	76.3
25~50	9	2.5	36.4
<25	15	7.7	15.3
总计/平均	36	1.7	51.7

因此，拥有低于2500万英镑捐赠基金的学院平均筹集了120万英镑的捐款，而较富有的其资产超过1亿英镑的学院募集的资金为110万英镑。由于牛津大学中最富有的3所学院（万灵学院、纳菲尔德学院、圣约翰学院）在2003—2004财年期间没有制定任何筹资战略，因此也部分解释了为什么大型捐赠学院筹集的资金总额比不上那些积极地从事筹资活动小型学院。例如，牛津的另外2所富有的学院筹集了520万英镑，其每所学院为260万英镑。如果其他3所学院开始积极筹集资金，他们很有可能赶上其同行的筹资水平。虽然在较富有的学院中，募集资金与捐赠基金总额的比例仍然保持在较低的水平，但资金的绝对数额将显著提高。

2004—2005财年，英国约有44所大学根据教育支持促进委员会（CASE美国）的适用公约，首次开展了关于捐赠收入和筹款成本的调查，用于衡量每所学院的"慈善运行状况"。欧洲教育支持促进委员会CASE成立的目的是使欧洲的教育机构能够建立系统的、综合的外部关系管理方法，以帮助教育机构从外界获取资源支持，其中校友、学院伙伴、政府决策者、新闻媒体、社区成员以及各类慈善实体都是学院寻求外部资金的主要支持者。作为近期大学经费改革的一部分，参与此项调查是大学获取资助资格的前提条件。因此，牛津大学和剑桥大学的发展办公室，首次统计了各学院和大学所制订的筹资计划以及在资金筹集过程中产生的费用。由于这些联邦制大学结构复杂，尽管这些资料保存在各学院的档案中，但截至2005财年年底这些资料尚不完整。

据牛津大学发展办公室介绍，2004—2005财年，慈善捐赠给学院和大学的资金数额达到了11 040万英镑的资金，牛津各学院中总计有3 120万英镑（28%）的收入来自于捐赠收入。在11 040万英镑的捐赠中，45%是以现金的形式捐赠的，而不是以抵押物和期货的形式；8.5%来自遗产捐赠。2004—2005财年，牛津大学的慈善捐赠收入没有包括詹姆斯·马丁（James Martin）个人捐赠的6 900万英镑的捐款，只包含了捐赠的盈利。在其加入的欧洲教育支持促进理事会调查的第一年中，牛津大学的筹资活动取得了巨大的成功。

2004—2005财年，剑桥大学及其各学院新基金的数额为7 540万英镑，其中新基金指的是新的现金和非遗产抵押而不包括之前的抵押捐赠。在2002—2003财年，剑桥筹集了7 260万英镑资金，2003—2004财年，新增募集资金总额达5 520万英镑。我们没有获得牛津大学前些年的筹资数据。近年来，与牛津相比，剑桥吸引了更多的资金，部分原因是剑桥对科学、技术和工程的研究不断加深。例如，2004—2005财年，剑桥公司收到的慈善总收入（不包括抵押物）为6 050万英镑，而牛津则为4 970万英镑。由于两所大学都在积极筹办大型筹款活动，预计牛津和剑桥募集的捐赠会大幅增加。

例如，在2004年，哈佛大学从校友和学校盟友那里获得了总计5.92亿美元的捐赠。募捐用于捐赠基金的为2.58亿美元，常规用途为1.54亿美元科研用途及贷款、基础设施、寿险总计1.8亿美元。在2004财年，捐赠为耶鲁的经营预算提供了7 600万美元的资金（5%）。因为英国并没有为母校捐赠的传统，所以与其同行常春藤盟校相比，牛津大学和剑桥大学所获得的捐赠规模十分微小。

筹资成本

牛津大学公布的捐赠、捐款和新增年度捐赠获得的资金总额：2002—2003 财年和 2003—2004 财年的学院财务报表显示，学院总计筹集了 2 620 万英镑和 3 100 万英镑的资金。筹集资金的成本分别为 370 万英镑和 420 万英镑，占这两年筹集资金的 14%。个别费用比率变化显著，一些学院报告的成本大大超过其所募集到的募集资金；在 2002—2003 财年，1 所学院报告其成本为 179%，另一所学院 2003—2004 财年为 66%。与之相反，6 所学院表明筹集资金没有消耗成本。

通常，学院不用通过大型的筹资活动就可以获得一些小型的实物及遗产捐赠。一些学院获得小型捐赠时没有公开其筹募资金所花费的成本。例如，2003—2004 财年，基督学院报告收入了 251 650 英镑的捐赠，但在其年度报表中并没有公开筹资成本。相似的是，圣约翰学院，2003—2004 财年，同样获得了新增资金（2004 财年为 134 136 英镑）也没有产生成本费用。

在 2004 年，牛津大学新学院报道了其资金流入超过了 50 万英镑，同样没有消耗成本。这是因为新学院的筹款是由学院设立的独立慈善信托公司新学院发展基金开展的。学院在 2004 年收到发展基金价值为 740 万英镑的捐款，但作为登记在慈善事务委员会的独立慈善机构，该基金的资产并未纳入学院财务报表。

用这些比率来对学院之间进行直接比较可能会产生误导，因为会计核算实务，资金结构和一次性大额捐赠的差异会影响到机构报告的统计数据。因此，需要小心对待与筹资有关的短期数据成本，并且难以将一个学院与另一个学院进行比较。然而，事实上，大多数牛津的学院报告了与筹资有关的费用，通过这些报表至少可以看出，这些学院正在考虑这些问题，并保护自身免受批评。筹资比例的比较在某种程度上也可以帮助捐助者评估组织的工作效率。

牛津大学各学院报告其筹资成本平均为其所筹集资金14%，这与慈善部门相比具有优势。根据1990年CASE教育促进支持委员会最后的筹资成本研究，通常美国高校筹集1美元的资金就会花费16美分的成本。[6]剑桥、牛津、哈佛和耶鲁等大学，在教育和研究方面有着悠久的历史，可以依靠其以往取得的成就进行基金投资。

通常可以发现那些成立时间较短的慈善机构其筹资成本较高。根据相关报道，在美国，筹集100美元需要花费的成本在22～43美元之间。[7]在英国，根据1998年慈善援助基金会（CAF）的报告，排名前500位的慈善机构其筹资成本比率的变化在0～123%之间，平均绩效为14%。[8]2003—2004财年慈善援助基金会的报告数据显示，捐赠收入排在前500位的机构，其筹款与支出成本之间的比率为15.3%。[9]

2000—2005财年为期5年的时间内，牛津大学发展办公室委托莱恩莫尔联合公司（Lain More Associates），对其内部进行大学筹资和筹资成本调查，其中有28所学院参与到牛津大学基准研究中来，研究显示，筹资活动获得的总收入为1.312亿英镑，筹资成本为1610万英镑，其中员工费用为筹款支出的59.6%。这项研究的总体成本包括学院组织的加强校友关系的活动费用。牛津大学在这5年期间筹集的资金总成本比例为7.4%，几乎是牛津大学2003—2004年和2002—2003年度报告的筹资成本率（14%）的一半。与本研究的头3年相比，筹资支出可能在5年期结束时有所上升。

如CASE调查所公开的那样，对牛津大学筹集资金的总体成本的调查显示，2004—2005财年，牛津大学花费了620万英镑（其中63%是员工费用）筹集了1.104亿美元；所产生的费用比例仅为5.6%，似乎具有很高的竞争力。由于牛津的历史数据不可获得，因此不能断定这样一个低水平的支出率是否稳定。

剑桥大学在2002—2003财年花费530万英镑筹集了价值7260万英镑的新资金，筹资成本率为7.3%。2003—2004财年期间，剑桥以11.8%的筹资成本率筹集了5500万英镑，2004—2005财年，新增募集资金为7540万英镑，成本率为9.3%。在这3年期间，剑桥大学平均筹资成本率为9.5%。

在教育促进支持委员会对剑桥大学的调查中没有包含校友关系成本这一指标，但其中50%的数据成本来自于在美国设立的学院和大学的发展办公室——设立在纽约的办公室有20名工作人员，专门为中央大学和学院服务。牛津在纽约和日本也都有一个大型办公室，用于筹集资金和维持校友关系。低于10%的筹资成本率在全球范围内具有很高的竞争力。较低的筹资成本率代表学院有较强的筹资能力。边际资本来源于增量资本的开发，因此各学院要不断筹集捐赠资金，由此导致的捐赠成本增加也是可以接受的。

小　结

牛津和剑桥的捐赠基金来自于数百年来的慈善捐赠、捐款、遗赠和遗产。大多数情况下，土地捐赠是主要的捐赠形式。原则上，当机构收到捐赠时，为了能够保持其永久支持力，学院也会在维持捐赠价值方面产生支出。因此，维护建筑物和房地产的费用会抵消掉部分土地捐赠。财政捐款也是如此，学院有权利用捐赠来平衡通货膨胀调整后的收入。尽管捐赠扩大了活动的范围，但这意味着学院必须将附加成本纳入年度预算，以保持捐赠能一直为学院活动提供同样水平的支持。

相比于2002—2003财年70万英镑的捐赠资金，2004—2005财年，牛津大学各学院的平均资金几乎达到100万英镑。由于缺乏英国高等教育部门收到的关于捐赠和捐款的公开数据，因此难以对剑桥大学和牛津大学进行评估。坊间证据表明，英国高等教育部门收到的捐赠和捐款是微不足道的。剑桥和牛津大学作为学术机构有其自身优势，可以从校友、慈善家和捐助者的捐赠中获取较大的利益。虽然英国的捐赠税收优惠政策比以前更好，但正如埃里森·理查德教授指出的那样，还有改善的余地。

根据2004年NACUBO基金会研究报告（NES），参与调查的美国机构其捐赠和遗产收入平均为720万美元（2003年为570万美元），与2002年的

730万美元相似。值得注意的是"其他捐赠"平均为730万美元。捐赠基金资产超过10亿美元的学院报告说收到捐赠和遗赠平均为4 300万美元,而捐赠规模不到2 500万美元的学院则报告收到的捐赠和遗赠平均为110万美元。[10]根据2003年的NES报告,"捐赠资产超过10亿美元资产的学院,收到捐赠和遗赠平均为3 400万美元,捐赠资产不到2 500万美元的学院,收到捐赠和遗赠平均为84万美元。[11]表14.3显示了2004年美国机构捐赠资金池的增加额。

表14.3 2003美国教育机构捐赠资产增加额

捐赠基金 (百万美元)	增值及收益(%)	个人捐赠和遗赠(%)	其他捐赠(%)
>1 000	305.4	43.0	8.2*
500~1 000	110.6	22.6	21.0*
100~500	31.3	8.9	13.0
50~100	9.1	3.3	2.3
25~50	4.5	1.8	1.2
<25	1.6	1.1	0.5
公立	32.7	9.4	5.4
私立	34.0	6.2	8.6
平均	33.6	7.2	7.4

不到10家机构做出回应。
711家机构提供了一些关于捐赠基金增长的信息。
表中数据是以美元进行换算的。
来源:《2004年NACUBO报告》。

捐赠价值的反弹不仅仅是过去一年中市场收益的结果,而且还得益于捐赠和捐款的流入。牛津和剑桥各学院可能会发现大型筹资具有挑战性,但是确立这种"筹钱"的传统可能涉及不同的方法。在几十年前,美国学院已经致力于培养校友和盟友这种捐赠意识,以期向其"争取"每年的捐赠和捐款。通常,在开发活动的初始阶段会花费大量的时间和金钱。但也不能因此就说牛津和剑桥各学院错过获取慈善捐赠的时机,或者说他们在这种情况下表现良好。虽然与美国同行相比,牛津和剑桥大学的捐赠和捐款收入目前相对较低，然而，只要不过高增加额外成本，牛津和剑桥可以更容易地提高捐赠和捐款收入。

为了维持长期的筹资战略，学院必须重新调整市场策略，并加强与校友和盟友的联系。尽管英国高等教育机构专注于制定多元化筹资方法以确保稳定的资金收入，但除此之外，英国各高校还必须与其他慈善组织进行竞争。就英国其他大学而言，目前牛津和剑桥筹集的资金规模可能较为体面，但在慈善事业变得更具商业性的新时代，这些学院必须像慈善行业内的其他机构一样竞争资金。

第十五章 结论

引 言

　　养老基金各领域对投资目标的解释都很相似,与之不同,捐赠基金部门的目标各有不同。有的慈善机构可能会选择在一定的期限内支出全部的捐赠基金,而其他慈善机构则认为有义务确保当代开支的同时不会损害后代人受益。即使在教育领域,尽管捐赠基金的目的表面上是相似的,但是其投资目标和筹资方式的不同也会对其产生重要影响。在这一领域,负债的不确定性意味着一个成功的投资政策会支持资金流向营运预算,并协助实现机构目标。因此,以投资政策为基础的明确的投资目标具有更为重要的意义。

　　牛津和剑桥大学的捐赠基金通常被视为长期基金,从根本上支撑并维持机构在其预期活动水平上的运作。牛津和剑桥各学院对捐赠基金的定义向来有所不同,这就导致了运营资产和非运营资产在捐赠基金和资金之间的自由转换。取消内部税收激励,以增加或减少捐赠的价值将有助于遏制这种转移,但是这已被证明不利于资本的长期保存。改革的进程已经开始,人们预计各机构将充分认识到它们在确保长期目标时低下的效率。

　　牛津和剑桥各学院在过去几年中通过实施总收益的投资政策已经接受了他们所发生的重大变化。他们同时改变了支出政策,建立合理的支出规则以鼓励投资收入,并促成资产配置决策。这种投资方法的变化产生了决定性的结果，恰当的治理方式、资产的选择、确定熟练的管理人员、监测他们的表现、了解价值增值的来源进行成本分析，并设置许多其他方面的捐赠基金政策。由于这种转变需要很长的时间来实施，许多机构都处于这一变化的过程中。

以零利率借款的做法不仅耗尽了捐赠资本，而且抑制了投资政策。虽然向捐赠基金借款在如今是比较少见的，但这种资本支出的融资方式在近些年的大学之间是相当普遍的。因此，投资决策是次要的考虑因素，这实际上决定了捐赠资产配置，并导致较低的捐赠基金投资收益。在这样的限制下，令人印象深刻的是，牛津和剑桥如今的捐赠收入占到了学校总收入的1/3以上，因此捐赠基金收入在维持运营方面起着至关重要的作用。

捐赠基金缺乏独立性导致适当投资和支出政策的执行不力，更不用说捐赠基金资金外流以及缺乏筹资的传统，这都导致了对捐赠基金长期增长的侵蚀。在过去的几十年里，常春藤盟校建立了大量的捐赠基金，但牛津和剑桥的学院却遭受了损失。与美国顶尖大学捐赠基金资产规模的比较通常可以证明英国各大学资源的缺乏。对资产的规模进行管理相当重要，因为它会影响决策的某些方面。例如，基金的规模可能会限制其投资于另类资产和策略的能力，而这些资产和策略往往缺乏流动性，并且风险较高。与大规模捐赠基金相比，收入要求对小规模捐赠基金的资产配置决策会产生更大的影响。捐赠基金的独立投资建议和绩效分析能力也可能是一个限制因素。管理着不足1000万英镑资产的学院根本无法复制管理着5亿英镑以上资产的学院所追求的投资策略。

在过去几十年里，英国的大学也不得不面对高等教育经费实际削减的问题。牛津和剑桥与他们的美国同行在支出上的差异是影响他们整体产出质量的一个重要因素。英国政府和学术机构已经充分认识到了全球化的挑战，新的伙伴关系、筹资方式、基金评估方法都是建立更多资金支持发展的一部分。例如，在英国，从2006—2007财年开始，大学有权改变直接向学生收取的费用，最高可以达到每年3000英镑。研究基金面临着新的经济和社会挑战，这些存在于对基础设施建设、债券和其他领域的投资中。

尽管在美国和英国顶尖的大学之间存在着显著的基金差异，但是，当今牛津和剑桥的全时当量学生的人均捐赠基金资产要高于美国富有的公立大学，这一点是令人鼓舞的。牛津大学2004—2005财年每个全时当量学生的捐赠基金资产用整数表示为269 000美元。在剑桥，不同捐赠基金聚合为集中基金意味着每个全时当量学生的捐赠基金升至296 000美元，这就导致剑桥和牛津落后于普林斯顿（160万美元）、耶鲁（140万美元）、哈佛（130万美元）、斯坦福（80万美元），和麻省理工学院（70万美元）。实际上，生均捐赠资产差别很大，例如，三一学院（剑桥）的学生非常富裕，与同一所大学不太富裕学院的学生相比，学院会为学生配比更加优越的设施。

牛津和剑桥目前从公共资源中获得了很大比例的收入，政府将继续成为大学的主要资金来源。这应该被看作是学院在确定资产配置，并充分利用其多样化资金来源的稳定性时的一个机会。牛津和剑桥所需要的不是放弃来自公共部门的收入，而是大幅增加他们的私人收入。要做到这一点，他们不仅需要能够证明他们是具有卓越地位的学术机构，而且要证明他们的捐赠基金能够有效地发挥作用。捐助者们希望得到这样保证，即他们的捐赠得到了妥善的使用，无论是直接用于支持大学今天还是未来的学术目的。因此，为了吸引捐赠和捐款，牛津和剑桥必须保持其在世界最优秀的教育机构中的地位。

捐赠基金治理和管理结构

牛津和剑桥的学院制结构都是独一无二的，其无与伦比的导师制度提供了卓越的教学。各个独立和自治的学院，形成了各大学的核心要素，与联邦系统相关。牛津和剑桥的学生即是他们学院和大学的成员，这样的安排已经被证明有利于这些学院完成其首要目标，即追求教育的目标。

学院的主要目标反映在他们的年度账目和报告当中，但这并没有具体提及"投资目标"。投资业绩的典型描述，也不涉及任何既定的投资目标。学院可以得益于清晰的投资目标。在美国，他们可以解释捐赠基金收益是如何与支出政策、业绩基准、风险分析相关联的，也可以解决与投资组合的再平衡以维持资产配置目标有关的问题，他们同样可以对雇用和保留投资经理和顾问的考虑进行评论。这些信息在美国是不统一提供的，同样的这些问题也不进行定量定义。但以年度报告或账目形式公布的英国教育捐赠的披露水平较低，他们没有被要求这样做。

教育目标不应该阻止这些世界级的学校有效地对他们的捐赠基金投资组合进行投资。归根结底，资产配置涉及适当的风险分配。财务主管承认风险管理仍然是一个值得关注的领域，各个学院对相关风险的定义不可避免地各有不同，而关于如何研究这些问题则没有正式达成一致，至少我们能够对研究过程进行评估。从广义上讲，这些机构的风险在于捐赠基金无法产生一定水平的收入来支持他们主要的教育目标。因此，这些机构和他们的基金会需要对投资目标进行明确定义，并允许其自由的发展。

值得注意的是，虽然这些学院是独立自治的机构，但是他们的捐赠基金会不是。牛津和剑桥的投资委员会担任主要顾问的角色。投资政策由投资委员会推荐，经财务委员会或直接提交给学院管理机构。投资委员会作为管理机构的顾问，为捐赠资产的管理制定适当的政策。如果他们失去了优渥的投资回报，那么对学院而言缺乏独立的捐赠基金会，会产生长期的后果。因此，如果它们能够改善资产配置决策，从而带来更好的长期业绩，那么政府作用和管理结构就至关重要。

这并不是说哈佛大学和耶鲁大学不对他们的投资进行监督，他们也会这样做。但是，哈佛管理公司负责对捐赠基金进行管理。哈佛管理公司是哈佛大学的全资附属公司，成立于1974年，管理大学的捐赠基金、退休金资产、营运资金以及递延账户。哈佛大学管理公司由校长和大学院士委任的董事会进行管理。耶鲁投资办公室同样负责对耶鲁的捐赠基金进行投资。牛津和剑桥的学院结构使它难以仿效哈佛或耶鲁的管理结构。各学院内部的捐赠基金规模太小不足以产生影响。两所大学的捐赠基金会的规模和贡献同样不符合标准。设有首席投资官的投资办公室于2006年建立，对剑桥大学的捐赠基金进行管理并进行相关投资，这标志着新的管理方向。由于学院不是大学投资办公室的一部分，它说明了治理和管理方面的考虑如何对投资产生影响。

同样，一些牛津的学院建立了集体投资伙伴关系（OXIP）以迎合教育捐赠基金的具体需求。将捐赠基金的10%投资于这类基金并不能减轻高校投资委员会的资产配置负担。成立其他现有的私募股权和对冲基金的投资伙伴关系，以确保规模经济。虽然支付给外部管理人员的薪酬似乎并不繁重，但目前尚不清楚投资业绩是否可以满足这些成本支出。如果能够实现更高的成本调整收益，那么高等院校应该认真考虑合并它们的资源。投资业绩分析也许是整个投资过程中最大的弱点。集中基金将有助于评估成本与业绩。

牛津和剑桥一些学院治理结构的新方式所产生的投资决策能够实现投资业绩的改善。例如，捐赠基金的独立性问题值得仔细研究。虽然没能获取牛津和剑桥的长期捐赠基金投资业绩，但是人们一致认为，他们无法和耶鲁以及哈佛大学过去20年所取得的成绩相媲美。尽管牛津或剑桥大学的捐赠基金与常青藤盟校相比规模较小，但在牛津剑桥大学每年的回报率中，即使提高1%，也会提高捐赠基金的财富，并有助于筹集资金。简化管理安排将确保投资委员会负责决定战略投资决策，包括资产配置、管理人员选择、风险和业绩分析。目前，牛津剑桥各学院在评估其捐赠基金资产管理方面并不严谨。

最近，金融和投资专业人士加入英国捐赠基金的趋势令人鼓舞。如今，越来越多的高校雇用专业的投资财务主管。只有时间会告诉我们，真正的贡献将是集体资产管理过程。与他们的美国同行相比，牛津剑桥各学院的投资委员会似乎规模较小。但是，考虑到所管理的资产规模和所采用的投资策略，参与这一过程的个体数量很多。在集中资产和加强投资专长方面，不断地努力可能有助于有效地管理成本和绩效。尽管投资顾问的使用仍然参差不齐，而且对投资顾问的选择会受到管理人员选择或进入私募股权和绝对回报策略建议的限制，但在业绩评估方面，顾问的使用将与做出良好资产配置决策的努力相得益彰。

虽然投资委员会包括很多成员，但是，我们的研究表明只有少数学院在管理过程中运用有限的专业成员，财务主管是唯一对各种各样的投资或非投资相关问题负责的人。管理可用资源以支持学院整体目标的挑战未能得以充分强调。更大程度的捐赠基金独立性将使牛津和剑桥的投资委员会在任命具有广泛投资专长的成员时受益。投资委员会在确定并负责谨慎的捐赠基金管理方面所发挥的作用有待加强。捐赠基金在维持长期目标方面所做的贡献是公认的，在管理结构方面明智而审慎地投资仍然至关重要。

支出政策

在美国主要的捐赠基金和基金会中盛行的支出政策的概念，对牛津和剑桥的机构来说是相对新鲜的。投资目标、支出率、投资收益目标和资产配置之间的联系也处于发展的初级阶段。直到最近，牛津和剑桥的学院才能够对收入进行支配；与20世纪60年代的耶鲁和哈佛大学一样，这些大学也限制了他们的捐赠基金对投资收益的年度贡献——利息、股息和租金收入。

今天，确定可持续的支出率是牛津和剑桥学院管理机构负责的关键决定之一。与美国相应的机构在过去10年5%的支出相比，牛津和剑桥各学院平均4%的支出率是一个比较保守的策略。牛津和剑桥不到1/4的学院支出超出了前一年度捐赠基金价值的5%，支出率的变化范围在2%～13%之间。高于5%的支出率很难在长期内得以维持，因为超过5%的实际收益率是很难实现的，除非学院愿意承担巨大的风险。

目标消费率在决定捐赠基金维护代际公平的能力时，发挥着导向作用，高利率表明了对当代学生和教员好处多，而低利率则对后代好处多。虽然一些基金会可以选择支持当代受益者，但是教育机构对保护后代同样具有责任。如果学院把重点放在其目前的学术任务上，那么捐赠基金的分布可能不会因投资的市场价值波动而调整。另一个极端，如果只关注于捐赠基金的保存功能或许意味着资金超过和高于通货膨胀率时将可用于当代的支出。制定可持续的支出规则有助于改善财政纪律。在确定教育机构的支出政策时，不仅要考虑当前受益人的需要，还要考虑后代的需要。捐赠基金年度下降的比例与给定风险水平下最大化投资收益一样重要。因此，将这一方法运用到此类撤股中至关重要。使用固定年度提款公式可以简单地在经营预算假设中考虑到市场波动性。例如，大多数美国的学院使用的是 3 年滚动平均市值法，支出费用占基金总量的 5%。牛津和剑桥大约一半的学院也使用 3 年滚动平均市值法标准。

在牛津和剑桥，采用"总收益"的投资政策是一个可喜的发展，因为学院实施资产配置策略时着眼于长期回报，而不是收入。总收益策略提供机会的同时也提供了挑战，不适当的资产分配可能同样不利于维持捐赠基金的实际价值，也不利于稳定的收入来源。值得注意的是，牛津、剑桥一些学院向总回报政策的转变受到了不动产资产高配置的驱使，而这一部分资产成为过渡时期提供收入的必要来源。不动产资产不仅实现了必要的多样化，而且产生了稳定的收入来源。正如几位财务主管指出的，如果没有不动产资产提供的稳定收入，那么总收益政策将会受到挑战。此外，不动产资产的市场周期有助于重新配置，如果不动产市场进入一个反向的矫正周期，那么这些受访者将不会如此青睐于这类资产。

资产配置

保证最大化支出的同时为后代保持捐赠基金的购买能力，是当下捐赠基金管理者必须面临的挑战之一。较高的预期回报率可以解决在保留实际价值的同时提供操作的冲突。同时，面对通货膨胀时的脆弱性引导投资从固定收益转向股权投资。因此，具有长期投资视野的投资组合，例如捐赠基金，最好投资于能够产生类似收益的资产，包括公共和私募股权以及旨在实现绝对收益的战略。为了减少股权风险，投资组合可能会合并固定收益、不动产和其他资产，如大宗商品或自然资源。非传统资产不仅具有多元化还可以增加收益。另类资产的定价往往低于传统的有价证券，与此同时，提供了通过主动管理提高收益回报的机会。

尽管耶鲁和哈佛已经利用流动性差、效率低的市场有一段时间了，如风险投资、杠杆收购、石油天然气、木材和对冲策略，但是牛津和剑桥的捐赠基金投资组合的显著特征是其不动产资产的投资，这类资产占比平均超过30%，除了专职的不动产投资者以外，这一配比在任何一组专业机构投资者中都是最高的。不动产投资贯穿了从股权到负债的一系列资产类别，同时具有负债和股权类资产的特点。不动产资产可以被私人持有也可以作为其他适销对路的证券公开报价。如果寻找牛津和剑桥资产配置的共同点，那么学院（而非大学）将不动产视为核心投资是重要的一点。

根据牛津大学的财务报告可知，不动产资产的平均配置由2003年的31%上升至2004—2005年的45%，这是不动产增值以及新投资注入所产生的结果。我们未能获取剑桥大学诸学院的数据，但是他们同样获益于不动产资产的高配比。如今牛津和剑桥对不动产资产的持有超过捐赠基金资产的1/3。相比较而言，美国教育捐赠基金领域对不动产的投资为2.7%，而英国非营利部门对这一资产类别的投资为3.4%。牛津和剑桥各学院对不动产的配置类似于美国各学院对固定收入的配置。不动产的固定收入特性被认为是牛津和剑桥投资于这一资产类别时的决定性因素。牛津和剑桥拥有小规模捐赠基金的学院最不可能在他们的捐赠基金中持有不动产资产。大约有1/4的学院报告称他们不持有不动产资产。较富裕的学院国内投资较少（英国股票、固定收入和现金），富有的学院对不动产的配比明显过多，但与美国的同行相比，在另类资产方面则投资较少。

牛津和剑桥不富裕的学院对国内股票的投资比富裕学院要多。比较贫穷的学院通常很少投资于绝对收益策略，但是他们不一定非要使用诸如指数化产品的保守策略。除了减少多样化的风险，指数化的另一个优势在于他可以避免经理人选择不当的风险。一般而言，那些捐赠基金表现不佳的学院不会投资于不动产和绝对收益策略，当然，他们的投资收益也比较低。其中有许多学院只雇用了一个既非冒进也非保守的经理，并且对国内股票的配比过多。

整个资产类别、投资策略和专业经理人都在分散投资。但是，不动产、非上市证券以及对冲基金的敞口并不能自动保证良好的收益。非传统资产为那些知道如何利用它们的人提供了机会，同样，它们对那些没有专业知识的人构成了挑战。因此，在主动战略中经理选择的风险比保守策略中要高，但是保守投资者需要与市场的低效率抗衡。支持运营预算的需要，为理解牛津大学的机构中的资产配置决策提供了关键。各学院从他们的捐赠中寻求一定的收入。

产生有效的投资组合并不是管理捐赠基金的主要焦点，而是产生一定水平的收入。同时，认为投资主管不受这一概念的困扰的观点是不公正的，他们也不知道有效率的投资组合意味着什么。牛津和剑桥财务主管面临的最重要的问题是：对于像教育捐赠基金这样的长期投资者来说，是否存在理想的资产配置？对于那些不动产资产对收入有合理贡献的学院而言，更容易产生有效或更加多元化的投资组合。对于持有不动产资产长达几个世纪的学院来说，不动产投资是相对低风险的投资。从一些学院的角度来看，即使是指数化的股票投资也不像房地产那样安全，因为它能产生理想的收入水平。

牛津和剑桥各学院不反对投资绝对回报战略，扩大这种敞口的主要阻碍是找到适当的基金经理。对冲基金和私募股权领域经理选择错误的风险比普通的活跃股票要高，上 1/4 经理的平均收益显著高于下 1/4，下 1/4 的收益可能是负的。在投资周期中及早识别这样经理人的能力是至关重要的，而且少数管理人员的高敞口所带来的具体风险也是值得关注的。

牛津和剑桥超过 1/3 的学院没有投资于另类战略，尤其是对冲基金，因为这被认为过于冒险。我们未能获取另类战略的总敞口，但是有证据表明，尽管基数较小，另类战略已经在此期间有了显著的增加。牛津和剑桥各学院的投资方法越来越专业，资产和投资风格更为多元化，导致专业管理人员任命的上升，大大缩短了另类投资决策所需的时间。

风险方式

对于有经验的投资者来说，资产管理的一个核心方面是风险控制，因此，了解整体投资组合的风险状况，是投资选择评估的核心。同时，风险是由每一个投资者单独定义的,很难一概而论,除非是绝对的。虽然每个人对风险的看法可能有所不同,多样化可以改善投资组合的风险收益率,使投资者在他们首选的风险水平下实现更高的收益或降低目标收益的风险。

牛津和剑桥专业投资人员关于风险的概念很有趣,因为对这些人来说,风险的理论定义通常很少被使用;他们更愿意接受的是在其自己学院中可能经历的结果的范围。例如,这个部门的许多投资者认为,只要收入不受影响,市场波动对投资组合的影响不大。他们的主要风险是未能从捐赠基金中获得所需的收入。在理想状况中,这些投资者希望有一个可持续的收入来源以及通货膨胀保护,而不必担心如何确保这些。这种概念化风险的方式也是大学经常把不动产视为核心资产的原因。可以说,牛津和剑桥资产配置方式的多样性很大程度上得益于他们所持有的不动产资产。他们的政策可能不是基于定量分析模型,但几个世纪以来,来自不动产的收入帮助这些机构认识到收入多样化重要性的认识。

风险方式也具有多样性,投资政策似乎更多以定性为基础,而很少受定量的驱使。然而,一些学院采取不适当的不知情的风险敞口。而这种风险可能没有得到适当的补偿。尽管人们认为他们评估的是另类投资,但这种分析很少有系统地进行,而且不是在整个投资组合的水平上进行的。学院投资组合固有的无意风险或意外风险很有可能会掩盖优越的投资技巧的潜在收益,进而导致高于预期波动率的捐赠基金以及对收益产生负面影响。这并不是说定量的投资决策是优越的。投资决策在很多组织中都是定性的,但需要通过严格的定量分析来支持。牛津和剑桥大多数学院风险分析和风险调整的效果并不明显。财务主管对这样的赤字深感关注,并希望解决这个问题,最让他们关注的是如何最好地解决这个问题。

阻止学院实现其永久性慈善目标的风险是其主要风险,维持(如果不能增加)捐赠基金对学院总体经营预算的贡献是至关重要的。因此,注重捐赠基金资产管理是高校全面风险管理的主要目标。没有一所学院正式将风险程度相关的问题纳入其资金池中。充其量,风险是通过资产类别多样化进行管理的,但并不总是通过投资策略和基金经理来管理。使用多元化的方式管理投资组合的风险或许对于捐赠基金规模较小的学院来说是最昂贵的，令人鼓舞的是许多财务主管都对如何更好地多样化其持有的资产表示了浓厚的兴趣。然而，对于一个捐赠机构来说，风险管理要比简单地确保资产组合中的资产分散更重要。

绩效评估

在衡量投资业绩和相关成本时缺乏透明度是牛津和剑桥进行捐赠基金资产管理时的薄弱环节。这些学院需要更深入地了解风险调整后的业绩（"阿尔法"）以及获得这种业绩所涉及的风险。他们需要理解资产配置决策（通常由投资委员会指导）和股票选择（一般由资产经理人实施）。他们需要推断投资收益是出自于良好的决策还是属于不可复制的结果，这有待证据证明。在这一分析中，成本和费用是很重要的；当我们提及业绩时，总是随后就考虑到成本。

确保全面业绩分析的途径之一就是雇用一家独立的绩效评估公司。外包到外部的公司将确保规模经济以及分析方法选择的一致性。目前，业绩分析充满了局限性。如果没有关于投资组合的足够信息，如资产组合、风险简介、成本和绩效归因，那么有效的资产配置决策也不能被实际实施。这些机构迫切需要解决这些问题。

牛津和剑桥诸学院的年报所公布的投资业绩信息引发了一系列问题。首先，在报告投资业绩时没有的共同标准；衡量业绩，进行基准可比性分析或资产配置时也没有一致基础。对资产配置和投资绩效进行长期分析是不可能的，因为他们不是公共领域的数据。一些学院报告的投资业绩，没有任何实际参考的收益，如下面的例子所示。

（1）股票市场的持续复苏反映了学院投资组合价值的增长，在大学资金池中投资的现金余额继续保持着具有竞争力的利率（牛津大学林克尔学院）。

（2）该学院的投资顾问小组积极监控学院聘请的专业投资顾问的表现，

以确保对资产类型进行适当的分配,并对预先商定的基准进行监控。考虑到适当的风险和流动性因素,学院的目标是最大限度地提高中长期投资回报率。目前的结构主要是股票债券和不动产的混合持有,而现金投资则为学院提供了营运资金,并协助管理业务现金流。

该学院很幸运地拥有高质量的商业地产和房地产投资组合。此外,股票和金边证券的投资收益的复苏,对学院全年的整体财务状况也有好处。(剑桥大学基督学院)

其他投资业绩表现在下列条款中。

(1) 年末学院的投资价值为 3 234 万英镑,包括价值 475 万英镑的不动产投资和非市场化的投资。一年内,学院投资于证券投资组合的价值由 2 263 万英镑上升至 2 723 万英镑。这一增值主要表现为股票市场价值的改善,但是在过去一年,包括新的捐赠在内,也被列入学院信托和特殊基金投资组合中(剑桥大学西德尼苏塞克斯学院)。

(2) 该学院的投资业绩连续两年表现良好。学院的外部运营建筑占其固定资产的 66.1%,其价值 624 万英镑的商业性不动产带来了 540 386 英镑的收益,加上持有的股票和固定利息收入,总计达到 717 033 英镑。这些占总收益(收入和资本利得)的 16.51%。

(3) 投资委员会负责管理学院投资组合的总收益,应该注意到在任何特定年份收入和支出账户所示的实际捐赠收入,只是捐赠基金回报的一个组成部分,而且每年都有可能产生显著的波动。自 2003 年 7 月以来的投资业绩基准已定为 4.5% 的长期实际收益率。投资业绩按季度测量,截至 6 月 30 日,上市公司股票和现金的总回报率为 13.2%,而基准指数为 7.4%。该学院过去 3 年的投资业绩为 23.6%,而基准为 18.7%。3 年间,总收入的富时指数为 25.3%。管理机构及其财务委员会的总体方向是为实现学院目标提供一个谨慎而持续的捐赠基金长期预期收益,与此同时,实现捐赠资金实际资本的增长。该委员会认为,其可持续的支出目标应该在 3%~4% 之间(牛津大学,圣凯瑟琳学院)。

这些学院报告投资业绩的形式多种多样,例如,牛津大学林肯学院,在

其截至 2005 年 7 月 31 日的财务报表中,"投资业绩"的标题下提供了以下信息:

学院的投资是在管理机构的指导下进行的,而管理机构接受财务委员会的建议。财务委员会的主席为学院院长,并得益于两个委员会成员的建议,他们是学院的校友,对投资事项和一般财务事务具有特殊经验。该学院继续遵循 2001 年 10 月制订的投资计划。金融资产投资策略的基础是维持核心资产组合(英国和国际股票和现金),并辅以专业领域(私募股权、对冲基金等)的额外投资。在最近一年,学院通过成为牛津大学基金会的创始参与者,增加了其私募股权;并根据戈德曼高盛大宗商品指数证书,通过讨论全球大宗商品的敞口,加强了"核心专家战略"。核心金融资产投资组合由摩根弗莱明资产管理公司进行管理,并由各种专业的投资经理进行投资。学院的商业,农业以及(非学生)住宅投资组合由法因斯布劳顿班伯里法进行监管。

为了达到经营预算的目的,3% 的假定收益率被认为是从学院的捐赠资产可持续发展的基础上得出的。2003—2004 财年学院投资组合的实际收益率超出 3%。

林肯学院实际上提供了大量捐赠基金资产管理安排的信息,但是与实际资产配置以及投资业绩相关的并不多。

即使是相对透明的大学,也可能不会在其年度账户中披露总回报信息。例如,牛津大学万灵学院在 2005 年 7 月末公布的资产配置为:2.2% 的英国上市股票,17% 的国际股票,3% 的私募股权,6% 的绝对收益投资,5% 的债券和现金,以及 47% 的多元化不动产投资组合。但是捐赠基金总收益以及个人资产类别收益未能获取,价值为 18 280 万英镑。

另一方面,牛津圣约翰学院没有详细说明其捐赠基金的资产配置,除了其大致的分配状况:上市股票(占 33.6%),未上市股票(4.2%),上市的固定收益证券(29.8%)、现金(3.3%)、不动产(29.1%)。该学院的收益，28.8%来源于英国股票投资组合，37.6%来源于海外股票；海外债券的收益24%；国内指数挂钩债券回报率为13.9%，不动产资产回报率为33%。每个资产类别都超过了其各自的基准。其捐赠基金投资组合的总收益为2.574百万英镑，2004—2005年，也就是美元贬值的过去3年，以微弱的优势逆转，高于耶鲁当年捐赠基金的22.3%。[1]尽管其资产配置非常不同，但是和耶鲁基金一样，圣约翰的捐赠得益于其广泛的多元化。与耶鲁不同，我们无法获得长期数据来比较这些机构所追求的投资策略的价值。

具有高股票配置的牛津大学萨默维尔学院是另一个实现了更高收益的例子，2004—2005财年，其通过持有66%的股票、28%的债券和现金、4%的非上市股票以及2%的不动产，确保了25%的收益。萨默维尔学院的捐赠基金价值3260万英镑。其捐赠基金的业绩得益于其较高的股权分配。因此，在过去的几年里，不动产并不总是业绩的驱动力，尽管那些有着不动产和股票高分配的学院业绩都不错。

2004—2005财年，上市股票投资业绩表现良好，牛津大学沃夫森学院和圣安学院分别持有67%和70%的上市股票，当这一阶段富时指数上升24.7%时，这两所学院分别报告了7.5%和16.25%的收益，这是很难理解的。沃夫森捐赠基金包括15%的不动产，11%的未上市证券，7%的债券和现金以及67%的股权资产。沃夫森的捐赠基金价值2220万英镑，但是其并没有对糟糕的收益状况进行明确的解释。圣安学院捐赠基金（70%的公共股票，14%的债券和现金，15%的学院内部贷款）对股票资产的配置比率相似，他们报告的收益是沃夫森的2倍。如果没有标准化的投资组合报告，就很难确定为什么有着相似捐赠基金分配方式的不同学院其回报率会有如此差别。

即使提供了捐赠基金资产配置综合信息以及2004-2005年基准回报率的剑桥大学唐宁学院，也没能充分考虑到13.3%总收益的平庸表现。我们被告知学院的投资组合正在重组，但是远低于中位回报的分析并不严谨。相似地，冈维尔与凯斯学院2004—2005年11个月的总收益为20%，但是我们并未得到其资产配置或是基准来对其业绩进行分析。牛津和剑桥收益最少的学院彼得豪斯学院，2004—2005年收益率为10.9%，2003—2004年为2.3%。其捐赠基金资产配置是：84%的不动产，11%的上市股票，其余为子公司的资产、现金和未上市的证券。这些账户没有提供类似的基准回报率或对其微不足道的收益进行解释。今年的IPD指数回报率为18%，富时全股回报率为24.7%，海外股市回报率为23.8%。所以，彼得豪斯11%的收益是很难理解的。

上面提到的每一所学院都遵循不同的投资策略，并导致了不同的资产配置。这本身并不奇怪，值得注意的是，由于各学院所制定的投资标准不同，投资回报的离散程度较高。这些学院虽然在联邦系统相互关联，但它们独立地实施对其自身具有意义的资产分配政策。但这些紧密联系的学院的投资收益范围提出了几个问题和潜在的解决方案。显然没有什么"羊群效应"，只要它能反映出这些学院在决策过程中更大的独立性，就会带来更大的竞争，这是一件好事。

然而，应该对业绩进行严格的分析。没有证据表明这一过程已经到位。在回报、管理人员、成本、资产组合和投资方式等方面，可以更好地共享资源。当然，这是一个非正式的网络，但个人投资策略并没有受到同行的仔细审查。除了提供交流机会，没有相关的分析材料可以提供给这些机构，所以同行咨询对决策过程的贡献是有限的。

牛津和剑桥的学院，在获取和使用与投资相关的信息方面，往往会受到限制。只要他们在寻找个体解决方案时是独立的，对于一些学院来说就可以增加指数化的配置。对于另一些学院来说，则可以更多地投资于另类资产或者绝对收益策略，包括不动产在内。盲目复制同行的做法，对于那些投资政策高度个性化的投资者来说，不是一种好的选择。但显然存在更多资源共享的空间。了解同行的资产配置有利于整体决策过程，并且能够从内部基准体系中获益。

由于牛津和剑桥1/3的捐赠基金投资于不动产，所以这类资产的成本和业绩都需要仔细评估。不动产管理成本是捐赠基金管理总成本中最高的。虽然不动产资产和非不动产资产投资的详细成本未能获取，但是通过对整体成本的分析可以得知，学院并没有为捐赠基金管理花费太多。然而，获得良好货币价值的机会规模能够通过考虑这些得以测量，例如，牛津大学每年对20亿英镑的分散管理要花费1000万英镑，这可能会带来更大的好处。

随着前投资银行家和金融专家雇用率的上升，捐赠基金领域内的机构采用了一种日益专业化的资产管理方式。反过来，这些人更有可能聘请投资顾问，利用资产管理的新概念，并且对捐赠基金未来实践的整体影响会增加。未来几代人可能会通过风险控制和投资业绩的长期改善来判断今日的捐赠基金。

小　结

如果基于仔细评估个人目标的资产分配决策被解释为更具效率，那么这些机构的独立行为可以被视为是正确的途径。从定义投资政策到进行风险管理，尽管他们在投资问题上有着广泛的共识，并且知道彼此的一般方法，但其中很少有羊群行为。他们放弃了规模经济的范围，更不用说集中决策了。这种规模经济很难实现，因为剑桥和牛津的学院是真正独立的机构，而不仅仅是一个机构中的部门。然而，透明度的提高也有类似的效果，因为它有可能支持明智的决策并减少不必要的冒险行为。大学与其他捐赠基金的竞争并非是对不透明的争论。毕竟尽管公开了相当多的信息，耶鲁和哈佛的投资策略也是不容易复制的。

投资顾问在牛津和剑桥资产管理中有限的作用可能也导致了学院之间缺乏羊群效应。除了另类资产领域，康桥公司和福希耶公司促进了更大程度的集中投资，在牛津和剑桥捐赠基金管理的各个方面表现出的多样性，都是学院非常重视并争取保留的东西。正如一位外部观察者对我们所说的那样，"康桥公司似乎分别给各学院提建议，捐赠基金会产生可观的规模经济效益"。

如果顾问们在牛津和剑桥各学院之间的资产配置中扮演着战略性的角色，那么他们无疑会制定出更多类似的投资组合。虽然没有确凿的证据表明如今学院拥有明确的投资优势，但除了他们在不动产领域的专业性和高配比之外，可以假设他们当前资产配置政策中的分散性将受到侵蚀。我们不知道有多少学院会相信，通过采取更多的同质化战略（至少对非不动产资产），可以实现更高的风险调整收益。但是，如果这种信念被各学院共享，那么，这将增加捐赠基金汇集的压力。

投资顾问在各学院资产管理过程中所发挥作用的程度取决于其愿意在多大程度上投资于研究该行业的具体需求。如今，财务主管的普遍看法是，各学院与他们顾问之间的利益远未对等。捐赠基金和他们的外部管理人员以及他们的顾问之间也存在利益差异。例如，投资视野、代际公平、税收以及各种形式的风险等问题，都比其他投资者更关注捐赠基金。

多样性使得投资组合和市场更加有效。考虑到牛津和剑桥捐赠资产的总体规模，这种投资方式的高度多样性是必要的还是可取的，是一个有趣的问题。学院都很重视自身的独立性，所有参与学院都关注的一个问题是：对于像教育捐赠基金这样真正的长期投资者而言，有没有一种理想的资产配置？常青藤联盟的资产配置策略会进行定期检查，但不能被效仿。对于这一战略存在一定程度的怀疑，主要是因为牛津和剑桥各学院获得相似的投资机会仍然有限。

与20世纪80年代和90年代初的养老基金不同，在以对等组基准为基础的均衡指令保持常态的情况下，牛津大学的的基金投资机构一直沿用最早的投资方式而未做改变。这种由投资者主导的投资可能会因为一系列原因而消失，包括专业投资财务主管的增加以及投资顾问对决策影响力的加强。顾问的低渗透加之对基金和捐赠基金资产管理人员专业教育的缺乏致使欧洲和北美捐赠基金之间存在隔阂。现在，人们对同行群体活动的意识增强了，这一领域的新一代专业投资者的影响力也在日益增加，同时针对捐赠基金的专业教育活动也在不断扩大。无论好坏，这些机构所表现出的个人主义水平很可能会逐渐消失。

Notes

Acknowledgements

1. Note that in our tables, entries are rounded and hence may not sum to 100 per cent.

Chapter 1: Endowment definition

1. David F. Swensen, Pioneering Portfolio Management: An Unconventional Approach to Institutional Investment (Free Press, USA; 2000) p. 43.

2. 2004 NACUBO (National Association of College and University Business Officers) Endowment Study (NES) p. 32.

3. Higher Education Financial Yearbook 2003 and 2005/6 editions.

4. 2004 NES, p. 148.

5. Ibid., p. 32.

6. Higher Education Financial Yearbook 2005/6, p. 2. III.

7. 'Costing, Funding and Sustaining Higher Education: A Case Study of Oxford Uni – versity', Oxford Centre for Higher Education Policy Studies (OxCHEPS) and TheUlanov Partnership (February 2004), p. 2.

8. Cambridge University Reporter, Accounts of the Colleges and Approved Foundations in the University of Cambridge, Vol CXXXV, 18 March 2005, p. 159. According to a news item by Bloomberg, 'Cambridge and Oxford Adopt U. S. Meth-

ods to Win Alumni Donations', on 1 December 2005: ' At Cambridge it cost £ 13,500 to educatean undergraduate each year. The University receives £ 7,500 in state support and student tuition fees, which the government caps at £ 1,150. That leaves a £ 6,000 deficit per student per year. '

9. ' Costing…Oxford University', OxCHEPS, p. 12.

10. Ibid., p. 25.

11. Ibid., p. 28.

12. Higher Education Financial Yearbook, 2005/6.

13. ' Costing…Oxford University', OxCHEPS, p. 6.

14. Comparable data were not available for Cambridge as five Cambridge Colleges, including Trinity, opted not to report their accounts in the newly recommended SORP format. The published Accounts of the Colleges in the Universityof Cambridge for the year ending 2004 therefore does not include comparable data forall the Colleges. Total income for the 25 Cambridge Colleges reporting in theSORP format for the year ending 2004 was £ 139 million compared to Oxford's£ 210.6 million.

15. ' Oxford's Academic Strategy: A Green Paper', Oxford University Gazette, Vol 135(February 2005), p. 9.

16. University of Oxford: Financial Statements of the Colleges, 2003 – 2004, New College, p. 1.

17. Cambridge University Reporter, Accounts of the Colleges and Approved Foundations in the University of Cambridge, Vol CXXXV, 18 March 2005, p. 699.

18. Professor Alison Richard, ' Public and Private: Universities, Government, and Society: The Annual Address of the Vice – Chancellor', 1 October 2005.

19. ' Inaugural Address by Dr John Hood, 5 October 2004. ' See http://www.admin.ox.ac.uk/po/vc/hood_ speech.pdf

20. See http://ed.sjtu.edu.cn/rank/2005/ARWU2005_ Top100.htm. Also, ' The parlousstate of European universities', The Economist, 25 September 2004, p. 52. Oxford was ranked fourth in the 2005 Times Higher Education Supple-

ment's World University Rankings, second (after Cambridge) in science, and second (after Harvard) in arts and humanities. The rankings name the world's top 200 universities measured on peer review, number of citations per faculty member, ratio of students to staff, number of international students and staff, and the opinion of global recruiters. The top ranking institution overall was Harvard University. Oxford and Cambridge were the only British universities to appear in the top ten rankings.

21. University of Oxford: Financial Statements of the Colleges, 2002 – 2003, Balliol College, p. 1.

22. Cambridge University Reporter, Accounts of the Colleges, Vol CXXXV, 18 March 2005, pp. 185, 190.

23. Ibid., p. 267.

24. Ibid., p. 743.

25. David F. Swensen, Pioneering Portfolio Management (The Free Press, US; 2000) pp. 36 – 37.

26. 2003 NES, p. x.

27. University of Oxford: Financial Statements of the Colleges, 2002 – 2003, New College, p. 1.

28. Ibid.

29. 'Special Report Higher Education', The Economist, 26 February 2005, pp. 77 – 79.

30. 2004 NES, p. xxxii.

31. Ibid., p. 42.

32. James Tobin, 'What Is Permanent Endowment Income?' The American Economic Review, Vol 64, No 2, Papers and Proceedings of the Eighty – sixth Annual Meeting of the American Economic Association (May 1974), pp. 427 – 432.

33. Professor Alison Richard, 'Public and Private: Universities, Government, and Society: The Annual Address of the Vice – Chancellor', 1 October 2005.

Chapter 2: The investment committee

1. University of Oxford: Financial Statements of the Colleges, 2002 – 2003, All Souls College, p. 1.

2. Financial Report To The Board of Overseers of Harvard College, Fiscal Year, 2004 – 2005, p. 23.

3. The Yale Endowment Annual Report, 2004 and 2005.

4. The WM Charity Fund Universe, established in 1984, is the UK's most representative database of charity fund assets. At the end of 2005, the universe consisted of 290 funds with a market value of £ 11.6 billion.

5. Commonfund Benchmarks Study: Foundations and Operating Charities Report 2005, p. 52. The Commonfund Institute, established in 2000, is responsible for Commonfund's research, education, and publishing activities. With approximately $ 32 billion in endowment and treasury assets under management, the Commonfund organization is one of the largest active managers of non – profit assets.

6. 2004 NES, p. 28.

7. Commonfund Benchmarks Study: Educational Endowment Report, 2005, p. 52.

8. Ibid., p. 78.

9. Ibid., p. 12.

10. Ibid., p. 53.

11. Commonfund Benchmarks Study: Foundations and Operating Charities Report, 2005, pp. 48 – 49.

12. Ibid., p. 13.

13. Ibid., p. 48.

14. Ibid., p. 50.

15. Commonfund Benchmarks Study: Educational Endowment Report, 2005, pp. 51 – 52.

16. 2004 NES, p. 28.

Chapter 3: Investment objective

1. Wellcome Trust Annual Report and Financial Statements, 2005, p. 14.

2. The Charity Commission, Investment of Charitable Funds: Detailed guidance (Version February 2003), p. 22. (See http://www.charity-commission.gov.uk/supportingcharities/cc14full.asp)

3. Cambridge University Reporter, Accounts of the Colleges, Vol CXXXV, 18 March 2005, p. 280.

4. Ibid, p. 50.

5. Commonfund Benchmarks Study: Foundations and Operating Charities Report, 2005, pp. 17 – 19.

6. Financial Report to the Board of Overseers of Harvard College, Fiscal Year, 2003 – 2004, p. 22.

7. The Yale Endowment Annual Report, 2004, pp. 4 – 5.

8. Elroy Dimson, Paul Marsh, Mike Staunton, Triumph of the Optimists: 101 Years of Global Investment Returns (Princeton University Press, 2002), pp. 149 – 162.

9. Ibid., pp. 150 – 151.

10. Commonfund Benchmarks Study: Educational Endowment Report, 2005, pp. 31 – 32.

11. Cambridge University Reporter, March 2005, pp. 17 – 18.

12. Ibid., p. 51.

13. Ibid., p. 164.

14. 2004 NES, p. 22 – 24.

15. James M. Litvack, Burton G. Malkiel, and Richard E. Quandt. 'A Plan for the Definition of Endowment Income', The American Economic Review, Vol 64, No 2, Papers and Proceedings of the Eighty – sixth Annual Meeting of the American Economic Association (May 1974), pp. 433 – 437.

Chapter 4: Spending policy

1. Swensen, Pioneering Portfolio Management, p. 26.

2. Watson Wyatt Worldwide, UK Charity Trustees´Survey, 2004, pp. 8 – 9.

3. 2004 NES, p. 15.

4. Commonfund Benchmarks Study: Educational Endowment Report 2005, p. 30.

5. Swensen, Pioneering PortfolioManagement, p. 37.

6. Yale University, Report of the Treasurer, 1965 – 1966, ser. 62, no. 19 (New Haven, 1966), pp. 6 – 7.

7. The Yale Endowment Annual Report, 2004, p. 8.

8. 2004 NES, p. xxvi.

9. Commonfund Benchmarks Study: Educational Endow ment Report, 2005, p. 26.

10. Ibid, p. 27.

11. Commonfund Benchmarks Study: Foundations and Operating Charities Report, 2005, p. 34.

12. Ibid. , p. 37.

13. Financial Report To The Board of Overseers of Harvard College, Fiscal Year, 2003 – 2004, p. 42.

14. 2004 NES, p. 21.

15. Commonfund Benchmarks Study: Educational Endowment Report, 2005, p. 28.

16. 2003 NES, p. xi.

17. Commonfund Benchmarks Study: Educational Endowment Report, 2005, p. 35.

18. 2004 NES, pp. 397 – 430.

19. Commonfund Benchmarks Study: Educational Endowment Report, 2005, p. 28.

20. 2003 NES, p. xiii.

Chapter 5: Asset allocation

1. See Gary p. Brinson, Brian D. Singer, and Gilbert L. Beebower, 'Determinants of Portfolio Performance II: An Update', Financial Analysts Journal 47, No. 3 (1991), 40 – 8. This article builds on Gary p. Brinson, L. Randolph Hood, and Gilbert L. Beebower, 'Determinants of Portfolio Performance', Financial Analysts Journal 42, No. 4 (1986), 39 – 44.

2. Refer to Elroy Dimson, Paul Marsh, and Mike Staunton, Triumph of the Optimists(Princeton University Press, 2002).

3. 2003 NES, pp. 9, 33.

4. Ibid., p. x.

5. Ibid., p. xi.

6. Ibid.

7. See websites: http://vpf – web.harvard.edu/annualfinancial/pdfs/2002discussion.pdf

http://www.yale.edu/investments/Yale_ Endowment_ 02.pdf

8. 2004 NES, p. xxiii.

9. Commonfund Benchmarks Study: Educational Endowment Report, 2005, p. 16.

10. The Yale Endowment Annual Report, 2004, p. 5.

11. 2004 NES, p. ix.

12. Ibid., p. 7.

13. Commonfund Benchmarks Study: Educational Endowment Report, 2005, p. 16.

14. 2003 NES, p. 34.

15. See Burton G. Malkiel and Atanu Saha, 'Hedge Funds: Risk and Return', Financial Analysts Journal, 61, No. 6 (2005), 80 – 87.

Chapter 6: Investing in property

1. Examples of trading companies in Oxford:

· Trading activities undertaken by All Souls College's subsidiary company, Chichele Property Company Limited, is liable to corporation tax like any other trading company. Profits made by this company is donated to the College, which in turn distributes them to other charities and worthy causes as determined by All Souls College's General Purposes Committee.

· Not all subsidiary companies have a similar structure or purpose. St. John's subsidiary undertaking, The Lamb and Flag (Oxford) Ltd, for example, is the wholly owned vehicle for the trading activities of Lamb and Flag public house in St. Giles', Oxford. The College applies the profits from this business towards the financing of graduate studentships.

· Magdalen Development Company Limited is a wholly owned trading subsidiary of Magdalen College, and its principal activityis property development.

· The Merton College Charitable Trust makes grants to the College from donations received for the college while the Merton Enterprises Limited undertakes trading activities on behalf of the college and any profits are paid to Merton College undergift aid.

· The Jacqueline du Pre Building Limited is the wholly owned vehicle for promoting music at St. Hilda's College, and St. Hilda's Properties was founded to promote acquisition of residencies for students of the College.

· Balliol's subsidiary undertaking, the Appeal Trustees' Funds, is an exempt charity engaged in fundraising for education and related facilities at Balliol.

Examples of trading companies in Cambridge:

· Churchill College has three wholly owned operating subsidiaries which exist toprovide additional revenue to the College and to optimize the use of the College infrastructure. These three companies are all registered and their accounts filed at-

Companies House. They are:

· Churchill Residencies II Ltd—which develops property on the College site on behalf of the College.

· The Moller Centre for Continuing Education Ltd—which operates facilities on the College site to provide a venue for training and staff development, including some conferences. It also runs some training and educational courses.

· Churchill Conferences Ltd—which markets the main College facilities as a conference venue.

· Fitzwilliam College reported two subsidiary companies; Fitzwilliam College Services Limited and Kawakawa Bay Limited.

· Girton College Property Services is the wholly owned trading subsidiary of Girton College.

· Caius Property Services Limited is the wholly owned subsidiary company of Gonville and Caius College; its principal activity is student accommodation development.

· Wolfson College reported three subsidiary companies; Lee Library Ltd., Wolfson College Cambridge Properties Ltd., and Wolfson Developments Ltd.

2. Swensen, Pioneering Portfolio Management, p. 219.

Chapter 7: Issues in portfolio management

1. David F. Swensen, Unconventional Success: A Fundamental Approach to Personal Investment (Free Press, USA; 2005), p. 185.

2. Swensen, Pioneering Portfolio Management, p. 135.

3. Burton Malkiel and Paul Firstenberg, Managing Risk in an Uncertain Era: An Analysis for Endowed Institutions (Princeton, NJ; Princeton University Press, 1976).

4. Commonfund Benchmarks Study: Educational Endowment Report, 2005, pp. 22 – 23.

5. Ibid., p. 23.

6. Swensen, Pioneering Portfolio Management, pp. 137 – 138, 297.

7. Commonfund Benchmarks Study: Educational Endowment Report, 2005, p. 23.

8. Swensen, Pioneering Portfolio Management, p. 248.

Chapter 8: Portfolio risk

1. The Charity Commission, Investment of Charitable Funds: Detailed guidance (Version February 2003), p. 14.

2. 2004 NES, p. 23.

3. Swensen, Unconventional Success, p. 14.

4. Commonfund Benchmarks Study: Educational Endowment Report, 2005, p. 22.

5. The Charity Commission, Investment of Charitable Funds: Detailed Guidance (Version February 2003), p. 25.

6. Swensen, Pioneering Portfolio Management, p. 249.

Chapter 9: Consultant selection and monitoring

1. 2004 NES, p. 28 and 2003 NES, p. 30.

2. Commonfund Benchmarks Study: Foundations and Operating Charities Report, 2005, p. 44.

Chapter 10: Manager selection and monitoring

1. Swensen, Pioneering Portfolio Management, p. 250.

2. 2004 NES, p. 23.

3. Ibid., p. 29.

4. The Charity Commission, Investment of Charitable Funds: Detailed Guidance (Version February 2003), pp. 27 – 28.

5. 2004 NES, p. 23.

6. Commonfund Benchmarks Study: Educational Endowment Report 2005, p. 47.

7. Ibid., p. 49.

8. Ibid., p. 48.

9. Ibid., p. 49.

10. Ibid., p. 50.

Chapter 11: Socially responsible investment

1. See Paul Myners, Institutional Investment in the UK: A Review (HM Treasury, UK; March 2001), p. 92.

2. The Charity Commission, Investment of Charitable Funds: Detailed guidance (Version February 2003), p. 18.

3. Interpretative bulletin relating to statements of investment policy, including proxy voting policy or guidelines, Code of Federal Regulations Table 29 Chapter XXV, 2509.94 – 2, 1994.

4. 2004 NES, p. 25.

5. The Right Honourable John Denham, ' Building a Better World: The Future of Socially Responsible Pensions', Lecture at the UK Social Investment Forum, Annual General Meeting, 9 July 1998.

6. Charity Commission, Investment of Charitable Funds: Detailed Guidance (Feb. 2003), p. 17.

7. Cambridge University Reporter, p. 77.

8. Ibid., p. 165.

9. 2004 NES, p. 25.

10. 2003 NES, p. 5.

11. 2004 NES, p. 25.

12. Charity Commission, Investment of Charitable Funds: Detailed Guidance (Feb. 2003), p. 18.

13. 2004 NES, p. 26.

Chapter 12: Performance measurement

1. The Charity Commission, Investment of Charitable Funds: Detailed guidance (Version February 2003), p. 26.

2. 2004 NES, p. vii.

3. Cambridge University Reporter, Accounts of the Colleges and Approved Foundations in the University of Cambridge, Vol CXXXVI, 10 March 2006, p. 370.

4. Ibid.

349

5. 2003 NES, p. x.

6. 2004 NES, p. ix.

Chapter 13: Endowment management cost

1. Swensen, Unconventional Success, pp. 220 – 221.

2. 2004 NES, p. 17.

3. Commonfund Benchmarks Study: Educational Endowment Report, 2005, pp. 50 – 51.

4. Sarasin Chiswell, ' The Cost of Investment Management' , Charity Investment Matters, January2006, Issue 36, p. 5.

Chapter 14: Fund – raising: Role of gifts

1. 2004 NES, pp. 15 – 16.

2. Commonfund Benchmarks Study: Educational Endowment Report, 2005, pp. 36 – 37.

3. Swensen, Pioneering Portfolio Management, p. 43.

4. Ibid. , pp. 36 – 37.

5. Professor Alison Richard, ' Public and Private: Universities, Government, and Society: The Annual Address of the Vice – Chancellor' , 1 October 2005.

6. Expenditures in Fund Raising, Alumni Relations, and Other Constituent (Public) Relations, Item Number 24502, CASE Books; 1990.

7. 'The Business of Giving: A Survey of Wealth and Philanthropy', The Economist, 25 February 2006, p. 16.

8. Adrian Sargeant and Juergen Kaehler, Benchmarking Charity Costs (CAF Research Programme, Research Report 5, UK; 1998).

9. Charities Aid Foundation, Charity Trends 2005.

10. 2004 NES, p. 18.

11. 2003 NES, p. 43.

Chapter 15: Concluding observations

1. $/£ exchange rates as at end – June: 2000 (1.51); 2001 (1.41); 2002 (1.52); 2003 (1.65); 2004 (1.81); 2005 (1.79); 2006 (1.85).

Bibliography

Acharya, S. (2002). *Asset Management: Equities Demystified*. UK: John Wiley & Sons.

Bernstein, P. L. (1997). 'What Rate of Return Can You Reasonably Expect . . . or What Can the Long Run Tell Us About the Short Run?', *Financial Analysts Journal*, 53 (2): 20–28.

Bodie, Z. (1995). 'On the Risk of Stocks in the Long Run', *Financial Analysts Journal*, 51(3): 18–22.

Bolton, M. (2005). 'Foundations and Social Investment: Making Money Work Harder in Order to Achieve More', Esmée Fairbairn Foundation, The Ashden Trust, Charities Aid Foundation.

Brinson, G. P., Singer, B. D., and Beebower, G. L. (1991). 'Determinants of Portfolio Performance II: An Update', *Financial Analysts Journal*, 47 (3): 40–48.

——— Hood, L. R., and Beebower, G. L. (1986). 'Determinants of Portfolio Performance', *Financial Analysts Journal*, 42 (4): 39–44.

Cabinet Office Strategy Unit (2002). *Private Action, Public Benefit: A Review of Charities and the Wider Not-for-Profit Sector*. UK: The Cabinet Office.

CaritasData Limited (2004, 2005, 2006). *Higher Education Financial Yearbook*.

CASE Books (1990). Expenditures in Fund Raising, Alumni Relations, and Other Constituent (Public) Relations.

Charity Commission (2003). Investment of Charitable Funds: Detailed guidance.

Coiner, H. M. (1992). 'How Large a Fraction of University Endowment May Be Safely Spent?' *Journal of Higher Education Management*, 8 (1): 57–67.

Commonfund Institute (2004, 2005). Commonfund Benchmarks Study: Foundations and Operating Charities Report.

____(2003, 2004, 2005). 'Commonfund Benchmarks Study': Educational Endowment Report.

Department for Education and Skills, UK (2003). The Future of Higher Education.

Dimson, E., Marsh, P., and Staunton, M. (2002). *Triumph of the Optimists: 101 Years of Global Investment Returns*. Princeton, NJ: Princeton University Press.

____ ____ ____(2003, 2004, 2005, 2006). *Global Investment Returns Yearbook*. ABNAMRO/London Business School.

The Economist

'The Business of Giving: A Survey of Wealth and Philanthropy', 25 February 2006.

'Universities as Global Businesses', February 26–4 March 2005, 77–79.

'The Parlous State of European Universities', 25 September–1 October 2004, 52.

'A Golden Age of Philanthropy?', 31 July–6 August 2004, 61–63.

'Philanthropy and the Arts', 18–24 August 2001, 75–7.

European Foundation Centre (2003, 2004, 2005). *Annual Report and Financial Statement*.

The Financial Times 'Breakaway Warning by Oxford College Head', 6 October 2004.

The Ford Foundation Advisory Committee on Endowment Management (1969, 1972), Managing Educational Endowments.

Garland, J. P. (2005). 'Long – Duration Trusts and Endowments', *The Journal of Portfolio Management*, 31 (3): 44 – 54.

Greenwich Associates (2004, 2005). Endowment and Foundation Asset Size, Asset Mix, and Spending Policies.

Harvard University (2003, 2004, 2005). Financial Report to the Board of Overseers of Harvard College.

Litvack, J. M., Malkiel, B. G., and Quandt, R. E. (1974). 'A Plan for the Definition of Endowment Income', *American Economic Review*, 64 (2): 433 – 7.

Malkiel, B. G. and Firstenberg, P. B. (1976). *Managing Risk in an Uncertain Era: An Analysis for Endowed Institutions*. Princeton, NJ: Princeton University Press.

____ and Saha, A. (2005). 'Hedge Funds: Risk and Return', *Financial Analysts Journal* 61(6): 80 – 7.

Merton, R. C. (1991). 'Optimal Investment Strategies for University Endowment Funds', *National Bureau of Economic Research Working Paper No. 3820*, 39 – 40.

____(1992). *Continuous – Time Finance*, Chapter 21. Oxford, UK: Basil Blackwell.

____(1993). 'Optimal Investment Strategies for University Endowment Funds', in C. Clotfelter and M. Rothschild (eds.), *Studies of Supply and Demand in Higher Education*. Chicago, IL: University of Chicago Press.

Murison, A. (2005). Presentation to UK SIP, London.

Myners, P. (2001). 'Institutional Investment in the UK: A Review', HM Treasury, UK.

National Association of College and University Business Officers, USA (2003, 2004, 2005). *NACUBO Endowment Study*.

Olson, R. L. (1999). *The Independent Fiduciary*. USA: John Wiley & Sons.

____(2003). *Investing in Pension Funds and Endowments: Tools and Guidelines for the New Independent Fiduciary*. USA: McGraw Hill.

Oster, S. M. (2003). 'The Effect of University Endowment Growth on Giving: Is There Evidence of Crowding Out?', *New Directions for Institutional Research*, 119: 81 –92.

Oxford Centre for Higher Education Policy Studies (OxCHEPS) and The Ulanov Partnership (February 2004). 'Costing, Funding and Sustaining Higher Education: A Case Study of Oxford University'.

Richard, Professor Alison (2005). 'Public and Private: Universities, Government, and Society': The annual address of the Vice – Chancellor (1 October).

Russell, Chris (2006). *Trustee Investment Strategy for Endowments and Foundations*. UK: John Wiley & Sons.

Sarasin Chiswell

Annual Review (2004, 2005).

Compendium of Investment for Charities (2004, 2005).

Schneider, W., Dimeo, R., and Cluck, D. R. (1997). *Asset Management for Endowments and Foundations*. USA: McGraw – Hill.

Siegel, L. B. (2001). *Investment Management for Endowed Institutions*. The Ford Foundation.

Sparks, R. (1995). *The Ethical Investor*. UK: Zondervan Press.

____(2002). *Socially Responsible Investment: A Global Revolution*. UK: John Wiley & Sons.

Steuerle, E. (1976). Distribution Requirements for Foundations, *U. S. Treasury Department, Office of Tax Analysis*, Paper 12.

Swensen, D. F. (2000). *Pioneering Portfolio Management: An Unconventional Approach to Institutional Investment*. New York: Free Press.

____(2005). *Unconventional Success: A Fundamental Approach to Personal Investment*. NewYork: Free Press.

The Sutton Trust (March 2003). University Endowments – A US/UK Comparison.

Tobin, J. (1974). 'What Is Permanent Endowment Income?', *The American Economic Review*, 64 (2): 427–432.

The University of Connecticut Foundation Incorporated (2004). Reassessing Your Asset Allocation Strategy after a Reassuring 2003: Optimal Allocation to Achieve a Return that Supports a 5% Distribution (Does It Exist?).

University of Cambridge (2005, 2006). Accounts of the Colleges and Approved Foundations in the University of Cambridge.

University of Oxford

'Oxford's Academic Strategy: A Green Paper', *Oxford University Gazette* (February 2005).

Financial Statements (2003–4, 2004–5).

Financial Statements of the Colleges (2003–4, 2004–5).

Oxford Today: The University Magazine, various issues.

Watson Wyatt Worldwide (2004). *UK Charity Trustees' Survey 2004*.

Williamson, J. P. (1974). 'Endowment Funds: Income, Growth and Total Return', *The Journal of Portfolio Management*, 1 (1): 74–79.

WM Performance Services (2004, 2005). *WM Annual Review: UK Charity Funds*.

Yale University (2002, 2003, 2004, 2005). *The Yale Endowment Annual Report*.

译者后记

经过了两年多的努力,这本译著终于翻译完成!作为本书的主要译者,此时坐在电脑前写这篇后记除了喜悦与兴奋还有一丝的感慨。翻译这本著作有几件没有想到的事:第一,关于本书作者。刚刚拿到这本书时,惊叹于她的杰出成就。尚塔·阿查里亚是一位在美国、英国、印度都接受过教育的印度女性。从她的行文手法与金融领域的专业思维来看,完全没想到她不仅拿过国际诗歌写作大奖,同时还精通文学评论与小说的创作。有关她的文章与采访经常出现在各种国际出版物中,被誉为"印度的全能型学者"。第二,关于本书内容。没想到有关基金资产配置领域的研究可以做得这么微观、这么接地气。我想这可能是源于作者的"注册金融分析师"的身份与她在摩根斯坦利公司的工作经历。大量的第一手资料的呈现,让我这位同为大学筹资、投资领域的研究者激动不已。第三,关于本书的翻译过程,没想到是那么艰难。本书讨论的是高等教育的事,但是更多的是金融投资领域的问题,不停跳出的专业名词与行业术语,着实让我们花费了不少心力,更加体会了隔行如隔山的苦恼。

特别感谢我的博士导师洪成文教授。他是拥有大智慧的人,他乐观、积极的人生态度对我影响很大。谢谢他把我带入了该研究领域,并一直鼓励我在艰难的学术研究中乐观前行,他经常跟我分享他的翻译经验,让我少走弯路,不断提醒我要尽可能使译稿体现"信、达、雅"的要求。

感谢我的两位研究生——申晨、王胜楠。他们为该书的翻译和出版做了大量的基础性工作,没有他们的付出,译稿不可能这么顺利地完成。感谢我的同门师姐燕凌,她的译著出版在先,给我提供了很多经验与建议。感谢我的同门师妹张晨宇、刘瑶和王菁对译稿的全文所做的校对工作,为了使译稿精益求精,她们三人从北京飞到哈尔滨对译稿中出现的难点和争议与我进行面对面的讨论。

  同时,我要衷心感谢学苑出版社的任彦霞女士为译著的出版所付出的辛劳!

  最后,我还想感谢我的先生。译稿的完成与他的支持分不开,他从事英美文学方向的研究,许多翻译的难点是在和他的讨论与反复斟酌中解决的。此外,两年的翻译时间,也恰逢女儿从出生到 2 岁,所以,谢谢他的付出。

  由于本人水平有限,加之原著中使用了大量的金融投资术语,翻译中难免有一些纰漏和失误,恳请广大读者给以批评指正!

佟　婧

2017 年 10 月